天津市地方志编修委员会办公室资助出版

天津地方史研究丛书

北洋法政学堂校史

刘国有 编著

天津社会科学院 出版社

图书在版编目（ＣＩＰ）数据

北洋法政学堂校史 / 刘国有编著. -- 天津 ： 天津
社会科学院出版社，2023.12
　（天津地方史研究丛书）
　ISBN 978-7-5563-0931-3

Ⅰ．①北… Ⅱ．①刘… Ⅲ．①北洋法政学堂－校史
Ⅳ．①D92-40

中国国家版本馆 CIP 数据核字(2023)第 211243 号

北洋法政学堂校史
BEIYANG FAZHENG XUETANG XIAOSHI
选题策划：韩　鹏
责任编辑：杜敬红
责任校对：李思文
装帧设计：高馨月
出版发行：天津社会科学院出版社
地　　址：天津市南开区迎水道 7 号
邮　　编：300191
电　　话：（022）23360165
印　　刷：高教社（天津）印务有限公司
开　　本：710×1000　　1/16
印　　张：28.25
字　　数：406 千字
版　　次：2023 年 12 月第 1 版　　2023 年 12 月第 1 次印刷
定　　价：78.00 元

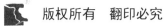

总　序

　　盛世修史是中华民族的优良传统,史志文化是中华民族光辉灿烂文化的组成部分。习近平总书记指出:"要高度重视修史修志",强调"推进文化自信自强,铸就社会主义文化新辉煌",为新时代史志工作指明了方向,也提出了新的更高的要求。

　　津沽丰饶,人杰地灵。天津是我国历史文化名城,是高人巨匠聚集之地,有着独特的历史发展轨迹和地域人文气质。"天津地方史研究丛书"坚持以习近平新时代中国特色社会主义思想为指导,坚持辩证唯物主义和历史唯物主义的立场、观点、方法,从社会生活不同的角度观察天津城市发展脉络和不同历史阶段特征,在不同领域的发展演进中感受天津沧桑变迁的历史逻辑。

　　天津市档案馆(天津市地方志编修委员会办公室)将深入学习贯彻党的二十大精神,贯彻落实习近平文化思想,挖掘天津历史文化资源,助力文化强市建设,繁荣城市文化和学术研究,继续打造好更多的史志研究成果展示平台。我们愿携手广大史志工作者,以史为鉴,开创未来,坚定文化自信,讲好中国故事、天津故事,彰显天津独具魅力的城市形象,贡献更多的精品力作,丰富人民精神传统文化,弘扬民族精神和时代精神,为奋力开创全面建设社会主义现代化大都市新局面贡献智慧和力量。

天津市档案馆
(天津市地方志编修委员会办公室)
2022 年 11 月

序

　　作为一种移植的产物、一种现代化的标志,中国现代法学教育从清末起步的那天起就分为大学中的法学专业建制和专门法政学校两大系统,前者培养研究型法学人才,后者培养实用型法律人才,彼此在学制、学时、培养目标,以及办学规模等方面均有着相当的差别。由于社会转型的现实需要,现代法学教育在中国一经出现便在高等教育中占据了重要的地位。但令人遗憾的是,当下的国人对于清末民国时期的法学教育状况,不要说是普通读者,即便是专业人士都所知甚少。

　　晚近以来,伴随着法学教育在中国大陆的再次快速发展和问题频现,法学教育在中国出现时的最初形态愈来愈受到业界的关注,相关研究成果陆续发表。其中有关民国时期东吴大学、朝阳大学等大学法学教育方面的成果引起了时人诸多的遐想和感慨。但美中不足的是针对法政学校方面的研究则仍然成果不多,也鲜有佳作,人们为此充满期待。

　　刘国有老师长期从事法学教育工作,有志于天津近现代法律史的研究,耗数年之功,完成《北洋法政学堂校史》一书。在中国现代法学教育和法制史上,北洋法政学堂是一种无法忽略的存在。在专门法政学校中,北洋法政学堂创办早、办学时间长、管理较为规范,加之当时天津在中国所处的特殊地位,培养了一批活跃于民国政坛的法政人才,成为所有同类学校的样板,因而,研究价值较高。但知易行难,真要对其进行严格意义上的学术研究难度又极大。难处有三:一是资料何处搜集;二是怎么方能评价客观公正;三是如何整体和细节兼顾。仅就资料搜集而言,与近现代中国大多数学校一样,北洋法政学堂的办学历史亦颇为曲折,加之近现代中国的历史过于宏阔,类似于北洋法政学堂之类与历史宏旨关涉无多的史料大多湮灭于奔腾不息的历史大潮之中。国有老师不畏艰难、用功颇深,以能查找到的史料为基础,理清了该校复杂的办学源流,分析了背后的原因,同时对该校与近现代天津历史上诸多事件之间的关系进行了讨论,还原了历史细节,得出了一些新的结论,丰富了我们对近现代中国法学教育史和天津地方史的认知,值得向感兴趣的读者推荐。

侯欣一

概　述

　　清末法政学堂由进士馆、仕学馆发展而来,旨在对社会绅士和在职官员进行法政知识培训,以适应地方自治和司法改革对法政人才的渴求。1905 年 3 月 20 日(夏历),军机大臣孙家鼐呈请各省课吏馆添设在学速成科讲习法律,"新律修定,亟应储备法律人才"。1905 年 9 月开学的直隶法政学堂有诸下要求:"必须曾入司班,例案粗通而品行端谨,文理优长者方为合格,并须各署幕中切实保结""本学堂以改良直隶全省隶治、培养佐理新政人才为宗旨",以及凡在 45 岁以下,文理明通、不染嗜好的"直隶候补人员,不拘班次大小,均可入学"。因此入学的只是幕僚和各级官员。1906 年开学的京师法律学堂学员以刑部官员为主,京官次之,连内阁衙门官员都不收。京师法政学堂确是作为政法大学开设的,"荣华卿尚书与政",也只招收"举贡生监、文理精通者",至于面向现代中学毕业生的新式政法大学,还要等到北洋法政学堂。

　　创办于 1906 年的北洋法政学堂并非中国最早的法政学堂,但它同时开设预科,招收新式中学生,培养高层次法政人才。此后又从学堂到专门学校再到法商学院,经历了多次改组、整顿乃至封闭和短暂恢复,是中国早期法政教育曲折发展的缩影,深入研究该校发展、演变的历史,对于揭示中国近代法学教育史上的诸多谜团,具有一定的典型意义。

　　北洋法政学堂设计即为法政大学,讲授"专门学术",培养"完全法政通才"，因此其课程设置及师资力量都更为强大，外语和比较法学、政治学课程都大大拓宽了学生的知识面，也使学生的基础更为扎实。吉野作造在校系统讲授西方政治学说，今井嘉幸系统搜集中国政治和社会，特别是中国对外让渡司法主权的资料。邓毓怡、籍忠寅等深厚的诗词修养，还有国学大师方地山，这些都必将催发学生广泛的兴趣和创作冲动。法政学堂的预科和中学即开设伦理学、法学通论等社会科学课程，也使得该校同学视野宽阔、理论扎实。所以该校学生李大钊、夏勤、郁嶷、童冠贤可以长期担任大学教授，白坚武可任吴佩孚的政务处长并赞助了不少进步活动。自由主义的氛围使学堂的立宪思想和革命活动同时发展，李榘、籍忠寅等学校管理层都是积极的立宪份子，白雅雨、张相文则积极投身革命。这些活动必然给学生带来影响，李大钊等同学因此同立宪运动的领导人孙洪伊、汤化龙，以及革命党人白雅雨等人建立了密切联系。

随着民国政府的巩固，学堂一律改称学校，当时尚且稚嫩的中国法政教育迎来了自己的第一次调整：大量的法政学校被撤销、重组。北洋法政学校与直隶商业学校、设在保定的原直隶法政学校合并新设为直隶公立法政专门学校，校址仍设天津原址。曾任北洋法政学堂教务长，时任商业学校校长梁志宸担任新校长。从此到 1924 年，学校处在稳定发展之中，李镜湖、李志敏两位校长先后整修了校园，增添了校舍，安装了电灯和自来水，制作了校徽，开始校庆纪念，还选派于树德、安体诚赴日留学。虽然中学班并入南开中学，但不久又开设了商业职业班，维持了学校中等教育的延续性。

随着军阀战争的不断扩大，1924—1928 年，学校陷入动荡，校园住进了伤兵，办学更加困难，师生约定学生提供生活费，教师只拿生活费，师生合作度过了这一艰难阶段。随着南京政府的建立，最早到来的是蔡元培、李石曾先生推行的大学区制：全国划分成几大学区，每区设立综合大学一所，辖区内所有大学均为其一部分。本书的主角直隶法政专门学校也被划入其中，成为四年制本科学院即河北省立法商学院。不久，大学区退去,该院也随着北大、北洋大学、北京师范大学一起退出,成为与上海法政学院、上海法学院等学校并立的不多的专门的政法财经大学。但是,南京政府奉行压制政法教育、打击学生运动的方针,不少法政学院停止招生,很多法律系被撤销,其中包括知名的清华大学和燕京大学法律系。1933年,本院政治系停招;第二年,本院四个系全部停止招生,附属商职班独立设置为商职学校,这是本校创立以来的最大危机,以致时任河北省教育厅厅长陈宝泉和本院院长吴家驹联袂去职。虽经其后的高崇焕、杨亦周、吕复三位院长励精图治、大力整顿,法律和商业两系得以恢复,开设研究室,加强对高层次人才的培养,但政治和经济两系却被永久停止招生,直至1937年学院被撤销为止,甚至抗战后重建学院时,两系也没有恢复。

法学院系的撤并,导致中学部同学的升学困难和教师队伍的波动,这是该校学生运动层出不穷的重要原因。本院的学生运动,历史悠久。早在清末,秦广礼、白坚武、田解、李大钊等人领导的立宪运动和王宣、凌钺等人领导的革命运动都曾引领北方政治潮流,这是他们创立北洋法政学会和新中学会、发行《言治》杂志,进而登上民国政坛的重要基础。北京政府时代,直隶法政学校师生也是五四和国民革命运动的活跃分子,游行示威、奔走呼号,表现了青年学生极大的爱国热忱,使学校成为国共两党北方组织的重要基地。南京政府时代,随着院长顾德铭到来的政治经济系主任鲁仲平就是共产党人,杨亦周长院后亦曾大力援用共产党人,杨秀峰、阮慕韩、闻永之、温健公等来院任职,或担任研究导师,掌握了学院重要资源,成为学院民主运动的主要领导核心,他们与王守先等民主人士合作,发动了著名的天津"一二·一八"大游行,这是庄金林、阮务德、王健等人走上革命道路的开始。

本书还附录了若干法商史料。本校抗战前自存的教学档案已不知去向,所能依赖的只是天津图书馆、档案馆所藏不多的校友通讯录、《法商周刊》《法商季刊》等校刊资料和天津本地媒体的公开报道。由于天津图书馆大量珍贵资料已被封存,南开大学所藏史料难以提取,本书所能罗列的只是《大公报》《益世报》《北洋公牍类纂》、北洋时期《政府公报》以及天津商会档案中涉及法商校史的部分,这就使本书的取材范围大受影响,不能不说是一件极大的憾事。

目　录

3

第一章
清末法政学堂的兴起

长期以来,独立设置专门的政法大学进行法律和政治学教育,培养司法和行政管理人才,是中国法政教育体制的重要特征。本章将以直隶和京师等法政学堂的早期发展为中心,追溯这一体制产生的背景、对象与演变过程,揭示中国近代法政专门教育的若干规律,以就教于方家。

第一节　法政学堂的前身
——仕学馆、进士馆与课吏馆

1902 年,京师大学堂设立仕学馆,培养行政官员,学制三年,这是中国近代法政学堂的前身,"光绪二十八年,经前管学大臣奏设仕学馆,考选京外有识人员入馆肄习法政"。"仕学馆自开办以来,专攻政法,教习明□,讲义详备,故不及三年而程度已甚高。""仕学馆研究法律已近三年,所学国家根本组织法、裁判所构成法、刑法、刑事诉讼法、民法、民事诉讼法、商法、行政法、国际公法、国际私法、国法学、法制史、罗马法各科完备,确系专门。"①1904 年 4 月,仕学馆又附设进士馆,"所有上科新进士均须入馆学习。其年在三十五以下愿改外官者始可自便"。该馆规模宏大,楼房就有四百二十余间,开设政法各学科和算学、洋文、体操等课程,"系属法政专科,为应时切要之学"。

据媒体报道,"进士馆所定规则三年毕业,分为六期",讲授法律各主要学科,与仕学馆基本相同,"仕学馆研究法律已近三年……各科完备,确系专门。进士馆所授学科与此亦无差异。"期末、毕业均有分科考试,分别等次。"六期中每期考试一次,列优等者每次给小文凭一件,三年卒业后,查有曾给三次小文凭者方准与试毕业大考,其小文凭不足三次者,

---

① 《进士馆近闻》,1905 年 5 月 9 日《大公报》第四版。凡未标明者,本书引用的《大公报》《益世报》均为天津出版。

留堂续习,以观后效。"①期末考试长达一星期,"进士馆新旧班学员自本月十七日起期考一星期之久,仕学馆亦同于是日考一星期,惟进士外班仅考两日"。次年始设外语课,"闻进士馆所定课程并无各国文字。兹因某进士之请,拟添设英法俄德日本五国文教习,以宏造就而备译才"。进士馆似有自学辅导,即外班,"进士馆外班诸员每星期之第三日赴馆听讲一次"。1906 年 9 月,进士馆在馆学员 70 多人,不在馆 130 多人。仕学馆学员杨肇培后任北洋法政学堂教务长、副监督,进士馆学员徐谦为民国著名法律家②。1906 年 10 月,进士馆和仕学馆原有学员全部离校,进士馆又设政治、理财讲习科,招收各部"学有根底自愿讲习之员"研究政法,课程 8 门,学员 80 人,期限 6 个月。"其教员为岩谷及沙山等三员,每日以早九钟至十二钟为授课时间,"主要课程有法政通论、宪法、财政、外交史、理财各论、理财通论、行政法、国际公法、国际私法,宪法课时最多,每周为四课时。③ 1907 年 2 月,该科改为京师法政学堂豫科,"现有之学员一律升补豫科,以便专心讲求,用备正科之选。"④

各省则设课吏馆培训官员,直隶课吏馆为袁世凯 1902 年 4 月所设,

---

① 《进士触望述闻》,1905 年 5 月 16 日《大公报》第三版。
② 杨肇培曾任北洋法政学堂教务长,后任副监督。据当时资料,杨系直隶总督杨士骧于 1908 年 6 月前后调入学堂的。"礼部主事杨肇培,前在京师仕学馆毕业,研习法政,新旧贯通,臣在东抚任内,曾经奏请调东、派充教习"。"上年,臣到直后,因北洋法政学堂投考人多,学科繁密,亟须添员讲授。当经派令该员在堂授课,尽心训迪,颇资得力。"《直隶总督杨士骧奏主事杨肇培请留直充教员等片》见光绪三十四年四月初七日《政治官报》,转引自崔志勇主编.《李大钊与北洋法政专门学堂》,第 109 页。估计杨调入后不久即任教务长。因此 1909 年 1 月的同学录已有其名,并列入《职员》部分,排在梁志宸之后。张鸣珂继任监督后,"将原有之教务长杨主政肇培充副监督,""前直督杨文敬在任时,改委张太史鸣珂为该堂正监督,又委本地人杨绅肇培为副监督。初尚相安无事,久之渐生意见。目前,杨绅所当副监督差,忽奉督宪裁撤,群疑为张所为。"可见,杨肇培先任教务长,后任副监督。1909 年 9 月,杨肇培与学堂多位负责人一起到总督府控告张鸣珂,即应在杨被撤不久以后。参见《北洋法政学堂职员屯款之历史》,1909 年 10 月 18 日《申报》。
③ 《讲习政治》,1906 年 11 月 16 日《大公报》第三版。
④ 《法政讲习升补豫科》,1907 年 2 月 27 日《大公报》第四版。

"以六科课吏,内有吏治、律例、洋务等门,优给廪饩,以培人才",招收考评特等以上官员入馆研习,设政治、财赋、洋务、河工四专业,分别研习外交、律例,"钱粮税课、屯牧矿冶以及工艺诸学","外国历史、外交、政治以及教案、条约"和"河渠疏浚,考求水利以及种植树木、经理道涂"等,配藏书楼,学员按各自专业学习讨论,主管官员朔望来馆测试,总督袁世凯也曾亲自命题考核。但效果并不理想,"在馆肄业各员向有日记,抄录成说者多,自抒心得者少。嗣后宜将逐日所看书籍各抒心得作为札记,朔望呈由本司道职道校阅以觇学识……日记半月一册,程式由馆刊发以规划一"。袁世凯要求"每岁甄别一次,如先有出差等事,仍令补考。"袁还建议课吏馆充实内容,严格管理,添聘教师分科授课,"今宜于课吏馆内添聘讲师,酌加功课,限定钟点,使各员每日入馆受其课程,即遵照奏定学堂章程法政大学各科目略加增减,钟点则每日以四小时为限,候补人员为正课,学员必须入班听讲。现任官为旁听学员,愿听讲者随时报名注到,皆不住馆……学期则一年,而毕业考其成绩,酌量委用。"①

1904 年 6 月,袁世凯到该馆考试学员,各科题目分别为"强迫教育中国是否能仿行","我欲铸金币,则纸币在所必需,如他国人伪造,将何法禁止之。""英德日本皆以宪法立国,其规则孰为美仑论。"由此可知,该馆教学重点是行政实务,基础理论不受重视。

课吏馆的专业设计、学习方式乃至藏书均较传统,不敷实用。根据章程,直隶课吏馆各专业参考书"官书为主,如《钦定图书集成》②《列朝圣训》《续东华录》《一统志》各种,应向官书局支取,至《大清律例》《洗冤录》《刑案汇览》并应多备数份以便分阅"以及"《郡国利病书》《皇朝经世文编》《农政全书》及新出财政各书",现代法政与外交资料则付之阙如。不少学员缺乏现代科学常识,难以接受系统的政法教育,平时敷衍应付,考试时弃难就易、偷改专业,"今候补各员流品日淆,或自正途,或由捐

---

① 《清宦途策》,1905 年 4 月 10 日《大公报》第二版。
② 原名为《钦定古今图书集成》。

纳,虽不无有志之士,而终鲜济世之才,何也? 出身不自学堂,学业皆无程
度……题目稍难,辄存趋避,乃有向习政治者忽占洋务,向习财赋者忽占
河工"。① 四川课吏馆学员"每日入课吏馆,名为肄业,其实不过闲谈而
已。所谈者无非是某观察之太太某日生辰当送送礼……除此之外,不过
吃两个馒头而散"。②

① 《姚永康之整顿课吏馆条陈禀并批》,《北洋公牍类纂》第一册。
② 《课吏腐败》,1904 年 5 月 13 日《大公报》附张。

第二节　"臬署"与"藩属"
——直隶法政学堂演变

课吏馆思想陈旧,进士馆不够专业,难以培养高层次法律人才,因此很早就有设法律学堂的动议,"日前某部奏设法律学堂一折,内有进士仕学等馆,其取义在明澈中外大局,于各项政事皆能知其大要,法律仅属普通学科之一,断难深造等语。"①直隶省闻风而动,1905 年 5 月,署直隶提刑司(通称"臬司")陈伯平即开始动手,在衙署内兴建法政学堂,后称"臬司法政学堂",讲授政治、历史、教育、理财、交涉、宪法、法学概论、警察诸学科,中国律例为授课重点,"臬宪陈廉访拟在署内创设法政学堂一处,业经禀商,袁宫保批准在案,刻已履勘本署仪门内西偏地址起盖房屋数□大间,当即鸠工庀材矣。所有工程限五月初间一律落成,俟工竣后即行招考学生。"②章程设计者为直隶学务局日本顾问渡边龙圣,总办欧阳弁元,陈伯平会办,清苑知县罗正钧提调,华籍教习潘履安讲授《大清律》和《条约》。

---

① 《进士馆近闻》,1905 年 5 月 9 日《大公报》第四版。
② 《法政学堂兴工》,1905 年 5 月 27 日《大公报》第四版。据《北洋公牍类纂》卷三,《署按察使陈筹设法政学堂谨拟章程十条》可知,臬署法政学堂为一陈姓署理臬司倡办。1905 年 9 月 17 日《大公报》载:"新授安徽按察使陈伯平廉访启泰日前禀请袁宫保,情愿出洋赴日本考察法政等科,已蒙批准,约在交卸直臬篆务后即行东渡",可知陈启泰任安徽按察使前曾署理直隶按察使。臬署法政学堂开办时直隶臬司应为宝芬,陈启泰署理。参见徐保安《清末地方官员学堂教育述论——以课吏馆和法政学堂为中心》。

　　这时的直隶法政学堂,主要招收已有功名的旧知识分子和在提刑司衙门学习的幕僚,以培养新式司法人员。很快,直隶又将原课吏馆改建为直隶法政学堂,当年(1903)9月招收"本省道府同通,直隶州州县佐杂"80人入堂,2年毕业,培养行政和外交人才。原直隶法政学堂改名为幕僚学堂,附属于新设的法政学堂,媒体常将新学堂称为"藩属法政学堂",设预科和正科,预科"以补习普通科学为主,兼授东文东语,以浏览东籍之用",设伦理学、历史、地理、世界政治地理、算学、教育学、法学通论、经济原论、东文东语等,每周30学时。正科专习中外政法专门各学科,设大清律例、大清会典、交涉约章、政治学、宪法、行政法、刑法、民法、商法、国际公法、国际私法、刑事诉讼法、民事诉讼法、裁判所构成法、应用经济、财政学、警察学、监狱学、统计学、演习裁判等,每周亦30学时。学堂设监督、提调各一员,"监督会同藩司专任延聘教员,酌定章程,总理全堂用人行政一切事宜。""以每年年假后开学至年终为一学年,中分两学期。""所有学员概不住宿"。开学初,臬署法政学堂"每日八点钟上堂,至十一点钟下堂,下午一点钟上堂,至三点钟下堂,后各生出堂回寓云。"[1]该学堂要求十分严格,以致同学颇有啧言。1906年底,该堂因中文成绩过低开除了11名同学,"臬署法政学堂年前期考,开除学生十一名,内有三个学期之程度者数名,有两个学期之程度者数名,其分数均系七十余分、八十余分,而竟开除。闻系因日前考试汉文,其文笔荒弛之故,以致开除各生。该堂若有汉文功课,似此开除各生固有可说。既无汉文功课,辄令援笔作论,其荒弛在所不免,如此办法,不但虚靡经费,而且有碍学务云。"[2]

　　直隶法政学堂1905年10月1日开学,这是中国现代法政学校开学第一日,"臬署法政学堂已于初三日开学,是日陈廉访同各学生行礼毕,演说一遍,遂散。……每日八点钟上堂,至十一点钟下堂,下午一点钟上

---

[1] 《法政学堂开学》,1905年9月9日《大公报》第四版。
[2] 《开除学生》,1907年2月20日《大公报》第六版。

堂,至三点钟下堂,后各生名行出堂回寓"。① 该班开学后,藩属学堂始招收行政人员,"前奉院饬改课吏馆为法政学堂,业经遵办在案。本司道等现将本堂房屋改修,不久工竣。各科教习亦将延请到齐,自应先期招考学员来堂肄业。蒙宪谕,本省道府同通、直隶州州县佐杂各班,无论在津在省、分道分府及有差无差,不拘年岁,均准投考。暂定员额录取八十名……教授法政等科,两年毕业,考给文凭,分别给奖。"②1906 年 6 月,直隶法政学堂官、绅两班共 60 人,同时的北洋医学堂 36 人,直隶师范学堂 505 人、直隶高等工业学堂 211 人。

　　"臬署"与"藩属"法政学堂,是一个学堂的两个办学单位。按总督袁世凯和学堂总办欧阳弇元的设想,直隶法政学堂成立后,应吸收合并课吏馆,但遭到陈伯平反对,陈认为课吏馆与学堂在招生对象、学制设计、教学管理各方面均有不同,难以合并。"查课吏馆系奉谕旨奏设,开办以来颇著成效,此项学堂乃官幕并选,又必须限以名额,虽设旁听一科,究不能容多数并入,均不无微碍。又学堂毕业须至两年,课吏馆人员犹得时出小差,藉资调剂,学堂则四期课程均不能稍有间断,而名额既定,在馆应课者势不能全数选入,未免有向隅之处,似仍以分设为宜。"③欧阳弇元只好"请札饬臬司将业经禀准开办之法政学堂改名为幕僚学堂仍附属直隶法政学堂,专为教幕之地,毋庸招考候补人员……直隶法政学堂专教候补各项人员,其附属之幕僚学堂,应归法政学堂监督兼管以专责成。"结果,幕僚学堂就成为专门的司法学校,两学堂的并立成为事实。1906 年 8 月 1 日,《大公报》同时刊发两则法政学堂消息,一是《藩属法政学堂牌示》,发布期末考试学员名单,"预科第一学期官班学员赵毓桂等……绅班学员

---

① 《法政学堂开学》,1905 年 9 月 9 日《大公报》第四版。"初一日藩属之法政学堂考试官学生",此处法政学堂标明为"藩属"。1906 年 7 月的一则报道,则明确为"臬署"。
② 《省城法政学堂示》,1905 年 9 月 11 日《大公报》第三版。
③ 《署按察司陈尊奉批谕三端列入法政学堂规章暨课吏馆碍难议并情形禀并批》,《北洋公牍类纂》。

王邦屏等";一是《教员需人》:"臬署法政学堂汉文教习柳少尉士(世)菜现奉藩宪牌示饬赴涞水县典史。"1907 年 7 月,臬署法政学堂告示"本学堂新章程,嗣后有旁听缺出,递禀请补者,必须取具省中各幕切实保结、盖印戳记……以例案粗通而品行端谨、文理优长者为合格取录。"①1908 年 7 月,"省城臬署法政学堂刻下招考新班学员六十六名,无论本省外省之举贡生监,暨有职人员均许投考"。

1906 年 9 月,直隶藩署法政学堂曾应总督要求接收山东等地培训人员,此时学堂有大小教室各两间,"以限于地址,无由扩充。现在讲堂大小四所,共容学员二百二十人,先后考取本省官班,经甄别后尚存四十八人,并为一堂。本年所取录绅班六十人,已在堂一学期。津堂尚在估建。则此班暂当留堂肄习,共已占二堂。此外余二堂可容百人。宪谕通盘筹画,遵与监督欧阳道筹议,如五省各遴送举贡二十人,适符百人之数。"②

袁世凯还曾创办吏胥学堂培训衙门执行人员。1905 年 7 月的公告说,"省城新设法政学堂,以造就官幕人才,特官所日与共事者,惟书吏、差役、执事之人耳。吏犹不乏上流,役则每况愈下,营私舞弊,习为固然。好义急公徒成虚语。惟趋之于学堂之中,使各有普通之道德、技能,实为改良行政之枢纽。应参酌半日学堂之意,各于署旁设立吏胥学堂,按初等小学章程变通教授,办公时刻有订约,日课以三小时为率,吏役流品不同,约班次以两三级为率,不论年岁之长幼,但分程度之高低。本部堂先就天津行辕创设,以为之倡,其司道府厅州县各属亦应斟酌情形一律添设。"③天津县吏胥学堂创立最早,"邑侯唐大令接奉札饬后,当即与学董林墨卿君筹办,并拟在县署西辕门外建造学堂云。"④这是袁世凯时代发展最快的政法警务学堂,在直隶同类学堂中规模最大。1906 年 6 月直隶的 16 个

---

① 《臬司牌示》,1907 年 7 月 17 日《大公报》第五版。
② 《署藩司毛禀山东等省举贡拣发直隶法政学堂肄业拟定额数文并批》,1906 年 9 月 10 日《大公报》第六版。
③ 《直督袁倡设吏胥学堂通饬酌量设立札》,1905 年 7 月 17 日《大公报》第二版。
④ 《议设吏胥学堂》,1905 年 7 月 17 日《大公报》第四版。

吏胥学堂中,天津县吏胥学堂学员 194 人,枣强县吏胥学堂 30 人,宣化吏胥学堂 60 人。

有的书吏文化程度较高,工作繁忙,不愿进吏胥学堂,袁世凯就决定先设丁役学堂,以"期开化""差役家丁"。1906 年 6 月,天津丁役学堂有学员 136 人。1906 年 7 月,直隶省还曾设监狱学堂,似为直隶法政学堂附属机构。1906 年 7 月,"藩司毛实君方伯刻下续行招考学习监狱人员,令候补佐班各员投考,有志愿学者须先期报名,于十六日考试。"学员为各州县试用、补用县丞、典史、同知、主簿、巡检、通判等。报考者齐集省城,毛实君又前往看望,"藩司毛实君方伯日前赴本署法政学堂考试学习监狱各员。"7 月 20 日,毛实君主持了监狱学堂入学考试,"藩司毛方伯于上月二十九日(公历 7 月 20 日)在署内法政学堂考试学习监狱及习法政各员。"考题为"问法政所以维持国家,振兴国家之具也。故研究法政者必以爱国之心为之本,而监狱者又法政之一端也。将欲从事于监狱学者又必以爱民之心为之本。人人知爱其国则国兴,人人知爱其民则民兴,而国更无不兴矣。诸君讨论有素,何以所见著于篇。"①学员部分入本部学习,部分选派日本留学,"本司叠次考试学习法政及监狱各员,均着于六月初一日早八点以前齐集法政学堂,听候本堂教习先行讲授监狱学大意,以为游学准备。即自是日起,每日讲授三小时,午前分三堂讲授。所有各堂笔记,按日呈阅,候讲授完毕再行分别取录或派赴日本学习监狱专科或俟暑假开学到堂学习可也。"②

---

① 《考试纪题》,1906 年 7 月 24 日《大公报》第四版。
② 《藩辕牌示》,1906 年 7 月 27 日《大公报》第四版。

第三节　京师法律、法政两学堂

　　京师法律学堂为刑部直辖,却晚于直隶法政学堂成立。1905 年 4
月,政务处与外务部、刑部研设法律学堂,培养修法与外交人员,拟名"中
西律例学堂","招考学生学习中西律例""由刑部奏稿"。5 月,刑部尚书
伍廷芳提议广设法律学堂,"伍尚书前奏请各省将课吏馆内添造学堂,专
设仕学速成科,自候补道以致佐杂,凡年在四十以内者,均令入馆学习政
法等□,本地绅士亦准听讲等语,已交学务处议奏。日前议妥,请仿照
《直隶政法学堂章程》办法参酌办理,其所订科目章程颇为完全,于造就
已仕人才佐理地方政治深有裨益。"8 月底,伍廷芳、沈家本等上奏法律学
堂章程报军机处和管学大臣审核,"已议妥,奏明奉旨依议矣"。①

　　当年 10 月,清廷批复报告,认为各省法政学堂预备科刚刚开学,专门
科尚未招生,故需单设法律学堂,按仕学馆章程给予奖励,"本年三月二
十日②军机处片交修订法律大臣沈家本奏专设法律学堂一折,又奏请在
各省课吏馆内添设仕学速成科讲习法律片……现在预备科甫设,专科尚
未有人。伍廷芳等所请专设法律学堂实为当务之急,自应惟如所请……
速成科□毕业后,应请简派大臣会同学务大臣详加考验,列定等第,分别
年限,比照仕学馆奖励章程酌量办理。……以六个月为一学期,三学期为

----

① 《准设法律学堂》,1905 年 8 月 29 日《大公报》第三版。
② 笔者注,公历 4 月 24 日。

毕业,每一学期后由督抚率同教习面试。"11 月初,刑部等有关负责人开始讨论学堂章程,"闻刑部各堂官会议前经奏准□办法律学堂。兹已拟定章程十余条,大致本学堂学生系用京中各部候补官员,外省学堂学生系用候补州县佐贰等官,每堂以三四十名为正额,学生年限以二年为期。""以造就已仕人员研精中外法律、各具政治知识、足资应用为宗旨,并养成裁判人才,期收实效。"12 月,选定宣武门内象坊桥作为校址,开工兴建,正科 3 年,速成科一年半。1906 年 6 月,议定速成科学员毕业后"发给文凭,派充京外警务、裁判官,其部署及各省按察司应用人员,惟完全科毕业后方能重用。"①该堂第一期招生 200 人,大大超出上一年开学的直隶法政学堂,"法律学堂已于十五日揭晓,共取二百名,另有二百名备取",还曾试图招收军人,培养军法官。9 月,第一期录取结束,正取学员120 名、副取 80 名、备取 187 名。1906 年 11 月,京师法律学堂开学,刑部侍郎、法律学堂监督沈家本亲自出席典礼,"一切办法颇属文明,总理沈子敦正卿悉心筹画,力求进步。该堂所聘教员均能热心从事讲授功课,不厌精详。东文助教汪子建②尤能反复推求,不遗余力。各学员相爱之笃,皆表同情。"③刑部还曾尝试为学堂编纂案例汇编,"刑部堂宪会商,现在法律学堂既已开办,将次推及他省,此后不少裁判人员惟培植人材之基础应令所有考求,即将自二十七年起本部审判案件及各项批牍交法律馆一并编纂成书,颁发京外法律学堂以备各学员考镜,刻已谕饬司员清查档案矣"。④

1907 年 10 月,京师法律学堂准备添招别科,三年毕业,要各省推荐现职和候补官员投考,每省限十名,"现定于十月内添立新班,招考在京候补候选各员,并拟由各省考取已有实官之员送京肄业。不论官绅,统归

---

① 《议定法律之出身》,1906 年 6 月 20 日《大公报》第三版。
② 即汪有龄。
③ 《纪法律学堂》,1906 年 12 月 15 日《大公报》第三版。
④ 《谕饬编辑审判全书》,1906 年 9 月 26 日《大公报》第四版。

提学使详加考验。"

1907 年初,学部即筹设法政大学,后决定改建进士馆。"学部荣华卿①尚书□与政府商议,拟在京师设立法科大学一所,考选文武学堂内精通中西文字之学生入校研究东西各国法律,其一切教授章程参酌法律学堂办理。"②"京师进士馆此次毕业颇有可选之才,足资任使。现学部议拟将该馆改为京师高等法政学堂以树各省之风声。"2 月底,学堂正式成立,"学部已将进士馆改为法政学堂,设立豫科二班,别科二班,学额一百名。豫科以二十至二十五岁之举贡生监文理精通者为合格,别科以二十至三十五为合格,概不住宿,每月各缴膳费二元五角",聘日人岩谷和沙山为教习,课程与原进士馆讲习科基本相同,原拟开设的治学馆并入法政学堂讲习科,培训裁汰之各部冗员。3—4 月,学部指派于永章为监学,学部右丞乔树枬兼任监督,林棨为副监督。招考时报名十分踊跃,仅京师各部吏员就达三千人以上,学堂还要求每省各荐 2—3 人,"毕业后仍回原籍办理一切法政事宜,用资得力。"③5 月,录取预科 200 名,别科 100 名。1907 年11 月,学部批准法政学堂扩招插班生,所有报名者均加试中文和日文,豫科加考算学、理化,别科加考法学通论、理财原论。

---

① 应为荣庆。
② 《拟设立法科大学校》,1907 年 2 月 1 日《大公报》第四版。
③ 《北京·调员肄习法政》,1907 年 4 月 3 日《大公报》第四版。

第四节　北洋法政学堂与其他法政学堂的相继设立

　　《直隶法政学堂章程》规定该堂毕业人数足够用时就要停办或归并"北洋法政大学堂"办理。因此,袁世凯很早即决定在天津另设法政大学,"袁宫保拟在天津创办直隶、山西、陕西、河南、甘肃等五省师范学堂及法政学堂各一所,尚未定议"。袁亦拟在津设宪政学堂培训直隶官员,"专授宪法学及各国议院章程等科,其第一班订为知府及道台肄业。第二班订为知县及知州肄业。第三班订为候选等官肄业。"①这可能是北洋法政学堂政治经济科的最早胎动。1905 年 10 月,袁世凯命幕僚黎渊等筹办北洋法政学堂,这是一所新式政法大学,设于"北洋天津地方",与已有法政学堂主要培训司法人才不同,它设有专门的政治经济科直接招收新式中学毕业生,培养政治和理财专家,开设政治学、比较宪法、最近政治史、比较行政法、政治学史、经济学史、社会学,以及日、英、法、德等多种外语课程,虽然聘请多名日籍教习使用日语授课,但华籍教师已占多数。

　　畿外各省的法政教育则进展不一,学部甚至多次发文催促。大体上说,京师法律学堂培训北京各部候补官员,外省学堂学生则为候补州县佐贰等官,每班以三四十名为正额,学业年限以二年为期。② 1906 年 8 月,

---

① 《拟设宪政学堂》,1907 年 9 月 1 日《大公报》第四版。
② 《会议法律学堂》,1905 年 11 月 8 日《大公报》第二版。

奉天开设法政学堂,沈家彝为总教习,11 月开学,录取学员 60 人,"二年卒业……系法政之普通学,卒业后分上中下三等,上等者由将军奏保应升官阶,中等者将军量材派充要差,下等者但给卒业文凭。"1907 年 1 月,署顺天府尹孙宝琦创设顺天法政学堂,分警察、吏治和法律三科,日本人冈田(朝太郎)为教习,招收"同通佐贰杂职,计有四十名上下"。"专为教育候补人员而设,以四十名为定额。""考取顺属候补州县以及佐杂人员入堂肄习外,并附候选官员一班,亦准报考,其警察学教习派候补县丞刘元棻,法律学教习派候补府经历孟性善充任"。① 但衙门内多数候补人员并不积极,"一时不能足额,故又准候选者一律入学,以养政法普通人才",也只招到 36 人。1907 年 6 月,湖北上报学部,拟开办法政大学堂,分"完全、简易两科。完全科七年毕业,简易科三年。原定规模阔大,章程深密,实为各省之法政学堂所不及。"1908 年 5 月,湖南巡抚岑春煊决定该省法政学堂别科和讲习科先行开学,以后再招预科。

---

① 《顺天府设立法政学堂》,1907 年 1 月 15 日《大公报》第九版。

第五节　法政学堂教师选聘与考试招生

　　对仕学馆教习我们只知有日籍教授岩谷、华籍教习林某(讲授国际法)①。进士馆"教习大半系大学堂仕学馆旧日教习。"如日籍的岩谷、杉②,华籍章宗祥、陆宗舆等。直隶臬署法政学堂只有中外教习各一人、通译一人,藩属法政学堂则额外添聘中日教习各一人。京师法律学堂筹办时,伍廷芳和沈家本分别主张选聘留美和留日同学,荣庆则想聘用仕学馆毕业生,"闻沈伍两侍郎奏请设立法律学堂一折已由军机处议奏。现在学务大臣荣张二公会同沈伍二公与议。荣军机以法律学堂教习,即以仕学馆本年卒业生充当,甚善。伍侍郎拟将美国留学生调回充当最妥。沈侍郎以聘东洋法律学教习为是,各主一说,尚未定议云。"③沈家本还多次致电驻日公使杨枢,要他推荐优秀人选。最终聘请日籍冈田朝太郎、松冈义正和华籍汪子建、钱念慈(留日)、陈公猛等讲授外国法,姚芝山、吉

---

① 似为林棨。
② 杉应为杉荣三郎,东京帝国大学法科毕业,曾任职日本大藏省,1902—1912 年来华工作,历任京师大学堂、进士馆和京师法政学堂法律及经济学教习。岩谷,应为严谷孙藏(1867—1918),毕业于东京外国语学校,曾赴欧洲学习法律,1902—1917 年在华工作,历任京师大学堂仕学馆正教习,京师法政学堂教习(1906—1912),后任民国法典编辑会调查委员。参见[美]任达著、李仲贤译.《新政革命与日本——中国,1898—1912 年》,江苏人民出版社,第 80—83 页。
③ 《会议法律学堂意见》,1905 年 5 月 22 日《大公报》第三版。

时生讲授中国法。到北洋法政学堂时,留日归国的法科学生已经不少,虽聘日本教授今井嘉幸和吉野作造,但中国教师已占多数,嵇镜、易恩侯、李志敏、高种等皆为其代表。

仕学馆的讲义是日本教习口授,翻译后由学员记录的,"现在所编讲义共约六十余册,编成后由官书局印行,其所述者皆为日本博士、学士诸君口授而以日本大学士卒业之留学生为之口译。该学员所笔记者研究有素,自与坊间所授政治法律各专门科学书不同。"①"仕学馆编辑讲义之事已志本报,兹闻此事已经学务大臣及本学监督之许可,更有诸教员之赞成,学生分担编辑之任,经教员改正之后出版发行。闻编辑章程已经妥定,各学生已起首编辑,于七八月间可以出版。兹探悉其讲义目录列后。(甲)法律学,一法学通论,二宪法,三刑法,四刑事诉讼法,五民法,六民事诉讼法,七商法,八法制史,九国际公法,十国际私法;(乙)财政学;(丙)经济学,一经济通论,二货币论,三银行论,四农政学,五商业政策学,六工业经济学,七交通政策学,八保险政策学,九经济学史,十统计学;(丁)政治学,一政治学,二行政法,三政治学史。按各国大学堂均有讲义录出版,由教员口述,学生笔记,几经更易然后脱稿,闻有数种已由学生编辑成册。"②

初期的法政学堂只招现职和候补官吏,均考策论。1905 年 7 月,直隶臬署法政学堂发文说,"本署司筹设法政学堂,前已出示招考。现定筹给每月津贴银官十二两,幕六两,均各扣除二两,由堂代备笔墨等费,以昭划一。兹改定于六月二十日③在于课吏馆命题考试策论一篇,以凭录取。"初试考题为"张释之为廷尉,于定国为廷尉,民自以不冤论"和"问刑法之目的要不外维持治安,然犯罪之智巧与害世之奸恶均随世远而俱进。故刑法规定不能不适乎时宜。今欲杜绝奸慝,防御犯罪,凡立法司法应定

---

① 《进士馆近闻两志》,1905 年 5 月 22 日《大公报》第三版。
② 《仕学馆讲义目录》,1905 年 6 月 11 日《大公报》第四版。
③ 笔者注,公历 7 月 22 日。

如何之适当方法而可以达刑法之目的、保人类之安全？试详言之"。由该考题可见幕班纯为培养法律人才。

1905 年夏历 10 月底，直隶藩属法政学堂官班招考，题为"中国历代法制与现今欧美各国法制异同论"。次年 3 月招考绅班，"非各州县备文申送者不准与考"，说明须县以上衙门正式推荐才能报名。1906 年 8 月，新修订学堂章程说，"本学堂专招募直隶候补人员，不拘班次大小……以改良直隶全省吏治，培养佐理新政人才为宗旨……设于藩署附近，以便藩司随时稽查督励，堂中重要事宜由监督就近会商办理"。聘有中日教员，"于日教员所任学科一律延聘精通日语人员为之通译，以收速成之效"，"招收学员每年以一百二十人为定额，因讲堂狭隘，暂分两班教授""本省候补人员""年在四十五岁以下""文理明通""不染嗜好"者皆可报考。

初创时期的法政学堂，因学员出路未定，很多人并不积极，不少学堂都一再延长报名期限，乃至扩大招生范围。直隶法政学堂招收绅士进行现代法律教育，给传统习幕者带来冲击，他们竟张贴虚假广告，散布谣言，以阻止他人投考，"臬宪陈廉访近因修改刑律，拟在署内添设法政学堂一处，当即出示招考官幕两途各生，无论何省人员均须投考，系为造就人才而资刑政起见。乃有臬署班中学习刑席之人把持太甚，在二道口地方张贴伪示一张，略谓此次招考，不准他人应考，非本署班中人不得应试，所有报名各生尽非班中人，俟届试期万勿应考，须当自爱云云。噫！昔习刑席者尽是浙绍人盘踞把持，不许他人进班肄习。"[①]当局只好专文辟谣，"设立法政学堂原为造就官幕人才，幕学生虽云就司班选取，不过因班为学幕者荟萃之地，取材间易得幕学有根底之人。其不在班内而文理优长或曾习幕，功亏一篑或官宦子弟学有渊源，并有志入学堂肄习者，岂能不稍宽其途。如果一概不准，现在班内报考者仅八十人，而学堂原定幕额三十名。顷课吏馆奉饬改章，本署学堂尚可加额。若专就此八十人中选取长

---

① 《刑席把持》，1905 年 7 月 22 日《大公报》第四版。

于文理功候已深者,恐亦未足额。如取于班内不足,而外间高手转因不在班内不得与考,亦岂原立学堂宏奖幕学之意。若虑其人来历不明,现已饬令各具切实保状,将来入堂肄业时尚应各按规则呈送原书,不致无从稽核。该学生等若能长于文理,功候已深,即不患居人之后,纵或一时见遗,亦可自勤于学,下次再考,不必汲汲分别班内班外。"①

为了扩大生源,直隶法政学堂竟以增加补贴为噱头,"凡在候补府厅佐贰杂职各员须知此举为整饬吏治、改良行政起见,是以优给津贴,厚予奖励。本督部堂非以察吏,该员等舍此无以进身,苟属有志入学者,亟向该堂报名投考,毋得观望自误,切切!"②

山东法政学堂开办时,因官员报名太少,巡抚竟拿来官员名册随意圈划,强迫应试,投考学员也不认真作答,有的竟然白卷应付。学员上课听讲也不认真,有的随意出入,也有人埋首书桌酣然大睡,使日本教习十分生气,"谓中国如此情形,实不堪教诲矣。"有的教习上课时竟大讲"黄河中七十二家大王"等迷信思想,遭到学生质问。顺天法政学堂本来要招40人,可是报名人数寥寥,只好命候补官员一律入学。1907年11月,顺天法政学堂期末考试,法科教师崔某竟将考题事先泄露给个别学员,致"各员群起大哗",被监考的府尹抓住,当场辞退。1907年2月,浙江法政学堂开始报名,原定官班占全员六成,即120名,可报名人数太少,只好放开报名,要求"随宦子弟一体具报",仍然达不到名额要求,而绅班则报名人数过多。

防范枪手作弊也是当时难题之一。直隶法政学堂最早招生复试时,让考生将各自的初试答卷默写一遍,以核对笔记,不想有人携带初试答卷原文带入现场临摹。有的诚实考生则忘记了答卷内容,造成混乱,缴卷时只好全体拍照备查。京师法律学堂入学考试时通知北京各学堂监督到场确认学生身份,以防冒名替代,"法律学堂连日考试,于防范枪冒特为认

---

① 《臬宪批示》,1905年7月25日《大公报》第四版。
② 《本埠·督牌照录》,1905年9月2日《大公报》第四版。

真,每届考试日期,必约集京师各学堂监督,学员于点名之时详细审查,如有本堂学生冒名顶替者,即行扣除,以杜幸进而选拔真才。"因学员来自京城各单位,考生程度参差不一,如八旗生源"百余人,其中有缮写履历者,有缮写官话字母者,所交之卷笑话颇多,而迁就呈递者亦不过二十余本。"

第六节　结语

　　清末中国的法政学堂,本为快速、大量地培养法律和政治实务人才,开办后却逐步转为普通政法高等教育,成为民国法政专门学校的前身。鲜明的日本色彩是这些学堂的共同特征,不仅日籍教习和留日归国学生是学堂教学力量的骨干,课程设置和内部管理也多取法日本,有的学堂还直接使用日语授课,这给中国后来的法律和政治发展打上了深厚的日本烙印。

第二章

北洋法政学堂的创办与沿革

从光绪三十二年(1906)六月,袁世凯委任黎渊为北洋法政学堂首任监督(即校长),筹建学堂开始,到1937年2月撤销为止,北洋法政学堂先后经历了整合、更名等多次变革,持续办学31年。学堂先后培养出李大钊、安体诚、洪麟阁、王守先等诸多先烈,潘云超、夏勤、童冠贤、杨亦周、吴砚农等政治和领袖人物以及崔敬伯、刘及辰等财经专家和朱道孔、王福同、胡学骞等知名律师,是中国近代重要的法政和财经教育基地。1946年底,在老校长顾德铭等校友的奔走下,学校成立恢复筹备处,次年开始招生。1949年2月,新进城的天津市军管会宣布该校裁撤,在校学生和图书资料并入南开大学。从创办开始到1937年,学校经过了三个大的发展阶段。

第一节 北洋法政学堂的创办

在1906年学堂创立至今的一百多年中,学校经历了更名、整合、升格、撤销,又曾恢复的曲折经历,这正是中国近代政法教育的一个缩影。搜集、整理该校草创时期的艰辛事迹与学制沿革,对于研究中国近代法政教育的发展历史,吸取必要的经验教训,都有着重要的历史意义。

一、北洋法政学堂的奠基者

北洋法政学堂与其他法政学堂一样,是清末新政的产物。1905年9月,清廷决定预备立宪,即颁布宪法、改革法制、成立各级民意机构和司法机关,描绘出一幅国家和社会生活民主化的蓝图,这就需要举办新式学堂,培养大量法律和政治人才。

1905年3月20日(农历),军机大臣孙家鼐呈折,要求在各省课吏馆内添设在学速成科讲习法律,"新律修定,亟应储备法律人才""近日直隶议设政法学堂,所列科目颇为详备。"①这说明1905年上半年,直隶省已经酝酿创办法政学堂。很快,直隶法政学堂即于1905年9月1日开学。

---

① 《孙家鼐等议复专设法律学堂折》,1905年10月1日《大公报》第五版。

该堂在原直隶省政府课吏馆的基础上改建,校址即在省政府院内(在保定市),招生对象为直隶省现职县级以上官员,普通人即使报名也被驳回。学员"不拘年岁",名额为 80 人,因此入学的多为知县和县丞,没有应届初高中毕业生;学制两年,预科半年,正科一年半;上学时还有津贴,每月六元。① 但是,招生情况并不理想,第一期仅招足学生 39 人,还有部分学员长期旷课。1906 年 2 月,它再次强调自己只招收各衙门推荐的有一定法律和判例知识素养的州县官员及幕僚,还需衙门担保,"必须曾入司班,例案粗通而品行端谨,文理优长者方为合格,并须各署幕中出具切实保结。"②由于该学堂规模很小,因此,在其创办之时,在天津办一所更大规模的法政学堂已在筹划中。而那所规模更大的法政学堂,即北洋法政学堂③。

北洋法政学堂大门

---

① 《法政学堂开学》,1905 年 9 月 9 日《大公报》第四版。
② 《臬署法政学堂牌示》,1906 年 2 月 11 日《大公报》第四版。
③ 《奏定直隶法政学堂章程》,1906 年 9 月 3 日《大公报》第六版。

　　1905 年 10 月,袁世凯要求他的幕僚黎渊和嵇镜开始筹办北洋法政学堂,这是两位留日归国学生,分任第一任监督和教务长①。不久,梁志宸亦来校,他是赴日考察的本省绅士②。1906 年 2 月,黎渊、嵇镜等已将学堂章程草案提交时任学部侍郎严范孙审阅③。1906 年 4 月,袁世凯呈文要求奖励黎嵇二人,他说二人"上年九月经臣电调回国,派委筹办北洋法政学堂事宜"。1906 年 7 月,学部颁发了《北洋法政学堂章程》,这标志着北洋法政学堂已获得中央政府的批准。9 月,黎渊正式上任,学堂的筹备进入快车道。

　　1906 年 12 月(农历 10 月),学堂筹备组开始运转,起初不过十来人,就在监督黎渊家里办公。12 月 30 日(农历 11 月 15 日),北洋法政学堂公章开始启用,这标志着学堂正式成立,直隶法政专门学校时期即以此日为本校纪念日。筹备组除监督建筑工程外,还要派人采购图书、仪器,出国选聘教员,所以筹备工作艰苦而紧张。

　　黎渊(1879—1935),字伯颜,贵州遵义人,早年就读于苏州中西书室普通学,后留学日本。1905 年 6 月毕业于日本中央大学,获法学学士学位;1905 年 9 月(农历)奉调回国,负责筹办本堂并任袁世凯督署文案;1906—1908 年任北洋法政学堂首任监督,1909 年初离职。④ 袁世凯称他

① "丁未年,北洋将设法政学堂,即令黎、嵇主其事。该校章程办法,皆出嵇手。黎充监督……嵇充教务长,莅校视事未三月,因与黎冰炭,辞职。"但嵇辞职后,似乎并未离校。1908 年的同学录仍有其名,排名在黎渊之后,梁志宸之前。参见《北洋法政专门学校同学录》,《附录》。
② 黎渊在校时(1908 年)的一份同学录显示,梁志宸在职员一栏仅排在黎渊和嵇镜之后,似可说明他此时已任管理职务,因此有说法称他"1907 年兼北洋法政学堂教务长",直到 1909 年初,绅班毕业时,他仍在校任职。参见《北洋法政专门学校同学录》,《附录》。1910 年 10 月,他支持白雅雨等发起成立中国地学会并担任评议员。
③ 严范孙 1906 年 2 月 2 日(此为夏历,公历为 2 月 24 日)日记记载:"伯颜、涤生至自津,将赴保定,以所拟法政学堂章程见示。"这里的伯颜、涤生分别为黎渊和嵇镜,说明他们当时已经拟出学堂章程并征求学部主要负责人的意见。参见严范孙.《丙午北京日记·二月初二日》。
④ 李文林、李文希.《黎渊与天津"北洋法政学堂"》。

"志虑纯笃,学术深湛。"①

嵇镜(1877—?),字涤生,江苏无锡人,1897年考入南洋公学,1901年留学日本。1905年,他毕业于早稻田大学政治经济科,获政治学学士学位,留日期间曾与金邦平、陈独秀(由己)等参加张继发起的革命组织青年会②。1900年,他翻译出版了日本著名政治学家高田早苗的《国家学原理》(译书汇编社出版)③。1902年,又翻译出版了高田早苗的《宪法要义》④,因此对宪法和国家学有专门研究。1905年10月,回国筹建北洋法政学堂,袁评价他"性质高明,通达事理"。

梁志宸(1869—1955),字著芗,河北丰润人。清末举人,内阁中书。日本早稻田大学师范部法制经济科毕业,1905年底曾参加反对《留学生取缔规则》运动⑤。同年,他领衔上书直隶总督袁世凯,呼吁选派优秀士子赴日留学师范、法律与政治,得到袁的首肯。他呼吁说:"比年以来,江湖各省以地方公款派士绅来日本者日多,或留学一二年,稍究师范、政治、法律,或游历数月调查各种制度,原其用意,诚以所在需人任事,任事之人不可无所取法,故使人游于外,接其人、观其事,研其学理、文明、思想、灌输于脑中,归而任事,庶几有所则效。"⑥应该说,该校很多老师曾留学日

---

① 天津图书馆、天津社会科学院历史研究所编.《袁世凯奏议》,天津古籍出版社,1987年,第1289页。有人说黎曾任北洋大学监督,似不确。

② 1931年3月21日,张继在法商学院的讲演中说他留日时组织该社"目的在打倒满清",参见《张继昨晚赴沈》,1931年3月21日《益世报》第二版。

③ [日]实藤惠秀.《中国人留学日本史》,生活·读书·新知三联书店,1983年,第219页。

④ [日]实藤惠秀.《中国人留学日本史》,生活·读书·新知三联书店,1983年,第266页。

⑤ [日]实藤惠秀.《中国人留学日本史》,生活·读书·新知三联书店,1983年,第383页。

⑥ 《北洋公牍类纂》卷十一,北京益森公司,1907年。据说袁世凯确实受到了梁志宸报告的影响,"袁世凯……参考派赴日本考察的阎凤阁(后来的直隶省会议长)、梁志宸(后来的直隶省议会副议长)等人先后提出的意见,仿照日本学堂定制,在天津另行筹办一所具有相当规模的法政学堂。"参见齐植璐.《北洋法政学堂及其沿革》。

本,应与此有关。1906 年 11 月,梁奉调回国,至 1909 年任北洋师范学堂教务长、北洋法政学堂教务长,后任直隶高等商业专门学校校长、直隶法政专门学校(即本校)校长、中国实业银行总行经理等职。1952 年被聘为北京市文史研究馆馆员。

1907 年 3 月,学堂建筑已基本落成,可称得上"地势宏敞",比当时天津的其他学校更加壮观。① 同年 6 月,该校在报纸刊登广告,开始大规模招生。

二、北洋法政专门学堂的定位与特色

北洋法政学堂的招考颇具吸引力。首先,它招收初中毕业生,而且按照分科大学堂给予出身,即承认具有大学学历,优秀者还可公费留学,这就摆脱了当时法政学堂常有的生源只限于科举考试已取得功名、并有一定仕途历练的在职官员的限制,而且它完全自费、不给津贴,这就大大拓展了招生渠道。其次,该校专门部的招生对象是中学生,也就是初中生(及初中同等学历者),这就避开了与只招收高中生的北洋大学法科的竞争。因此,只有初中学历,既非在任官员,也非吏胥幕僚的李大钊、白坚武才能考试入学。第三,它处于中国北方当时最为开化的天津,又面向全国,特别是北方各省招生,因此各地学生报考非常踊跃,招到了不少很好的学生。不少学生本来是学其他专业的也来报考。比如,李晋是天津翻译储才所的毕业生,张一诚、苗寿昌、周维城三人是直隶师范学堂毕业生,白坚武则是在职的中学教师。

北洋法政学堂教授高等法律、政治、理财"专门学术",是一所研究型的政法财经类大学;培养目标不是普通地方官员,而是"完全法政通

---

① 《学堂落成》,1907 年 3 月 12 日《大公报》第五版。

材"①。虽然该校最早也曾开设简易科,为地方自治培养实务人才,但章程规定"本学堂……附设简易一科……行政司法两门……一俟两班毕业、人才略备,即行停办。"因此,该校定位就是普通高校,其成人部分只是为满足当时急需附设的,不是学校的主体。该堂仿照当时国内最好的大学,即京师大学堂(北京大学的前身)开办,而学制缩短一年,因此课程繁重。

重视外语是本校特色之一。北洋法政学堂建校之初,就把外语教学放在重要位置。就入学资格来看,专门科要求有国文、算学、外语三科基础,而简易科职班只要求国文,绅班则是地方选送的,没有统一的入学考试。"本堂前因报名截止两经展期,最后限至六月三十日截止,业经登报广告。兹定于七月初五日②考试专门科国文,初六日(考试)简易科职班国文;初七日(考试)专门科外国文及算学。"③考试从上午七点到下午五点,可见题量是很大的。"本堂定于七月初五初七两日考试,初六日考试职班,业经登报广告。凡报名投考诸君,务望各按定期,于是日午前七点钟各穿常服,携带笔墨并自带食物,齐集本堂听候点名领卷入堂,限于午后五点钟交卷,倘有夹带书籍、怀挟钞本者,查出扣卷不录。"④

在教学中,除简易科学员程度低一些、教学中设翻译外,预科和正科

---

① 《北洋公牍类纂》卷三,北京益森公司,1907年,第37页。
② 七月初五日,即公历1907年8月13日。
③ 《北洋法政专门学堂定期考试广告》,1907年8月3日《大公报》第四版。有人说,外语和数学不是必考课,其成绩只是录取参考,"国文试以经义、史论各一篇,外国文试以日、英、德、法语的浅近文法或翻译,以一国为限。数学试以笔算例题。以上三种科目以全作为上,其未习外国文及数学者,不作亦听之。"参见齐植璐.《北洋法政学堂及其沿革》。职班的试题为申论两题,"国之本在家,家之本在身义;范文正为秀才时,以天下为己任论。"绅班则要求各属府县自行招考选送,"宫保通饬各属选择四十五岁以下之士绅,试一史论、时务策各一道,取定正、备各一名,于六月二十日以前备文附卷将正取送往该堂肄业云。"见《通饬各省选择士绅》,1907年7月26日《大公报》第五版;《法政学堂考试新生》,1907年8月15日《大公报》第五版。六月二十日,即公历1907年7月29日。
④ 《北洋法政专门学堂紧急广告》,1907年8月7日《大公报》。

的外籍教师上课不设翻译。学校要求，"日文日语为将来听讲所必需，故学生人人应当注重"，英语、法语和德语则可以自选，预科生还按所选语种单独分班。李大钊、夏勤都在英文甲班(后改为一班)。郁嶷、郭须静在法文班，白坚武、江元吉(湖北黄安人)在德文班。因此，本校同学的外语基础都很扎实，不少人在校时即可翻译外文专业书籍。我们从《言治》等刊物发现，李大钊、张泽民、夏勤等都曾在上学期间发表流畅的译文，李大钊等还翻译了《蒙古与蒙古人》，编写了《〈支那分割之运命〉驳议》等书公开销售，崔绍增[①]、何浩组织了编译社，出版发行外文法律教材。李大钊、夏勤、张泽民、于树德、安体诚等都能在毕业后直接到日本留学，郭须静留学法国，王德斋留学美国，童冠贤则留学美日多国。由此可见，扎实的外语基础是不可少的。

北洋法政学堂的专业设置也开创了国内先河。绅班和职班为新政培养经办人员，招的是社会绅士和职员，有人入学时就已四十多岁，有了举人、秀才等功名。专门部分为政治经济科和法律科，招收新式的中学毕业生，他们受过数学、外语、自然及西方现代人文基础训练。法律本科第三年分为国内法和国际法，政治经济科则分为政治和经济两个方向。虽然大家的政法基础与骨干课基本相同，包括宪法、行政法、民刑事实体与程序法等，但文化熏陶、专业课程乃至年龄、学历，甚至外语知识等各个方面都各具特色，学有优长，不少人曾追随李大钊领导的革命活动。如行政科学员潘智远，字云巢(超)，北直隶通州人，国会请愿和革命活动的积极分子，入学时 24 岁，是立宪积极分子，民元加入国民党，长期在京津两地从事革命活动，曾任天津《醒报》主笔和北京《益世报》总编辑，后任国民党中央候补监察委员，国民党北京执行部调查部秘书，是李大钊领导北京地

---

① 崔绍增，字乐天，直隶滦州人，北洋法政学堂法本一班学生，1913 年 12 月取得律师资格。《白坚武日记》中记载，到 1919 年 7 月，法政校友孙佩章等仍在为编译社筹集经费，参见中国社会科学院近代史研究所编，白坚武著，杜春和、耿来金整理.《白坚武日记》第一册，江苏古籍出版社 1992 年，第 203 页。

区国民党组织的重要伙伴。秦广礼,凌钺、童启曾都曾担任国会议员。凌钺(1882—1946)字子黄,河南固始人,北洋法政学堂别科学生,1909 年 3月—1912 年 2 月在校,北方革命运动积极分子,1913 年任第一届国会众议院议员,后任中华革命党河南支部长。刘德藩和崔亮臣都留校任教,参加直隶教育会等社会组织,并担任顺直议会议员。崔亮臣,字璧廷,深州武强人,北洋法政学堂别科一班学生,北洋法政学会会员,直隶教育会会员,1912 年任顺直临时议会议员,1916 年与李大钊等发表《直隶学界通电》,要求任命国民党人张继为直隶省长。

三、强大的师资力量

由于袁世凯的重视和学堂主要负责人的多方延聘,北洋法政学堂拥有着当时国内罕见的强大师资队伍。学堂首任监督黎渊(1879—1935),1905 年 6 月毕业于日本东京中央大学法科,曾任袁世凯督署文案;另一重要创始人嵇(稽)镜(1877—?)毕业于早稻田大学政治经济科,政治学学士。此外还有多人亦曾留学日本。易恩侯,1907 年回国,在北洋法政学堂法律科任教,同年 10 月通过学部组织的留学生统一考试,获得毕业文凭。后任黑龙江高等法院检察长,1923 年 8 月任直隶高等审判厅厅长。[1]刘同彬(1880—1952),字颂(诵)青,河北东光人,1904 年赴日留学,日本早稻田大学毕业,1909—1914 年在北洋法政学堂中学部任教,以后长期在京津地区教育界工作,1924 年重回本校任监学。1925 年 9 月至1928 年 8 月担任本校后身直隶公立法政专门学校校长,他在军阀混战的战火烟云中维持学校,白坚武说他"勤俭清苦,在教育界有年,谨饬自好,

---

[1] 有资料显示,易恩侯曾为北洋法政学堂法科主任教习,参见崔志勇.《李大钊与北洋法政专门学堂》。

长法校时尤负责维持。"①

吉野作造　　　　　　　　　　刘同彬

李志敏,字秀夫,天津府沧县人。早在 1905 年留日期间,他就与革命党人王葆真关系密切,并与张继、张福年、蒋耀奎(冶亭)等倡议创办津南中学。回国后长期在津从事教育工作,曾任北洋法政学堂教师、直隶私立法政学校校长,1920—1924 年任直隶法政专门学校(即本校)校长,顺直议会议员,曾邀请李大钊、赵世炎等到校讲演,对李大钊多有推崇。吴家驹(1878—1964),字子昂,湖南湘潭人,日本明治大学政学士,1907 年 8 月至 1911 年 6 月任北洋法政学堂教师,后任国立北京法政专门学校校长、京师等地高等检察厅、审判厅厅长,1932 年 4 月至 1934 年 6 月,担任本校后身河北省立法商学院院长兼法律系主任,1951 年 12 月被聘为中央文史馆馆员。学堂也曾从日本采购了大量的参考书,为师生深造创造条件,有利于学员深入钻研日本先进的政治和法律思想,李大钊、于树德等最早接触马克思主义,应与此有关。

有的学堂教师积极参与社会活动,拥有广泛的社会影响。邓毓怡(1880—1929),字和甫,河北大城人。1903 年至 1907 年赴日本留学,后

---

① 中国社会科学院近代史研究所编,白坚武著,杜春和、耿来金整理.《白坚武日记》第一册,江苏古籍出版社,1992 年,第 600 页。

任北洋女子师范学堂和北洋法政学堂教师。1908 年至 1912 年任法政学堂斋务长,深受同学喜爱,"大城邓和甫富心计,工文章、诗书画。余修学于天津北洋法政学校时,邓为斋务长兼教员,长于便谈而短于公演。"①民国后任首届国会众议院议员,1922 年与李大钊等发起宪法学会,他是激进立宪派,也是直隶早期女子教育家、新文化运动积极参与者,新中华戏剧协社成员,创作了大量新旧诗词。如 1921 年的《好难当的儿子(所见实事)》:②

> 我的邻人,有两个儿子;
>
> 他自己吃喝嫖赌,还偷人点儿东西。
>
> 他大儿子,劝他不听,和他断了关系。
>
> 大家说,这儿子不好,真忤逆!
>
> 他二儿子,便不劝他,直到他捉将官里去。
>
> 大家说,这儿子也不好,陷其亲于不义。

又如 1922 年的《钟声》:

> 钟楼上的钟声,衔接着鼓楼的钟声;敲破夜空的沉寂,这是什么意义?是不是向人们说:"不要睡死了啊! 你们还有明日!"③

又如《镜铭》:

> 漱盂铭
>
> 漱漱口吧!

---

① 中国社会科学院近代史研究所编,白坚武著,杜春和、耿来金整理.《白坚武日记》第二册,江苏古籍出版社,1992 年。

② 1921 年 11 月 19 日《晨报》副刊第二版,署名邓拙园。

③ 1922 年 10 月 26 日《晨报》副刊第一版,署名邓拙园。

漱净了，

　好去说自己心里吐出的话；

　好去吃自己手里挣来的饭！①

　　吴柄枞,字惺笙,湖北房县人,1907 年至 1911 年 9 月任北洋法政学堂教员,后赴京参与创办尚志学会②。1920 年前后任北京《法律周刊》编辑,参与了邓毓怡、李大钊等组织的"宪法学会"。

　　对学生影响很大的,还有当时学堂聘请的外籍教师。为了选聘优秀师资,学堂专门派教师高种(字子来)赴日接洽。开学初,学堂就选聘了中村刚一、吉野作造、牧野田彦松、今井嘉幸、桑原信雄等多名日籍教师,以吉野作造和今井嘉幸最为知名。吉野作造原系袁世凯为其子女聘请的家庭教师,后为激进的民主主义者。他主张中日友好,组织中日青年联谊活动,五四时期参与营救陈独秀出狱,是李大钊民主思想发展的重要引路人。在法政学堂,他也是深受学生爱戴的老师,还举办课外讲座,讲授西洋政治史。

　　今井嘉幸,日本爱媛县人,国际法专家。他在北洋法政学堂任教长达六年,是本校外教中任教最长的。他热爱中国,深入研究中国政治和法律制度,大力呼吁恢复中国司法主权。他不仅与学生打成一片,还支持学生各种进步活动,对李大钊多有帮助。他出资赞助北洋法政学会,亲自出席中国社会党天津支部成立大会并发表讲演,亲自撰写《论撤去领事裁判权》交给《言治》发表,"鄙人来中国从事法政教育,于兹有年,视中国殆无异母国也。比虽以事故,不能久留兹土,而其依恋之情,则固有大难堪者。临去惓惓,聊贡此论,使其说有裨中国于万一,固诚余无上之幸。而异日

①　1922 年 11 月 20 日《晨报》副刊第三版,署名拙园。

②　尚志学会是民国时期活跃的文化革新组织,主要有教育、出版和卫生三部分,北洋法政学堂教务长籍忠寅,教师吴柄枞、吴家驹等参与发起。吴柄枞在黎渊时已经在校,李榘主持学校时离开。

中国法权之收回,果终实行,使余得举杯相庆于故里,尤鄙人之所厚祷也!"①郁嶷认为他"主吾校法学讲席,于兹六载。与国人相熟既久,谊好益笃。尝谓国人曰,吾居中国久,几忘其为异国人矣!故每于中国时政之良窳,恒与诸子共其喜戚!今者先生行将归国,临别依依,犹急构此文,以饷吾国,国人感荷殊深。"②今井嘉幸回国后还与李大钊等长期保持联系,并把自己的专著《中国国际法论》交给李大钊、张泽民翻译出版。

辛亥革命爆发后,今井嘉幸曾专程到南方考察,返津后发表了长篇政论《建国策》,系统阐述了他对中国未来政治发展的诸多重要观点。如他的宪政人权论,"所谓保护人民之自由者,即以宪法将人民之身体、财产及言论之自由等即法人所称民权自由者逐条列举之,又将关于此等规定不可不依法律之事项等俱宣言于宪法中,则人民之自由可为其代表之国会所保护。一般官吏虽欲专横,无由加焉。"③又如他的地方自治论,"要在取联邦及统一制度之长而舍其短,设定具有大自治权之特种地方团体而相宜结合之,以组织空前绝后之大民国也。而自治体之行政主张固宜由民意定之,或以自治体人民选举为标准,而经大总统承认之。不然其弊有不可胜言者。"④他在《中国国际法论》中反复强调的修正不良法制,逐步取消不平等条约的思想也必然影响到李大钊,这应是李后来翻译《中国国际法论》的重要动力,"苟吾人从事改善不让文明诸国,则领事裁判权存在之基自覆。"⑤1918 年 12 月,李大钊向北京大学图书馆捐赠了今井嘉幸撰写的《建国后策》,这是《建国策》的姊妹篇,说明李大钊对今井嘉幸著作的珍视。⑥

---

① 朱文通等整理.《李大钊全集》,河北教育出版社,1999 年,第 293 页。
② 郁嶷.《论撤去领事裁判权》,《言治(专论)·郁嶷附志》,1913 年第二期第 8 页。
③ 今井嘉幸.《建国策》,《大公报》。
④ 见今井嘉幸.《建国策》。
⑤ 见今井嘉幸.《建国策·司法策》。
⑥ 北京大学图书馆、北京李大钊研究会编.《李大钊史事综录》,北京大学出版社,1989 年,第 191 页。

四、李大钊在北洋法政学堂

李大钊作为预科第一级学员考入该校。在校期间(1907—1913),他学习勤奋,尊重师长,广交朋友,兴趣广泛,可谓优秀的学员、出色的校友。

北洋法政学堂的课程设置是中西结合的。除了中国历史、地理、国文等课程外,该堂还设置了大量的西方专业课程。李大钊在本堂预科第一学期,即开设有伦理学,本学期该科的期末考试共有两道论述题,即:

1. 伦理学定义宜若何判定?所谓伦理行为者有若何之条件?试诠释之。且动机结果二说其意义若何,以何者为可取?有因时因事而异宜者否?

2. 梭氏柏氏何氏为西洋古代伦理学巨子?可撮其学说之要略或更以己意评判之。

这些题目涉及的内容是完全西方式的。第一题是考查伦理学的概念及其主要流派;第二题是要求论述苏格拉底和柏拉图两位西方伦理学创始人的主要观点,并加以评判。甚至该堂的国文(中文)课也深受西方的影响。该堂本学期末国文课共有五道论述题,前三题皆有关中国典籍,后两道则选自严复翻译的英国学者约翰·穆勒的《论自由》,其一为"问群己界限,近人以么匿拓都诠说,何就其义推而衍之",就是论述个人(么匿)与集体(拓都)之间权利划分的原则。其二为"问民政组合有时公群太半之豪暴无异专制之一人,然乎否乎?"这是《论自由》引论中的一段话的结尾,这句话的原文是这样的:

民以一身受制于群,凡权之所集,即不可以无限,无问其权之出于一人,抑出于其民之太半也。不然,则太半之豪暴,且无异于专制之一人。①

意思是说,只要有集权的地方,无论是集于君主一人,还是集于民主的多数,都应该有所限制。否则,多数就可能挟持少数,造成专制。多年以后,李大钊写文章还曾多次引用严译《论自由》中的相关内容,有时甚至大段背诵,说明李大钊曾下功夫深入研究,对该书非常熟悉。

到 1909 年,李大钊入学的第三年,他日后一些主要兴趣已经显现,日语也已非常流利,不仅能够正常听课,还能使用日语作文。我们看他在《法学通论》一书中所作的批注,即可发现这一点。这是一种法学公共课,即对于法学的各主要部门都有所介绍。李大钊的批注集中于宪法部分,而且很多批注都是日语。他对专制政体与民主政体的比较部分加了专制政体"具体的,形而下,直接,消极"的字样,对民主政体则加了"抽象的,形而上,间接,积极"的字样,说明了自己的评价。② 在"法律的制定及公布"一节,他在书页空白处画图阐释教材的内容。他还用日语总结出,日本的最高统治机关是天皇;统治权的运作方式包括行政、司法和立法,三者分别对应政府、法院和议会作为执行机关;立法权的运作方式包含草拟、议决、裁可等内容。这说明李大钊对于宪法有着浓厚的兴趣,而且掌握了大量日语专业词汇。③ 到了本科的高年级,他已经能够组织翻译日语专著,并加以针对性的驳议,说明他的日语很熟练了。

课余生活中,李大钊对国会请愿活动非常投入。除了 1909 年参与孙洪伊在津组织的宪政运动外,还有一个线索说明他对国会请愿运动介入很深,这就是他收藏了全套的国会请愿运动机关刊物《国风报》,该报为

---

① [英]约翰·穆勒(Joan Stuart Mill)著,严复译.《论自由》,北京理工大学出版社,2009 年,第 3 页。

② 朱文通等整理.《李大钊全集》第一卷,河北教育出版社,1999 年,第 13 页。

③ 朱文通等整理.《李大钊全集》第一卷,河北教育出版社,1999 年,第 27 页。

旬刊,1910 年 2 月 20 日创刊于上海,1911 年 7 月停刊,共出 53 期,是当年立宪派最主要的舆论阵地。1922 年 4 月,李大钊向北京大学图书馆捐赠了该报 52 册,只差了一册。十多年的收藏,仍非常齐全,说明李大钊对它非常重视,精心保存。直到他主持《言治》时期,他的基本观点仍然是和平改革,既反腐败官僚,又反武装革命,所以他与章士钊主持的《独立周报》产生了共鸣,并负责该刊天津地区的发行。[①] 1918 年 4 月,李大钊向北京大学图书馆捐赠了 1912—1913 年全套的《独立周报》。[②] 说明他对该刊的珍爱。

　　李大钊在校时已有很高威望,所以郁嶷说他外表朴素,品德高洁,知识丰富,为文豪放,侠义慷慨,他与本校籍忠寅、李榘、邓毓怡等不少老师交往密切,长期联系,离校后还曾多次来校活动。北洋法政学堂及其后身直隶法政专门学校、河北省立法商学院成为北方政治活动的重要中心与巩固基地,与李大钊在本校的深刻影响密不可分。1912 年,他创建北洋法政学会时,京津地区不少名流出面赞助,很多离校的校友和本校中学班(初中)同学都积极参与,如京津地区著名的革命党人童启曾和王宣(德斋),中共早期党员、中国第一个农村党支部的创始人弓仲韬等。到 1917 年 6 月,李大钊离校四年之后,他在学校还有不少朋友,"校中学友尚能自持其高傲坚忍、崇尚气节之风于不敝之中。有三数班次为旧时校友,同学少年,相见依依,辄不忍别。"[③]

　　主编《言治》时,李大钊已经成为高产的评论家和出色的活动家。《言治》不仅刊发了大量的宪政和时论文章,还有自己庞大的发行网络。仅在天津本地,该刊的代派发行点就不止 10 家,直隶高等工业学校、军医学校、北洋大学、高等商业学校、私立法政学校都有《言治》发行人。其触

---

① 朱文通主编.《李大钊年谱长编》,中国社会科学出版社,2009 年,第 143 页。
② 北京大学图书馆、北京李大钊研究会编.《李大钊史事综录》,北京大学出版社,1989 年,第 191 页。
③ 朱文通等整理.《李大钊全集》第二卷,河北教育出版社,1999 年,第 710 页。

角还通过铁路伸向四面八方,当时知名的津浦铁路飞行派报社就与《言治》有着密切的合作关系,它的很多分社,包括天津分社、北京分社,安徽分社、江苏分社等,都代办《言治》的推广发行,也难怪《言治》月刊数千份的发行量了。《言治》还大量刊登广告,每期都有不少彩色插页,为京津地区报纸杂志广为宣传。从第二期开始,《言治》月刊还连续刊登中国社会党《大同》《社会》《公论》和《万国女子参政会旬报》等刊物的广告,大力支持遭受直隶统治当局重重阻挠的社会党天津支部的工作,说明李大钊代表的《言治》编辑部与中国社会党的密切关系。

北洋法政学会主办的《言治》月刊　　　　李大钊在校期间照片

五、结　语

包括筹备阶段,黎渊主持校政3年多,奠定了学校的格局与基础。他主持的学堂规模宏大,办学形式和层次丰富多彩;他开创了严格而多样的外语课程,选购了大批外文资料,延聘了不少优秀教师和管理人员,其中不乏忧国忧民的志士。北洋法政学堂荟萃了一时精华,成为晚清和民初北方的重要政治中心。

第二节　北洋法政学堂办学特征

初创时的北洋法政学堂已经显示出其与众不同的诸多特征。它是我国最早设置的政法类普通高等学校,师资设备雄厚,办学层次多样,教学管理严格,课程设置合理,学术宽容自由,这使其得以经受近代中国动荡时局的严酷考验,成为从清末到抗战前夕延续办学的不多的政法财经类普通高校。这一切,与其最初的学制设计密不可分。

一、办学层次的多样化

北洋法政学堂并不是中国最早的法政学堂。设在保定的直隶法政学堂于 1905 年 9 月开学,但其只培训在职官员及其幕僚。因该堂规模很小,且不招收应届初高中毕业生,难以满足司法和政治现代化对高层次政法人才的需求,在其创办之时,就已经决定在天津办一所更大规模的法政学堂,《直隶法政学堂章程》规定,"本堂俟毕业人数足敷委用时即行停办或归并北洋法政大学堂办理。"

因此,北洋法政学堂最早是作为单科大学创办的,一开始就把招生对象定位为广大的在校学生,而且是初中毕业生。它的设计是招收初中生,通过三年的预科学习以后,升入本科,毕业后承认具有大学学历,优秀者还可公费留学，"专门科中预科、正科各三年，计六年卒业，拟请照分科大学堂或高等学堂奖给出身。其成绩优者并可遣赴东西各国留学。"这就摆脱了当时政法学堂常有的生源只限于科举考试已取得功名，并有一定仕途历练的在职官员的限制，大大拓展了招生渠道。也正是因这一规定，只有初中学历，既非在任官员，也非吏胥幕僚的李大钊才能考试入学，接收系统的西方政法教育。

北洋法政学堂是"教授高等法律、政治、理财专门学术之地"，是一所研究型的政法财经大学；培养层次也不是普通地方官员，而是"完全法政通材"。同直隶和京师法政学堂一样，它也开设了简易科，为地方自治培养实务人才，但章程规定"本学堂……附设简易一科……行政司法两门……一俟两班毕业、人才略备，即行停办。"更重要的是，该堂同时也开设了两班预科，李大钊、夏勤、白坚武都是预科学生，因此学校的定位就是普通高校，成人部分只是附设的，不是主体。

1909年春，学堂又同时招收两个别科班，未来的革命党人凌钺在别科一班，大律师朱道孔在别科二班。8月，开设中学班，学制8年，中学5年毕业后直接升入本校本科班，这又是本校学制的重大创新，于树德（永滋）、安体诚（存斋）、王宣（德斋）、童冠贤（启颜）、弓铃（仲韬）等都是中学班学生。从此，从学堂到专门再到学院，学校长期附设中学（包括初中，一度也招收预科），毕业后升入大学，成为本校一贯的传统。这不仅保证了学校的生源，也为很多求学无门的青年人提供了深造的机会。由于高年级同学知识面广、社会阅历丰富、接收新思想比较快，必然对低年级同学产生带动作用。因此，本校不少杰出校友都是曾长期在校的"资深同学"，如李大钊在校6年、于树德在校8年、庄林在校5年半、郝金贵在校5年、可与之在校6年、王民生在校5年半，这些校友后来都成为中国共产党人和民主人士，在近代中国波澜壮阔的革命活动中写下了浓重的一笔。

北洋法政学堂为北方直隶、山西、陕西、河南、甘肃五省培养新政人才,东北和南方的生源也不少。由此可见,学堂招生范围广、设计规模大。当时直隶法政学堂,包括其附属的幕僚学堂,设计规模为 220 人,本省外省各一半,可见其规模是很小的。天津自治研究所开办的自治研究班,一期招生一百二十多人(招生对象为天津府下属七县),期限为 4 个月,为地方自治培养实务人才。1906 年开学的京师法律学堂,虽以三年为正科毕业之期,首先开设的也是速成科,学制一年半,学员以刑部官员为主,京官次之,连内阁衙门官员都不收。1907 年 3 月开学的顺天法政学堂只招收学生 36 人,而且限于"各县保送之员"。因此,中国正规的法政普通高等学校,北洋法政学堂是第一家。

到 1906 年 6 月,直隶省主要大中专学校规模如下:

北洋大学堂	194 人
北洋医学堂	36 人
直隶法政学堂	60 人
电报学堂	110 人
直隶高等农业学堂	117 人
北洋女师范学堂	40 人

可见,当时直隶高校的规模都非常小,最为知名的北洋大学也不过 194 人。到 1907 年 5 月,该堂法政科在校学生三十余人。至于法部直属的京师法律学堂,分配给各省名额不超过 10 人,且限于各省在京候选官员,这些学堂都与李大钊等新式中学毕业生无缘。至于李大钊曾经报考的银行专修所,只是长芦中学堂的一个部门,1907 年招收学生 33 人。北洋法政学堂第一年就招生三百多人,其中专门科 200 人、绅班 150 人,学堂设计规模六百多人,这是天津乃至直隶全省最大的高等学堂,其教师规模也比直隶法政学堂大得多。根据《直隶法政学堂章程》,该堂设监督和提调各一员,日本教习 3 人,中国教习和翻译共 3 人,书记 2 人,说明这个

学堂的教师非常少。相比之下,北洋法政学堂的教师队伍可谓雄厚,它先后聘请的日本教师就比直隶法政学堂所有的教师还要多。

二、宽容的学术气氛,充分的思想自由

法政学堂的创立者们坚持学术自由的原则,让各种不同的思想观点同时存在,互相争鸣。1923 年,建校时任教师、后任校长的李志敏说,"本校教育……所抱之方针……首在开发学生思想。对于各项学说,各种主义,杂然并陈,使各人一一研究其真相,由自己,以自由意志,定其所信从。本校……完全以第三者之地位,研究真理之所在。"[①]这也可作为本校历任管理层的一贯指导思想。本来,学堂是立宪派的大本营,李榘、籍忠寅、马英俊等都是激烈的立宪派人士,籍忠寅、吴家驹还与梁启超关系密切。1909 年 10 月,时任直隶法政学堂监督的李榘和北洋法政学堂教务长的籍忠寅就成功当选为新设的直隶谘议局议员,并参加了该局法政委员会。当年 12 月,二人又同时入选资政院民选议员。1910 年 3 月,李榘调任北洋法政学堂监督。1910 年 10 月,资政院开会,李榘当选为税法公债股股长,籍忠寅为预算股第一科审查长。1911 年 4 月,校友李榘、籍忠寅、梁志宸、马英俊、吴家驹、邓毓怡等发起成立了天津法政讲习所,以"法政知识之普及"为宗旨,开设法政夜班,每日授课三小时,六月为一期,主要课程为政治学、宪法、行政法、民法、刑法、理财学,是天津最早的法政知识普及学校。1911 年 6 月,李榘、籍忠寅与谢远涵、雷奋等共同发起宪友会。1911 年 10 月,该党直隶支部成立,李榘、籍忠寅分别担任正副支部长。[②]

资政院成立后,李榘和籍忠寅又在资政院大力呼吁,积极声援国会请

---

① 秀夫.《十八周年纪念开会词》,《直隶法政专门学校十八周年纪念特刊》南开大学图书馆藏。

② 《宪友会纪闻》,1911 年 10 月 1 日《大公报》第二版。

愿。"光绪三十四年西历千九百〇八年……各省人民都起来要求开国会,运动很激烈,清廷不得已允人民要求。这一年母校的同学也参入要求开国会。"①李大钊的同窗好友胡宪、郁嶷、张竞存和田解等都是请愿活动的活跃分子,胡宪还任天津请愿同志会副会长。

革命党人在学堂也很活跃。本校创始时期的重要人物高种很早就与革命党人张继、陈独秀等发起革命组织青年会。后来,革命党人白雅雨、张相文相继加入学堂,使学堂成为京津地区革命思想的重要基地,白的儿子白一震回忆说,"时我在南开中学读书,每逢假日回家,常见女师及法政两校同学纷来我家,同我父密谈。"②《言治》刊载的《白雅雨传》说他,"课余恒讲演天下大势以励士志,所致生徒翕服""备发地理调查券,遣人游行各省,鼓吹革命。除会员外鲜知者,洵足见烈士之深于谋也。"白雅雨主张人道主义,也有早期的社会主义思想,《白雅雨传》说他的讲演,以"维持人道为宗旨",说他"尝谓孔北海为能实行社会主义之人。"1909 年9 月,白雅雨与张相文等联合发起了中国地学会,他本人任编辑部长,主编会刊,刊物设有专门的英文和日文编辑,编辑部有 21 个成员,天津社会名流英敛之和张伯苓等都列名其中。

白雅雨等宣传革命,以李榘为首的学堂当局并非全不知情。直隶提学使多次警告李榘,说童冠贤、王宣和白雅雨等密谋革命,已经引起直隶总督的注意,李不仅没有迫害他们,反而加以赞助。白雅雨等起义失败时,李榘曾奔走援救,这些都给学生很大影响。辛亥革命以前,法政学堂即有多人参加革命组织。1910 年 5 月 16 日,天津共和会在保定召开成立大会,法政学堂江元吉作为天津学生代表出席会议。于树德、童启曾、童冠贤、段亚夫、张砺生、李季直等参与发起了同盟会的外围组织"克复学会",武昌起义后不久,天津又成立了新的共和会组织,"天津共和会是辛

---

① 中国李大钊研究会编注.《李大钊全集》第四卷,人民出版社,2006 年,第 379 页。
② 白一震.《记我的父亲白毓昆》,《天津文史资料选辑》第十六辑,天津人民出版社1981 年,第 31 页。

亥起义后,以北洋法政学堂和天津女子师范学堂为中心组织起来的革命团体,也有学堂以外的人参加。公推白雅雨为会长、胡宪为副会长,与南方和京津一带革命团体联系,大概是辛亥年九月间(阴历)的事。"成员有"法政学堂地理教员白雅雨,学生胡宪(字伯寅,河南人)、凌钺(字子黄,河南人)张良坤、熊飞等和我(于树德)",实际还有何英等,成员总数数十人,并与北方革命组织的主要协调人王法勤和胡鄂公等保持联系。

1911 年辛亥革命爆发后,白雅雨、张相文等为了尽快推动革命胜利,积极在北方策划起义。11 月初,他们联合津门社会名流发起成立了天津红十字会,作为策动革命的掩护组织,法政学生胡宪为其主要助手,李大钊的同班同学郭须静等参与了该会活动。滦州起义失败后,胡宪找到李榘,说白雅雨和一个姓熊的外校学生一起被反动政府抓获,要李尽快找总督陈夔龙营救,李就与北洋女子师范学堂曾任监督、时任陈夔龙幕僚的李士伟一起找到陈,说白雅雨等是作为地理教师到当地考察地理的,不是革命党,要求尽快释放,即使有革命党嫌疑,也应押解到天津接受司法审判,不应就地斩杀,陈很快同意让李士伟起草了电报,可是白雅雨被捕后很快公开身份,被当场杀害。王葆真说,"白雅雨等一行七八个人……因而被捕。我们得到消息后从各方面进行营救,甚至北洋法政学堂监督(校长)李榘也出面说他们是考察地理的,吁请直隶总督陈夔龙予以营救。"

三、科学的课程设计,丰富的课余生活

北洋法政学堂的宗旨是为袁世凯创办新政培养高层次政治和法律人才。因此,学堂非常重视通识课程,语言类、史地类以及比较类课程占有重要地位。

在预科阶段中,国文、日语、第二外语、历史、地理、伦理学都是三年必修课,就是说,学生们在校必须学习三年的语言和史地课程。在政治学专

业本科阶段,比较宪法、民法、刑法、商法、比较行政法都是必修课。因此,学堂学生的史地课程、外国法和比较法的基础都非常好,这也就可以理解,该校学生,比如李大钊、夏勤等的作品都展示了宽广的比较和国际的视野。语言类课程又与历史、政治理论的授课相结合,使学生通过语文一科得到多方面的熏陶。比如,李大钊来校后第一学期的期末考试国文试卷五道问答题中有三道涉及中国历史,两道涉及外国政治理论,包括商鞅变法与井田制的破坏、秦始皇焚书坑儒及其恶果、古代货币制度以及严复翻译的《群己权界论》中关于民主制度局限性的论述等,这就要求学生有广泛的阅读以及独特的心得体会,否则难以取得满意成绩。

历史试卷则只有两道问答题,分别是秦皇汉武才略政策之比较和汉通西域之事略及关系,这些题目不仅要求熟悉历史知识,还要有扎实的写作基本功。地理课既考查自然地理,也考查人文与国防知识。如第一题为天山西端为何三河之分水岭?第二题为喜马拉雅山北谷为何两川之发源处,此二山者由何地发出,与何国分界,各有何之高峰,且峰之高也又孰居世界第一,试详言之。第三题则为军事地理,渤海海岸有何巨川流入,黄海岸有何军港最良,东海南海岸以何岛屿为尤著,其悉举义对,考查学生对于近代中国国防建设的了解程度。作为大学预科,不仅要考核以上普通中学的基本课程,还要为未来的大学专业课打好基础,所以考查的知识面是很宽的。

师生之间的诗文唱和是业余生活的重要组成部分。籍忠寅、邓毓怡都是激烈的立宪派,又是诗人,方地山则是著名国学家,李大钊、白坚武等亦颇好写作。1905 年,清政府派出考察政治的五大臣遭到革命党人刺杀①,籍忠寅心情苦闷,"六国戈矛逼上都,庙谋和战两趑趄。首戎正待诛晁错,直笔犹闻罪董狐。白刃未乾朝士血,盟书已载地舆图。寄声当代功名士,早买扁舟入五湖。"1912 年初,他到南方考察,面对战乱造成的生灵

---

① 1905 年 9 月 24 日,吴樾在北京正阳门火车站刺杀了清廷派遣出洋考察的五大臣,吴樾当场死亡,五大臣中的载泽、绍英受轻伤。

涂炭、民生凋敝,他赋诗感怀:

> 生平未见大江流,战后来登江上楼。
>
> 十里烧痕春不绿,三军墨气鬼生愁。
>
> 河山不改千年旧,矛戟方同九世仇。
>
> 岂有世间人尽醉,故应天下我先忧。①

郁嶷、李大钊主编的学生刊物《言治》设有《文苑》专栏,大量刊登本堂同学的诗文创作。如 1910 年,白坚武《庚戌自都回津感怀》:

> 中年辟地到青头,一卷谤书不自由。
>
> 荆棘何心犹愤世,山河无意赋登楼。
>
> 诸天渺渺缘身累,四顾茫茫与酒[酒]谋。
>
> 来燕去鸿无觅处,匆匆极目送寒流。②

又如李大钊 1908 的《登楼杂感·筑声剑影楼剩稿》:

> 荆天棘地寄蜉蝣,青鬓无端欲白头。
>
> 拊髀未提三尺剑,逃形思放五湖舟。
>
> 久居燕市伤屠狗,数觅郑商学贩牛。
>
> 一事无成嗟半老,沉沉梦里度春秋。

又如他的《哭蒋卫平》(辛亥):

> 国殇满地都堪哭,泪眼乾坤涕未收。
>
> 半世英灵沉漠北,经年骸骨冷江头。

---

① 籍忠寅.《困斋诗集》,天津图书馆藏。
② 《言治》月刊第二期,第 163 页,南开大学图书馆藏。

辽东化鹤归来日,燕市屠牛漂泊秋。

万里招魂竟何处? 断肠风雨上高楼。

白坚武的《赠友·李龟年　严明》,是专门写给李大钊的。根据李大钊1913年才短暂改名为龟年,可知该诗创作于1913年:

肝胆磊落李龟年,纸上苍生意惘然。

眼底人才中晚后,从知灵运独生天。

1913年9月,李大钊到碣石山游玩,途中想到挚友,就作了一首长诗给郁嶷及白坚武,他说,"孤灯石室,颇有所忆,成长歌一首,盖怀兄及天问兄也。"

比较李大钊、白坚武等同学的诗文创作,在韵、典故、论点与主题方面都有不少相关之处,可知他们之间常有唱和、切磋。有时他们之间不仅观点相近,就连举例也完全相同,说明他们在写作时有所讨论,有的基于共同的阅读对象或参考文献。因此,北洋法政的优秀学子之间,常常相知很深,关系密切。郁嶷说,"予于是时始识李子守常,朴素其貌,嶷嶷其德。而学之充,文之豪,感慨淋漓,明可薄汉霄,幽可泣鬼神,坚以铄金石,悲歌激昂,摧山岳而震鲲鹏。盖其侠义之气,卓拔之识,所以撼于无形,流连以往,神与具化者,为忆退之所称,君岂其选与。"他在为李大钊《论民权之旁落》所加的按语中说,"李君此文,因太息民权之旁落,欲提倡国民教育以药之,所见极是。"《言治》第四期刊发的《治术篇》中,郁嶷说,"吾友李龟年往于《言治》杂志著《论民权之旁落》一文,深致慨于国民教育之不发达而足以亡吾族,记者为文书后,极表赞同。"①在为李大钊《弹劾用语之解纷》所加按语中,他又说,"李君以弹劾一语,宜专用于法律问题,与鄙

---

① 郁嶷.《治术篇》,《言治》月刊第四期,南开大学图书馆藏。

见极合。……时《独立周报》记者秋桐君①,方司笔政上海《民立报》馆,颇著论非之……因读李君文,心有所触,遂不觉累幅",说明他与李大钊的观点完全相同,对章士钊也有所了解。《言治》第五期刊发的《论中国无采取两院制之必要》认为两院制有六大弊病,即不公、纷争、耗费、迟滞、误时、骈枝,与同期刊载的李大钊《一院制与两院制》一文主旨基本一致。《言治》第一期刊载的李大钊《大哀篇》与第二期刊载的郭须静的《愤世篇》的主要批评对象都是国民党籍都督。学堂同学们在诗文创作多方面的互相磋商、互相砥砺,大大提高了大家的写作能力,不少同学在校时就被政治家看中,成为民初政论高手。比如,1909 年绅班毕业生潘云超早在 1910 年 9 月前后就担任了国会请愿同志会创办的《国民公报》经理,辛亥革命前后又担任天津《醒报》主笔②。李大钊主持创办了民主党人赞助的政论刊物《言治》,白坚武则担任了《黄钟日报》主笔,成为他们进入政坛的起点。③

四、结语

作为清末开办的全国第一家全日制普通高等政法院校,北洋法政学堂在指导思想、办学层次、招生对象、课程设计等多方面都有自己的独到之处,为学校后来的发展以及中国未来的法政教育奠定了基础,提供了框架和典范。

---

① 即章士钊。
② 《醒报》为天津社会名流郭究竟创办,曾积极宣传社会主义,并筹建社会党天津支部,因此遭到直隶统治当局迫害,潘云超等被迫远走上海。
③ 1912 年 9 月,宪友会改组为民主党,孙洪伊、汤化龙为重要主持人,张殿玺、林长民、高俊彤均为重要成员,1913 年 5 月并入进步党。

第三节 清末民初历史发展
(1906—1914)

　　1906 年 11 月 15 日(夏历,公历为 12 月 30 日),学堂开始启用北洋法政学堂印章①,这是学校成立的法律标志,但正式招生还在其后。李金藻说,"光绪三十一年二月(1905 年,实际应为 1906 年),……设北洋法政学堂……商业学堂。"②1907 年 4 月,校舍建成,7 月 10 日行开学礼,7 月 25 日正式开学(这些时间均为夏历,开学时间应为公历 8 月份),这是北洋法政学堂延续三十多年的办学时间的开始。

一、学生层次

　　当时除了招收正式的预科生 200 人,还有官绅两科,即讲习科。1908 年 2 月,讲习科毕业,潘云超是这批学生中的佼佼者。学校选拔了其中的最优等学生十名登报表扬,他们是田凌云、毛龙章、赵承恩、宁佩经、赵春芳、范文蔚、赵文焕、李东升、刘国昌、杨景桂。讲习科在这一级学生毕业

---

① 张树义.《本院院史》,1931 年。
② 李金藻.《河北教育厅沿革记》,《河北月刊》第一卷第三号,1933 年 3 月 1 日,天津图书馆藏。

后便停招了,改成了别科①。别科也是按照学部颁布的章程招收的,他们的课程也是法律和政治各学科,包括宪法、行政法、国际法等②。别科开学不久,就因学生管理发生风波。因为这一科学生是走读的,学校不负责住宿,本来在黎监督时,学校与一家房产开发商(和利公司)有合同,约请他们开学前在学校对面建造学生公寓,供一部分学生住宿,黎监督突然辞职,先后来了熊监督和张监督,他们一切照旧,也就忘了还有合约这回事。结果到了 6 月份,别科学生已经入学一个多月,还在校外住宿,学校距最近的旅馆也有 5 里路,当时也不通公共电车,学生要么步行,这样势必常常迟到或到校时疲惫不堪;或坐人力车,这样费用过高,学生负担不起,迟到的人很多,学校秩序混乱,学生也很不满。结果,学生凌钺(后来成为革命党人)就公开投书《大公报》,引起社会关注。

预科生到本科时,分成法律和政治两科。1909 年 1 月,黎渊辞职,因此,黎渊实际任职两年半。从此开始,学校领导人多次更迭,一年之中先

---

① 别科"为造就从政之才以应急需"而设,学员在"各部院候补候选人员及举贡生监年岁较长者"中间考选,"不必由预科升入,俾可速成,以应急需"。可见,别科虽为速成培训性质,亦须考试入学,3 年方可毕业,后亦分为政治别科与法律别科,可申请律师资格。参见徐保安.《清末地方官员学堂教育述论——以课吏统和法政学堂为中心》,《近代史研究》,2008 年第一期,第 99 页等。

② 按照 1913 年 1 月的教育部部令,北洋法政学堂别科改为法律别科,本科改为政治经济科。

后有熊范舆①、张鸣珂、胡钧②轮流担任监督,造成学校管理的停顿与混乱③,直到1910年2月,原在保定的直隶法政学堂监督李榘调任本校监督才算停止④。李榘是直隶教育界老人,深知北洋法校的内情,又富有学校管理经验,因此能妥善处理学生运动。这时,天津的国会请愿运动已经大

---

① 熊范舆(1878—1920),字铁崖,贵州贵阳人,光绪三十年(1904)进士,后官费留学日本早稻田大学,与杨度组织宪政讲习会,任会长;1907年10月熊范舆联名100多人,第一次上书请开国会,呼吁建立民选议院。著有《立宪国民之精神》《国会与地方自治》《再论国会与地方自治》等文章,译有筧克彦《国法学》、美浓部达吉《行政法总论》(均为1907年天津丙午社出版),回国后曾任北洋法政学堂监督、天津知县、云南知府等。齐植璐认为,熊范舆1909年1月继任,两月后去职。也有说熊范舆在学堂任职"仅月余",时间很短。参见《法商一览·弁言》,1934年,天津图书馆藏。按别科录取时间推测,别科一班确为熊任职期间招录。张鸣珂任职半年左右,招入中学班。参见齐植璐.《北洋法政学堂及其沿革》。也有人说,张鸣珂在任招录了中学第一班,李榘添招中学第二班,参见《法商一览·弁言》,1934年,天津图书馆藏。

② 胡钧(1869—1943),字千之,湖北沔阳人,1902年壬寅科举人。德国柏林大学法科毕业,历任两湖师范学堂堂长,北洋法政学堂、山西大学堂监督。1917年11月,任北京临时参议院(俗称安福国会)议员。后任北京政府外交部汉口特派交涉员,北京大学及北京法政专门学校教授,主要著作有《中国财政史》《社会政策》《中外礼节折衷论》。根据研究,胡钧1909年10月来堂"不数月即去职",实际也是半年左右。

③ 1909年9月,学堂副监督杨(肇培)、教务长籍忠寅、斋务长邓毓怡、庶务长胡庚西等一起到总督府控告时任监督张某(鸣珂)侵吞公款、位置私人、众望不符、淆乱课程、妄事更张,说明学校管理仍不稳定。到1909年9月,张鸣珂仍在职。事实上,张的去职,应在1909年11月20日左右。1909年11月9日的《申报》报道:"刻由傅提学查明,该监督并无侵吞公款情事,惟监督公馆曾购物件器具,价约四百余金,混在学堂开支帐内,难以报销……昨已将澈查情形,面陈督帅,未知张监督能否撤换也。"1909年11月24日的《申报》报道:"天津北洋法政学堂监督张太史鸣珂被控一案,现经查办撤委,昨已改委分省补用知府。"

④ 1907年5月,有报道说候补李太守接充藩属法政学堂监督,不知是否李榘。但是,最晚到1909年2月,李榘已经担任直隶法政学堂监督,并以此身份参与直隶教育总会的发起,见1907年5月29日、1909年2月27日《大公报》,《法政学堂监督易人》《直隶教育总会在昨天下午开第一次组合会》。民国后,李榘曾任国会议员、平政院评事、代总统冯国璋顾问等,国民革命后在京津等地从事律师业务。据说李在1912年添招别科一班"几个月后也随即去职。入民国后,则曾任临时参议院议员、大总统政治咨议"。那么,李可能是因担任临时参议院议员而辞职。北京临时参议院1912年4月29日在北京开幕,李可能在1912年4月后离开学堂赴京。

起风潮,法政学堂成为运动的风暴眼,以该校同学为主,联合其他各校师生成立请愿同志会,温世霖为会长,本校学生胡宪为副会长。1911年底,辛亥革命发生,法政学校又有大批同学卷入,白雅雨、于树德、王宣、凌钺参加了革命,白雅雨英勇就义。1912年初,民国成立,学堂改名为学校,监督改为校长。学校部分师生发起"改大"运动,被教育部驳回。李榘、籍忠寅因当选北京临时参议院议员而辞职离校①。又开始一个校长更迭期,校长不停更换,但没有影响学校正常教学活动,学生不断有人毕业,同时招收新生。1913年6月,该校自己培养的本科两个专业法律与政治分别毕业学生50人和70人(李大钊、白坚武均在其中),合计120人。张树义先生统计,预科学生进校时名额是200人,预科毕业时169人,大学毕业时还剩120人②。相比之下,职班招生150人,毕业144人;绅班150人毕业120人。由此可见,预科的淘汰率是很高的。

黎渊是留日学生、社会名流,袁世凯和历任直隶总督对他都很重视,有时总督府举行宴会招待来宾,还请他出席。他的管理,在教学方面是比较严格,也比较用心。当时,学校招了不少绅班和职班学生,招的是社会上的绅士和政府职员,目的是为新政培养经办人才。按照计划,1907年招收职班150人,绅班150人,合计300人。未来的正科,当时的预科学生,又按照外语语种分为甲乙丙丁四班,平均每班40人左右,分为英、德、法三个语种,日语则是必修课。应该说,这对于一个新办校是有很大困难的。包括班级管理、教师聘任,特别是外语教师的聘任困难很大,因此黎监督对本校有缔造之功。

---

① 邓毓怡、王锡泉、马英俊于1913年4月就任国会众议院议员而离校。

② 张树义,1931年法商学院总务主任。根据1908年7月2日《大公报》刊登的招生广告,当时北洋法政学堂的预科学生没有招足,英文和德文预科班共计缺额30多人,故继续招收插班生,具体招生情况不详。

二、骨干教师

至于学校的师资,目前没有见到详细的记载。我们所知的是,有不少日籍和留日归国的中国教授,也有一些顶尖的国学教师。如讲授国际法的今井嘉幸先生,在校大量搜集中国签署的国际条约,还亲赴武汉前线考察辛亥革命,发表了长篇政论《建国策》。离职后不久即出版《中国国际法论》,这是研究中国不平等条约的专论,后被李大钊、张润之译成中文刊行。吉野作造讲授政治学,他对西方政治史有专门研究。这两人对学生影响很大,今井嘉幸先生还与中国社会各界广泛交往,此后也曾与中国保持长期联系,推动中日友好。中国教授中,我们知道的有白雅雨、张相文、籍忠寅和邓毓怡、方地山等人。在反清革命中壮烈牺牲的白雅雨,不仅是革命家,还是人气颇高的教育家和地理学者。1909 年 9 月,白先生与他人联合发起中国地学会,担任编辑部长,《大公报》创办者英敛之和南开中学校长张伯苓都来捧场,说明白先生在地理教育界声望之高。

邓毓怡先生是李大钊在校时的教授兼斋务长,他是直隶教育界的实干家,也是立宪派里的激进派,早年曾在直隶学务公所任职。《大城文史资料》说他在天津任教五年,先是在北洋法政学堂和女师学堂同时任教,后在法政任斋务长。他既是秘密的革命党,参与暗杀活动,也是积极的立宪分子。民国后当选第一届国会议员,此后坚持研究宪法,积极推动立宪,十月革命后很快转而研究苏俄宪法,试图把苏俄法制精华移入中国,出版有《欧战后各国新宪法》等专著,并负责法政同学俱乐部日常事务。据说李大钊在北京时常常到他家里拜访。1922 年,他广泛发动北京政界名流和进步学者组织宪法学会,李大钊等中共党团员曾积极参与。[1]

当时在学堂任教的还有好些日后直隶教育界乃至政界的知名人物,如梁志宸、张殿玺、胡源汇等。张殿玺,字璧堂,河北衡水人,1903 年 1 月赴日,毕业于明治大学。胡源汇毕业于早稻田大学政治经济科[2],是孙洪伊领导的韬园系的主干。于振宗 1904 年 9 月赴日,毕业于明治大学法律系,后在直隶(河北)政界历任要职。张恩绶,1904 年 8 月赴日学习政治经济,毕业于早稻田大学,1912—1913 年任本校监督(校长),支持李大钊等创办北洋法政学会,并亲自担任会长,后参与发起中华武士会[3]。韩殿琦,1905 年 3 月赴日学习政治经济,毕业于早稻田大学。马英俊,1905 年赴日,毕业于明治大学,民初任国会议员[4]。张铭勋 1907 年 12 月赴日本栃木县实地调查自治情况,归国后成为津门立宪派活跃人物,参与发起宪

---

[1] 根据有关资料,邓毓怡早在黎渊时已经在校。1909 年 9 月前后,邓毓怡就担任了斋务长,因为他在 9 月 25 日与副监督杨某,教务长籍忠寅,庶务长胡某一起到直隶教育主管部门揭发当时的监督张某五大错误。1909 年 1 月以前斋务长是李某,李因包办学生操衣谋取不当利益而去职。据此推断,邓毓怡担任斋务长应在 1909 年中一直到李大钊毕业为止,至少到 1910 年学生上书请开国会时,他仍然是斋务长。李榘.《在直隶法政专门学校纪念会上的纪念词》,《直隶法政专门学校十八周年纪念特刊》,南开大学图书馆藏。李大钊.《十八年来之回顾》,《李大钊全集》第四卷,人民出版社,2006 年,第 379 页。

[2] 孙雪梅.《清末明初中国人的日本观:以直隶省为中心》,天津人民出版社,2001 年,第 221 页。

[3] 孙雪梅.《清末明初中国人的日本观:以直隶省为中心》,天津人民出版社,2001 年,第 224 页。胡源汇在校时亦很短,"未及三个月即去职。"实际上,胡源汇也是代理。继任的张恩绶在 1912 年 8 月来校,直到 1913 年。有说张恩绶于 1913 年 3 月去职,似不妥。因李大钊等毕业的同学录上仍有张恩绶在校,估计张虽然在 1913 年 3 月当选为国会众议院议员,并于 1913 年 4 月赴京开会,但仍未离校,其正式离职应在 1913 年 6 月以后。张离职后,高俊彤代理其事务,见本书张树义作《本院院史》,1913 年 6 月《北洋法政专门学校同学录》)。

[4] 孙雪梅.《清末明初中国人的日本观:以直隶省为中心》天津人民出版社,2001 年,第 212 页。

友会①。这些人民国前后曾长期活跃在中国,特别是北方政坛上,赞助了不少进步活动。

著名国学家方地山(1871－1936)也曾在校长期执教,他是袁世凯的家庭教师,与袁的次子袁克文交往密切。早在黎渊在校的 1908 年,方已经在校,登记年龄为 36 岁。到李榘在校的 1910 年,他仍然在校,登记年龄为 37 岁。因此,方在校任教至少有两三年的时间,他生性诙谐、擅长书法、楹联和诗词、金石之学,还曾专门研究蒙古史,这样的一位大师,对学堂师生应该有特殊的影响。

三、学生的生活与课业

北洋法政同学的思想十分活跃,积极参与学校管理和社会活动。1907 年 12 月 30 日,入校不久的预科生就因食堂管理不善爆发学潮,不少学生甚至搬出学校,导致巡警前来镇压。结果,领头的几个学生被开除。1908 年 1 月 1 日的《大公报》称,"闻河北新车站西某学堂内之学生不知系因何事于二十六日晚,有经道县各官前往查办之说"。后续的报道则更具体了,"访悉法政学堂于二十六日道县各官员带有警兵前往查办,复于二十七日仍由道县各员带警兵数十名前往该堂,当晚悬有牌示开除专门班学生八名,惟闻该班学生共二百名,除请假不计外,皆相率出堂,致三条石一带各客栈屋为之满。附近居人谣传四起。闻此次风潮,有谓因体操未上班所致者,有谓饮馔太劣所致者,二说未知孰是。"②这就是李大钊所说的"酱油风潮"③。对此,天津道府批示说,"诸生远道求学,当务其远

① 孙雪梅.《清末明初中国人的日本观:以直隶省为中心》,天津人民出版社,2001 年,第243 页。
② 1908 年 1 月 3 日《大公报》第六版。
③ 朱文通等整理.《李大钊全集》第三卷,河北教育出版社,1999 年,第 320 页。

者、大者,区区饮食之事何关荣辱! 乃辄因细故,请假出堂,殊属非是! ……今与诸生约,所有前曾请假者务于三日内一律到堂上课。光阴难得,勿再迟误也。"这等于是说学生也有道理,实际在劝说,而不是训诫。再加上有校友出来调停,所以学生接受了。当然,背后的原因可能不是"酱油"这样简单,白坚武为此还代理学生到衙门控告学校,也没有什么结果。1909 年 10 月 27 日,直隶教育界知名人士在自治研究所开会,讨论振兴实业的办法,温世霖、王法勤主持会议,孙洪伊、李钊等担任书记员。

我们看到,年轻的李钊这时就与孙洪伊在一起了,他们同在一个部门担任书记员,办事处设在三条石的直隶自治研究所,天津立宪运动的很多活动在这里举行。孙洪伊是负责人,是当时天津最重要的民主派政治家,这是孙洪伊展示他的民主思想,开展他的宪政民主运动的第一阶段。这是他们有史记载的最早合作,李大钊也是在这里开始了他一生的政治生活①。

1909 年 11 月 26 日,北洋法政同学百余人在老师带领下到召开不久的顺直谘议局参观并旁听,直到当天的会议闭会。这些同学当中,也许就有李大钊、白坚武,我们可以想象,李大钊这样关心政治,不会错过这样的机会。顺直谘议局,管辖了包括热河、察哈尔和顺天(今北京)在内的整个直隶省,比现在的河北省要大得多,这里不仅有京、津、冀普通议员、政客,满族、蒙古族乃至皇族政治人物、激进的立宪派与革命党人,都不罕见。

从《言治》刊文可以看到,北洋法政学堂同学们的诗文创作是不少的,李大钊把自己的书斋取名为"筑声剑影楼",把自己的创作命名为"筑声剑影楼诗""筑声剑影楼丛稿"和"筑声剑影楼剩稿",可见他十分喜爱自己的书斋。郁嶷的书斋则名为"愤园",其他同学有不少也给书斋取了

---

① 《言治》时期,李大钊的思想与孙洪伊的思想有不少相近之处,如一院制、议会制政府等。当时孙洪伊是国内享有盛名的政论家,他的文章常在各大报连载。

自己的名字。

当时课程的教学情况我们已不可再现了,但是,我们可以从当时学校的考试题目推知课堂教学之一斑。笔者找到了李大钊入学第一学年结束时预科的国文和史地期末试题,包括:

一、国文　四个班的预科题目全一样,共有五道问答题:

1. 问井田之制坏于商鞅与鞅时代果有井田制乎?
2. 问秦皇焚书遂亡经籍,史所传述可尽信乎?
3. 问执券取钱虽为弊政,楮轻铜重亦有便于民乎?
4. 问群己界限,近人以么匿拓都诠说何就其义推而衍之
5. 问民政组合,有时公群太半之豪暴无异专制之一人,然乎否乎?

二、历史　两道问答题

1. 秦皇汉武才略政策之比较。
2. 汉通西域之事略及关系。

三、地理

1. 天山西端为何三河之分水岭?
2. 喜马拉雅山北谷为何两川之发源处?此二山者由何地发出,与何国分界,各有何之高峰?且峰之高也又孰居世界第一?试详言之.
3. 渤海海岸有何巨川流入,黄海岸有何军港最良,东海南海岸以何岛屿为尤著?其悉举义对。

除这些文史和社科课程以外,还有格致课和生理卫生课,具体题目不

再罗列。从这些题目可以看出,当时的课程以理解为主,考试题目没有填空题和名词解释、选择判断这类今天常见的题型,主要是问答和论述题,而且命题者看来并没有标准答案,学生可以自由发挥,应该说,题量也是很大的。从考试题目可见,当时预科讲授的内容是完全开放的,可以说是很现代化的。法政预科,与普通高中不同,政体的知识、改良的思想、进化论这些与"新政"有关的知识是当时授课的重点,立宪派的学说也常常在试题中得以渗透。

当时天津的请愿风潮已经开始。1908 年 8 月 4 日,也就是李大钊预科一年级暑假期间,王法勤、乌泽声、孙伯兰、温子英(世霖)、康甲臣等已经在报纸公开发表他们向督察院投递速开国会请愿书的消息。8 月 14 日,温世霖等又在《大公报》发表启事,宣布实际的投书人还有当时天津县议员刘春霖,共 6 人。因此,最晚从这时起,温世霖、孙洪伊、王法勤已经在一起开始激烈的政治活动。1908 年 10 月,天津开始筹办谘议局,金邦平任总办。1908 年 11 月 14 日,温世霖公开发表讲演,号召人们重视选举权。1909 年 5 月 20 日,天津县议事会开始改选,温世霖被聘请为改选监督员,他负责蔡家台、张家窝、大寺三个村的选举监督,可见孙洪伊、温世霖等立宪激进分子已成为津门名流。

四、管理层的更迭

虽然学校在课程与考试方面是呈现出与时代接轨的风貌,但是学校的内部行政管理则是比较差的。因为学校初创,黎先生大概也不擅长行政管理。学校开创后很长一段时间没有专职的会计,一般行政人员也不擅长财务管理,因此大量使用流水账,账本之间互相誊抄,账目不清,给坏人钻了空子。1908 年 12 月中旬至 1909 年 4 月,围绕本校的财务管理引发了风潮,导致天津县地方议会和直隶教育主管部门组成了联合调查组调查法政学堂舞弊案,天津两级师范学堂监督胡家祺、直隶法政学堂监督李榘、顺直谘议局议员温世霖等都参加了调查。但学校的账簿太乱,只好请学校派人到场说明,《大公报》对此进行了大篇幅的追踪报道。这次调查持续了四个多月。1909年4月9日,调查组发布调查报告,认为学校财务管理混乱,多名管理人员浮报贪冒,从1908年5月13日开始到1908年底,共虚报公款九千多元。斋务长李某太贪婪,他自己承包学生操衣的采办,加价过高,学生不满,有的学生拒绝接受,只好又给加了花边,由此造成的亏空由学校弥补,这种做法也受到批评。当时,熊范舆代监督也已去职,接任的是张鸣珂。看来,学校的混乱状况并没有因为黎监督的去职而很快得到改善,黎的个人声望也未因此而受到大的影响。后来,李大钊等同学筹办《言治》月刊并翻译书刊时还请他作序,学校办校庆也请他出席,说明学校和学生对他都是认可的。

黎渊辞职后,学院经过了一段动荡期,熊范舆、张鸣珂、胡钧相继来院负责,总共为期不足一年。张鸣珂任职期间添设中学班,招收高小毕业生,经过五年制中学后升入本校正科,这一班80人。1910年3月9日前后,李榘出任学堂监督。他与庶务长王锡泉一起大力整顿,从节俭经费、严格纪律、注重卫生着手,很快就有了明显效果。学堂每天晚上十点大门上锁,十点以后回来的学生要受处分,据说很快就有一个学生因此被记大过。他还注意加强对学生学习的考核,因此"学生皆不敢旷课,其程度较前亦大有进步。"因扫除而清理出的垃圾,"用马车数辆载出粪秽,及一切秽土等物堆积如山,其腐败现形于此亦见一斑矣。"1910年4月5日,直隶总督陈夔龙到学堂视察,看到"学生下班,壁立环视,毫无次序",当即"札饬该堂监督严加整顿以防陋习。"[1]但他对李监督入校以来的作为表示肯定,并相信新的学校班子一定能把学校管理好,他说学校的腐败主要是由于前两任监督办理不善所致,李监督过去在直隶法政学堂任监督时

---

[1] 《陈制军慎重法政》,1910年4月12日《大公报》第七版。

成效显著,所以这次在北洋法政一定有一番整顿。

李榘任职期间,招收了中学第二班,说明中学的一班和二班不是同时招入的①。1912 年,李榘辞职后,张恩绶担任监督时,招收了中学三班、四班。随后学校改名为北洋法政学校②。

辛亥革命给学院的教学活动也带来影响。1912 年春节前后,学校长时间停课。1912 年 4 月 4 日,北洋法政学堂刊登广告,要求同学尽快到校报到、开学,别科老班补习、考试更不容延迟,"津埠乱事已平,秩序渐复……所有各科学生务皆从速来堂受课,别科旧班补习功课,考试毕业,尤关重要,幸勿延迟!"③结果,这一班别科,也就是老班别科(第一、第二两班同时入学)在 1912 年 7 月毕业,一部分学生直接分配到审判和检察机关担任书记员,张永德等三人到高等检察分厅学习书记官,朱丹等四人分发到审判庭,鲁同恩等三人分发到初级审判厅④。

虽然经过督促,辛亥革命以后仍有很多学生流失,学校决定补录插班生,"敝校所设别科第二班及附属中学一二三四等班武汉起义各班停课。至元年春开课之时,旧有学生回校者虽亦不乏,然按之各班人数仍多缺额,当即根据旧章添招插班,现时各班缺额均已补齐……元年添招别科插班百零五人,中学各插班九十一人……当因别科旧有学生入学未久,程度尚浅。又奉教育部通电,将毕业期限展缓一学期,敝校第一班别科应将前清宣统三年始业改为民国元年始业,已与新班无异。"⑤(实际上,根据教育部批复,别科班并未延期毕业)

---

① 《法商一览·院史述略》,1934 年,天津图书馆藏。

② 1907 年,张恩绶与胡源汇合作翻译了日本政治学著作《明治维新四十年政党史》。1911 年 5 月,他与李榘等学堂多位教师一起创办了直隶法政讲习所。1911 年 10 月,他与李榘、籍忠寅等发起宪友会直隶支部,担任交际员,武昌起义爆发后当选为顺直保安会成员。

③ 《北洋法政学堂开学广告》,1912 年 4 月 7 日《大公报》第三、四版报缝。

④ 《分发学习书记》,1912 年 7 月 26 日《大公报》第六版。

⑤ 《直隶民政长据北洋法政专门学校呈覆添招法政别科学生程度情形咨覆教育部文》,1913 年 4 月 27 日《大公报》第四版。

第四节　清末民初天津其他法政
教育机构

　　除了北洋大学、北洋法政学堂,天津还有其他一些法政教育机构,如孙洪伊、温世霖等主持的天津自治研究所(后改为直隶自治研究所)创办的自治研究班,也大量招收在职和社会人员,为自治培养经办人员,该班一期招生 120 多人(招生对象为天津府下属 7 县),期限为 4 个月,主要课程为 8 种,即自治制、选举法、户籍法、宪法、地方财政,教育行政等。①

　　1911 年 4 月,天津法学教育界闻人李榘、梁志宸等联合发起天津法政讲习所,开设成人法政夜班,招收社会各界人士学习法政。著名教育家张伯苓在南开中学设立南开法政讲习社,也聘请马英俊等负责授课。1911 年 4 月 16 日,直隶谘议局议员齐树楷与他在天津自治研究所的同事王双岐、孙松龄等发起了法政夜班讲习所,地点在河北公园,齐和王分别负责讲解宪法和国际法,这是后来的直隶私立法政专门学校的前身,"所收校内校外各生学费,除去夫工食、灯油、茶水、印费一切花费外。毫无他项开销。统计全年所余,约在二千元之谱。现闻各绅拟即将此款于明春

---

① 有人认为,自治研究所培训班就是法政学堂职班和绅班的由来,"袁世凯……设立宪政研究会,并以天津为试点,创办自治局、议事会,设立自治研究所,以吸收阅历较多兼孚众望的士绅入所听讲。这就是后来的北洋法政学堂之所以设有简易速成科的'职班'与'绅班'的由来。"参见齐植璐.《北洋法政学堂及其沿革》。

改办法政学堂以资造就本省人才。按各绅自三次国会请愿奉旨缩短后，本拟组织法政学堂，惟因经费难筹，不得已先办法政讲习所，俟得有盈余，仍行组织学堂，可谓热心、毅力、有志竟成矣。"①"讲习所之发起，倡于王子邠、齐骧斋诸先生，以为凡立宪国民，必人人具有法政知识，方能与政府相周旋以促宪政之进步。……教员执事均系义务，往来车马概由自备，虽盛暑阴雨未尝惮劳。"②

1912 年，法国天主教天津地区主教雷鸣远创办了共和法政讲习所，聘请天津著名民主人士主讲法政课程，所长刘守荣，后为天津《益世报》的创办者。

雷鸣远(Vincent Lebbe，1877 年 8 月 19 日—1940 年 6 月 24 日)，字振声，洗名味增爵，本籍比利时，天主教遣使会神父，也是两个中国修会耀汉小兄弟会和德来小姊妹会的创始人。1915 年 10 月 10 日，雷鸣远和中国天主教徒在天津租界外的南市荣业大街创办《益世报》，成为当时中国重要的报纸，后来刊发了大量法政(法商)学校史料。1927 年，雷鸣远加入中国籍。中日战争初期，他组织救济团队，救治中国各地平民。1940 年 6 月 24 日，雷在重庆去世。

1912 年 10 月，还有人在河北区大经路厚德里(河北公园对面)设立旅津女子法政学堂，分为正科、预科、法政科三班③。1913 年 3 月，南马路旧天津县署改为法官律师讲习所。1913 年 8 月，杨以德发起法政讲习所，即在上述讲习所院内。该所科目按照高等文官考试科目设置，"造就国民普通法学知识，期限半年"。

---

① 《热心法政》，1911 年 7 月 26 日《大公报》第五版。
② 樊兴刘润谨述.《法政讲司所行毕业礼演说词》1911 年 10 月 15 日《大公报》。
③ 根据政府公报，该校于 1915 年 4 月被勒令停办。

第三章

法政专校的整合与战乱的破坏

民国成立，很多法政学堂纷纷升格、扩建。在此背景下，北洋法政学堂也提出申请，要求升格为法政大学校，但被教育部驳回。① 结果，经过与直隶其他高校的整合，以北洋法政学堂为主，成立了直隶公立法政专门学校，是为学校的法政专门时期。此时的重要特点是增设了商科和预科，后来还开办了商业职业班，培养财经实务人才，实际上填补了中学部停办后初级中等教育的学历缺失。

---

① 　参见 1912 年 5 月 26 日《大公报》第四版。

第一节　民国初年的学校整合

　　1914年7月,与法政学堂毗邻的直隶高等商业专门学校和设在保定的直隶法政专门学校并入本校,合称直隶公立法政专门学校,设法律、政治经济、商业三科,校长由原高等商业专门学校校长梁志宸担任,8月启用新印章。1914年9月2日,学校刊发广告,通知开学,"本校系由北洋法政、直隶商业、保定法政学校合并而成,校舍仍用前北洋法政专门学校旧址,定于九月十一日开学,三校应入校各生,务于开学前来校报到,其逾一星期不到者本校认为退学。"同时,学校还要求原保定校区同学来津参加甄别考试,通过考试的同学才能入校就读,"现奉饬令内开保定法政学校本科学生一班俟并入直隶法政学校时派员甄考,即由该校通知该科学生到津后仍须应甄别考试,其误开学日期不到者即作为退学等因。奉此,查该科学生尚需甄别,各于九月十一日一律到津听候派员甄考,万勿延误。"①当年,直隶教育厅重新核定学校经费为全年六万七千六百五十六元。经过批准,学校修理了学生宿舍四座,拆除大饭厅,改建学生饭厅平房二十多间。由于学校合并扩建,校舍大大扩充,包括两个院,另外还有子院一个,具体情况如下:

　　1. 东院　礼堂一座,楼房146间,堂舍占地67万七千五百九十五方

尺,操场占地 8 万 4 千 4 百零五方尺,余地 76 万 2 千方尺。

2. 西院   礼堂一座,楼房六间,平房二百间。

3. 子院   西北小楼   楼房二十六间,平房三间,堂舍占地面积 39 万 8 千 2 百五十六方尺,操场占地面积 258 万多方尺。

总计房舍近 400 间,占地面积为 258 万多方尺,规模大、很气派。1915 年 8 月,梁志宸辞职。梁校长实际在任两年,是贡献很大的校长。此后校长为张云阁。1917 年 3 月,李镜湖[①]任校长,省长曹锐批准学校使用历年节省的经费选派优秀生赴日深造。10 月,学校选派教师李志敏赴日考察。12 月,选派本校法律专业优秀毕业生于树德、安体诚赴日留学。1918 年,因新增甲种商业讲习科一班,决定年增经费 5000 元,共计 72656元。8 月,因腾让一部分校园给师范学校,经批准,决定增建、扩建校舍,1920 年 6 月竣工,添置学生宿舍楼 2 座,接修宿舍楼五大间,隔断 20 间,厕所 8 间,围墙十六丈,砖瓦房十五间,厨房 58 间,校舍大大扩充。同时接通自来水管。1920 年 6 月,学校开始招收政法商三科预科,并准备续招甲种商业班。1920 年 8 月,李镜湖转任万全县长,在校任职三年多。

1918 年 10 月,直隶法政学校有教师 32 人,职员 5 人,学生 296 人,同时的北京法政专门学校教师 44 人,职员 36 人,学生 543 人。江苏法政学校教师 24 人,职员 15 人,学生 143 人,广东法政学校教师 37 人,职员 10人,学生 575 人,中央政法专科学校教师 29 人,职员 7 人,学生 196 人,可见,直隶法政学校的规模在以上各专门法政学校中是比较靠前的。[②]

---

① 李镜湖,字问渠,河北束鹿(今辛集)人,直隶政界老资格立宪人士。1911 年 10 月,参与发起宪友会直隶支部,11 月被选为直隶各界保安会会员。1936 年 11 月 2 日,与杨秀峰等河北知名人士四百八十五人致电南京政府行政院,要求拒绝日军策动"华北特殊化"之要求,保持我国领土与主权的完整。1937 年,参加了北师大西迁和西北联大组建,任兰州大学法学院长。

② 《全国专门以上学校一览表》,1918 年 10 月 24 日《北京大学日刊》第 235 号第四版。

第二节　李大钊曾有意担任校长

1916 年 12 月前后，李大钊曾有机会担任母校校长。尽管国会议员张馨吾这一颇有眼光的动议并未成功，但也说明，年仅 27 岁的李大钊，因能力出众而被看好。

1916 年 12 月 11 日，李大钊、白坚武、张泽民等法政校友赴津参加"直隶法政"校友会，前后停留共 6 天①。作为韬园派首脑孙洪伊的心腹，他们一起在津逗留六天，绝不会仅仅探亲、访友，一定还有穿梭式的政治活动。1917 年 3 月，"直隶法政"校长张云阁②辞职，直隶籍国会议员张馨吾等就曾策划推荐李大钊继任校长。《马千里先生年谱》载，1917 年 2 月 20 日，"马千里先生在女师学校听齐璧亭谈，直省国会议员张馨吾想推荐李大钊任天津政法学校校长。"③

天津政法学校即"直隶法政"的俗称。齐璧亭时任直隶第一女子师范学校校长。张馨吾即张新吾，即张书元，是直隶籍国会议员、孙洪伊组织的韬园系成员、时任农商部次长，与李大钊等联系密切。笔者认为，这是韬园系国会议员在推举张继担任直隶省长失败之后的又一次政治行

---

① 中国社会科学院近代史研究所编，白坚武著，杜春和、耿来金整理.《白坚武日记》第一卷，江苏古籍出版社，1992 年，第 47 页。
② 张云阁，直隶滦州人，民国众议院议员，直隶第三师范创办人、首任校长。
③ 马翠官执笔.《马千里先生年谱》，《天津历史资料》，1981 年，第 10 期第 20 页。

动,李大钊本人也应是知情的。1916 年 12 月,他连续在津逗留时间长达 6 天,不可能不讨论与他有关的重大事项。白坚武任"直隶法政"教务长 的最终安排,说明韬园派确实曾提名推荐了"直隶法政"的管理层人选。 而李大钊的学历、社会资望均高于白坚武,所以孙洪伊等希望李大钊出任 校长是合乎情理的。

1916 年下半年到 1917 年初,李大钊等与"直隶法政"校友往来频繁, 对该校动向极为关注。1916 年 7 月,李大钊从上海赴京途中,在天津中 转,即到母校访问。他在 1917 年 6 月的《天津法政学校校长及教务长易 人》一文中说,"记者去岁归国,曾一寻问母校之近况,则见旧时宏丽之建 筑,间有颓废陵塌者……记者徘徊久之,盖不胜今昔之感……有三数班次 有旧时校友,同学少年,相见依依,辄不忍别。"①回到北京后,他又多次会 见"直隶法政"校友,与校友保持联系。

1916 年 10 月 1 日,时在北京的白坚武,"赴皮库胡同看守常,同赴羊 肉胡同。"估计是二人约好同去看望孙洪伊,因孙宅即在羊肉胡同。10 月 2 日,白先是给张书元写信,督促他办"某事",然后就去找李大钊。"致张 新吾 1 信,督催某事。寻守常未遇。"估计此事与李大钊和张书元均有关 系。10 月 3 日,白坚武给"直隶法政"校友郁嶷打电话,按照李大钊的嘱 咐,告诉郁嶷暂不要搬家。随后,李大钊、高一涵一起来找白坚武,白坚武 又去回访。因事先未有约定,两次会面均未成功。估计是有要事相商,否 则,不必如此急着见面。《白坚武日记》载,"午后到部。守常、一涵来。"5 日,白坚武"早起,再询某事。8 时,到皮库胡同,王从周适来,畅谈 1 小 时。到羊肉胡同携某译电稿来。到米市胡同访黄厚以。"②这里的皮库胡 同,应是李大钊住所,他当时正住在皮库胡同。王从周,名王杰,众议院议 员。米市胡同为北洋法政同学俱乐部所在地,当时有不少直隶法政同学

① 中国李大钊研究会编注.《李大钊全集》第二卷,人民出版社,2006 年,第 153 页。
② 中国社会科学院近代史研究所编,白坚武著,杜春和、耿来金整理.《白坚武日记》第 一卷,江苏古籍出版社,1992 年,第 39 页。

常来此会面、住宿。这段日记似乎说明白坚武此时一直在操办"某事",该事与李大钊、"直隶法政"校友、国会议员,甚至是孙洪伊均有关联。笔者以为,"某事"极有可能即为李大钊"任天津政法学校校长"一事。

1916 年 10 月 7 日,白坚武"托张新吾为同人谋安置,仅发表孙佩璋一人。"说明资深的国会议员、农商部次长张书元是可以安插人员的,对白坚武的此类请托也未必拒绝,只是效果并不理想。10 月 23 日,白坚武到孙洪伊住处,见到了直隶法政校友李蔚斋、张适吾。10 月 27 日"早,守常来,同访张溥泉,遇耿鹗生。"10 月 29 日,白坚武又同张泽民一起去找原北洋法政学堂监督、国会候补议员李榘,要求他为同学黄鲁沂证婚。11 月 7 日,白坚武"同守常访溥泉,遇吴蓬仙。"8 日,"到孙宅。晚,至米市胡同,与同人聚谈。"①

这就是说,白坚武经过一段时间的奔走,相继拜会直隶籍政界要人张新吾、张继、孙洪伊以后,又到法政同学俱乐部与校友聚餐、谈话。1916年 11 月 8 日,白坚武与李大钊一起拜会国会议员王杰,"偕守常访王从周。"12 月 4 日,白坚武与直隶法政教师陈镜秋、卢岳等一起聚餐。陈、卢均曾为北洋法政——直隶法政教师。估计陈、卢二人专门为邀请校友参加校庆活动而来,"偕子固、挹珊、杰三在常乐意小酌,陈镜秋、卢宗五在座。晚为'法校'同学恳亲会开办,同守常向孙伯兰请款。"②

1916 年 12 月 6 日,李大钊、白坚武等一起走访校友周国屏、郁嶷以及"北洋法政"时代的老友、直隶立宪派代表人物齐树楷,"同守常访周国屏、齐礫斋、郁宪章,至林质生家小饮。"③12 月 24 日,白坚武拜访张新吾,

---

① 中国社会科学院近代史研究所编,白坚武著,杜春和、耿来金整理.《白坚武日记》第一卷,江苏古籍出版社,1992 年,第 44 页。

② 卢岳,字宗五,河北博野人,1916 年 8 月曾参与发起直隶司法改良会。

③ 礫斋,即齐树楷(1869—1953),直隶蠡县人,1904 年与王葆真、王法勤等同赴日本留学。归国后历任顺直咨议局议员、资政院议员,参与创办帝国宪政实进会、宪友会,为直隶法政讲习所、直隶私立法政专门学校主要发起人。另有学者认为齐曾任直隶自制总局总务长,为直隶新政重要人物。

"早9时起,访张新吾谈近事。"

1917年1月11日,白再访张新吾,并"畅谈"。1月12日,他到"米市俱乐部",与法政校友会面。1月17日,白坚武与李大钊一起拜访了张璧堂、张新吾。1917年2月4日,白坚武与校友李采言又到北洋法政同学俱乐部,晚上与李大钊见面、洗浴。2月7日、8日,白坚武连续写信给韬园系骨干崔叔和。1917年2月20日,张书元回京。说明2月20日前,张书元离京办事,他很可能去了天津。2月21日,白坚武即与他的"北洋法政"密友张泽民、李大钊一起拜访张新吾,说明白坚武等人对张新吾的行踪一清二楚,对他离京活动的效果非常关心。这与《马千里先生年谱》的记载似可衔接。

1917年3月16日,白坚武准备亲自赴津活动。3月17日上午,白坚武找到李大钊,下午与张泽民一起赴津,"早往东城竹竿巷访守常。午后,偕泽民晚车赴津。在津刘寓小憩,往德义楼践约,12时回刘寓休息。"3月20日,他乘车回京。3月21日,"访张新吾未遇。午后,偕守常访何海秋。"说明他有此番赴津活动的重要情况需向李大钊等通报。3月22日,白坚武去找韬园系办事人员崔叔和,"询津况。牛鬼蛇神滔滔皆是,以言革新为期尚远,即言地方亦无着手之处。"看样子在1917年的二三月份,白坚武、张泽民、李大钊与张新吾等策划了一起有关直隶省的大事,但没有成功。笔者认为,此事应与推荐李大钊就任"直隶法政"校长有关。

从《白坚武日记》中寻找蛛丝马迹可知,李大钊在1916年底至1917年初,曾有机会入主"直隶法政",此一事件的重要参与者为白坚武、孙洪伊和张新吾,张泽民亦为知情人。此事没有成功的原因,仍值得查考。但这一失败,对于李大钊说来,只是暂时的挫折。因为更好的机会正等着他。相对说来,北京大学的舞台更加宽广。1917年6月,李大钊以记者的身份发表《天津法政专门学校校长及教务长易人》的文章,说李镜湖即将任校长,白坚武即将出任教务主任。这说明李大钊对此事的内幕是了解的。新任校长李镜湖也是韬园派重要成员,李大钊对他是了解、支持的,如称李镜湖"学问经历颇能胜任。记者甚望其竭全力以整顿斯校也。"李镜湖在上任前后也曾拜访白坚武,白坚武亦曾回访。这些拜访、交往,应与聘请白坚武担任教务主任一事有关。

第三节　专门时期的发展与风潮

　　李镜湖长校期间,学生思想也十分活跃,各项爱国运动均走在天津前列。五四前夕,天津中等以上各男校同学已经选出各校代表,组织学联,法政学校代表为易守康、李铁钧(即李权)、李少运(即李燕豪)、李惟果等。1919 年 6 月 3 日,京兆旅津同学会成立,法政同学蔡文鹤当选为副会长。1919 年 6 月 5 日,天津学生大游行,总代表为法政学生易守康[①]。6 月 15 日,天津学生联合会组成讲演团,团长易守康。[②] 8 月 30 日,北洋法政学堂(此系俗称,当时正式校名为直隶公立法政专门学校)学生易济康、李宝纬等在向街头听众报告北京请愿青年所受迫害时,被军警逮捕[③]。1919 年 8 月 23 日,山东、天津、北京、唐山、良乡、山海关等地各界代表共 32 人到总统府请愿,徐世昌拒绝接见,27 人被捕。8 月 26 日和 27 日,又有京津两地学生共三四千人在总统府前请愿,法政学校代表易守康等代表被关进京师警察厅"特别优待室"。他在 8 月 29 日写给本校学友霍心田的信中说:"本月二十三号各界代表大出发请求见大总统,地方警官不大愿意,交涉了好大工夫不得大好结果,代表大哗,秩序大乱,警官大

---

① 《学生出发之泪史》,1919 年 6 月 6 日《益世报》第二版。
② 《讲演团长之去思》,1919 年 6 月 15 日《益世报》第二版。
③ 易济康,本校商科同学,曾任商学会副会长。见 1920 年 8 月《商学》第五卷第四五期合刊,天津图书馆藏。

怒,将弟等大家逮捕。弟等大喜,大大方方地入了警察厅的大拘留所,关在大特别室内,其中有三个大炕,两个大方桌,十来床大棉被窝。到夜间点一个大煤油灯。居了不多日子便得了大病,就是因为大肚子里有大火,不能出大恭,现已大愈,祈大哥勿念。弟大前日欲看报,警官不大赞成,弟等出大力的要求,始得稍悉国家的大事。每日读各报馆大主笔的批评,读到痛快的时候便大笑,伤心的时候又大哭,好像大疯子一样。前日过大堂,弟大辩,审判官心中大觉撒拗,故没有大好的判决。弟大乐,渴了喝大叶茶,饿了吃大米饭,困了睡大头觉,虽不大享福,亦不大受罪。此入狱后之大概情形也。"短短的一封信里,竟用了43个"大"字! 可见其当时之心理状态。

李镜湖离任后,教务主任李志敏任校长,继续进行校园整修和美化。1920年12月,学校接通电灯。1921年4月,学校为当年毕业生社会调查申请经费,呈报法律科毕业生60名,政治经济科13名,商科十六名。1922年4月底,第一次直奉战争爆发,天津学校全部停课,外省学生纷纷回家,到5月31日,南开、官中(官立中学,现天津三中)刚恢复原状,但法政、高工等校,还远不能开学。[1]

1922年11月,学校开始制作校徽。1923年4月,在大门内学生宿舍南侧开辟校园12亩,添设草亭3个,圆形荷花池一个,摆放花盆数百;同时,规定12月30日为校庆纪念日,这是北洋法政学堂启用公章的日子。5月,学校出售土地7亩,以为图书专款,改东楼为图书馆,上下24间房,购买图书一千数百册。同年12月,该楼失火,学校请拨款修复,虽经批准,但因财政困难,没有实拨。1922年12月,学校拍卖了坐落在河北三马路和六马路的地块,以便兴建图书馆[2]。但是,由于经费不足,图书馆长期没有修复,该款被挪做教师工资。直到1930年,该楼仍处于坍塌之中。

---

① 《端阳节中之闻见·教育界》,1922年5月31日《大公报》第三版。
② 《法专售地设立图书馆》,1922年12月23日《益世报》第十一版。

1922 年 7 月 4 日,原定赴日参观的法政学校毕业生参观团,在改变线路以后,沿着天津—大连—旅顺—上海—杭州—南通—南京—芜湖—汉阳—武昌—汉口—石家庄—太原—天津的线路出发了,主要是参观各地法院。此次参观,本来是要到日本的东京、大阪,参观法院组织、工商业和模范监狱、审判庭的,由于经费原因,改为国内线路。当年,学校共有法律、政治经济、商业三科共 100 多人毕业①。

直隶法政学校办公楼

1924 年 12 月,教育部核准法政专门学校开办预科,高中生预科一年,初中生预科两年。1925 年 2 月,天津县议会举行选举,发给法政学校选票 350 张、高工 356 张、南开大学 248 张,这可大体反映各校的规模②。

为了提高学校的学术质量,推动进步思想的传播,李志敏曾大刀阔斧地进行改革,解雇了原来的十多名老教师,因此结怨不少。"李志敏,辞退教职员十数人一事,教育界咸抱不平。……该校校长与被辞退之教员,宿怨已深,故有借题发挥之举。盖该校长……接事以来,一味纵容学生,摧抑职员教员,旧教员如黎、李、毕、刘、张诸人,愤而辞职者,具有事迹在案。"③加上后勤管理某些方面不尽如人意,部分同学也对其不满。直隶教育会会员张景韩、安丕勋等人先后到教育厅、省政府和省议会控告李志敏,引起了时任省长王承斌的注意,遭到教育会进步人士的驳斥与反击,法校学生宋乃明、莫易珪、杨景濂(亦周)等则以全校 462 名同学的名义

---

① 《法政生赴日参观》,1922 年 5 月 25 日《大公报》第十版。
② 《天津县议会选举近讯》,1925 年 2 月 2 日《大公报》第二张第六版。
③ 《法校辞退教员之内幕》,1924 年 2 月 23 日《大公报》第二张第二页。

到现场散发宣言,捍卫李志敏校长。宣言说,"李秀夫先生,继长本校,力图革新。一切设施,悉本教学原理,教职各员,尤能尽职。学生等方面欢欣鼓舞,努力□修。不意近日有人……散布传单,藉泄私愤,假借……标题……以此煽惑伎俩,大可逞其阴谋。"在省议会讨论此案时,"两派争执,各不相让。秩序大乱,几至动武。议员纷纷退席,主席无法维持秩序。"①但是,李志敏终因此辞去了省议会议员职务。

法政学校大门

---

① 《省议会开会旁听记》,1924 年 5 月 10 日《大公报》第六版。

第四节　专门时期的党团活动

　　这一时期,学校师生仍然继承了长期以来的进步传统,不少师生入党、入团,积极参与中共领导的进步活动,成为中共在北方活动的重要基地。1921 年秋,法政学校教员,中共党员于树德、安体诚在天津发起成立工余补习学校。1922 年 6 月,二人又发起成立工人图书馆,"同人于去年九月间,在天津创立一工余补习学校,专对工友们施以辅导教育,而促其觉悟,这学校成立了八个多月,与学校发生关系的工友,不下数百人。"①1922 年 3 月 5 日,天津学生联合会在青年会开会,追悼为劳工事业而牺牲的烈士黄爱,法政学校代表杨昌第等出席会议②。12 日,天津学生联合会在直隶高等工业学校开会,法政代表杨昌第当选为评议长,步恒勋当选为讲演委员长。会议决定以学联的名义开会纪念为工人事业牺牲的黄爱,会场高挂挽联,"孽海茫茫,独服劳工为神圣""军阀派伤天害理,劳动家杀身成仁""劳工神圣"。3 月 23 日,学联再次开会,决定设立平民学校,步恒勋为教务主任。

---

①　这是中共开办最早的工人补习学校。《天津工人图书馆募书启》,1922 年 6 月 6 日《益世报》第十一版。

②　黄爱(1897—1922),原名正品,号建中,湖南常德人,直隶高等工业学校学生,湖南工人运动领袖。1921 年 3 月因发动湖南第一纱厂工人游行示威,组织劳工会,与庞人铨一起被军阀赵恒惕杀害。1922 年 3 月,中共组织全国各地青年举行了大规模的纪念活动,李大钊、蔡元培等曾为此专门撰文。

◎天津工人圖書館募書啓

《益世报》刊登的工人图书馆募书启示

1924 年 8 月,中共发起的反帝国主义联盟开会,法政学校代表崔溥出席会议,当选为文牍委员兼调查委员①。1924 年 12 月 1 日,国民党天津市党部召开大会,共产党员于方舟主持会议,社青团法政支部书记崔溥担任会议记录,决定采取措施,对抗“北京更反动的政局。”②

1924 年 12 月 7 日,天津市民代表拜会了在津的国民党代表汪精卫,邓颖超、崔溥等参与谈话。12 月 19 日,天津教职员联合会开会,法政代表谢萍舟参加了会议③。1925 年 1 月 1 日,法政学校教师张璧堂、许云舫(肇铭)等发起和平期成会。④ 1925 年 5 月 4 日,天津各团体召开孙中山纪念大会筹备会,法政学校学生王瑞麟参加。5 月 20 日,天津市中山主义研究会召开常务会议,王瑞麟加入。这些组织名义上是国民党,实际完全是中共组织和领导的,中共天津地方组织的于方舟、江浩是其主要领导

---

① 《反帝国主义联盟开会记》,1924 年 8 月 30 日《大公报》第六版。崔溥后加入中国共产党,调团中央。根据齐植璐先生的《北洋法政学堂及其沿革》,崔溥是当时中共天津党组织活跃人物,他组织成立了天津“马氏学会”,创办《新民意报》副刊《明日》以及“马氏通信图书馆”,宣传马克思主义。参见《天津文史资料》第 44 辑,天津人民出版社,1988 年。

② 《天津国民党市党部大会记》,1924 年 12 月 2 日《大公报》第六版。

③ 《教职员联合会开会记》,1924 年 12 月 20 日《大公报》第六版。

④ 《和平期成会之发起》,1925 年 1 月 1 日《大公报》第六版。

人。事实上,直隶省,包括北京、天津两市的国民党地方组织,也主要是中共创建和领导的,其发展的国民党员也多数属于左派,这引起了北洋军阀的极大仇视。因张作霖派出军警阻挠,原定 5 月 31 日在法政学校召开,吴稚晖、赵世炎出席,李志敏讲演的天津新学联成立大会被迫改期。1925 年 6 月 4 日,为声援五卅运动受害群众,天津学生联合会组织各校代表 100 多人向张作霖请愿,法政学校王永禄、贾绩卿参加。6 月 7 日,学联决定创办学生刊物,法政学校王瑞麟等四人负责编辑。6 月 9 日下午,法政代表王瑞麟、贾绩卿等四人赴交涉公署请愿。当天晚上,天津市学联召开特别委员会,听取了王瑞麟等的汇报,决定 7 月 1 日以前,各学校不放假、不回籍。王瑞麟还建议,动员社会各界对英实行经济绝交,不用正金汇票钞票①。6 月 9 日,法政学校学生会开会,决定组织沪案后援会,除讲演组以外,组织五股开展工作。1925 年 6 月 10 日下午,天津教职员联合会开会,法政学校戴方塘、张子亨参加会议,决定对学生的爱国活动"不加限制,取师生合作主义……讨论本会定名为天津教育团体沪案后援会。"同一天,学联特别委员会开会,决定到租界展开秘密宣传,王永禄负责讲演,王瑞麟担任庶务主任,他"每日必须到会视事"。法政同学对于讲演都非常投入,李鸿业讲演募捐连日奔走,在市民大会中讲演时,"慷慨激昂,继以大呼誓死力争,用力过猛,即时晕倒"幸亏被救护队救起②。

从 1924 年 10 月开始,学校陷入极大的困难之中,直奉战争给学校带来灾难。首先是直系军阀征用法政、水产(即直隶水产专科学校,亦在津)和师范三校作伤兵医院,学校只得停课。法政学校设病床 500 架。从 10 月 12 日开始有伤兵进驻,到 10 月 17 日就收容伤兵 400 名,仅 10 月 13 日一天就收治一百二十多人。1924 年 10 月 19 日夜间,运进法政和水产两校伤兵 450 人。10 月 31 日夜间,又有 500 名伤兵进入法政学校。因

---

① 正金银行是一家日本银行,创立于 1880 年,总部在横滨,后成为日本侵华重要金融工具。

② 《法政学生会致谢救护队》,1925 年 6 月 17 日《大公报》第五版。

此,学校里面挤满了伤兵。乱兵进入校园抢劫,把校园劫掠一空。战争带来的混乱一直持续到 1925 年 2 月,春节以后学校才能筹备开学。

1925 年 9 月,李志敏校长因感染霍乱病逝于张家口,"噩耗到津,法校教职员学生,均极感痛。"[①]李志敏校长在任 5 年,对于校园环境、学术气氛乃至学生的进步活动等方面的发展都功不可没,他是法政学校的老人,长期在直隶教育界任职,对国共两党,特别是李大钊领导的国民革命大力支持。在他的影响下,学校不少教师,包括许肇铭(? —1958)、刘同彬、陈镜秋、杨亦周等多次参与了李大钊等组织的进步活动[②],是直隶国民革命运动的重要领导力量。许肇铭,字云舫,1917 年毕业于北京中国大学法科

李志敏

后,即任本校教授,后兼任河北省议会议员、律师,1924 年 4 月起任天津律师公会会长。[③] 李校长去世后,直到 1928 年北伐成功,刘同彬任校长。他是北洋法政时代的老人,参与创建学校中学部,后曾在北京高师和朝阳大学、保定师范等校辗转授课。据他的后人(刘见恒)说,刘校长是 1909 年从日本早稻田大学毕业后,到本校中学部任教的,开始任中学部主任,同时担任世界历史和世界地理课,李大钊曾受教于他。刘校长在校时最欣赏李大钊、于树德、安体诚和王德斋四位校友,后来曾长期保持联系。[④]

到 1926 年 2 月,学校决定用图书专款遣散教师回家。留下来的师生

---

① 《法政校长之逐鹿》,1925 年 9 月 17 日《大公报》第五版。
② 据许肇铭之孙许杏林介绍,许肇铭是当时中国最早的一批法律专业学生,毕业后曾在直隶法政学堂(即本校)任职,刘春霖也在本校任督学。这种同事关系,加之俩人同属文人,关系很好,经常走动,许杏林当时经常在家中看见刘春霖来访。
③ 许君远著,眉睫、许乃玲编.《读书与怀人》,中国长安出版社,2010 年。
④ 据刘同彬 1947 年 2 月手稿《丁亥初春感时》,他曾在 1924 年与李大钊见面,刘当时非常悲观,认为国家的衰落似乎已经难以避免,李认为事在人为,不必过分悲观。

只好协调解决共渡难关,由学生交纳杂费供养老师,老师则不取报酬,义务授课,利用寒暑假补课,总算没有耽误学生毕业。1927 年 4 月,西北小楼由于被征用作炸弹厂不慎全部被焚。5 月,校舍被全部征用,学生被遣散,只留下当年的毕业生等待结业。

就在这样的环境中,师生们也没有忘怀学校的升级、发展。1928 年春,同学胡学骞、韩锦云、庶务主任陈镜秋等发起学校"改大"运动,发表了致南京政府教育部的"改大"申请书。1928 年 7 月,《益世报》全文发表了本校改大运动委员会宣言书,"今幸北伐成功,一切政治经济实业教育,均须谋根本之改造与刷新,乃为达到此次国民政府所领导之国民革命之真正目的……此次南京政府全国教育会议对于学校系统,既有积极改进之决议,则今兹直隶专门以上学校之改大运动,实有必要……此种问题,且须目前解决,不容稍缓"。现有的直隶法政专门学校应改称河北法政大学校,专门部的高年级仍照旧制毕业,但应设一种研究科,以便于他们继续深造;修业年限增至五年或六年;实行选科制;延聘国内外著名学者来校任教,以提高学院教育程度;组织学生军;招收女生①。1928 年 8 月,傅作义率领国民军攻占天津,北洋政府瓦解。校长刘同彬辞职。学校教职员谢宝清(字萍舟)、李毓棠、张庆开、张启元、刘次清、杨景濂(亦周)、李邦翰、刘焕文(从周)、耿驯生九人组成校务维持会维持学校。10月,法政学校学生会选举执行委员,盖云翔(运兴)主持,刘金堂、胡学骞等当选为执委。1928 年 11 月,因有人告密,法政校友韩锦云、胡学骞、蒋梅生等因"共产党嫌疑"被捕②。1929 年 3 月 30 日,法政学校学生会召开大会,选举张本初、苏明文为出席全市学联的代表,决定派遣盖云翔、刘金堂为代表,到河北大学区请愿速派校长,并设立业余平民学校③。1929 年

---

① 《法专学生请改称河北法政大学校并提高教育程度》,1928 年 7 月 10 日《益世报》第十六版。
② 据报道,韩锦云为天津人,时任直隶省立一师图书馆主任。蒋梅生,河北东光人。参见《法政学生被捕》,1928 年 11 月 17 日《大公报》第五版。
③ 《河北法专学生会大会决议案》,1929 年 3 月 31 日《大公报》第五版。

10 月 2 日,河北省高等法院天津分院分别判处胡学骞等三位校友有期徒
刑 11 个月,这是本校在校生因共产党嫌疑被判刑的唯一案例。①

---

① 《法政学生共嫌案重提》,1929 年 8 月 30 日《大公报》第四版;《共党嫌疑案分别判
决》,1929 年 10 月 3 日《大公报》第十二版。

第四章

法商时期的危机与发展

从 1928 年 9 月国民军进入天津到 1929 年 4 月,学校改称"河北法政专门学校"。1929 年 1 月,北平大学区成立,先后接收河北省在天津设立的工业、女师、法政等学校归北平大学区管理①。1929 年 4 月,河北省政府会议决定本校改组为河北省立法商学院,成为四年制本科学院。5 月,北平大学区决定聘请顾德铭任院长。学院同时附设大学预科(高中)和商业职业班(相当于初中),这是学院发展史上的一次重大飞跃。

---

① 　李金藻.《河北省教育厅沿革记略》,1933 年 3 月 1 日《河北月刊》第一卷第三号。

第一节　"改大"带来发展机遇

　　根据南京政府颁布的《大学法》和《专科学校法》①,医学和法学不允许设立专科学校,所有的法政专门学校,要么与其他学校合并成为综合大学,要么升格为专门的法政学院,其余的都将淘汰②。这是学院面临的一大危机,当然也是一大机遇。事实上,由于设在保定的河北大学同时设有法学系,所以教育主管部门颇有把法政学校并入河北大学的动议,但因保定办学条件差而放弃。最终,这所曹锟时代设立的河北大学被撤销。

　　20 世纪 30 年代,京津地区已有不少大学开设法律、政治等科系。据统计,在北平公立和私立大学中,设立法学院的有 10 所、设立政治系 9 个、法律系 7 个,可以说,北平法律和政治系的设置有些过滥。因此,教育部拟推行教育资源整合,"宜综合通筹,依分工合作之原则,使各校咸得集中力量,从事于特殊之改进与发展"③。到 1931 年 8 月底,广东法官学校改组为广东法科学院,吉林省立法政专门学校与其他学校合并改组为

---

① 全称为《大学组织法》和《专科学校组织法》,1929 年 7 月颁布。
② 1922 年 8 月蔡元培等已经提出废除法政专科教育,并与时任北京法政专门学校校长王家驹开展了激烈辩论,最终此建议没有获批。1922 年 12 月,教育部批准北京法政专门学校升格为北京法政大学,并于次年秋招收法律、政治、经济、商学四科大学预科,学制两年,毕业后升入本科。1925 年 7 月,教育部批准试办上海法政大学,这是中国最早出现的四年制政法大学。
③ 《整顿北平高等教育》,1932 年 5 月 25 日《益世报》第三版。

吉林大学,上海则成立法政学院和法学院两所法政专门学院,全国共有国立、省立和私立大学58所,其中法政单科和以法律为主的大学(北京朝阳大学)和学院共五所,北京、天津、广东各一所,上海两所。① 专科层次的广东、江西、福建、山西、广西、云南各省的法政专门学校,已被教育部命令停止招生,"逐年结束"。②

顾德铭在校

1929 年 5 月,顾德铭院长来院,对学校做了一番大规模的扩建、整修,以恢复饱经战火的校园。1929 年 8 月,学校开始招收女学生,设计新的校徽图案,添设浴室。1930 年 6 月,政治经济专业分开,分别设系。7 月,改建大门,宏大壮丽超过以往;8 月,北平大学区决定增拨经费。11 月,法商周刊、季刊编辑部成立。1930 年 12 月,学院决定开设国际政治课,聘请国内著名教育家胡石青(汝麟)教授主讲,学院院刊《法商周刊》也开始连载胡先生主讲的《国际政治》讲座③。同年,学院甲种商业班改为中等商业科,预科停招,增设高中部。

1929 年夏天,学校继续招生,由于大学部刚刚设立,只能招收预科,所以原来的专科继续招生,吴砚农就是这一年进入法商政治经济科的。1931 年,大学部四个系、甲种商业班(初中)和高中全部招生。"九一八"前后,大学部共有学生 151 人,其中女生 13 人;中学部学生 190 人。1931 年 11 月底,法商学院共有学生三百余人④。到 1932 年,大学生总数达到 223 人,其中有女生 17 人,中学生 213 人。1931 年 12 月河北省教育厅编

① 《全国大学及专校概况》,1931 年 8 月 22 日《益世报》第七版。
② 《全国大学及专科概况》,1931 年 8 月 28 日《益世报》第七版。
③ 胡石青主讲,范绍韩笔记.《国际政治》,1930 年 12 月 15 日《法商周刊》第一卷第三期。
④ 《法商学生军》,1931 年 11 月 6 日《大公报》第八版。

发的一则材料说法商学院"校舍占地面一百三十一亩二分九厘二毫。东面校地一百二十六亩六分六厘六毫,由学院经理出租。并拟收回一部分作为扩充操场用。本院共有楼房一百七十八间……平房一百六十六间。"[①]"院内校舍宏大,综计楼舍四百多间,面积占二百五十八万余方尺……男女宿舍,共分八斋,规定每大间住五人,每小间住三人,盥洗室、浴室、理发室,设备均甚完全。"[②]

　　学院从北大、燕大等知名高校聘请了不少学术领军人物来院兼课,包括法学教授黄右昌、张孝移,经济学教授崔敬伯等,不能兼课的则请来院举办讲座,这是顾院长提高学院整体实力的努力的一部分,效果是明显的。黄右昌、张孝移等教授虽然是兼课,但对课业非常负责,对同学们也非常关心。崔敬伯帮助经济系同学先后组建了经济学会和农业经济学会,这对齐植璐、王守先、王作田等同学的成长是有很大帮助的。鲁仲平是顾院长请来的第一个共产党员,担任政治经济科主任,负责聘请本部门的教师,他不仅将吴砚农引入共产主义的大门,还把阮慕韩介绍入党。

法商学院大门

　　学院还进行了操场、花园等设备的维修和扩建。操场新设了篮球场记分板、运动员休息室、排球裁判高椅,还买进龙口砂置换已经踩实的跳高和跳远沙坑,"本院校园,自经驻军踏毁,因经费拮据,几度修理,未达

---

① 《河北省立法商学院概况》,1931 年 12 月《河北省高等教育委员会会议录》。
② 《法商学院改进方针》,1932 年 8 月 1 日《益世报》第六版。

完善之境。本年学校欲求完整工作,拟定新计划,继续整理。记者已见整理之图,按是图计划,取消原有之荷花缸,重筑一洋灰池,并由地道通院前之新开河,以图换水。园之周围,则栽植各种稀奇花木,闻不日即动工云。"①顾院长对文体活动也很重视,他大力扶持戏剧社的活动,支持他们到外校和社会公演,在社会上影响很大。他支持体育部主任耿顺生开展体育活动,走出校门组织体育比赛,以法商为主,发起海河以北天津各高校的体育联赛,称"天津体育促进会",连续举办比赛7年,对于促进学院和天津体育活动,起到了重要的推动作用。为搞好军事训练,作好抗敌准备,学校专门设立了军体部,聘请晋系高级将领、天津警备司令傅作义担任军体部主任,师长陈长捷为教官,这对提高本院体育教学,改善学校形象,扩大社会影响,都起了很大促进作用。②

北伐的胜利没有带来民族危机的缓解,动荡的局势很快就影响到学校。1931年11月8日,日本侵略者在天津纠集一伙乌合之众,发动武装暴乱,趁机把废帝溥仪劫持出津,史称"天津事变"。当晚10时30分,在日军炮火掩护下,汉奸便衣队由海光寺等地冲出,分数路袭击中国警察机构、天津市及河北省政府。同时,日租界军警宪兵也全体出动。一时间,城内交通断绝,商铺闭门,大批难民流离失所,许多无辜民众在混乱中被打死。日军的挑衅遭到中国军队的顽强抵抗,从日租界冲出的便衣队多人被击毙,有的被俘获。战斗激烈,双方均伤亡多人。这场战斗虽然主要发生在南开区和河北金刚桥一带,法商学院附近并没有直接波及,但由于不少同学回乡,学院一度停课,"八日事变后,九日因一部教员往租界内未能到校,即行停课,住校学生百余人,陆续离校,现校中仅余十余人,院长职员每日到校,至何日复课,现尚未敢定。"③

---

① 《建筑荷花池　栽植新花木》,1931年3月6日《法商周刊》第一卷第八期,天津图书馆藏。
② 《法商学院昨行开学礼》,1929年9月3日《益世报》第十六版。
③ 《学生星散复课艰难》,1931年11月22日《大公报》第二张第八版。

　　1931 年 11 月 4 日,中原大战结束,占据京津政权的山西势力瓦解,张学良的东北军进入天津。1932 年 2 月,河北省教育厅决定免去顾德铭法商学院院长一职,由梁焕继任。梁是河北安新人,北京大学毕业①,曾任东北大学教授,河北大学法律系教务主任,由于他在当时法学界地位不高,所以这个任命遭到师生一致反对,大家决定组成评议会维持校务。教职员联名写信给河北省教育厅,反对梁焕到校,"自顾德铭博士长院以来,循序渐进,内外翕然"。认为教育主管部门随意更换院长,"直同儿戏,手段卑劣,莫此为甚。为维持教育尊严,为维持教育者人格起见,毅然拒绝梁某来长本院。"②1932 年 2 月 25 日,学院全体同学召开大会,决定在递交呈文反对更换院长的同时,赴河北省教育厅集体请愿,态度异常坚决,厅长陈宝泉觉得他们"不啻训我,言外颇示不满"。学生会还派代表当面挽留顾院长,在校门口各处张贴"反对梁焕到校"的标语,"校内空气颇为紧张"。26 日,全校同学开会,王守先主持会议,刘大伦报告赴教育厅请愿经过,会议决定组织护校委员会,推举 33 人为委员,主持护校工作。3 月 1 日,梁焕派代表到学院接洽;3 月 2 日,他又在教育厅相关部门负责人员的陪同下亲自来到学院,试图接收,均被同学拒绝。3 月 15 日,学院 150 多学生再次到教育厅和省政府请愿,要求收回成命。在此情况下,河北省教育厅决定改派吴家驹任院长。

---

① 有资料显示,梁焕曾就学于直隶法律学堂,并获得律师资格,1917 年毕业于北京大学法科。
② 《法商教职员宣言　反对梁焕继任院长》,1932 年 2 月 25 日《益世报》第六版。

第二节　停止招生带来危机

　　吴家驹是学院老人,北洋时代就在校任教,后长期在司法实务部门工作。他来校后,继续聘请名家来院,对学院的师资和教学力量进行了一定改革和强化,对师生进步活动也屡加保护。但他的办校理念,总体来讲,不符合南京政府教育主管官员的口味。因此,1933 年,学院的政治系就被停止招生,这是对学校的一个警告。从 1933 年下半年开始,学校又邀请了不少名家来院任教或举办讲座,并大力支持学生社团的学术活动,但未能扭转学校发展的颓势。1934 年 6 月,学院大学部各系被勒令停止招生,商业职业班被勒令剥离,独立设置天津商业职业学校,这是学校从未有过的最大危机。这种情况下,河北省教育厅厅长陈宝泉和院长吴家驹决定辞职他去。李大钊的学生,时任北大法学院院长周炳琳继任河北省教育厅厅长,他的北大老同学高崇焕应邀担任法商学院院长。

　　据初步统计,从 1907 年 7 月开学到 1930 年 6 月,该校共培养法律本科毕业生十七个班级 665 人、政治经济本科十三个班级 246 人、商业本科十四个班级共 236 人、甲种商业本科六个班级 90 人,其他中学、官绅、别科等班级尚不计算在内。总体来看,法学系(科)为其第一大系,平均每年毕业生近 40 人,除了 1919—1920 年,1926—1929 年两个时间段每年不足 40 人以外,一般每年在 50 人以上。政治和商学规模小得多,商科人数最多的为 1921 年 30 人,最少为 1926 年 10 人;政治经济科除第一年 70 人以外,其余年份都在 30 人以下,一般不超过 20 人,1927—1929 年每年 5 人。这说明,在政治、经济、法学、商业(经济管理)四科中,法学投考者最多,学生就业最广,既可以投身法律职业,包括律师、检察官、法官,也可以投考公务员,甚至投身商界。相对而言,政治和经济、商学的就业面可能比较窄,学生报考的不多。

1933 年 5 月,日军大举进攻冀东,平津地区情势危急,天津不少学校停课,法商学院很多同学则留校坚持上课,"该院以地邻东站,故人心惶惶,但仍照常上课,惟西路学生返里者不少,该院已挖掘地洞两个,外披树枝,以防掷弹。"最为危急的时候,学校在法租界租赁大楼,以保师生安全,"法商学院……自停课以来,昨日开始借妥法租界大陆大楼为寓所,该校住校学生,有亲友者,往投之,离家较近者均匆匆返里,尚余三分之一,约一百余人,均移住该处二楼,内部组织甚善……均席地而卧,惟空气尚佳,用膳问题以甫经更动未易解决。"[1]

1933 年 6 月,学院中学部毕业同学 61 人。9 月,招收中学生 68 人,大学部招生 52 人,共计 131 人[2]。到 1934 年 10 月底,全校在校生共 384 人,其中大学部 245 人、中学部 139 人。[3]

高崇焕是五四时代北大学生运动的积极分子,思想进步。他的到来,给学院带来了转机。他和学院秘书杨亦周等教职员一起,开始了法商历史上的大整顿。他们先后制定、完善的一系列规章制度,包括减少教师兼课,杜绝学生旷课、作弊,奖励优秀学子,严格考试制度,大力兴修各种教学和体育设施。这些规章制度扭转了学院长期以来的颓势。有人认为,京津近在咫尺,北京既然有了那么多的法律和商科大学,天津和河北似乎没有必要再办专门的法商学院。杨亦周认为,"其实不然,省立学校与国立学校不同,省立学校方在造就地方人才,适应地方的需要。"他说,"我

---

① 《停课中之本市各院校·法商学院》,1933 年 5 月 24 日《益世报》第七版。
② 《法商学院新气象》,1933 年 9 月 7 日《益世报》第七版,新生录取数字为报道原文。
③ 《学生缴费统计表》,1934 年 10 月 29 日《法商周刊》第一期。

们站在客观的立场上,以为本院有存在的特殊理由,第一,本院有三十余年的悠久的历史,毕业生在社会上,也曾表示过卓著的成绩。例如北方的宪政运动和革命运动,本院毕业同学都是居于领导地位。"① 杨亦周说,学院不仅要培养一般实用性人才,还应培养与大学相应的高层次研究型人才,"过去本院是专门学校,其传统的精神,在于注重实际,现在改为大学,大学一般地着重于理论,俾实际与理论沟通,前途当更远大。"②

1934 年 10 月 23 日,本院决定按照教育部的要求实行学分制。③ 11月,学院开始筹设实习法庭和银行实习室,以供法律和商业两系同学实习。1935 年 3 月,以上两室建设完成,学院又开始筹备研究室,以提高学院学术水平,加强对毕业班同学科研能力的培养④。相关报道称:"本院研究室自今春成立"⑤。经过一年的整顿,学校的面貌发生很大改观,社会各界对此感到满意。1935 年 7 月,教育部决定将省立天津商科职业学校并入本院,与本院商职班合并成立商职部,原省立民众教育实验学校校址划归本校使用。⑥ 同时恢复法学和商学两系招生。高崇焕院长有了新的任命,所以离职他去,秘书杨亦周继任院长。

杨亦周是学院自己培养的著名进步教育家,他很早就与李大钊、于树德、周恩来等共产党人交往,支持李志敏校长任内的进步改革,对于学院发展有自己的宏大设想,高崇焕时期的不少措施都是他积极参与谋划的。为提高学院学术声望,1935 年 8 月,学院任命共产党员杨秀峰为院长秘书,聘请著名法学家吕复为法律系(兼政治系)主任,经济学家卢郁文为

① 《纪念周报告》,1935 年 2 月 25 日《法商周刊》第一卷第八期。
② 《纪念周报告》,1935 年 2 月 25 日《法商周刊》第一卷第八期。
③ 1934 年 11 月 26 日《法商周刊》第五期。
④ 《事务会议记录》,1935 年 3 月 18 日《法商周刊》第十七期。
⑤ 《研究室续讯》,1935 年 9 月 16 日《法商周刊》第二卷第二期第四版。
⑥ 《商职归并》,1935 年 9 月 9 日《法商周刊》。该年并入的天津商科职业学校,按河北省教育厅规划,是以法商学院商科职业班和省立一中商科为基础联合组建的。但这一决定遭到学生家长的极力反对,该校虽于 1934 年成立并招生,但上述两校商职班并未并入。1935 年,河北省教育厅决定将该校整体并入法商学院,成为学院商职部。

商学系(兼经济系)主任,北平社会调查所王子建为研究室指导教师,温健公、樊止平为导师,并决定继续扩充研究室①。这一学期,法律系聘用四教授,为吕复(从河北定县实验县县长任上转至本院)、王维白(家驹)、邵禹敷、白公烈,讲师阮慕韩;政治系聘用沈矩如、杨秀峰为教授;经济系主任教授卢郁文(从河北省教育厅秘书长任上调至本院,曾任民国学院经济系主任),樊止平任教授兼研究室导师,鲁仲平教授,温健公任讲师兼研究室导师,刘及辰等为专任讲师;商学系主任由卢郁文兼任,赵苍岩、林梦观为教

赵润丰

授,赵润丰教授兼商职部主任,何松亭兼任讲师。党义讲师王德斋。

　　杨亦周院长与本院经济系主任卢郁文、训育主任苏蓬仙、商职部训育主任连以农、党义讲师王德斋都是新中学会、新中革命同志社成员,国民革命的激烈分子,因此杨亦周时期学院最为开明、发展成绩最大,中共党组织也最为活跃。根据1935年1月的考试安排表,日后一些重要的中共领导干部和进步人士都在法商充当了重要角色。如阮慕韩讲授法理学、国际私法、劳工法,杨亦周讲授经济政策、世界经济与问题,杨秀峰讲授社会主义(思想)史、社会科学方法论、中国外交史,同时还在中学部担任中国(及世界)近世史课程,可以说,法商学院政治法律课程的主干力量都是"左"倾乃至革命的教授担纲的。② 因此,学院师生的思想非常活跃,他们同时接受来自南京政府、苏维埃根据地和世界各方面的信息,最后得出

---

① 《省立法商学院　法商两系主任聘定》,1935年8月21日《益世报》第六版。

② 《河北省立法商学院学期试验时间表·大学部》,1935年1月14日《法商周刊》第十一期第二版,天津图书馆藏。

自己的意见。

1935 年 6 月 13 日,本届毕业同学举行毕业典礼,大学和中学部六个班共 131 人毕业。由于政治与经济两系停止招生,因此学校规模在萎缩。相比于京津地区其他高校,法商学院包括大学和中学两个部分一共招生不超过 100 人(当年法商两系共招生 27 人、高职招生 11 人、初职招生 18 人,共 56 人),而燕京大学大学部就有 500 名,其中研究生 20 名。同在津门的河北工学院 120 名(本科 83 人,职业部 51 人)。[①] 为了更好地团结广大校友,为学院跨越式发展服务,杨亦周还积极推动成立法商校友会。1935 年 11 月,校友会成立,范绍韩、王福同、王仙楷、王守先、连芬亭(以农)、温健公、闻永之、阮务德等十五人当选为执委。王福同,字万臻,河北井陉人,本校法科十一班同学,1925 年 6 月毕业后即执行律师业务,1935 年 9 月被选为天津律师公会冤狱赔偿委员会委员,多次参与筹办学校纪念会,调停学潮,"为人正直,道德纯厚,深得法界人士景仰,更以学识宏博,经验丰富,所有代理民事诉讼,均能伸直抑邪,声誉斐著。对于母校尤有浓厚之感情,如过去毕业同学会,多赖主持,今春护院运动,曾积极参加,最近校友会之筹备,王君亦与焉!"[②]11 月 14—15 日,校友会接连召开会议,庆祝学院诞辰,范绍韩主持会议,李宗晟、王福同、范绍韩、王守先作报告。

1935 年 12 月 18 日,天津各校学生举行大游行,法商学院成为运动的指挥和策划中心,院长杨亦周被迫辞职,法律系主任吕复继任院长。吕复不赞成学生参与政治,但他注意维持学院教职工队伍的稳定,着力提高师生学术素质,大力进行校园整修,动用各种关系,积极争取恢复政治和经济两系的招生。1936 年 2 月 17 日,吕复在出席经济学会全体大会时,首次提出经济系恢复招生问题,"今当师生努力合作,俾于本年暑假向部厅

---

① 《燕京大学下月一日开学　本年新生五百余人增加课程聘教授》,1935 年 8 月 23 日《益世报》第八版。
② 《王福同校友近讯》,1935 年 11 月 4 日第 6 页《法商周刊》第二卷第九期。

交涉恢复本系"，会议选出了恢复经济系委员会，杨秀峰等当选为委员。
2月27日，院教务联席会决定申请政治经济两系合并并恢复招生。3月
10日，经济系复系委员会召开第一次会议，杨秀峰、王子建、王守先等八
人参加。王守先主持会议，决议"向本院自治会提议共同努力本院招生
及政经恢复等"。3月24日，复系委员会召开第二次会议，全体会员一致
出席，所有议案全与推动复系有关，决定选派三、四年级两个班的班长出
面拜会院长。1936年3月28日，吕复赴保定河北省教育厅游说，还致私
函给石瑛①、居正②和马洗繁③、童冠贤，请求他们帮助运动。河北省教育
厅也鼎力支持，"法商学院因于二十三年度停止招生一年，废止政治、经
济两系，法律、商学两系于二十四年度复准招生，故各系各班次均不衔接，
自应令其继续招收新生，以资完成各学系统系，而利进行。"④1936年7
月，学院呈文给南京政府教育部，"本院政经两系，前两届之毕业生，共四
十余人，均能谋得相当职业，并蒙社会嘉许，设将两系，逐年结束，实堪惋
惜"⑤。"自二十三年以后，经历任院长努力整顿，校风丕变，固不敢谓为
尽善尽美，而计日程功，亦非无相当改进，所有本院同仁及全体学生，尚能
共体整顿之旨，力矫积习……本院政经两系停止招生，瞬阅二载，法商两
系，虽暂准招生一年，而限期届满，不久二十五年度即将开始，若不亟谋规
复，不仅一切计划难期久远，即下学期之设施，亦将无法推进。……思维
再四，法商两系，应请准许逐年照常继续招生，以为一劳永逸之计，此其
一；二，政治经济两系，应恢复招生，合并为一系也。查本省地位特殊，为

① 石瑛（1879—1943），字蘅青，国民党元老，曾任武昌大学校长，南京市长，时任考试院
  铨叙部长。
② 居正（1876—1951），国民党元老，曾因反对蒋介石而被囚两年，时任南京国民政府司
  法院院长兼任最高法院院长。
③ 马洗繁，河北昌黎人，南开中学毕业，1917年赴日，与童冠贤、杨扶青、周恩来等发起
  新中学会。1926年与童冠贤等发起组织"新中革命青年社"，曾任河北训政学院院
  长，时任南京中央大学教授、法学院院长。
④ 《冀教厅拟就行政计划》，1936年6月11日《益世报》第二张第七版。
⑤ 《法商学院呈请教部恢复政经两系招生》，1936年7月9日《益世报》第六版。

全世界所瞩目,如使地方人士,对于中外政治经济,能有研究学习之地,似亦属今日切要之图,且各省设立研究社会科学之学校,实以此为首创,而在本省中,亦唯此一校耳。"

南京政府审查的结果仍是法律和商学两系继续招生,政治与经济两系合并招生的申请没有批准。此时,学院大学部有教员 35 人,专任讲师 26 人,兼任讲师 9 人;中学部教员 19 人,其中专任 13 人。① 当年法律系毕业 38 人,政治系毕业 9 人,经济系毕业 13 人,商学系毕业 11 人,共 71 人。高职毕业 25 人,初职毕业 11 人,共 36 人。1936 年 8 月,学院决定继续扩大运动场,同时,利用网球场为商职部增建教室。9 月,学院招收了旁听生,每班限 3 名,接收水产专科分流同学 7 名。对于新学期的人事任免,吕复仍以维稳为主,"吕院长对于用人一事,以多维持少变动为主义,故在事得力人员,咸乐为助,因而校风丕变,一洗从前陋习,近年该院整顿研究工作,不遗余力,复敦聘院内教授,指导学生课外研究,每日至少以二小时指导学生云。"② 到 1936 年下学期,学院的学习氛围已经非常浓厚,每到月考前,同学们都会集中精力温习功课,同学们因"月考举行无不埋首馆中,充分准备,以冀一显身手"。③ "我院图书馆近来内部稍行整顿,阅览人数以每晚自修时间为最多,现突患人满,因月考现已举行,据馆中人云,今日因月考关系,阅书人数较平素增加一倍以上云。"④

---

① 《呈教育部文》,1936 年 4 月 27 日《法商周刊》。
② 《法商学院招收一年级旁听生》,1936 年 9 月 16 日《益世报》第六版。
③ 《图书馆突患人满》,1936 年 11 月 9 日《法商周刊》第三卷第九期第五版。
④ 《图书馆突患人满》,1936 年 11 月 9 日《法商周刊》第三卷第九期第五版。

第三节　学院的撤销与早期 办学的结束

　　吕复本来就对学生运动反感。早在 1935 年 9 月,他还是法律系主任时,就在迎新大会上公开要求学生遵守纪律,"言辞极为激昂,全场空气紧张万分。"①1935 年 10 月 21 日,吕复在全院周会上发言,要求学生安分守己,"鄙人以为人在社会之中,无论居何地位,要时刻记住自己的本分,就是要研究学问,预备以后致用于社会。不过据鄙人所见,今之大多数青年学子,在求学时间,往往不知本分所在而好干预外事,其好干预外事,又多偏重于政治的活动。学生为国民之一分子,对于国家政事,固然不可漠视,但亦不可采取直接行动以致影响学业,只好用冷静的头脑,用和平的方法来研究来分析。"②

　　1936 年 2 月 4 日,在他继任院长的首次开学典礼上,吕复发表了长篇讲话,他警告同学,"任何人破坏国法,其国非乱即亡。破坏家法,其家必败。破坏校规,其校即或不亡,亦必非常腐化。所以打算达到研究高深学问之目的,而维持本院永远的生存,不能不希望大家遵守校规也。……诸君任何行动,如果于学校当局招致不幸,招致危险,学校行政当局,责任

---

① 《本院举行开学典礼》,1935 年 9 月 16 日《法商周刊》。
② 《本院第六次周会,吕建秋主任做沉痛讲演》,1935 年 10 月 28 日《法商周刊》。

所在,此时不能不采用适当方法,纵然于诸君有所不便,亦属无可如何者也。"①

　　1936 年 10 月 21 日,因学院秘书莫某的控告,法商学院注册课主任、共产党员闻永之被天津市公安局逮捕。当天,他本应为学校主持讲座。"法商学院每周二晚七时有教职员学术讨论会,由各教员轮流担任主讲,本月 21 日主讲人为闻永之,惟即开会时间,尚未出席,遂由院方遣校役赴河北东二经路华鸣里二号闻府催请,始由其家人得知闻永之于六时为公安局侦缉队捕去。"②为营救闻永之,驱逐吕复、莫子瑞,全校学生罢课③,部分同学搬出学校。吕复则同时向河北省教育厅和冀察政务委员会发电,宣言说一旦学生坚持罢课,即"将全体学生解散,重新招考,予以甄别"。冀察政委会顺势回电,要求学校解散。实际学校的直接上级是河北省教育厅,与该委会并无直接隶属关系。1936 年 11 月 13 日,闻永之被释放。1936 年 11 月 26 日,被捕同学全部释放,学校恢复上课④。在热心校友的积极斡旋下,1936 年 11 月 31 日,卢郁文、白公烈两系主任主持召开全院教师大会,讨论恢复 8 名同学的学籍问题,各教授均"表示请院方收回成命,准予返校,继续上课"。可是在解散令未撤,学院命运待卜的情况下,这些同学的学籍仍是难以确定的。实际上,无论是学生还是学校管理当局,都低估了冀察政委会的保守与顽固性。吕复虽然致电该委员会,表示要解散学校重新招考,其实也只是借以威胁学生,要他们服从学校。1936 年 11 月 15 日,在学校成立 30 周年纪念大会上,吕复"身着大礼服,尤称庄严",他不仅亲自主持,还发表了长篇讲话,对学院的未来充满期待。社会各界来宾达 1000 多人,上午开会,下午联欢,晚上还有京剧表演,"颇为一时之盛"。仅时隔半个月,学校同时接到了河北省教育厅和

①　《吕院长训词》,1936 年 2 月 10 日《法商周刊》。
②　《失踪之闻永之系被公安局捕去》,1936 年 10 月 24 日《益世报》第五版。
③　《闻永之无罪开释》,1936 年 11 月 14 日《大公报》第六版。
④　《法商被捕学生　昨日全体开释》,1936 年 11 月 27 日《大公报》第二张第六版。

冀察政委会两个不同的回电:河北省教育厅要求学校整顿,冀察政委会则宣布将学校撤销,导致学校最终被解散。

冀察政务委员会常委兼教育委员会委员长刘哲,是当时冀察政委会负责教育事务的最高官员,也是京津地区教育界保守派的代表。他曾把北京大学等九所国立大学合并为京师大学堂,自任校长。宋哲元本人也对京津地区的学潮非常恼火,认为主要是共产党从中操纵。他说:"青年学子热心救国,本属可嘉,惟我国历次学潮,均有野心家乘机操纵,此次背景,尤为复杂,甚至共产党徒,潜匿期间,鼓动诱惑,危害国家,遂使多数纯洁青年,均为少数不良分子所制持。"①所以他们决心不顾天津市、河北省主管当局的反感、拖延和全院师生、广大校友以及社会各界的坚决反对,顽固地解散了这所三十余年历史,有着丰富革命传统的政法大学。

12月2日,吕复到北平求见冀察政务委员会河北省主席冯治安等人,希望能撤销解散的命令,并研究对开除同学的处置办法。"本市河北省立法商学院学潮,业经校友调停,已告平息,惟冀察政委会之解散令仍未能收回成命,开除之学生仍未回校,昨经该校教授召集会议,商讨开除之学生恢复学籍事,各教授均表示请院方收回成命准予返校,继续上课,惟因解散令仍未撤销,且开除学生时已报教育厅,院方无力擅专,已决定俟解散令收回成命时,再请求教育厅准予恢复被革学生之学籍。又昨日上午该院院长吕复氏搭北宁车去平,将对各方斡旋,请求冀察当局将解散法商令,予以取消,或转车赴保一行云。"②但他的斡旋没有结果,"吕复为奔走斡旋,特于前晨去平,当晚返津,并于昨午召集全体学生谈话,并报告赴平交涉经过。昨记者赴该院晤吕氏,据谈去平得晤冯主席及冀察政委会政务处杨处长③以及在野之诸教育名流,对撤销解散令未得圆满答复,

---

① 《宋令津省市属各校提前放寒假》,1935年12月24日《益世报》第二版。

② 《法商学潮余波　政会解散令仍未撤销　被革学生复籍须候厅令》,1936年12月3日《益世报》第六版。

③ 应为时任冀察政务委员会政务处长杨兆庚。

更须于解散令撤销之前,学校须能保障不再有事态发生,而吕氏又不能料及是否学生今后再有举动,如学生能以保障不再生事端,收回解散命令,尚不致无望。吕氏又谈宋委员长表示此事或将责由省政府会议办理,本人定于日内去保与省当局及厅方尽力请求"。学生代表则认为"此次风潮,原非如院长报告当局之严重,再如解散之办法,亦系院长自行拟定建议冀察当局者。今学生等已全体复课,请求撤销之责,自应由院长个人担负,况风潮发生之原因,由于师生个人之被诬,设今后不再有此事发生,学生等自不能故生事端云。"①到月底,全院师生仍在正常求学、上课,1936年12月25日,全校学生庆祝西安事变和平解决,"法商学院全体学生,二十五日晚……欢声雷动。当晚七时,在院中集合结队游行……至八时始散。昨日因预备考试科目,无庆祝仪式,仅悬挂国旗志贺云"。②

1937年1月18日,天津《大公报》报道,法商学院学潮虽已平息,但冀察政务委员会解散法商学院的命令仍未撤销,院长吕复辗转于京、津、保三地,拜会河北省省长冯治安、教育厅厅长李金藻等,但各方都敷衍推脱,不肯面求宋哲元,"吕复月来奔走挽回,煞费苦心,而政会则以政令攸关,难即收回成命"。1月16日,吕复向河北省教育厅提交了辞职报告,"学潮早已荡然平息,照常上课,所以形成困难问题者在学潮初起之时,校方曾复北平政委会一电,遂致使局势复杂。暨法商直辖于省府,原无直接电政委会之必要,结果致得二种训令,教厅则责成院长整顿,政会则责成院长解散,于是吕氏遂陷于困难之境,今吕氏虽已呈递辞职,但以该院年来经力加整顿,已颇有进步,若当局殷望继续维持,当有慰留之表示,则法商之解散,抑或可不致成为事实。"③

吕复辞呈递交后,河北省教育厅曾寻求其他继任者,以图转圜,如李锡九、邓哲熙、孟宪章。李锡九为中共秘密党员,同盟会元老,国会议员,

---

① 《法商学院解散令撤销问题仍无结果》,1936年12月4日《益世报》第六版。
② 《天津全市各界热烈庆蒋返京》,1936年12月27日《大公报》第六版。
③ 《冀法商学院院长辞职问题》,1937年1月18日《大公报》第十版。

河北安平人,早年曾任直隶巡警学堂教员。邓哲熙为本校校友,法三班同学,与于树德、安体诚同班,1918 年 6 月毕业,时任河北省高等法院院长。孟氏为湖北人,曾任河南省教育厅厅长,时任冀察政务委员会编译室主任,"至于孟氏,在教育界颇为知名,著述甚富,办事亦具朝气,故当局属望甚殷,教授及学生方面,亟盼院长问题,早日解决,故官方对于法商问题,决交孟宪章整理,在最短期内,有望正式命令云"。① 1937 年 1 月 20 日,学院教职员代表分赴北京和保定,求见冀察政务委员会主任宋哲元、河北省省长冯治安,要求撤销解散命令,因宋、冯二人已赴津而未得一见。政委会内部也有部分人士试图派遣孟宪章前来整顿。但是迟迟没有明令,院内人心开始浮动。原定于 2 月 15 日的开学典礼因卢郁文、白公烈两位系主任的辞职未能举行,不少学生也转学他校,当局虽要求在校教职员办理学生注册手续,并通知教授准备上课,终未能如期开学,该校商职部则未受影响。②

1937 年 2 月 19 日,河北省教育厅派员前来接收,张贴河北省政府的接收告示,该告示引用吕复致冀察政务委员会电文作为根据,以该院发生风潮,奉冀察政务委员会廿五年十一月宥电:"据天津法商学院吕院长敬电称……本院学生,因干涉院内行政人事,胆敢罢课……实属目无校规,藐视国法,业将为首之人,查明开革,如再不悟,即将各班学生,先行一律令其退学,再定期甄别,择优录存留,除分电省厅并将办理情形随时具报外,谨电禀闻等语"。然后宣布了更加严厉的决定:"该院学生,藐视国法、任意罢课、侮辱教员,是其不愿求学,已可概见,应即行解散,以肃学风"。当时学院尚有学生 150 多人,其中一二年级 100 多人,其余为毕业班学生。③ 学校被接收以后,他们将被迫迁居旅馆,社会各界对此十分关注。当局的意见是,所有在校生给予转学证明,提供转学方便,而毕业班

① 《法商学院院长人选日内正式公布》,1937 年 2 月 7 日《大公报》第六版。
② 《法商学院商职部昨已开课》,1937 年 2 月 19 日《大公报》第六版。
③ 《教厅派员到津接收法商学院》,1937 年 2 月 20 日《大公报》第六版。

由于无人接收,成为难点。2月21日,在校同学仍呼吁社会各界支持复校,但学院已被接收完毕,大部分教员被解聘,这意味着复校已没有希望。①

1937年3月,学校被河北省当局封闭,但学院的商职部并未撤销,学校的全部财产包括图书等资料由商职部接管。根据1937年3月10日商职部给天津商会的公函,称省政府已要求该部接管学院财产:"查省立法商学院奉令解散一案,业经令派教育厅科长刘凤年等前往接收在案。兹查该院商职部并经奉令仍准保留,所有该院解散后,一切保管事项,应即责成该商职部主任负责管理,以资便利。令仰迅即会同办理接交,并会报备核为要"。据此,赵玉堂(润丰)主任"遵令于三月十日开始接收保管"。同年3月16日,商职部致商会的另一公函显示,由于商职部对外一直使用法商学院的公章,今后仍拟继续借用,但落款标明是商职部借用,"省立法商学院奉令解散,所有该院房产器具图书表簿等件,统由商职部暂时接收保管,业经尊府令饬尊行在案"。看来,法商学院的公章并未注销,档案图书等一切都由商职部(又名河北省立天津商业职业学校)接管。

到1937年4月,邓哲熙、崔敬伯等校友仍在积极奔走,争取复校,也有传闻说学院将迁移到保定,但终因时局动荡未果。政经和法学专业的同学分别转至北京朝阳学院、中国学院各校,而商学系同学则无处可转。到5月份,他们还在请愿、申诉。

抗日战争期间,法商学院被日本侵略军占为兵营。抗战结束后,中国政府在此成立了战俘管理所,通称战俘营。1946年5月22日,军政部第十一战区战俘管理处天津河北管理所致函天津市政府,称"敝所业已结束,关于法商学院集中营房舍,奉长官部命令交由贵府接管。"1946年6月7日,天津市警察局负责接收的杨若何报告,"查此项接收物品均系纵横错乱,堆积各处,且皆陈重物品,点数极难"。最后,他们只接收了房屋

---

① 《法商问题 无新发展》,1937年2月22日《大公报》第六版。

平面图和桌椅板凳、茶碗若干、书籍、档案等未被接收。

1946 年 11 月 22 日,河北省政府委任顾德铭为法商学院筹备处主任,租赁滨江道光明新楼二楼 108 室为办公地点。复校的过程非常艰难,因为校舍长期为兵营占据,甚至直到 1947 年 9 月,校园仍然为青年军[①]陆军第 208 师占用。为了推动复校活动尽快取得进展,1947 年 8 月,顾德铭院长积极组织了新的校友会,曾任校长的刘同彬、高崇焕,校友邓哲熙、谢天培、邢怀萱、张平君都很活跃。高崇焕担任了校友会理事,刘同彬和邓哲熙担任监事[②]。1948 年 7 月,学院才正式恢复。

---

① 青年军是国民政府抗战末期建立的一支精锐部队,后不少参与了内战。
② 据齐植璐.《北洋法政学堂及其沿革》,1945 年抗战结束不久,于树德、崔敬伯、高崇焕、杨亦周等即联合签名,申请复校。1946 年又经施奎龄、邓哲熙、谢天培等多方奔走,学院才得以最终复校。参见《天津文史资料》第 44 辑,天津人民出版社,1988 年,第 48 页。

第四节　研究室的成立与主要活动

　　中国的社科类研究生教育,大致始于 20 年代末 30 年代初。1926 年,东吴大学法学院开始招收研究生。1931 年,中国多所大学和科研机构开设政法类研究生课程,如陶孟和主持的北平社会调查所招生 5 人,"其目的在养成社会科学学生有志深造者独立研究能力",学制一年①。北京大学增设三研究院,其中包括法学②。1934 年,北平大学法学院成立研究室③,指导高年级和优秀学生进行研究。1935 年 5 月,教育部批准武汉大学设立工法两个研究所,开始招收法学研究生,这是南京政府时代招收法学研究生的开始。(北大和清华也有研究所,但不允许招收法学研究生,燕京大学法律系则早已撤销。)为了尽快提高法商学院师生的学术素质、培养高层次学术人才,1935 年,河北省立法商学院也成立了研究室,指导高年级同学进行研究。

---

① 《北平学术机关调查记》,1931 年 8 月 19 日《大公报》第五版。
② 《学术协款办法实行北大增设三研究院》,1931 年 10 月 17 日《大公报》第四版。
③ 北平大学系 1929 年初由原北京法政大学、师范学校、女子师范、俄文法政等校合并而成,成立后长期处于不稳定状态。直到 1931 年 7 月该校男女师范脱离出去独立成立师范大学,俄文法政学院撤销,法学院与商学院合并为止。

一、研究室的设立与组成

1935 年 3 月,学院完成银行实习室和法庭实习室建设,即开始筹设研究室①。"本院研究室,自今春成立以来,内部工作只限于教授之课余研究。本年度开学伊始,学校当局鉴于研究工作之重要,及其与教学之不可分离,乃将研究室工作内容积极扩充"②。1935 年 8 月,学院聘请北平社会调查所研究员、全国经济委员会棉业统制委员会专门委员王子建为研究室专任导师,本院教师温健公、樊止平为兼职导师,积极扩充研究室,"本院研究室暑假后将行扩充……本年本院法政经商四系毕业生成绩优良者,各留一名在本院服务,充当助理员,从事研究工作。"③1935 年 9 月,学院颁布了《研究室助理员录用规则》,规定各系毕业生毕业成绩在 80 分以上操行成绩列甲等且有研究兴趣者可为研究室助理员,研究室助理员服务以二年为期。"本院为便于学术研究,及实地考察社会状况,以期学理与实际符合起见,有研究部之成立。更谋毕业同学之深造,于研究部内设助理员四人,由各系选择成绩优良,品列甲等者一人留任"④。助理员的工作是从事"研究工作或协助学生研究工作"、调查资料之整理及编译。1935 年从法律系毕业的王鸿勋,就是研究室助理员,后担任《法商周刊》编辑部主任。由商学系毕业的赵履谦也是助理员。四年级学生原则上全体参加研究室活动,与毕业论文相结合,受导师或助理员之指导从事调查研究或翻译工作,其结果可作为毕业论文成绩。

成立研究室的目的是提高本院师生的研究水平。院长杨亦周在

① 《事务会议记录》,1935 年 3 月 18 日《法商周刊》第十七期第一版。
② 《研究室续讯》,1935 年 9 月 16 日《法商周刊》第二卷第二期。
③ 《省立法商学院　法商两主任聘定》,1935 年 8 月 21 日《益世报》第六版。
④ 1935 年 9 月 9 日《法商周刊》第二卷第一期第五版。

1935 年 9 月 9 日的开学典礼上说:"今后当从积极方面,努力谋设备上之扩充,研究兴趣之提高,使吾院在学术上能占一地位。盖大学教育如不能对学术上有所贡献,实难谋存在。如研究室之设立,即本斯旨。"①在 9 月 25 日的新生指导周上,他又说:"今后更须继续努力,积极从学术方面建设,以提高本院在社会上之地位。"②为此,学院拨专款充实研究室图书资料,拟订购中西日各种杂志百余种以及各种重要报纸,并开始进行论文索引和剪报工作。③ 1935 年 10 月 21 日颁布的《研究室组织简章》规定:"本院特设研究室,从事学术研究",由导师、研究助理员和学生组成;《研究室指导委员会简章》规定该会"由委员十人至十五人组织之,以本院院长、系主任为当然委员"。11 月 19 日,该会召开第一次会议,到会者 8 人,王子建主持,决议组织期刊编辑委员会,吕复、卢郁文、王子健、樊止平、杨秀峰、白公烈、刘及辰七人为成员④。

王子建在校

王子建,北京社会调查研究所研究员,社会调查专家,他在 20 世纪 30 年代对日本棉纺工业、中国的棉纱产业、面粉工业、劳工生活、商业银行等工商和社会生活状况做过广泛调查,并发表了一系列有影响的研究报告。

温健公早在 1928 年就加入中国共产主义青年团,后加入中国共产党。1930 年初赴日本早稻田大学研究院。1935 年 8 月—1936 年在法商学院任讲师兼研究室导师,他利用研究室指导教师的身份,广泛参加学院各种活动,联系各系活跃同学,对本校同学思想的进步,影响很大。1937 年学院关闭后,温到阎锡山军队从事统战工作,1938 年 12

---

① 《本院举行开学礼》,1935 年 9 月 16 日《法商周刊》第二卷第二期。
② 《新生指导周 杨院长训话》,1935 年 10 月 7 日《法商周刊》。
③ 《研究室续讯》,1935 年 9 月 16 日《法商周刊》第二卷第十二期。
④ 《研究室指导委员会开第一次会议》,1935 年 11 月 25 日《法商周刊》。

月被日军炸弹击中而牺牲。

樊弘（1900—1988），号止平，著名经济学家、教育家，四川江津人。1925 年毕业于北京大学政治学系，曾任北平《国民公报》编辑、北平社会调查所编辑兼秘书、研究员，1934—1937 年任河北省立法商学院教授，主讲经济思想史、统计学、社会调查等课程。1946 年起长期担任北京大学经济学系教授。1950 年 2 月加入中国共产党。其原单位北平社会调查事务所从 1931 年开始就招收经济学研究生，王子建和樊止平都有指导研究生的经验，因此，本院聘请二人筹建，并请千家驹协助规划建设研究室①。

樊弘在校

吕复（1879—1955），字建秋，河北涿鹿人，法学家，同盟会会员，第一届国会议员，曾与李大钊等共同发起留日中国学生总会和宪法学会，主要著作有《制宪管窥》等书，曾任燕京大学教授、河北定县实验县县长，1935 年 8 月至 1937 年 2 月任本院宪法学教授，1935 年 8 月至年底任本院法律系兼政治系主任，1935 年 12 月至 1937 年 2 月任院长。

杨秀峰（1897—1983），早年曾加入新中学会，是京津地区国民革命运动的积极分子，1928 年曾短暂担任天津特别市教育局科长。1949 年后任河北省人民政府主席、高教部部长、最高人民法院院长等职，为中共八届中央委员，五届全国人大常委会法制委员会副主任。1934 年春—1937 年 2 月任本院政治系、经济系教授，1935—1936 年任本院秘书，讲授社会主义（思想）史、社会科学方法论、中国外交史和世界近世史、中国近世史课程②，是京津地区著名的红色教授，组织了京津地区文化界多次统战

---

① 千家驹（1909—2002），经济学家，浙江武义人，1932 年毕业于北京大学经济系，中共地下党员。曾任北京大学讲师，广西大学教授，《中国农村》《经济通讯》主编。
② 《法商学院学期试验时间表》，1935 年 1 月 14 日第二版《法商周刊》第十一期。

活动。

卢郁文（1900—1968），原名卢光润，字玉温，河北卢龙人。1922 年，他从北京高等师范学校英语系毕业，后任中学教员、教务主任，商震时期的河北省政府科长，参加国民党左派组织新中革命青年社；1929 年，留学英国伦敦政治经济学院；1931—1934 年，曾任北京大学讲师、河北省教育厅科长；1935 年 7 月至 1937 年 2 月，任法商学院商学系主任兼注册课主任。抗战后任国民党新疆省政府委员兼财政厅厅长；1949 年，任国民党政府和谈代表团秘书长；解放后历任政务院参事，国务院副秘书长等职。①

白公烈，本院法律系教授，讲授英美法、劳工法，1936 年 8 月后任法律系主任。

刘及辰（1905—1991），河北宁河（今天津市宁河区）人。刘及辰于 1921—1924 年在直隶省立法政专门学校（即本校）学习；1935 年，毕业于日本明治大学研究院；1935—1937 年，任本院讲师、教授、秘书，主讲经济政策等课；1945 年后，参与创立九三学社，任该社中央常委；1955 年以后任中国科学院哲学研究所研究员。

二、研究室的工作与任务

根据 1936 年 4 月学院呈教育部文，研究室主要包括调查和分析工作，具体工作可概括为三点。

第一，开展社会调查，包括天津银号调查，涉及天津银号的内部组织及其在银行界的地位等。关于天津银号的调查共涉及 30 多家，获得了天

---

① 焦实斋.《新中学会与新中革命青年社》,1987 年《团结》第六期。

津私营银行的大量第一手资料,后结集出版①。

第二,河北省第三监狱(今天津监狱)犯人调查。负责指导同学进行监狱犯人调查的是助理员王鸿勋,调查对象为河北省第三监狱(今天津监狱)在押犯人,主要是"研究犯罪之社会的原因、提供补救之意见,实地调查,历时三月,收集调查表格八百多份"。王鸿勋等还应天津地方法院检察官、本院法律系兼职教师翁赞年的介绍,参观了天津地方法院看守所,对看守所的管理、在押犯人的情况进行了调查,"笔者目下从事学术研究,担任监狱在押犯人调查工作,故曾有《河北第三监狱参观记》一文……兹因调查工作,行将告竣,爰于工作之暇,得至天津地方法院看守所参观"。对看守所卫生设备和空气流通,他觉得尚属满意,但是犯罪日益增加,反映了社会生活的日渐凋敝,"今年以来,国土日缩,政情弗定,百业萧条,农村破产,生活艰难,人所共知。此乃事实演变之结果。夫事实演进如此,则社会病态日益增加,病态云何?即增多犯罪也"②。

第三,天津进出口贸易研究,根据海关统计,分析天津对外贸易状况。学院很早就非常重视学生的社会调查,学院领导和教授常常争取各种机会让学生接触社会。研究室成立伊始就把财经政策作为重要研究方向,经济系主任卢郁文说:"本院为造就商业人才之机关,首宜注意研究国际贸易及商业经济问题,以造就此项人才,今后将注意实际之研究,特成立研究室,指导学生办理调查事务,三学年以上学生,均将从事于调查工作"③。银号和进出口贸易调查都是这一思想的体现。

这些调查使书斋里的同学们第一次走出校门,亲身接触社会,看到了

---

① 早期银号就叫钱庄,是中国一种早期信用机构,上海、南京、杭州、宁波、福州等地称之为钱庄,北京、天津、沈阳等地则称为银号。清末,银行逐渐兴起,替代了钱庄。20世纪 20 年代,在沿海地区,特别在五口通商地,钱庄、外国银行、本国银行一度成三足鼎立之势。1933 年废两改元后,钱庄在银两、银元和兑换业务上的优势所剩无几,抗战时已奄奄一息。

② 王鸿勋.《天津地方法院看守所参观记》,1935 年 12 月 22 日《益世报》第十版。

③ 《法商学院设立研究室》,1935 年 9 月 27 日《益世报》第六版。

悲惨的现实,受得了很大震动。《新开河畔的贫民生活》调查报告记载:"这里贫民的大部,都是在农村里失了业的农民,因无生活才逃到天津来的……从前务农的,竟占了百分之六十四以上,这不是说明农村日益破产,农民生计凋敝,人口集中于城市的最好例证吗? ……由此可知中国农村经济崩溃的原因,一方面是封建势力的压榨及帝国主义的侵略,以致农民日益贫困,在农村不能立足,他方面又加以天灾人祸,已使得根基虚弱的农村经济,向着崩溃的途中迈进"[1]。对于贫民的生活,他们有了第一次深刻感受:"说到贫民的住,真有些令人难受。他们住的,那儿配叫作'房屋',他们所住居的所谓房屋,完全是以土泥、木材和禾秆之类筑成,高不及丈,宽也只十方尺左右,虽有方尺的窗户,但光线大都欠充足,屋子前后四方,不是垃圾,就是积水沟或潴水池等,阴湿地则臭气熏人,干燥时则又积土蔽天,这样儿,哪儿会有好的清鲜空气""他们的衣服的简陋,可以用不着提,其有两身的,更是绝少,冬夏都只一身的居多。他们大都是将夏天的单衣上上一个里而成夹衣,冬天到了,又加些棉花塞进去而御严寒,如此改来改去,一件衣服,要经过若干个寒暑。我们问道,'你们几年添一件衣服?'他们说:'衣服么,破了补,补好又穿,到了无法可补的时候,再行添置。几年添一次,倒也没准,也记不住了'"[2]。有人穷得一顿饭也吃不上,"他们里面,正有许多穷得连一日一餐都找不到,有许多是在害着暑病,无人过问……在冬天,他们还能有粥厂可入,有善人去送些钱衣给他们,而这些是夏天所梦想不到的"[3]。

1935 年 10 月,研究室还组织了日文研究会,"研究室主办之日文研究会,日来报名甚形踊跃,闻该会已定于十月八日下午三时假本院会议厅,开第一次谈话会"[4]。任务是"教授高深日语,以期养成学生之阅读及

---

①　《新开河畔的贫民生活》,1935 年 7 月 7 日《益世报》第九版。

②　《新开河畔的贫民生活》,1935 年 7 月 12 日《益世报》第九版。

③　《新开河畔的贫民生活·编者附言》,1935 年 7 月 13 日《益世报》第九版。

④　《日文研究会近讯》,1935 年 10 月 14 日《法商周刊》第二卷第六期第六版。

翻译能力,每星期授课四小时,目前参加者十余人"。10 月 23 日,该会召开第二次谈话会,决定每周二、四两日下午 7 时至 9 时为研究时间,以启发式研究为主,"温健公先生勖全体会员养成守时习惯,研究恒心,屏斥过去国人对研究日文之错误观念,并指示今后研究日文之途径。闻该会已于上星期四(十月二十四日)下午开始研究,课本则为《大战后之国际对立》云"①。

　　研究室导师温健公还组织了经济论文编译会,翻译和编辑国外最新的社会科学研究成果,主要是政治经济学著作,由导师指导政治与经济两系学生十余人进行。1935 年 9 月 27 日,该会"假研究室接待室开第一次会议,导师温健公,编译员黄元栋、宛汝仪、郑雪、罗潜、刘绍兴、吴修文等均全体出席。首由温健公先生报告本会成立意义、工作方针与工作方法……依文字分英文与日文两组,并决定每星期四下午一时在研究室接待室开常会一次"②。

　　组织论文编译会,目的是扩大同学的知识面,培养他们广泛的兴趣。事实上,法商学生翻译国外论文,并不仅限于经济学科,法学、政治学都可作为翻译对象。对此,法学系主任吕复说:"国内法科学校,多年来注意现行法,而忽略法律史学、法律哲学等学科,致一般毕业生,充任司法官或律师,固无不可,但从事立法工作则感学识不足,致国内极缺乏立法人才,本院对以上各科,将特别注意,并将对政治经济等科,因与法律有密切之关系,亦须注意"③。就编译而论,法商学院不少同学的毕业论文都是翻译的外国政治经济文章,这对开阔同学的视野很有帮助。如温健公指导宛汝仪和郑雪合作翻译了《法西斯与社会革命》,王作田翻译了英国经济学家恩格斯的新作《汇兑统制》作为经济学会丛书第一册出版发行。这

① 《日文研究会开始工作》,1935 年 10 月 28 日《法商周刊》第二卷第八期第三版。
② 《国际政治经济论文编译会成立》,1935 年 10 月 7 日《法商周刊》第二卷第五期第六版。
③ 《法商学院设立研究室》,1935 年 9 月 27 日《益世报》第六版。

些国际社科文献的翻译与编辑,必然会扩大同学们的视野,对其世界观的养成和未来工作能力的提升,都会有莫大的影响。

三、研究室与学院其他部门

指导学生社团,主要是经济学会的活动,协助恢复经济系招生,举办专题讲座也是研究室的重要任务。经济学会是本院经济系师生组成的学术团体,曾主办多次学术讲座、出版《经济汇刊》等学术刊物。崔敬伯、杨亦周、杨秀峰等都曾多次指导该会的活动。1935 年 10 月 3 日,经济学会召开第三届全体大会,庄金林主持,经济系主任卢郁文、研究室主任导师王子建、导师温健公到会致辞,"新会员卢郁文、温健公、王子建三先生亦莅会参加,首由大会主席庄金林报告开会意义,继由卢主任及各教授分别致训词"①。10 月 8 日下午,经济学会召开第三次干事会,庄金林主持,会议决定组织出版委员会,由樊止平、温健公、王子建三位导师会同庄金林、刘绍兴、萧堉等七名同学组成,负责筹办机关刊物《经济汇刊》②。10 月 22 日,经济学会举行第四次干事会,刘儒主持,决定聘请杨亦周、卢郁文、温健公为经济问题讨论会及读书会的指导。

1935 年 11 月 27 日,研究室导师、经济系教授樊止平介绍千家驹、杨秀峰等加入经济学会,决定以后每周三举行一次经济问题讨论会,并在每次拟定讨论题目后推定主报告一人,再推教授二人最后总评,决定第一次经济问题报告会在 12 月 4 日下午举行,题目是"中日经济提携问题的透视",主报告人庄金林,总评人卢郁文、温健公③。12 月 4 日,该讨论会如

---

① 《经济学会第三届全体大会》,1935 年 10 月 7 日《法商周刊》第二卷第五期第八版。
② 《经济学会第三次干事会记录》,1935 年 10 月 14 日《法商周刊》第二卷第六期第五版。
③ 《经济学会第二届第六次干事会记录》,1935 年 12 月 2 日《法商周刊》第二卷第十三期第三版。

期举行,庄金林主报告以后,"即由各会员纷纷补充,或驳辩。各个口若悬河,人人针锋相对,激辩延至二时之久,会场空气顿呈紧张"①。

　　1935 年 10 月 7 日,研究室导师温健公在全院第四次周会上发表了题为"意亚问题的展望"的报告,这是院长杨亦周安排的,"本月七日为本院第四次周会,院长请本院教授兼研究室导师温健公讲演'意亚问题的展望',全体听众,均为动容"。研究室导师王子建、樊止平还是恢复经济系委员会的重要成员。1936 年 2 月 17 日,经济学会召开全体会员大会,院长吕复出席会议,呼吁师生合作,争取早日恢复经济系重新招生,会议选出恢复经济系委员会,"办理一切恢复经济系事宜,委员九人,教授四人,同学四人,毕业同学四人,教授樊止平、白公烈、杨秀林(峰)、王子建当选;毕业学生王守先当选;同学郭春生、曹世雄、庄金林、萧垿当选"。四位教授中,有两位是研究室指导教师②。

　　研究室导师温健公也是时事座谈会的重要成员,该会是天津"一二·一八"运动的主要舆论基地。1935 年 10 月 28 日,第三次时事座谈会召开,题目是"晋阎百川先生拟建议六中全会之土地村有"③,郑雪作主题发言,指导教师杨秀峰和温健公分别评论与补充。温健公认为,阎锡山提出的土地村有方案,虽然在世界上是落伍的,但在中国尚是进步的一个土地改革方案,应该推动国民党六中全会通过它,同时领导民众要求阎锡

---

① 《经济学会举行"经济问题讨论会揭幕礼"》,1935 年 12 月 16 日《法商周刊》第二卷第十五期。

② 《经济学会本届会员全体大会记录》,1936 年 2 月 24 日《法商周刊》第二卷第十八期第三版。

③ 1935 年 9 月,阎锡山召集山西沿黄河 21 县县长会议,提出"土地村公有"主张,讨论通过了《土地村公有办法大纲》,"由村公所发行无利公债,收买全村土地为村公有";"就田地之水旱肥瘠,以一人能耕之量为一份,划为若干份地,分给村籍农民耕种";"农民之耕作年龄,定为 18 岁至 58 岁。人民满 18 岁,即有向村公所呈领份地之权;至 58 岁,即应将原领之田,交还村公所"。9 月 21 日,阎锡山将其"土地村公有办法大纲"上报南京国民政府蒋介石后,以"多事考量,审慎周详"被搁置。关海庭、田巍.《论中国新民主主义革命道路的逻辑起点——二十世纪三十年代国共两党土地政策的比较分析》,《中共党史研究》2012 年第 2 期。

山兑现①。

四、研究室工作的效果与意义

河北省立法商学院的研究室,从设立到学院撤销,不足两年,也没有对外招收研究生。但它反映了中国早期的法政教育者们提高法政教学与研究层次的艰苦努力。它组织的社会调查和文献编译,让同学们走出校门了解社会、拓宽视野,还有不少科研成果直接服务于社会,是学院先驱者们提高学校学术地位,提升师生学术层次,增强学院发展后劲的系列努力的一部分。正如 1935 年社会调查班的同学所说:"对高年级的文法科学生,往往以实地调查社会的机会,其重要的程度,就等于对理工科学生给以实验室去作实验工作的机会一样。"②对于广大同学的成长,是绝对必要的。

---

① 《时事座谈会第三次时事讨论会干事会》,1935 年 11 月 4 日《法商周刊》第二卷第九期第 4 页。
② 《法商学院社会调查班调查　新开河畔的贫民生活》,1935 年 7 月 7 日《益世报》第九版。

第五节 法商学生刊物与学生社团

1929 年学校升格为大学以后,为尽快提高师生学术素养和学校学术声望,从顾德铭开始的历任学校领导人,在积极增添物质设备的同时,大力支持学生组织社团、出版学术刊物,这对于提高师生学术兴趣,活跃同学业余生活,传播进步思想和文化,都有很大的帮助。

以学院的名义发行刊物,是从顾德铭来院后开始的。1930 年 11 月 15 日,《法商周刊》第一期出版,编委会常委为石钟基、韩占元、严青萍,编辑股主任韩占元,编辑有上官苏亚、吴砚农等,黄右昌、周祖琛、翁敬棠①、张孝移等为顾问。这是一种达 20 版的学生刊物,以文章为主,有论著、文艺、校闻三栏,其中有不少是本院师生的习作,包括论文和诗作。吴砚农是本院政治经济科二年级同学,1929 年 8 月考入本院专门部。1930 年底前后曾到北大旁听。九一八事变后,部分同学组织抗日救国会,出版反日特刊②,但该刊的编辑人员及其具体内容,我们目前还不了解。吴家驹时期将刊物改为半月刊,同时刊登学术、文艺作品。1934 年 11 月,高崇焕等领导决定重新出版《法商周刊》。1935 年 9 月,周刊编辑部决定增辟

---

① 周祖琛时任天津地方法院院长。翁敬棠(1885—1957)字剑洲,福建闽侯人,日本法政大学法律系毕业。民国后任闽侯地方检察厅检察长、天津地方审判厅厅长、北京地方检察厅检察长等职。1921 年曾公开投书总检察厅和报纸举发段祺瑞政府财政总长李思浩、外交总长沈瑞麟金法郎舞弊案,致李、沈被迫辞职。时任学院讲师。

② 1936 年 11 月 15 日《法商周刊·三十周年纪念特刊》。

《每周时事述评》和《校友消息》栏目。① 1936 年开始,商职部同学又将刊登有关商职部的新闻和习作的《商职附刊》,作为《法商周刊》的一部分出版,具体工作由周宝璞、刘济光负责。

学院领导成员对学生社团也非常重视。早在北洋法政时期,监督张恩绶就亲自担任了李大钊等创办的北洋法政学会会长,并带头捐款。高崇焕、杨亦周等院长都曾下功夫组织学生社团。根据资料,学院延续时间最长的学生组织应为商学会,大约 1914 年成立。当时高等商业学堂与北洋法政学校合并,新成立的直隶法政专门校长②梁志宸就来自商业学校,他比较重视商学。由商科同学组成的商学会,是法政专门时期最重要的学生社团。1924 年秋,该会原来的会长制改为委员制,在原编辑和总务两科之外,增设研究部,下设学校银行、消费合作、买卖组合、学术讲演等部门,杨亦周和王瑞麟被选为主要领导人。"自客秋及今春两季因受战事影响……同仁有鉴于本会旧组织之不完备,负责无人,会务因之不能发展,遂众议推翻旧章程——会长制——重新建设一较完善之新章程——委员制,旧章程只是局部的出版科发展,现在的章程却改为具体的发展了;除原有编辑科、总务科内容改为互相协助、彼此负责的组织外,更加一研究部,内分学校银行、消费组合、买卖组合、学术演讲等组,前各科改称为部。"③该会出版的《商学杂志》,是学校持续时间最长的学生刊物,开始是年出 10 期,后来按季出版,直到 1930 年顾德铭长院时停刊为止。"敝校商学会自民三成立以来,已十有一年,初办《商学杂志》,后改《商学季刊》……按年出版从未间断。""商学季刊者,直隶法政专门学校商学会之出版物也。自创刊迄于今日,十余年间,对于社会不无贡献。……原创刊

---

① 《本刊第二卷发刊启事》,1935 年 9 月 9 日《法商周刊》第七版。
② 北洋法政学堂自己申请成立北洋法政大学堂,已上报中央政府教育部,但被驳回。北洋时代影响最大的学生社团系李大钊等创办的北洋法政学会,曾先后出版《言治》月刊和季刊,从 1912 年到 1922 年前后,存在 10 多年。
③ 王瑞麟.《编辑余谈》,1925 年 8 月 30 日《商学季刊》七卷四号。

之始,为商学月刊,其后改为季刊,而同学鼓舞前进之精神,仍未稍懈。及至同人等参与斯会,不自惭其学识谫陋,对于本刊拟重加整顿,扩张内容;对于会务,亦拟另行组织,以便责有所专,分程猛进。"①学校改组为法商学院时,该会为学院唯一的学术团体,杨亦周、崔敬伯、赵润丰等均为该会杰出会员。

《商学杂志》　　　　　顾德铭时创办的《法商周刊》

政治经济方面学生组织最早的是 1930 年 2 月成立的政治经济研究会,"该校学生,为谋课外研究起见,特组织'政治经济研究会',现已大致组织就绪,不日即可成立,届时并延请名人讲演"②。经济系的同学还于1933 年秋组织了经济学会,主要发起人为王守先、齐植璐等,"民二十二年秋,该会始告成立,创办人为经济系首次毕业生王守先,齐植璐等。……为我院学会中活跃最力者。"1936 年 1 月,该会编辑出版了《经济汇刊》,"风驰海内,颇得社会人士之好评……该会希望复系甚切,即我院教职员及同学,亦莫不注目以待也。"③1936 年 2 月,齐植璐从江苏返津

---

① 《启事二则》,《商学季刊》第七卷四号。
② 《法商学院春假后之新气象》,1930 年 2 月 26 日《大公报》第五版。
③ 《三十周年纪念特刊·经济学会》,天津图书馆藏。

到校会友,经济学会同学为其接风,说他曾是经济学会的主干,"经济系同学于上月二十八日晚为欢迎该会特别会员齐植璐君由嘉兴返津,特设宴……为之洗尘。齐君为该会主干人才,功绩尤昭"[1]。齐植璐 1935 年夏毕业,其服务于经济学会应在 1935 年以前。根据该会主要出版物《经济汇刊》第一卷第二期(1936 年 4 月出版)该会第三届职员名单,常务干事庄金林(共产党员)、刘儒、萧埔;研究部干事为范皑恩、苑振鹏;事务部干事为庄金林,看来庄金林和萧埔为主要负责人,会员除了本院在职师生外,还有离职或毕业的本院校友。在校会员陈志梅即为后来鼎鼎大名的陈伯达,王邦屏、宁右龙均为会员。1935 年 10 月,该会召开第三届全体大会,新会员、经济系主任卢郁文、温健公(共产党员)与研究室导师王子建莅会,庄金林主持会议。[2] 1935 年 11 月,杨秀峰等加入经济学会。11月 13 日,经济学会出版委员会召开第一次会议,决议出版季刊,庄金林、刘绍兴、刘儒、萧埔等负责。1936 年 1 月 15 日,《经济汇刊》出版,"内有崔敬伯、温健公、庄金林等的作品共十五万字,会员人手一册,本院教职员及国内各大学图书馆学术机关各一册,拟于 4 月 15 日出版第二期,现有会员 80 人"[3]。1936 年 3 月,经济学会出版了研究丛书,其中一册就是章元善原作[4]、王作田翻译的《汇兑统制》,这是他毕业论文的扩展作。1936年经济学会还举办了系列讲座和到工厂、企业考察等活动。崔敬伯,边业银行经理、共产党员何松亭等曾到校讲演,经济系以及其他各系同学都踊跃听讲。

　　1934 年,经济系同学又组建了农业经济研究会,出版机关刊物《农业

① 《齐植璐君由嘉返津》,1936 年 3 月 2 日《法商周刊》第二卷第十九期第 3 页。
② 1935 年 10 月 7 日《法商周刊》第 8 页。
③ 1936 年 2 月 10 日《法商周刊》第 6 页。
④ 章元善(1892—1987),江苏苏州人,1915 年毕业于美国康奈尔大学文理学院。曾任南京国民政府实业部合作司长、经济部商业司长,中国国际救济委员会驻会常委。1945 年参加组织中国民主建国会,任常务理事。1949 年后,任政务院参事、民建第一至第四届中央常委、第二至第六届全国政协委员。

经济》,主要辅导老师崔敬伯在该会讲座中说:"如果想从事于复兴农业经济的工作,必须提出根本的解决方案……又必需彻底明了现阶段农业经济的现状。所以我们组织农业经济研究会的目的,也就是做这种学识上的准备。关于研究农业经济之步骤,兄弟在上课的时候曾与诸位说过一点"①。该研究会也曾组织讲座,1933 年就曾分别邀请丁作韶②博士和崔敬伯先生主讲《合作运动与农村复兴》与《形成现阶段中国一切问题之中心的"农业经济问题"之研究方针与步骤》。丁作韶讲演的主旨是要解决农村问题,必须重新分配土地,取消地主的剥削,"中国农村需要的是'重划土地。'中国农村贫困的渊源,虽然很多,但主要的仍为地主的剥削。地主在人数上虽然只有百分之二十,可是他把握着百分之七十以上的土地,百分之七十至八十的农业劳动者的辛苦所得,全用地租、高利贷的形式被地主剥削而去。……剥削一天天地加紧,农民就更加贫困,要不把土地重划,分配给从事合作的农民而取消寄生剥削的地主,农村如何能够复兴?"③

为了满足在校生日用品需要,提高同学对企业经管的感性认识,学校还曾组织消费合作社,经销日常学习、生活用品,由商学系主任施念远、庶务主任王乐群负责,本院同学参加。这个组织也曾长期经营,对于商科同学增强对商业的感性认识,丰富同学生活,都有一定作用。

青年勉励会是法商校友参与发起的学生业余服务组织,前后历时达10 年以上,主要发起人为连以农、洪麟阁。"本市河北冈纬路青年勉励

---

① 崔敬伯讲演,齐植璐记录.《形成现阶段中国一切问题之中心的"农业经济问题"之研究方针与步骤》,《法商半月刊》1934 年第一期。

② 丁作韶(1902—1978),巴黎大学研究生院 1931 年法学博士,曾任厦门大学法律系教授,讲授刑法总则、刑法分则、国际公法、国际私法等课程。他对经济学也有研究,并积极主张抗日。抗战胜利后来天津执律师业务,并任天津《益世报》法律顾问。1946 年被选为天津临时参议会会员、参议会议员;1949 年前夕去台湾。

③ 丁作韶讲演,王守先、齐植璐笔记.《合作运动与农村复兴》,1934 年 1 月 1 日《法商半月刊·发动号》。

会,为河北各中学以上学生所组织之业余服务团体",①以"广集同志,交换知识,修养道德,本博爱精神,服务人群,改进社会"为宗旨,主要工作是救济失学儿童,施种牛痘(春秋两季施种)、防止天花和时疫、社会考察和举办学术讲座,还主办学术、音乐研究会等。②"成立十余年,无一年无本院同学在内活动,且居主要之位置。"③1925年3月,它借基督教公理会的三间房子为教室开设了一所平民小学,招收贫苦失学儿童,授以千字文等浅显的文化知识,每期六个月。1929年10月28日,法商学院、北洋大学等校勉励会会员50多人,欢迎该会导师饶博森,陶文辉主持会议。④1934年9月,该校改组为四年制初级小学,完全免费,教师为附近各校学生,义务授课⑤,上课时间为每日下午一至五时,星期日不休息。1935年3月10日该校创办十周年时,共有学生70多人,教师20多人,法商同学多担任公民、社会等课程,"一位位都是特别卖力"⑥。1935年9月,庄金林、阮务德、李铨、张震、段鹤延、郭绍曾、侯茂森、蔡颖敏、王邦屏等都是该会会员。1936年1月,该会到学院进行募捐,吕复、杨亦周、阮慕韩、闻永之等都慷慨解囊,吕复还当选为该会董事。

学院时期最大的学术团体为法律系学生1933年12月2日成立的法学励进会⑦,"本互相砥砺之精神,增进法学之知识",主要举办学术讲座、讨论会、监狱视察和民法研究。1935年12月,在校会员39人,曾聘请教

① 有说本院毕业生洪麟阁和连以农1924年创立该会,并在该会平民学校教书。洪麟阁(1902—1938),号洪侨,河北丰润人,本校商科本科九班学生(1921—1925年在校),毕业后任国民军军法官,西北军第二集团军军法处长,河北工学院教授等职,1938年在抗日战争中牺牲。参见杨国萱《抗日志士与达仁诊所》。连桂馥,字芬亭,又名以农,河北深县人,本校商业本科十班学生,1922—1926年在校。
② 1935年9月23日《法商周刊》第二卷第三期。
③ 《介绍青年勉励会》,1935年9月23日《法商周刊》。
④ 《青年勉励会欢迎饶博森》,1929年10月29日《益世报》第十六版。
⑤ 《青年勉励会平民小学征聘教员》,1934年9月2日《益世报》第六版。
⑥ 《青年勉励会设立平民小学》,1935年3月13日《益世报》第十四版。
⑦ 也有说是1932年成立的,见1935年12月9日《法商周刊》第二卷第十四期。

授 40 多人为指导教师。1935 年 4 月 9 日,该会决定以学院周刊为基础,出版法学副刊,"本院法学励进会,自成立以来,已二载于兹,对于各项研究工作,无不积极进行,上学期个别问题之讨论会共计十次,所讨论之问题计四起,设题拟判案件共有三起……民法总则研究会亦于每周一晚间举行……上星期三(九日)晚在该会会议室开会,……特议出版法学副刊,附刊于本院周刊出版。"①到 1935 年 9 月,有会员 32 人,其中 1936 届有 17 人,1937 届 15 人②。1935 年 12 月,该会举行大会,阮务德主持,法律系主任吕复、院长秘书杨秀峰、研究室导师樊止平、训育主任闻永之分别讲话,阮务德发言称:"本院过去有光荣悠久的历史,为北方革命策源地,彼时同学多有个人天才之发展。现在我们已经有了组织,有组织即有力量,复兴法商的责任,也要负在我们的肩上。"杨秀峰认为:"法律不仅反映事实,并须创造现实。法律不仅维持秩序,且须改造秩序。读书不忘救国,大学生大部分应走上战场,负起民族复兴的重责。"闻永之则说:"一个团体的兴替,可以从三个方面观察去决定:(一)是否有积极的需要。(二)是否有正确的趋向(三)是否有坚强的组织。尤其紧要的要算组织了。我希望各会员努力团结,造成灿烂光荣的前途。"散会前,阮慕韩还答应每周为会员讲授一小时德语。③吕复鼓励学生钻研高深的学理:"诸位若能参及一切社会学科,必能超越现行法的范围,而造成立法人才,足以谋所以补救中国立法界的空疏。我勉励诸位同学去研究高深的学理"④。

众多的体育社团为校园生活重要组成部分。1935 年 9 月成立的黎明体育会包括田径、排球、网球、篮球等部分,"成绩斐然,本黎明即起之原则,体育修炼之宗旨,每晨六时,云集操场,努力练习,秩序甚佳,无人缺

① 《法学励进会新动向》,1935 年 4 月 15 日《法商周刊》第二十期第三版。
② 《法学励进会》,1935 年 9 月 23 日《法商周刊》第二版。
③ 1935 年 12 月 9 日《法商周刊》第二卷第十四期第 2 页。
④ 1935 年 12 月 9 日《法商周刊》第二卷第十四期第 2 页。

席",会长萧堉,干事张松延、宁右龙、王邦屏、庄金林、阮务德、刘立栻、范皑恩等均为会员①。1935年11月底,该会决定扩大规模,增加溜冰、越野等项目。1936年春,为赴北平与各大学比赛,会员每天早晨四时起开始练习篮球和网球,先与本市扶轮、津师、高工等校开展友谊赛。2月26日,该会召开第二次全体会议,决定四月份赴平开展篮球、排球、网球与田径比赛,每个会员至少练习两种,并聘请陈文煌、齐君采两位先生为随队指导。4月1—7日,该队借着春假的机会,到京与清华大学、北平师范大学、燕京大学等校进行了友谊比赛。

各种戏剧团体也是法商学院社团大家庭的一个重要组成部分。早在顾德铭时期,学院的戏剧研究组织就非常活跃,曾到社会公演,获得好评。王守先、齐植璐、孙贞是骨干分子。1935年9月,为活跃同学课余生活,学院"事务会议议决,积极组织各种游艺团体,如音乐会、合唱团、国剧社、新剧社等,均在实行组织之列。查我院过去之各种游艺团体,本极活跃,现经辅导课之提倡,自更易举办,近闻国剧社已开始筹备,推王贻祜、孙郁文、郭绍曾、马云等负责,筹备会亦于昨日开会"②。

商职部的学生社团也不少。1934年12月初,中学部20多位同学组成英语研究会,每周三、五下午4:30—5:30研究英语会话、翻译、讲演、戏剧等,还请英语教授现场指导。院长秘书杨亦周也曾亲自出席并发表讲演,还向学生们讲授英语学习方法。③ 1935年11月,商职部同学成立了"初级文学研究会",以"研究文学知识,练习写作的艺术"为宗旨,每周三下午三时半至五时为研究时间。商职部的体育社团有曦光体育会,分为田径、足球、排球、篮球等六组,王嘉铭、周宝璞等发起;及高会二④篮球队,张凤桐、张谦为干事。王观光为主脑的干队为专门的田径队;牛瑞珍

① 《黎明体育会近况》,1935年9月30日《法商周刊》第五版。萧堉,河北省立天津一中毕业,1933年考入法商学院经济系,时任班长。
② 《本院国剧社开始筹备》,1935年10月14日《法商周刊》第5页。
③ 《中学部英语研究会的消息》,1934年12月24日《法商周刊》第九期第4版。
④ 似指高级会计班二年级。

为睦邻篮球队主脑；韩育民为北斗篮球队主脑。在这些体育社团带动下，商职部的体育活动十分活跃，"每日课后，庞大的操场，无时无地不是堆满了男女同学，在那里作着各种不同的运动"①。于庆辀、李传诚、周宝璞等组织的文书学会除出版《新开月刊》、设立阅览室外，还定期组织读书报告会，每星期选择会员二人作报告。② 周宝璞一生从事新闻职业，从《益世报》到《大公报》，再到《经济日报》，在校的文学生活贡献不小③。

《新开月刊》

根据杨亦周的报告，到 1935 年初，学院有社团 23 个，活动单位 57 个，有的只举办过几次讲座或开过几次联欢会，活动不够切实，经济学会虽属于杨亦周所说"尚欠切实"之类，但其编辑的《经济汇刊》对培养同学学术兴趣也是很有效果的。

自助社是大学和中学部分同学张平君、齐植璐、周宝璞(后名周雨)等同学发起的，曾组织不少讲演会等活动，是一"纯感情而附带研究学问的团体，在法商学院曾有三年历史"。由此说来，该社应为 1932 年上半年创办的，社员的特点是每天早晨比别人早起半小时锻炼，"我们生活都很朴素，很有纪律的，在每天早晨学校规定的六点钟起床时，全体——十五六个人——齐集操场，做柔软体操、深呼吸运动，什么双杠、跑圈、抛篮球等等一类的操练，一直到学校摇六点半起床铃时才回寝室"④。每个星

---

① 《商职部体育活跃》，1935 年 10 月 14 日《法商周刊》第 5 页。

② 《商职部文学研究会第五次常会记录》，1935 年 12 月 9 日《法商周刊》第二卷第十四期第五版。徐铸成.《徐铸成回忆录》，生活·读书·新知之联书店，2010，107 页。

③ 周雨，男，1918 年生人，早年考入学院商职部，担任《法商周刊·商职附页》《新开月刊》主编。毕业后进入云南大学等校学习，先后担任《益世报》《大公报》《经济日报》记者，后任吉林人民出版社副总编辑、编审，主持或参编《大公报人忆旧》《中国当代经济家传略》《中国企业家列传》五卷集、《大公报史》《王芸生》等书。

④ 《法商学院的自助社》，1935 年 6 月 8 日《益世报》第十二版。

期,自助社要举行一次谈话会,大家一起座谈生活中的感想和体会,有时也举办讲座。1935 年 4 月 15 日的《法商周刊》报道:"本院学生自助社在上周在第八教室举行本期第三次讲演会,全体社员均出席。张平君讲'读书与恋爱',王嘉铭讲'如何解除青年的烦恼',刘绍兴讲'我之交友经验谈',各出所常[长],颇极一时之盛。"①5 月 2 日,自助社继续举行讲演会,刘绍兴、郭万鹏、周宝璞等分别发表讲演,题目主要涉及学习方法,学院训育主任苏蓬仙到会担任裁判。②

王嘉铭、周宝璞等社员还利用春假,组织校工补习班,为本校职工补习文化知识,得到校工的积极响应,"法商学院校工补习班的创设以及存续,大部分都是我们的力量,筹备、创立以及担任义务指导,大多数都是我们自助社社员。"③1935 年 5 月,学院周刊报道:"本院青年假期服务团前经议决筹备校工补习班,屡经开会讨论并着手调查,业经筹备就绪于本月六日正式开学……分两班授课,每班每日授课一小时,王嘉铭为主任,张平君为副主任"④。开课后大受校工欢迎,"开课以来,气象极佳,未经报名补习者,亦纷纷请求加入。又据该班主任谈称,前此校工休息时间,多在一室聚谈,近则均在个人住室读书、写字、演算等,足证本院校工读书之风已成。"⑤"半年时间,而授予学院六十几位工友,莫大恩惠,"⑥为此,该补习班还决定筹办图书馆等组织,以便为校工读书提供方便,"近闻该班主办人员昨开教务会议议决,另组校工读书团及校工图书馆,对于读书程度较深之校工,分别指导,力求品学之增进"⑦。

---

① 《学生自助社自办讲演会》,1935 年 4 月 15 日《法商周刊》第二十期第四版。
② 《自助社开讲演会》,1935 年 5 月 6 日《法商周刊》第二十三期第二版。
③ 《法商学院的自助社》,1935 年 6 月 8 日《益世报》第十二版。
④ 《本院校工补习班业经开学》,1935 年 5 月 13 日《法商周刊》第二十四期第三版。
⑤ 1935 年 5 月 13 日《法商周刊》第二十五期第二版。
⑥ 《自助社开座谈会》,1936 年 3 月 30 日《法商周刊》第 6 页。
⑦ 《本院校工补习班议决之新设施》,1935 年 6 月 3 日《法商周刊》第二十七期第二版。

　　本院政治系在校同学曹传善、谢天来,还创办了《现代社会》杂志①,"成绩斐然,销售甚广,为华北大刊物之一"。二人毕业以后决定为上海的社会主义刊物服务。② 还有郝伯珍,学校专门部政十四班同学。郝自1932 年毕业后即任《大公报》外勤记者,采访本市新闻;1933 年就编辑出版了《婚姻问题总论》《从榆关喋血到热河弃守》两本重要著作③;1934 年升任该刊本市新闻编辑④。1936 年毕业的经济系同学曹世雄毕业后进入《益世报》任记者,负责教育与体育栏目,甚为主管所器重⑤。毕业同学吴修文、訾长春、王家聪、傅朋竹等四人商定创办《雷声晚报》,邀请杨秀峰等担任发起人,定于1937 年1 月1 日出版。⑥

　　从某种意义上说,从北洋法政到直隶法政再到河北法商学院,同学们参与社团活动,撰写学术、新闻和评论文章,编辑出版机关刊物,广泛参与各种课外生活,是一以贯之的传统。这使得这些未来的政治家、新闻记者、律师和法官、企业家很早就受到了团体生活的训练,经受了大量撰写新闻报道和政论文章的考验,这对于他们走上政治道路,参与社会生活,都是不可多得的帮助⑦。

---

①　据说,1932 年7 月,国民党复兴社在天津创办《现代社会》月刊,从第3 卷起改为旬刊。参见郎伦友.《中国新闻事业编年纪事》. http://blog. sina. com. cn/s/blog_6136a789010125o1. html。

②　《主办现代社会杂志》,1935 年10 月28 日《法商周刊》第五版。

③　有资料显示吴砚农、郝伯珍都是1928 年9 月考进《大公报》的练习生,担任外勤记者,后于1931 年一起到河北法商学院上学。吴砚农在法商就读时间为1929—1931年。

④　《大公报馆中之校友》,1935 年10 月21 日《法商周刊》第八版。

⑤　《任益世报记者之同学曹世雄君》,1936 年12 月28 日《法商周刊》第三版

⑥　《本院同学主办之雷声晚报即将问世》,1936 年12 月14 日《法商周刊》第二版

⑦　校友最早创办刊物从潘云超开始,李大钊、白坚武、郁嶷、童冠贤、杨亦周、崔敬伯、齐植璐、王守先、周宝璞等都曾长期就职于新闻评论界,或从新闻舆论获益良多。于树德、安体诚、庄金林、阮务德等都参与创办社会团体,团体生活的训练对于其成长帮助很大。

第五章
法商时期的多次整顿

第一节　顾德铭与法商"改大"

1929 年 5 月,经过全校师生大力呼吁、社会各界积极奔走,北平大学区(负责人李石曾、李书华)决定,将设在天津的原直隶法政专门学校升格为独立设置的本科学院,改名为河北省立法商学院,同时聘请顾德铭为院长①。顾院长深入学校调查研究,充分依靠广大师生,在教学管理、校园整修、学生课余生活等多方面进行了大刀阔斧的改革,及时巩固了学院"改大"的成果,增强了学院发展的后劲,使学院在京津地区政局动荡、名校如林的艰苦条件下站稳脚跟,成为一所独立设置的、有一定社会美誉度的政法财经类大学,为中国政法财经教育事业作出了自己的贡献。

一、详细计划,全面整顿

1929 年 6 月 23 日,经过一个多月的调研,顾德铭宣布了自己的整顿计划:

首先是严格教务管理与课程设置,务使学切实用。无论选择课本还是自印讲义,都要合于世界潮流;每两周举行教务会议一次,讨论教学改

---

① 顾德铭,河北宛平(今北京市)人,清华学校毕业,美国克拉克大学博士,曾任朝阳大学、北洋大学等校教师,或亦曾执教于北京大学。

善事项;选用专门人才担任教授,不能来院授课的,请其担任讲座;特备各科办公室数处,作为教师休息、备课之用,同时规定教师在授课以外安排固定时间会见同学,以便答疑、问难;控制授课时间,以便发展同学学术个性。学习成绩方面,则注重月考和平时考核,凡平时缺课过多,不能认真上课的,淘汰之。

其次是改革行政管理,建立规则明确、简洁高效的管理体系。院中财政,如收入、支出各项,每届月终清算,务须一一注明,绝对公开;院中一切行政,如教授之待遇、学生之管理,均按厘定详章,切实遵守,以便养成法治的良好习惯;同时设立建议箱,征集师生意见。院长之下,设秘书、注册、训育、会计、庶务五处,每处设主任一人,直接对院长负责,提高行政效率;各处职员每两周举行院务会议一次,研究改善计划。

在学生课外生活方面,学校予以充分关注。如大力支持商学会、三民主义研究社、音乐会等社团组织,仍由院中辅助一切,而光大其原有的精神;拟添设演说、辩论会议、体育会、拟制法庭,并出《法商月刊》一种,详载院中事务,及发表各教授与学生之论著。

关于校园环境和硬件设施,对于校园、浴室、运动场、图书馆等,按照原有规模,加以扩充;增添商品陈列馆,征集各商号样品,陈列一室,作为学生之参考;增添学生诊治所,并聘西医一人每周来院数次,以便患病各生得以依时往诊。

到 1930 年 4 月学院升格周年庆时,校舍的整修基本完成,该院的一、二、三楼,都修葺一新,还整理了院内树木花草,改修了门前花池,新建了茅亭、女生宿舍、理发室、浴室等,因长期战乱饱受蹂躏的校园重现生机①,成为一个整洁、优美的校园。1930 年 10 月,学院承办了天津中等以上学校秋季田径运动会,来宾两千多人,场内外共搭席棚十三座,每校各占一座,每校二人和法商各班班长维护会场秩序。法商学院体育部主任

----

① 《由法专改为法商学院》,1930 年 4 月 22 日《益世报》第十六版。

耿顺卿主持大会,天津市市长臧启芳、国民党天津市党部委员苗培成发表演说①,这说明此时的校园整治已经完成,可以接受社会的检阅了。

二、改善师资,加强管理

改善师资队伍,改革课程结构,才能提高教师授课的吸引力和凝聚力。因此,顾德铭改革的中心就是调整课程设置,大力充实教师队伍。法律系增添了法理学、监狱学、审判实习,取消了海船法和罗马法;政治经济系增添了国际政治、投资学、警察学、外交史,取消了簿记学;商科增加了公司法和投资学②,还打破男女界限,开始招收女生,这是学院招收女生的开端。③ 按照1929年司法院的规定,法学系必修课共包括14门,即三民主义、宪法、民法及商事法、刑法、民诉法、刑诉法、法院组织法、行政法、国际公法、国际私法、政治学、经济学、社会法。④ 应该说,法商学院的课程比上述规定还要更加切合社会和教育实践的需要。

顾德铭还调整了各科(系)主任,充实了大量新聘教授,以适应传播新思想、收回治外法权、恢复国民经济的需要,新学年增聘的教授(及讲师)有:

法律系主任王毓英,字乐三,河南修武人,美国芝加哥大学毕业,曾任北京法政大学教授,讲授国际公法、外交史(后改为国际私法及法理)⑤;

---

① 《法商学院之大会》,1930年10月26日《益世报》第十版。耿顺卿,又名驯生,法商学院体育部主任,北平师大体育系毕业,1924—1934年在校任职,是天津体育促进会的主要发起人。

② 当时的研究型大学,如南京的中央大学,其法律专业仍有不少基础课程,如罗马法、英美法。此外,也有一些比较法与外国法课程,如大陆各国新法典研究、契约法、法律哲学等。法商学院的课程改革,应该说具有明显的应用法学特征。

③ 《由法专改为法商学院》,1930年4月22日《益世报》第十六版。

④ 《司法院发表关于法校两规程》,1929年10月29日《益世报》第十六版。

⑤ 王毓英编著的《国际私法》是民国时著名国际私法专著。

张孝移,民国著名法学家,曾任北京大学教授、法学系主任,来院讲授刑法;

钟赓言,字子飏,日本东京帝国大学法学士,时任北京朝阳学院教授,来院讲授行政法;

政治经济系主任鲁仲平,河北遵化人,日本东京帝国大学毕业,原北大教授。他是资格很老的中共党员,担任农业经济、合作论、工业经济学、现代经济学说等课程,在课堂上讲授共产主义,对学生深有影响。长期担任《大公报》记者,后任中共天津市委副书记的吴砚农表示:"一九二九年秋后,我在天津法商学院政治经济系读书,当时系主任鲁仲平是位思想进步的教授,我学习了马克思主义经济学、唯物史观,思想逐步进步起来。"

商科主任谢霖,江苏武进人,日本早稻田大学毕业,曾任中国银行总会计师,天津汇业银行经理。①

此外,商科日语讲师林天枢和程继达、国学讲师陈澣一、政治经济学教授舒宏都是新聘的饱学之士。学院还积极接洽余棨昌、翟桓等法学名家,聘请京津地区政界头面人物张继、周震麟、刘揆一、傅作义等多人到校演讲。②

但是,由于新聘大量教授,威胁了原有部分教师的地位,以原政治经济科主任刘次青为首,包括谢宝清③、李苬亭等老教师投书河北省教育厅,说顾"办学无方,措施失当……行为卑鄙,不值识者一笑"④,他们集体罢工,不再到校上课,意图赶走顾德铭,顾只好以退为进,提出辞职。以沈尹默为首的河北省教育厅先是各打五十大板,既承允旧教员到校上课,又挽留顾院长继续任职,他给旧教员控告书的批示为:"所控各节,多属子虚,但应以学生课业为重,迅速回校视课"。得到批示后,谢宝清投书学

---

① 《教职员表》,《法商一览》1930 年 3 月版。
② 《法商学院近讯》,1929 年 8 月 11 日《大公报》第五版。
③ 谢宝清,字萍洲,天津人,本校资深教师,1917 年时已在校。
④ 《法商学院教职员刘次青、李苬亭、谢萍舟等紧急启事》,1929 年 10 月 7 日《大公报》第五版。

院,宣称不久将到校上课。在新教师已经到校上课,老教师又要来院的情况下,顾院长非常被动,只有提出辞职。①

谢宝清

可喜的是,顾德铭的改革得到了学生会的坚决支持。他们在学校显要处大量张贴标语,反对老教师回校。10月29日,学生会代表杨仁桂②、张鉴铭代表全院学生赴平(今北京)到教育厅请愿,请求辞退旧教员,挽留顾院长,他们表示不达目的决不返津,厅长沈尹默支持了学生的要求,表示挽留顾院长,并允许顾德铭"斟酌办理"旧教员返校问题,教学改革的第一个环节,取得了胜利。

"顾德铭,自今春莅任以来,努力整顿校务,年来该校腐化教育行政,扫尽无存。学生方面,莫不交口称赞,欣欣向荣。近忽发现一部旧教员,呈控顾院长,列举七大罪状之消息。多数学生颇为扼腕,故日来学生揭示牌,发现各种措辞沉痛之标语,表示拥护顾院长……各班班长已征集各班同学对院长问题意见,结果大多数学生,对顾院长一致拥护"③。

学生会还组织了护校委员会和纠察队,拒绝旧教员回校上课:"该院学生,对旧教员已具坚持拒绝彼等返校授课之决心。迨昨日上午八时,谢等果联袂到校,所有旧教员任课班次,一律罢课(甲商除外),并于九时全体齐集礼堂,首由护校会向旧教员递拒绝呈文,辞极恳挚,继则全体到教员休息室门前,请谢等出校,并高呼打倒口号……复经顾院长一度婉劝,学生至十时始星散云。"④

---

① 《津法商院长突辞职》,1929年10月29日《益世报》第十六版。
② 杨仁桂,字子香,河北丰润人,本校法律系本十七班学生,1927—1931年在校。
③ 《法商学校轩然大波》,《益世报》1929年10月2日第十六版。
④ 《法商学潮复燃》,1929年11月14日《益世报》第十六版。

三、扶持社团活动,激发同学求知欲

顾德铭就任院长后,积极扶持各种学术团体,努力提高学院学术水平。除了扶持商科研究会等原有社团发挥作用以外,还组织了学术讲演会等新的学生社团,鼓励同学联系实际、拓宽视野。

"自改组后,极力辅助学生课外活动……特组织讲演辩论会,并请定该院教授陈瀚一负责筹备。……该院商学会,自开学起,该会工作人员积极努力,除先后成立商科研究会,商科阅览室外,现又组织商业调查部,以增长实际知识,藉收统计之材料"①。1929 年 12 月 20 日,学院辩论会成立,指导教师陈瀚一、施念远②,参加的同学 22 人,决定每隔一周开会一次,同学依次发表讲演。③ 1930 年 4 月,商科研究会邀请天津买办孟范五先生,来院介绍买办的各种细情,同学们触动很大。④

1929 年 10 月 31 日,在教授杨蕴华带领下,法律十七班和政治十三班学生参观了育婴堂、商科张祥恺等十多人参观了恒源纱厂。11 月 7 日,法律本科二、三年级五十多人在监狱学教授王文豹⑤带领下参观了河北

①　《法商学院近讯》,1929 年 10 月 26 日《益世报》第十六版。
②　施念远,字奎龄,国民党 CC 系重要人物。天津人,南开中学 1916 年毕业,与周恩来同窗,曾任校演说竞赛会会长,周恩来为副会长,并与周恩来、吴国桢等同时参加"南开新剧团"。1930 年 8 月—1935 年 5 月在院工作,1935 年初应陈果夫之邀担任江苏省盐城地区督察专员兼保安司令,后任国民党第 11 战区司令,河北省银行董事长,1949 年后去台湾。
③　《法商辩论会成立》,1929 年 12 月 22 日《益世报》第十六版。
④　韩占元.《天津买办经验的一幕》,1930 年 4 月 21 日《益世报》第十四版。
⑤　王文豹(1873—?),字绍荃,湖南省长沙人,早年留学日本,后任北洋政府京师警察厅处长、内务部检事、京师市政公所捐务主任、司法部监狱司司长等职。1924 年 11 月任临时执政内阁,许世英内阁兼署理司法部次长。1926 年(民国十五年)4 月任贾德耀内阁代理司法总长。北京政府倒台后,任燕京大学讲师、民国学院法律系主任、北平大学法学院法律系讲师。

省第三监狱的囚犯工场,包括制面、纺线、织毯、糊盒、缝纫、印刷、藤竹各科室,以及囚犯各房炊所、浴室、教诲室、女监等各处。①

根据 1929 年 12 月学院计划,每三周举办一次学术讲座。从此开始,学院先后邀请北平中国大学教务长方宗鳌讲演日本金解禁问题②,学院讲师赵泉讲演中东路问题、谢霖讲解东北银行业问题。社会名流方少峰、冯庸、罗正纬③、胡汝麟④、立法委员黄右昌、国民党元老张继也先后来院讲演,受到广大同学的热烈欢迎,"每次出席人数,都甚踊跃"。

顾德铭还主持创办了《法商周刊》和《法商季刊》,前者是综合性刊物,后者以学术性为主。1929 年 6 月,顾院长到任伊始就准备创办月刊,后因稿件征集困难、编辑人手缺乏,筹备工作多次中止。1930 年 11 月 15日,《法商周刊》出版,既刊登师生习作,也刊登校闻校讯,出版后稿源很好。紧接着,《法商季刊》专登师生学术创作的《法商季刊》于 1931 年出版,"德铭自奉命长河北省法商学院,即注意于出版品;故对于法商月刊,积极筹备。乃既苦于稿件之难于搜集,复苦于手续之无人熟习;欲付剞劂而终止者,非一次矣。于是改月刊为季刊,以期宽展时日,而免不能急就成章,笑贻曳白;复先出周刊,以供全学院职教员及学生之披览,幸投稿者源源而来,编辑者尤有始有终,无稍间断。今季刊又告成矣。"⑤

---

① 《法商学院学生昨参观监狱》,1929 年 11 月 8 日《益世报》第十六版。

② 方宗鳌讲演、吴砚农记录.《日本金解禁问题(续)》,1929 年 12 月 19 日《大公报》第六版。

③ 罗正纬(1848—1951),字达存,湖南湘潭人。曾任湖南省参议会议员,国会议员,1919 年曾参与提案弹劾交通总长曹汝霖。李斌.《修约与北洋政府的内政》,《湖南大学学报》(社会科学版)2012 年第二期。

④ 胡汝麟(1881—1942),字石青,河南通许人。清末曾任河南高等学堂教务长,兼河南省谘议局书记长。1912 年底当选为国会众议院议员,后任民主党河南支部常务干事、全国烟酒专卖局总办、教育部次长、吴淞中国公学、华北大学等校校长。

⑤ 顾德铭.《法商季刊》第一期发刊词。

四、积极开展文体活动,丰富学生课余生活

　　学院的体育活动,长期以来涣散无力。顾德铭到院后,大力支持体育主任耿顺卿开展体育运动,"北伐成功,新院长顾德铭氏就职后,体育部之工作始见诸实行,而顾氏对此项特别热心,因之兴味突增,风气一变,去岁参加天津联合运动会,得居团体第二,至此,该校之体育渐露头角,而其进步则可称惊人也"①。学院的网球设备最为精良,网球运动也最为普及,全院近三分之一的同学喜欢网球。1929 年秋,为派员参加华北网球赛,学院专门组织了选拔比赛,"法商学院素来对运动消沉,故无闻于运动界。兹经改革后,整顿校务不遗余力,而对运动之设备,渐次建设,刻正积极练习,筹备参加华北网球赛。"②

　　1929 年 10 月 25 日,法商邀请北洋大学网球队进行友谊赛,法商学院张朗祖③、黄学礼以 2∶1 战胜了北洋选手刘炳炎、李善良,这是学院网球史上的一件大事。篮球在学院也很受欢迎,先后出现了破浪、碧光、毅竞、晨星、勇进等篮球队,他们不仅在校内互相比赛,还敢于向外校球队挑战。破浪队和毅竞队就曾分别向甲商(职校)队和南开校友队挑战。1929 年 11 月,学院举行了十项运动比赛,参加比赛的同学每个人都要参加 10 项运动,然后计算总分。1930 年 5 月 18 日,法商召开了自己的首届运动会,项目有跳高、跳远、百米、四百米、八百米、铁饼、铁球、标枪、接力等,不少成绩打破了学院记录。④ 为更好推动学院体育活动,联络校际友谊,1930 年 9 月,以法商学院、扶轮中学、省立一师、河北水产专科学校等校为发起

---

①　《天津体育设备调查・河北省立法商学院》,1930 年 7 月 9 日《益世报》第八版。
②　《法商学院参加华北网球赛》,1929 年 9 月 30 日《大公报》第五版。
③　张朗祖,河北昌黎人,法律本科十八班学生,1928—1932 年在校。
④　《法商学院运动会志详》,1930 年 5 月 19 日《益世报》第十六版。

人,成立了天津市中等以上学校体育促进会,决定每年春秋两季举行运动会,该会坚持活动达八年之久,是天津市和河北省体育运动的一个重要组织①。同年 10 月,该会举行了成立后的首次运动会,本院派出高级组 92人、中级 101 人,共 193 人的庞大队伍参加比赛,参加项目有百米、跳远、跳高、标枪、铁球、障碍赛跑等。这是本院承担的第一个大型体育赛事,天津全市十多个学校,共两千多人参加,"洵为河北体育界数年来沉闷中之一破天荒盛会,场外共搭席棚十三座,每校分占一所,以资标识,会场次序,由各校公推二人,及法商同学负责维持。"②

学院还积极支持学生的戏剧娱乐活动。1929 年 9 月,在顾院长支持下,法商学院剧乐研究社成立,目的在于提高同学的修养,"陶冶性情,联络情感"③。1930 年 4 月 23 日,学院举办了"改大"周年纪念会,师生表演了雅乐、提琴独奏、相声、双簧、魔术、口技、昆曲清唱等多种节目,主要节目均由戏剧研究社出演。④ 12 月 17 日,应中山中学之邀,学院新剧社与雅乐研究社赴该校公开演出,钱士元、张秀英等表演《醉了》,王守先、孙贞主演《咖啡店之夜》。1931 年 4 月 22 日,学院举行了"改大"两周年纪念大会,学院新剧、旧剧等各种音乐团体都纷纷献艺,吸引了学院和社会上很多人的极大兴趣,"记者到场的时候,整个的大礼堂已竟挤得水泄不通,连一个插足的地方都没有,不用说想探一下头了。"新剧社表演《获虎之夜》时,"外面天色已竟非常黑暗,可是观众仍然拥挤不去,好像连饭都忘掉去吃似的。……舞台表演,真有出乎意料的成功……用怀疑的心情,怕看一曲文明戏的心情的观众,居然看此真正的话剧回来,虽站了整个的钟头,拭了又拭头额上的汗滴,也未尝不是高兴的事罢。"⑤"观众宁可把痰咽到肚里,省得吐出来作大声,宁可弯曲得腰痛和拭额上的汗,不愿意

---

① 1937 年,天津体育促进会与天津体育协进会合并,成为天津统一的体育组织。
② 《法商学院之大会》,1930 年 10 月 26 日《益世报》第十版。
③ 《法商学院剧乐研究社》,1929 年 9 月 13 日《大公报》第五版。
④ 《法商学院举行周年纪念会》,1930 年 4 月 21 日《大公报》第五版。
⑤ 《观了获虎之夜以后》,1931 年 4 月 25 日《益世报》第十三版。

侯曜在校

挤出去换一次空气,看这种种便晓得演剧有怎样的力量了。……徐维藩饰演猎户,动作发音都颇粗鲁有致;张佛珠饰少女,俨然一个乡姑娘,她的动作说白皆能楚楚动人,在演剧中真能哭得像泪人一般。"①

顾德铭院长主持工作时期,学院第一次有了自己的校歌。1931 年 5 月,毕业班同学准备编辑出版纪念册的前夕,编辑范绍韩请求本院戏剧社指导侯曜先生为校歌谱曲、作词。②

法商校歌与校旗

---

① 《观了获虎之夜以后》,1931 年 4 月 26 日《益世报》第十三版。

② 范绍韩,又名范景琦,河北任丘人,政治经济本科十三班 1931 年毕业生,后任天津汇文中学训育主任,积极支持学生抗日活动,1949 年后任民革天津市委、河北省委副主委。校歌歌词是,"法维国本,商裕民生,巍巍我校育群英! 修齐治平,责任非轻! 矢勤矢勇,必专必精! 为民权而奋斗,作民族之长城! 今日鸡窗苦读,他年为国增荣。听! 听! 听! 欧风美雨正纵横,努力我前程!"侯曜(1903—1942),字东明,中国第一代导演,广东番禺人,中国早期电影理论的拓荒者之一,时任本院教授兼艺术指导,辅导本院戏剧演出等,1942 年在新加坡被日军杀害。

五、积极参与各种社会活动,争取更多支持

　　顾德铭院长积极支持本院师生参与各种社会活动,以便获得更多的社会支持。1929 年 6 月 22 日,天津中等以上学校教职员工会召开首次大会,法商学院戴方塘、张襄国参加。9 月 23 日,天津教职员工会在河北工业学院召开会议,决定选派工业学院、法商学院等校教师为代表到北平(今北京)河北省政府请愿,要求教育经费独立,全额拨发教师工资,还清积欠,法商学院院长顾德铭、工业学院院长魏明初等陪同前往①。

　　顾院长还积极支持学生运动。1929 年 6 月,天津学生联合会召开第六次执监委会议,法商学院学生,时任天津学联常务监委、《天津学生》主编的苏明文主持会议②。同年 11 月前后,法商学院学生自治会成立,当时的报纸报道称,各校学生会,最近可以成立的,包括法商学院、扶轮中学、商科职业等三校③,这说明本院学生会即将成立。

　　1929 年 12 月,天津各校举行党义演讲赛。为提高学院学术地位和社会声望,学院决定先进行内部预选再出席全市大赛,顾院长亲自出席预选赛,报名的同学非常踊跃,"态度、声调清明"。选拔的结果为法商派出三名学生,代表学院参加天津市大学生党义竞赛。在天津全市各大学共15 名代表参加的党义演讲比赛上,法商代表韩占元超过南开大学等校的十四名选手获得第一名,评委认为他"理论、姿势均佳,口齿尤清楚"。法

---

① 《津中等以上校长团、教工会代表今日联袂赴平》,1929 年 9 月 25 日《益世报》第十六版。
② 苏明文,字学周,河北灵寿人,本校甲种商业三班、法本十五班学生,1922—1929 年在校。毕业后长期在津担任律师,曾任《益世报》法律顾问,1935 年 9 月被选为天津律师公会冤狱赔偿委员会委员。
③ 《津市学联 昨开第七次常会》,1929 年 11 月 17 日《益世报》第十六版。

商代表队获得团体总分第一名,捧得银质奖杯一只。[1] 1931 年 9 月 22 日,即九一八事变后,天津学生成立抗日救国会,出版反日特刊。法商学院和市立师范的同学们在其中负责调查股,搜集、编发日本侵华资料。此外,该会成立大会及以后多次会议都在法商学院召开。9 月 24 日,救国会正式成立,法商学院学生刘大伦当选为秘书长。9 月 25 日,天津各界救国联合会成立,法商学院等校代表与会。在天津市各界举行的抗日救国活动中,顾德铭院长也积极参加。1931 年 10 月 19 日,法商学院正式开始军事训练。10 月 29 日,天津市抗日救国会在法商学院召开常委会议,法商学生严青萍主持。随后,严青萍代表天津学生赴南京请愿并出席全国抗日学生总会[2]。10 月 31 日,法商学院同学 40 人上街封存日货。11 月 9 日晨六时,天津学生两千多人在法商学院集合,赶赴南京请愿,法商代表四十人,每人补贴五元钱。11 月 9 日,全国学生代表会在南京闭幕,天津法商学院代表严青萍主持会议。[3]

礼堂外景

顾德铭还积极与社会各方取得联系,获得他们的支持。1929 年 8 月,法商学院聘请天津警备司令傅作义为军事训练指导,天津驻军高级将领李生达、陈长捷为教官。9 月 2 日,在学院举行的新学期开学典礼上,傅作义发表了讲话。1929 年 12 月 11 日,学院学生军训开始,李生达、陈长捷等出席开课仪式。1930 年 4 月,学院举行“改大”周年纪念大会,天津地方法院院长周祖琛、天津市公安局局长曾延毅出席大会。当

---

[1] 《津大学组织党义竞赛》,1929 年 12 月 16 日《益世报》第十六版。

[2] 《本市学生抗日救国会》,1931 年 10 月 29 日《益世报》第七版。严青萍,江苏泰兴人,法商学院政治经济科第十四班学生。

[3] 《全国学生代表会闭幕》,1931 年 11 月 10 日《益世报》第四版。

局政要对学校的支持,对于学校稳定发展是必不可少的。

六、整顿的效果

　　法商学院的大力整顿,很快就有了明显效果。1929 年 9 月,学院在继续招收专科三个专业的同时,招收了"改大"后第一届大学预科两个班,作为以后升入大学的基础。1930 年 6 月 2 日,学院举行了毕业同学欢送大会,院长和多位同学代表相继发言,"勉励、警惕的欢送词,足可显示法商的朝气。学生的精神中,一般'法政老爷'的浑调无疑的不能肯定现今的实况了"[①]。1931 年 6 月,学院政治、法律等四系开始招收大学生,这是学校成立二十五年来第一次招收大学本科生,社会各界对此颇为肯定,"法商学院,自顾德铭长院以来,历经三年之经营,成绩昭著,久为社会所称道"。

　　顾院长学术自由的办学原则为进步思想的传播和中共党组织的活动提供了相对宽松的环境。1929 年聘入的政治经济系主任鲁仲平就是共产党员[②],他在法商学院传播进步思想、发展党的组织,本院讲师阮慕韩就是他介绍入党的:

　　九一八事变后,……慕韩同志毅然从日本归国……于一九三一年十

---

① 《法商学院盛会》,1930 年 6 月 3 日《益世报》第八版。

② 1930 年 7 月以后,鲁仲平不再担任系主任,但仍在学院工作,是经济系骨干教师。在1934 年上学期(1934 年 8 月—1935 年 1 月)的法商学院《学期试验时间表》中,鲁仲平负责讲授经济系三、四两个年级的《合作论》、二年级的《农业经济学》、三年级的《工业经济学》、四年级的《现代经济学说》课程。1935 年 6 月 13 日的毕业典礼上,鲁仲平作为教授代表发言,"勉励有加"。1936 年他仍然担任经济系教授,是法商学院经济系骨干教师,也是法商学院工作时间最长的中共党员。

月由鲁仲平介绍,毅然加入了中国共产党①。

丰富的课外生活给很多同学多方面的锻炼,为他们走上社会作好了准备。本院新剧社积极分子王守先,长期担任学生自治会常委兼游艺部主任,还到社会上表演话剧。毕业后留校工作,曾担任《法商周刊》编辑部主任,他与杨秀峰等共产党员合作创办的时事座谈会是天津"一二·一八"游行的主要舆论阵地,后因抗日活动被捕就义。

优美的环境,自由的空气让不少同学爱上了学院。1930年入学的预科学生王振乡说:"踏进法商门限来,使我第一感觉到的,是法商环境的优美;他有茂密的树林,广大的运动场,周围是宽阔的原野,可以乘凉,可以运动,可以散步,可以抒情……第二个感觉是法商自由主义的表现;法商同学,向来具有活泼可亲的面孔……法商同学的思想,尽管不同,向来是超越的,前进的,革命的"。"在顾院长时期,师生上下是一体的,活泼的,自由的,大门的建筑,礼堂的装置,都是那时学校当局在整理上表现的成绩"②。1932年2月,河北省教育厅决定撤换顾院长时,全院师生同起反对,学生还组织了护院委员会,多次到省政府、教育厅请愿。顾德铭也深爱自己倾注无量心血的学校和学生。离校后,他还多次返校参加活动,

---

① 据悉,著名法学家张友渔此时亦在学院兼职。对于张氏在津,天津报纸有如下报道:A.1930年5月26日,"市府举行纪念周,由冯秘书长主席,张友渔报告国际情形,如失业救济问题、奥国政变、印度革命风潮,国内党务问题仍待协商,及政治军事外交各事"。《短讯·市府纪念周》,1930年5月27日《大公报》第十二版。B.1930年6月2日的纪念周上,"张友渔报告国际及党务政治,路雨亭报告市政。"《简单报告·市府纪念周报告》,1930年6月3日《大公报》第二张第七版。C.1930年7月,张友渔等负责筹备的自新院选定地点,"临时自新院地点已择定,一周可成立,科长张友渔、顾问周克昌筹备。"《临时自新院》,1930年7月6日《大公报》第七版。D.1930年7月28日的市府纪念周上,"由刘秘书长主席,首由张科长报告国际政治,如海军条约问题及英国殖民地印度、埃及革命问题,国内之党务、政治、军事、外交诸问题,亦经分别介绍。"《市政府的纪念周》,1930年7月29日《大公报》第七版。E.1930年9月,张友渔因"办理任内事务,颇著功劳,特表功令,加委二氏为市府参事衔,以资鼓励云。"《市府加委两参事》,1930年9月2日《大公报》第七版。

② 1936年11月15日《法商周刊·三十周年纪念专刊》第5页。

并利用各种机会,为本院同学推荐就业机会。1946年,他又不避艰难,从事复校活动,在社会各界和本院校友的大力支持下,取得了复校运动的成功。

第二节　吴家驹与法商学院

　　吴家驹是清末和民国时期老资格的法学家、教育家。吴家驹在天津的活动，主要有两个时期，一是 1908 年暑假后至 1911 年 6 月，在北洋法政学堂任教；一是 1932 年 4 月至 1934 年 6 月，担任河北省立法商学院院长兼法律系主任。他是天津法学教育史上的重要人物。

　　在学堂时期，据目前已掌握的资料可知，吴先生是很早就到了学堂。1932 年，他在回忆中说："法商学院，初曰法政专门学校，又初曰北洋法政学堂，有清末叶，余之教授生徒地也。……始余之滥讲席也，设绅班、招别科，专门本科方萌芽耳"①。1934 年春，他又说："北洋法政专门学校也，创始于逊清光绪三十三年，余适归自东瀛，为监督黎君伯颜延主讲席。"按此，先生应在学堂初创，绅班和别科开学以前，由第一任监督黎渊聘请到校。绅班开学在 1907 年 8 月，别科是在绅班离校后举办的，1909 年 4 月开学，黎渊 1909 年初离职，吴先生似应在 1907 年 8 月前后即已到校。但 1908 年的毕业同学录并无先生信息，而 1910 年印制的别科和预科同学录，已有吴先生简介，说明吴家驹先生参与了别科的教学活动。1908 年 10 月，学部发表归国留学生考试结果，吴家驹、程树德、刘崇佑等 45 人名列优等。② 因此，大体可以断定，吴家驹应在 1908 年暑期后到校。1911

① 1932 年法商学院毕业纪念册，天津市档案馆藏。
② 《留学生考试揭晓》，1908 年 10 月 8 日《大公报》第二张第一版。

年 4 月,他与时任北洋法政学堂监督李榘、教务长籍忠寅等多位老师合作
创办了法政讲习所,这是一个成人法政知识补习机构,"以法政知识之普
及为宗旨,系吾国最稳健之一团体",开设夜班,每日授课三小时,六个月
为一期,主要课程为宪法、行政法、民法、刑法、财政学和国际法①。同年 7
月,他与著名教育家范源濂②、法政学堂教师吴柄枢、王家驹一起到北京
尚志学会任教,这是一个从事新思想、新学说宣传和推广的机构,初期主
要活动也是法学教育,以"发达政治教育,促进社会事业"为主旨,"其事
业分为三部分,一教育部,二卫生部,三出版部,教育部创办私立学堂……
先办法科,次及他科,总理为范君源濂,监督为陈君家瓒……其教员则
有……吴家驹……诸君。"③

　　吴家驹到天津就任河北省立法商学院院长,则是在二十年以后。
1932 年 3 月,顾德铭院长离职,河北省教育厅拟安排梁焜继任,因全院师
生坚决抵制,梁不能到任。年逾五旬的吴家驹时任河北省教育厅委员,经
厅长陈宝泉力邀就任。1932 年 3 月,河北省教育厅宣布吴代理院长。4
月,河北省政府会议正式任命其为法商学院院长,到 1934 年 6 月,吴家驹
离职,又是两年多的时间。

　　吴家驹院长到校后,改变了顾德铭长院时期过于注重应用教育和文
体活动的偏向,着重激发师生的学术兴趣,开设了更多的基础和新式课
程,引进了大批的名师。按照南京政府司法院的规定,大学法律系应开设
的 14 门必修课除了三民主义、宪法、政治学、社会学和经济学之外,均为

---

① 《天津法政讲习所公启》,1911 年 4 月 1 日《大公报》第三张第二版。
② 范源濂(1875—1927),字静生,湖南湘阴人,近代教育家。早年就学于长沙时务学
　堂,戊戌变法失败后流亡日本。1905 年回国,任学部主事,创办法律学校和殖边学
　堂。辛亥革命后,曾任教育部次长、中华书局总编辑部部长、北洋政府教育总长。
　1917 年与蔡元培等人组织中华职业教育社。1923 年后任北京师范大学校长、中华教
　育文化基金委员会董事长、南开大学董事长等职。
③ 《社会事业之发展·尚志学会》,1911 年 7 月 13 日《大公报》。有人说吴家驹先生在
　1909 年已参与尚志学会工作。但天津报纸报道称,该会的法科 1911 年 6 月才开学,
　吴正式离津也是在 1911 年。

部门法学。吴家驹的课程改革,主要是突出了专业课的基础性、比较性和时代性。在法律系,吴家驹恢复了顾德铭时期砍掉的罗马法,增加了监狱学、劳工法、诉讼实务、外国法、刑事政策等课程。政治系开设了比较政府、新闻学、社会进化史课程,1933 年 9 月又加设了"日俄政治研究"课,这是针对日本对华侵略日深,北方政治形势趋于复杂而开设的"'九一八'在我国近代史上画下涂抹不掉的创痕,所以对于东北的研究成为一种单独的科目,大学部便已特设一种'日俄政治研究'的专科"①。

学院教务主任兼商学系主任施奎龄

吴家驹还大力充实师资队伍,除继续留用张孝移、朱毅生、施奎龄等老教师外,还从北平等地新聘了大批名师来校②,使本院师资队伍空前强大:

丁作韶,河南夏邑人,经济系教授,曾任厦门大学法律系主任,《世界日报》主笔;1948 年后去台湾,曾任成功大学教授。

王家驹,字维白,江苏镇江人,法律系教授,日本法政大学毕业,早年曾任本校前身北洋法政学堂教师,后任教育部科长、安徽省教育厅厅长、北京法政专门学校校长,曾多次参加李大钊等领导的索薪斗争;到校后长期担任民法债编、公司法、破产法等课程。

沈逢甘,字雨人,本院讲师,日本明治大学法科毕业,曾任河北大学教授③。

---

① 《法商学院新气象》,1933 年 9 月 7 日《益世报》第七版。
② 《法商一览·教职员表》,1934 年。
③ 沈逢甘主要著作有《民法总则》《财政渊鉴》(1917)等。

李光忠,字孝同,贵州贵阳人,本院讲师,美国伊利诺大学硕士,曾任东北大学经济系主任,北平大学法学院经济系主任,1932 年参与筹建北平大学法学院研究室。

邵勋,字禹夫,浙江东阳人,本院教授,日本明治大学法律研究科毕业,曾任各级法院推事、庭长,后任北京朝阳学院法学教授,主要研究民事诉讼法,曾出版《民事诉讼法与民事实体法》(1928)、《中国民事诉讼法论》(1929)三大册近百万字、《非讼事件程序法》(1931)等多部论著,在本校担任民事诉讼法、法院组织法、民事诉讼实习等课程。

许兴凯[①],字志平,北京人,本院政治系教授;担任日本政治研究课程。

按照民国习惯,教授一般是本院专任教师,讲师则是兼职的,因此,许兴凯、丁作韶、王家驹等均为本院专职教授,他们与众多兼职教师一起构成本院雄厚的师资队伍。本校早年毕业生、老校友崔敬伯和郁嶷也应聘回校任教。郁嶷是李大钊的同窗密友,与他共同主编《言治》杂志,同被称为"北洋三杰"之一,留日回国后长期担任北京朝阳大学教授,北京大学、清华大学等校讲师,曾任河北大学法律系主任,是著名法理学家。崔敬伯是本院商业本科三班毕业生,1918 年 6 月毕业后留校任教,1926 年经于方舟介绍加入国民党,曾参加李大钊领导的国民革命运动,后就读于

---

①　许兴凯,作家、教育家,中国经济史和日本研究专家。1921 年加入中国共产党,曾任北京《晨报》记者、中共"特科"北京组织成员、北京大学教授,代表作有《柏女士讲演讨论集》(1925)《日本帝国主义与东三省》(1930)《日本政治经济研究》(1932)。1949 年后曾任西北大学教授。对于《日本政治经济研究》,当时的评论说"自九一八事件发生以来,国人对于日本情形之需要明瞭,已为人所共晓,但国内尚少关于日本全部研究之书籍,天津法商学院政治系教授、北平法商学院讲师许兴凯,近著《日本政治经济研究》……出版,全书五百余页,三十余万言……材料,引用直到 1932 年 9 月。"该书全面研究了日本资本主义的历史,日本经济财政状况,财阀势力,政治制度,政党纵横变化与对华政策,日本帝国主义的特征、日本的经济恐慌以及日本的法西斯运动,引用材料丰富,是当时研究日本的最新、最全面的专著。参见《出版界》,1933 年 1 月 15 日《大公报》第三版。

英国伦敦大学经济学院,是著名的财政学家,在燕京大学、中法大学等校任教。他应聘在本院讲授农业经济学,帮助创办农业经济研究会、经济学会,指导同学编辑《农业经济》等杂志,对经济系同学的成长帮助很大。他于1949年后任民建中央委员,财政部税务总局副局长、中央财政干部学校副校长、中央财政金融学院教授、顾问等职。许兴凯是著名的日本问题专家,早年加入中国共产党,曾在李大钊直接领导下工作,与法律系讲师阮慕韩都是中共北平"特科"组织成员,他的到来,对提高本校同学的政治理论水平和天津党组织的发展、壮大都有着重要的意义。吴家驹还选聘早年为本院学生,后任教师,又担任京津地区国民党民主派重要领导人杨亦周任学院秘书。他的加入,对于本院民主力量的养成和学院后期的发展,具有重大的意义。①

吴家驹治校的基本思想是"从改造人心,注重科学两层着眼;训育方面,务求实际,极力领导学生使之适合善良社会状态,养成高尚品格。"②从拓宽同学的视野、提高同学兴趣着手,逐步提高师生的学术水平,是其治校的主要着力点。仅1933年下半年这一学期,学院就先后邀请北京大学法学院院长周炳琳、北大教授陶希圣、朝阳大学教授王漱萍(刑法学教授)来院讲演,深得同学欢迎。"本市法商学院,近自学生自治会成立以来,突形澎湃状态,尤其对于学术之研讨,特别努力。该会为引起全体同学,对于各科研究之兴趣起见,拟定每星期遍请中国各名流教授,作一次学术讲演。"据说王漱萍来院讲演时,周围学校省立师范、扶轮中学的同学不下千余人都来旁听,影响很大。③

---

① 杨亦周,名景濂,河北行唐人,本校商业九班学生,1925年6月毕业留校任教,早年加入于树德、周恩来等创建的新中学会,1926年加入国民党,后任国民党天津市党部常委、天津参议会议长。1935年担任本院院长,1949年后任天津市副市长。杨任院长期间,引用共产党员杨秀峰任秘书,国民党民主派苏蓬仙,连以农分任学院本部和商职部辅导主任,农工民主党王守先任校刊编辑部主任,推动了学院生活的进一步民主化。
② 《法商学院改进方针》,1932年7月31日《益世报》第六版。
③ 《法商学院请朝大教授王漱苹讲演》,1933年12月20日《益世报》第六版。

1933 年下半年开始,吴家驹等人又把扶助学生社团列为工作重点,同年秋天,经济系同学组织的经济学会成立,主要辅导老师是崔敬伯,主要活动是举办讲座、讨论会和出版会刊,"民二十二年秋,该会始告成立,创办人为经济系首次毕业生王守先,齐植璐等。……为我院学会中活跃最力者"。后期主要领导人为中共党员庄金林,这是本院后期最重要的学术社团,是恢复经济系活动的主要发起单位。1934 年以后,中共京津地区党组织领导人杨秀峰、陈伯达等都曾在该会积极活动,他们中的不少人后来都加入了党组织。该会也成为天津"一二·九"运动的主要策划基地。

1933 年 12 月 5 日,法律系部分同学成立了法学励进会,宗旨是"本互相砥砺之精神,增进法学之知识",主要活动是组织模拟法庭、案例讨论、学术研究及社会调查。1935 年入党的进步青年阮务德为该会主要领导人。"学生多人,为图增进法学知识起见,特组织法学励进会,俾使互相磋切,收共励共勉之效,于前日(五日)开成立大会,共设总务、研究二股,以会长总理一切,工作分为问题探讨、实习审判、出版刊物及社会视察等项。"[1]1934 年 5 月,该会组织同学参观了坐落在天津的河北省第三监狱。该会的调查报告中写道:"吾国今日,正提倡建设救国,而对于监狱改良,尚属漠视。本会同仁,为实地研究犯人生活以及监狱状况,唤醒社会人士及政府当局加以深切之注意起见,特于四月二十三日赴河北第三监狱参观。"他们参观了场院、监房、囚犯工厂,包括印刷厂、纺毛厂、缝纫厂、木工厂等诸多场所,对于该监的设备和建筑表示基本满意,但对该监收容无辜幼童的现象表示不解,"有幼童数人,最使人触目惊心,最小尚在襁褓,最大不满三岁,因母氏之犯罪,连带坐监,未能活泼地享受其黄金时期,对此,监制对之亟应改善,而不容忽视者也。"[2]

---

[1]　《法商学院女生组织法学励进会》,1933 年 12 月 8 日《益世报》第六版。

[2]　法商学院法学励进会撰,《河北第三监狱参观记略》,1934 年 5 月 10 日《益世报》第五版。

1934 年初，经济系学生又成立了农业经济研究会，主要辅导老师也是崔敬伯。1934 年 3 月，农业经济学会在《法商半月刊》第二期刊登启事，准备于 3 月 16 日出版机关刊物一期："本会经干事会议决在三月十六日假本院校刊编刊《农业经济研究》专号一期。"①6 月 1 日，《农业经济》出版，主要编辑人员为齐植璐，主要撰稿人为本校师生，包括崔敬伯、王作田、王守先等。王守先是京津地区重要的学运分子，中国农工民主党的创始人，早在 1929 年，他就是北京学生联合会代表。1931—1935 年，他在河北法商学院经济系学习，毕业后任《法商周刊》主编、法商校友会常委兼文书，与杨秀峰等发起时事座谈会，是天津"一二·一八"大游行的主要发起人。

《农业经济》的出版，极大地激发了经济系师生的学术积极性。崔敬伯在该刊第一期发表的《军事负担与中国农村》中呼吁农民组织起来反抗严酷的命运："本来现阶段的中国民众，只有贫困，愚钝，散漫，无力，才是他们的本色；在这原始农业正当崩溃，帝国统治犹自挣扎的当口，中国民众，不会有资力，有组织，不会行使人权与表现意志。对于无尽无休的内战，简直无从裁判。……摆在民众面前的，只有一条冷酷如铁的命运，便是'人为刀俎，我为鱼肉'！"②王作田则详尽介绍了中国红色根据地的农业政策，"一九三○年及一九三一年，共党在江西所颁布的土地法，本多可以评议之点，而其最大弊病，则在实施太骤，而办法太猛"，"如果国民党于北伐成功后，即锐意于此种土地政策之改善，则……农村必不至如是之破产"。③ 薛太天认为中国"土改"应借鉴苏联的经验，"我们今日谈改革农村，救济农村，先观察一番苏联十月革命后，改革农村的经过，我认为是有相当必要的。"④

---

① 《法商农业经济研究会启事》，《法商半月刊》1934 年第二期第 14 页，天津图书馆藏。
② 崔敬伯.《军事负担与中国农村》，《农业经济》1934 年 6 月 1 日第一卷第一期。
③ 王作田.《农村复兴声中之土地问题》，《农业经济》1934 年 6 月 1 日第一卷第一期。
④ 太天.《苏联改革农村的观察》，《农业经济》1934 年 6 月 1 日第一卷第一期。

王守先认为帝国主义对中国农村的侵略是中国农村破产的重要原因,"自一九二九年爆发世界经济危机以来,迄今五载,大有每况愈下之势。尤其在一九三二年里,各资本主义国家事实上差不多已走到山穷水尽的地步。……为了打破经济的恐慌,各资本主义国家曾充分利用其可笑的手段,以图减除其自身所造成的极度的矛盾……病入膏肓,非医药所能奏效。由资本主义制度本身所造成的矛盾,想要在维护资本主义制度的中间,求一出路,也是不可能的。"①

吴家驹还大力支持学生会创办《法商半月刊》。这一刊物是为了师生抒发感情、发表习作而创办的,主要编辑人员似为经济系学生邓金镛,栏目有论著、文艺、学校生活新闻等,创办该刊物的目的是"研讨学问,广搜欧美鸿文,审酌得失,融会贯通,使学术蒸腾……"②。从该刊第一期刊发文章来看,学术性和文学性作品都占了很大比重,前者有刘绍兴的《英日经济冲突的严重化》、朱纪章的《历史上的妇女及妇女问题》,后者有教师张念祖的纪念文章《一·二八两周年》。这些文章说明法商师生的思想是积极的、进步的,不少人掌握了马克思主义的基本观点和方法,能够自觉运用马克思主义分析社会焦点问题。教师张念祖说:"我们不要空谈吧!我们得要在这样帝国主义者大恐怖下,怎样去纪念'一·二八'。我们纪念'一·二八'得继续十九路军及当时民众之精神,打倒一切走狗及傀儡,对日实行绝交,恢复各种抗日会,联合一切抗日者,作有组织的行动,同时并且不要忘记打倒帝国主义。"③作者署名为象牙的文章《冲上前去吧》,显示出誓死卫国的决心,"冲上前吧!亲爱的朋友!我们不能退后,前面虽有刺人的荆棘,后面更有凶恶的野兽!我们是丝毫不能游移的,不然便被野兽吞噬!……亲爱的朋友呦!时候是已经到了!我们不

---

① 王守先.《美国白银政策与中国农村经济》,《农业经济》1934 年 6 月 1 日第一卷第一期。
② 刘桂芳.《河北省立法商学院文献研究》,《天津法学》2012 年第 4 期第 106 页。
③ 张念祖.《"一·二八"两周年》,1934 年 1 月 1 日《法商半月刊》1934 年第一期。

能彷徨,更不能犹疑! 因为时间稍纵即逝! 亲爱的朋友呦! 我们应该钢刀横断,拼命地冲上前去!"①

崔敬伯认为,农村问题是中国的根本问题,要改善日渐凋败的农村,必须实行政治革命。他说:"我国历史上所有的政治的变动,亦无不以农业经济为中心。……在其上升的路线中,政治总是清明的;在下降的路线中,政治一定腐败,有史以来,无不如此。这变化到目前尤其重要,以今日的政府——一个无计划无能力的政府,也不得不提出复兴农村的口号……今日的政府,绝不能解救目前农业经济的恐慌……政府的缺陷不解决,农业经济决不能解决。"②

该刊还大量引用马克思主义经典作家的警句格言,第一期就引用了马克思关于资本主义共性与个性关系的论断(署名科因):"各个资本主义经济之具体的特殊性,并没有否定资本主义之一般的法则。……在各个国家,必因为地方的条件不同,而致这些法则的发现,亦具有特殊的性质。但是,要想理解个别的资本主义法则的特殊性,又须理解资本主义的一般法则,即资本主义的经济之一般的基础,各国经济之具体的发展,无论如何,必不能使我们拒绝引用资本主义的一般法则——为理解一切资本主义的锁匙的法则。"恩格斯关于宗教本质的论断称:"宗教,从其本质上说,是从人类和自然抽去其全部内容的东西。……宗教的第一句话便是虚伪。……把人类的东西,自然的东西欲看成为超自然的超人类的东西之虚构,是一切的不真理和虚伪的根源。"列宁(署名伊里奇)的帝国主义论更是法商师生研判资本主义未来发展的理论基础:"最新资本主义的根本特征,是最大企业家独占的同盟之支配。这样的独占,于一手掌握一切原料资源时,最为巩固。我们看见国际的资本家同盟,剥夺其对方的一切竞争的能力,例如占买铁矿山及石油田等等,有极其热心的努力。只

① 象牙.《冲上前去吧》,1934 年 1 月 1 日《法商半月刊》1934 年第一期。
② 崔敬伯讲演.《形成现阶段中国一切问题之中心的"农业经济问题"之研究方针与步骤》,《法商半月刊》1934 年第一期。

有殖民地的占领,对于与竞争者斗争上的一切偶然性,完全保证独占的成功。这种偶然性,并含有竞争的对手欲依专卖法以谋自卫之举。资本主义的发达愈有进步,原料愈感不足,及全世界上的竞争向着原料资源的追求愈趋激烈,则争夺殖民地之斗争,必更加狂烈。"①

　　吴家驹还特别重视体育活动。1932 年暑假,他甫一到校,就组织留校同学开展各种体育运动,特别是网球运动,"留校同学组织消夏网球队,每日朝夕练习,颇有兴趣。"②接着就扩建网球场,因为法商同学热爱网球,但球场不够用。③ 到当年 10 月举行秋季运动会时,新的网球场已经落成,参赛同学纷纷亮相,大展风采④。王民生一人就获得高级部百米、二百米、四百米、铁球四项运动的第一名,铁饼的第二名;苏金成获得八百米、一千五百米两项第一,百米、二百米、四百米三项第二名;李振华获得初级部二百米、四百米、八百米、一千五百米、铁饼五个第一;邵韫娴获得女子部五十米第一,跳远、垒球、掷远三项第二名⑤;这些领军人物有效带动了学院体育活动的开展,"法商学院,对于体育之提倡,不遗余力。各项运动成绩,均见进步。现学校当局,为普遍发达起见,增加器械,建筑新网球场,现在又兴工扩大操场二十米之多,跑道一周可增加至三百米。学生见此,精神上愈感兴奋。此次体促大会,该校女生三人加入,竟获女

---

① 《法商半月刊》1934 年第一期第 14 页。
② 《法商学院改进方针》,1932 年 8 月 1 日《益世报》第六版。
③ 《法商昨举行秋季运动》,1932 年 10 月 24 日《益世报》第六版。
④ 到 1930 年 7 月,学院有大操场一处,含网球场两处,篮球场二处,排球场一处,足球场兼田径赛场一处,该场长一百三十米,宽九十米,这些设备已足够用,网球场则为华北各大学之最。"该校网球场之设备最良,故网球风甚炽,练习网球者,几占全校三分之一。每年九月终,作全校比赛一次。田径赛爱好者,亦占全校三分之一,去岁举行二十三年来第一次之运动会,加入者八九十人,秩序甚佳,今年举行第二次时,其成绩打破去岁者十之七八,以此足见该校进步之速。"1932 年又建了新的网球场,足见本院同学对网球的热爱,见《天津体育设备调查·河北省立法商学院》,1930 年 7 月 9 日《益世报》第八版。
⑤ 《法商学院昨举行秋季运动》,1932 年 10 月 24 日《益世报》第六版。

子组之冠军,今后若努力练习,则明春必更有惊人之记录也。"①为了在学院普及体育运动,学院组织了众多的体育社团,"法商学院近对于内部各种组织及学生学业习惯竭力改善,今当国难急迫之际,于体育一端尤为注重。该院体育课,为鼓励学生自动锻炼计,特指导组织课外私人篮球队,计有法光、七星、捷风、新友、协励、墨队、北光等八队,足球有振北、飞虎、凌风、中商四队,乒乓球有新生、北光、震北、烈强、新星、清霜、玲玲、紫电、凌南、墨队、秋声及协励等十八队之多,现正举行排球、网球比赛,而最近由男女合组之排球蝶队,练习尤勤,本月二十三日为该院改大第四周年纪念时日,开第七次春季运动大会,分为高初及女子三级,一般爱好运动之青年,每日在场练习,大有锦标必由我得之精神"②。

吴家驹大力支持学生的爱国民主运动,对于党组织在校活动,也注意加以保护。1932 年 10 月,学院学生自治会成立。1933 年,为了支援中国军队在长城沿线的抗日活动,学院组织了慰问代表团,全校师生捐款购买了钢盔等物,派代表庄金林和赵越超到前线慰问将士③。1932 年,同学朱继章、郝金贵入党;1933 年,法商学院建立了党支部。"一九三二年,我从扶轮中学考入天津法商学院就学。在此之前,我参加了党的外围组织'反帝大同盟'。到法商学院后,我在学校中又发展了几个人。一九三二年,我由……介绍,加入了中国共产党。……一九三三年,'反帝大同盟'中党组织转来了几个党员,法商学院建立了支部。"④

吴家驹当局的大力支持和积极鼓励使不少同学认真钻研学问,积极参加民主运动,取得了不少研究成果。经济系同学王作田先后翻译了

---

① 《法商增加体育设备》,1932 年 11 月 5 日《益世报》第十一版。
② 《法商春运会》,1933 年 4 月 17 日《益世报》第十版。
③ 庄林.《天津的"一二·九"运动》,《一二·九运动在天津》,南开大学出版社,1985 年,第 61 页。
④ 朱光.《回忆天津"一二·九"学生运动》,《一二·九运动在天津》,南开大学出版社 1985 年,第 303 页。

《日本国内的法西斯蒂化》和《汇兑管制》等书,成为合作经济研究专家①。朱继章、庄金林、阮务德等先后加入中国共产党。法律系康玉书、政治系魏普泽②、经济系王作田③、商学系蓝金砺等同学还获得河北省教育厅颁发的奖学金④,每人奖励五十元,这不仅是物质帮助,更是对本院同学积极上进的精神鼓励。"今日之法商,非昔日所可比。且多数学生,概皆拼命读书,服饰亦渐朴实,非昔日长袍马褂黑眼镜之流。除正式课外,或研究科学,或著述刊物,故近来学生成绩,较前大有长进,直有蒸蒸日上之势。"⑤他在学院任教前后达七八年之久,是本校的创始元老和后期主要负责人之一,对本院后期学术基础的确立以及天津法学教育的发展,都有着不可忽视的影响。

---

① 王作田译.《日本国内政情日趋法西斯蒂化》,1934 年 4 月 23 日《益世报》第三版。
② 魏普泽,河北南乐人,1929—1935 年在校,曾任《法商周刊》编辑兼文艺组组长。
③ 王作田,1929—1935 年在校,在院认真钻研经济学,特别是农业经济学,积极翻译各种国外学说,毕业后在华洋义赈会从事农村合作组织推广与研究。
④ 《冀省立专科以上学校受奖生名单揭晓》,1934 年 4 月 18 日《益世报》。
⑤ 《法商学院改进方针》,1932 年 7 月 31 日《益世报》第六版。

第三节 高崇焕、杨亦周与 法商"整顿"

法商学院的整顿,始于1934年3月份的教育部视察。早在1933年6月,教育部已责令学院政治系停招新生,院长吴家驹即着手整顿。1934年3月15日,教育部视察专员周天放等人到天津视察法商等高校,认为本院在经费分配、教务管理、招生考试等方面存在严重错误,责令学院停止招生,"认真整顿,藉观后效"。同年6月上旬,河北省教育厅厅长陈宝泉和法商院长吴家驹辞职,周炳琳继任河北省教育厅厅长,他选聘原河北省教育厅科长卢郁文担任秘书主任,他的北大同学高崇焕接任法商学院院长兼政治系主任、教授。1935年6月,高崇焕辞职,杨亦周接任。1935年12月22日,杨亦周辞职。从1934年7月到1936年2月,高崇焕和杨亦周两位院长为改善法商学院的形象、提高学院地位、尽快恢复招生,做了大量艰苦努力,取得了显著成效,是为法商学院的"整顿"期。

一、决定整顿

由于1932年发生风潮,学院的校风"败坏已极",教育部视察团的指示主要涉及三个方面。

一是增加设备。学校经费分配中,设备费只占到 6%,比例过低,图书过于陈旧,学生实习设备过于简陋,"参考图书大半陈旧,足供探讨之整套杂志,亦不多见。实习设备,概未设置,下半年应增加设备费,添设图书杂志及实习设备。"

二是延聘专职教师。专职教师至少要占到全体教师的三分之二以上,"该院教员,多在他处兼职,请假及缺课钟点甚多,以致学生相率效尤,视旷课为常事,下学期务须聘三分之二以上之专任教员,兼限制请假及缺课。"

三是整顿教学秩序。取缔学生大量旷课的现象,"该院以往招生,未见严格,在校学生复随意旷课,图书馆无人利用,训育管理又欠严密,竟致学生程度低落,学风颓废,应从严取缔,并认真训练,以除积弊。"①

事实上,教育部的"整改"命令并非仅仅针对河北法商学院。清华大学、燕京大学也因视察团的决定而停掉了法律系。上海持志学院的政治和经济两系被勒令合并。

面对教育部的整改命令,新任河北省教育厅厅长周炳琳②下决心整改,以便争取重新恢复招生。他说:"按之教部致该院令内容,原不过本年停止招生。在一年内妥筹改善,以观后效,并非有意停办或结束。鄙意处此财政艰窘之际,不妨遵部令,在本学期始,努力整顿内容,如减少兼任教授,增加设备,改善风纪,来年能著成绩,教部自可准其招生也。"③1934年 7 月初,吴家驹辞职照准,高崇焕继任。高崇焕,字文波(伯),河北雄县人,北京大学法科毕业,五四运动活跃分子,北大学生会负责人之一,北

---

① 《教育部改进专科以上学校》,1934 年 7 月 20 日《益世报》第三版。
② 周炳琳(1892—1963),字枚荪,浙江黄岩人。1913 年考入北京大学预科,1916 年升入北大法科经济门,"五四"时任全国学联秘书,编辑《全国学生联合会日刊》,参与李大钊等发起的少年中国学会,协助李大钊编辑《少年中国》月刊,组织北大马克思学说研究会,经李大钊介绍加入国民党。后留学英美等国,长期担任清华大学、北京大学、西南联合大学教授,1934—1935 年任河北省教育厅厅长。
③ 《周炳琳谈冀教款分配法》,1934 年 7 月 3 日《益世报》第六版。

京大学马克思学说研究会的发起人,后留学英国伦敦大学政治系,曾任河南省民政厅秘书科长。1934 年 7 月至 1935 年 6 月任本院院长,解放后任内务部专员。接任院长前,他在旅馆会见本院学生代表时说,社会科学,首先应着重其实用性,"使学校与社会成为一气,学生所习,必切社会需要。"①他同时表示一定要严格管理,"今后对于学校之一切事务,取严格方式……不专指考试而言,对于学生如何做人,亦须时时加以指导。"②1934 年 7 月 25 日,高崇焕到校第一天,就召集假期留校同学开会,决心全面整顿学院,从教师聘用、学生管理、校园整修等几个方面入手,希望同学与学院合作,取得学院发展新成果。他说,"教授之待遇,绝对提高……尽力聘请专任教授,不使其有兼差"。同时,他认为应减少授课时数,增加自修时间,"现在法商学生上课时间,每周有逾三十小时者,未免太不科学化,且距现教部规定大学每周授课时间不得超过十七小时之规则太远。据高氏谈,以后尽力减少授课时间,因大学生之用功与否,不在授课时间之多寡,如有充裕时间,阅课外参考书,学校之经费固然又节省,而学生方面亦可得益较多。"③

杨亦周(1900—1969),原名景濂,以字行,本校商科毕业生。"五四"前后曾到北京大学法科政治门旁听,与李大钊等开始交往④。1923 年 12 月,李大钊来母校参加十八周年纪念会,发表《十八周年的回顾》讲演,即由杨亦周记录。1925 年 6 月,杨亦周毕业后留校,是天津国民运动的活跃分子。1929 年任国民党天津特别市党部执行委员会常委、组织部部长,他主张国共合作,反对蒋介石专制统治。在 1929 年 3 月 23 日的记者招待会上,杨亦周认为,封建势力和帝国主义是国民革命的两大障碍,只有团结工农、国共合作,才能协力打倒帝国主义和封建势力。"国党在过

① 《法商学生代表　昨再赴教厅请愿》,1934 年 7 月 12 日《益世报》第六版。
② 《法商新院长　高崇焕改今日视事　昨谈整顿计划》,1934 年 7 月 25 日《益世报》第六版。
③ 《法商新院长昨视事　接收事均顺利》,1934 年 7 月 26 日《益世报》第六版。
④ 《教务主任布告》,1919 年 10 月 7 日《北京大学日刊》第 456 号第一版。

去有许多现象,足为进行之障碍,在国内即封建势力,在国际即帝国主义,如封建势力不扫除,帝国主义不打倒,国民革命自不能成功。故本党以后努力之方向,即在领导民众,作反帝国主义之大运动,与帝国主义尽力奋斗。关于组织方面,本会成立时,已由各同志说过,尽量地吸收革命分子,不分界线。……应以农工为中心,而进行培养。工作方面,并恢复十三年改组精神,严密组织,工作人员深入下层里面,如此始求中国出路。"①杨亦周后因排挤而出国,1933 年毕业于日本明治大学政治经济学部,1934年初即回院担任秘书,是吴家驹后期和高崇焕时期学校整顿工作的主要助手。1935 年 6 月至年底任院长,是法商整顿发展、恢复招生活动的重要主持者②。

二、整顿的开始

高崇焕任院长,首先是建立健全学院各项管理制度。1935 年 2 月 18日,院长秘书杨亦周利用纪念周机会,对学院半年以来整顿的情况,作了一个全面的报告。他说:"过去半年的目标,在于确立制度,整顿风纪。""本院过去由于规则不完备,行政上极感困难,所以同仁集中精力于各项章则的厘定,和图标册簿的拟制。以期将院务纳入正轨,实现学院的法治精神。"③

1934 年下学期一开学,学院就接连颁布了关于课程设置、学分取得、毕业资格等事务的《学则》,以及《教授请假规则》《院门启闭规则》《学生炊事团体管理规则》《学生请假规则》《宿舍管理规则》等各项管理规定。

---

① 《法商学院切实整顿》,1935 年 3 月 8 日《益世报》第六版。
② 1934 年 3 月,来院发表讲演的胡适说,"该校秘书杨先生曾经到过我家里去过好几次,希望我到天津来讲演","杨先生"估计为杨亦周。齐植璐、孙家相笔记.《治学方法——胡适在本市法商学院讲演》,1934 年 3 月 10 日《益世报》第二版。
③ 《纪念周报告》,1935 年 2 月 25 日《法商周刊》第一卷第十四期第一版。

按照当时京津地区高校的"常态",很多老师常常同时在不少学校兼职,遇到各学校上课时间冲突时,就用请假来对付,事后也不补课,结果不少教师常常旷课,学生的出勤也就难以保证。针对这种情况,《教授请假规则》规定教师请假不准超过一定比例,事后必须补课。按照学院食堂管理办法,学院提供厨房灶具,学生互相联合聘请厨师,若干学生组织一个"饭团"一起就餐。吴家驹任院长时,学院有十多个饭团,增加了学院管理的难度,有的费用较高,加重了学生负担。新的管理规则把学校的饭团减少到三四家,每个饭团都按月结算,每月分三次缴纳费用,还规定了学生餐的最高标准。这样既保证了饭团账目的及时清结,又降低了同学就餐费用。

其次是减少兼职教师,增加专任教师,同时严格同学请假管理。"过去半年所聘请的教授讲师,有三分之二以上都是专任的。所以缺课的情形,已经很少了。"在颁布请假规则以后,对于学生的出勤情况,学院也采取了宽严相济、奖勤罚懒的办法,严厉处理旷课的同学。同时,对整个学期没有一次缺课的同学记功一次,以示奖励。1935年2月18日,学院秘书杨亦周代表院长高崇焕在纪念周上讲话说:"过去本院学生率多任意缺课,请假规则公布后,认真点名,对于请假旷课者,严格处分,统计过去年因旷课而受警告、记过、退学等处分者,不下六十余人,结果旷课人数较以前减少了许多。……本学期要执行的,如论文的审核与考试的举行等,绝不敷衍,查堂点名,亦当严厉执行。"[①]

杨亦周任院长时,学校的管理更加严格,很多方面都有军事化的色彩。比如,吃饭时不准交头接耳,"入饭厅不准交头接耳,违者剥夺本餐吃饭权一次,待训育先生进后,则由军训队长喊一声'敬礼',待'礼毕',始得'坐下',闻口号始能'开动'"。考试也更多了,"临时考试非常多,月考又不通知,所以每天每班都说不定就会有考试,很多课程都采用最新

---

① 《纪念周报告》,1935年2月25日《法商周刊》第十四期第一版。

教授法,课文留给堂下自己预备,这种收效的确是大的。"①

　　杨亦周的作风也很民主,他虚心听取学生意见并公开答复。1935年11月4日第四次周会,本已聘请政治系教授杨秀峰讲演《土地村有问题》。但由于学生自治会向学院当局提出三十条意见,杨亦周决定公开答复:"学校认为理由充足,应行改善,且可以办到者,有十四条。其次,为有相当理由,但实行上有须待商榷者八条。至于观点错误,碍难实行者九条,院长均逐条解释,并予纠正。最后,院长对同学关心学校之热诚,深表嘉许。"②

　　学校严格管理在一定程度上规范了教学、生活秩序,但由于执行过于严格,缺乏通融,最终发生一场血案。1935年7月30日晚,学院辅导主任苏蓬仙被经济系二年级学生赵某杀死在宿舍。案犯赵某已被记过多次,暑假前已除名,但尚未搬出校园,他因多次请求把除名改为转学被拒绝而暗下杀机③。检察机关起诉书认为,苏蓬仙"为该院辅导课主任,时加训诫,被告置若罔闻,后以其受有三小过三大过之处分,即照章给予除名,被告乃悔恨交加,不肯离校,屡请发给转学证书,拟转入他校,苏蓬仙又拒而弗与,并于被杀之前数日,令其离校,被告愈加忿恨,卒以无计可施,辄萌杀念"④。

　　苏蓬仙,天津早年国民运动激进人士,新中革命青年社成员,曾任国民党天津特别市党部秘书、组织部部长,与杨亦周等关系密切,"民国十五年时,同时参加本党活动,十七年北伐成功,党部设立,余任天津特别市党部指导委员会组织部部长,苏先生担任组织部秘书;旋指委会改组为执行委员会,余任执委,所遗组织部部长一缺,即由苏先生继充。"⑤

---

① 周宝璞.《法商学院商职部学生生活写影》,1935年10月21日《益世报》第十一版。
② 《何厅长来院视察》,1935年11月11日《法商周刊》第11页。
③ 《法商学院辅导主任　苏蓬仙突遭暗杀》,1935年8月1日《益世报》第五版。
④ 《苏蓬仙突遭暗杀　检处起诉书昨送达》,1935年8月27日《益世报》第五版。
⑤ 《法商学院辅导主任　苏蓬仙突遭暗杀》,1935年8月1日《益世报》第五版。

1935 年 10 月,法商学院全体师生五百余人为苏蓬仙召开追悼大会,杨亦周主持会议,他说苏"为人正直,对于职务,极为尽心,到本院以来,学风赖得整顿。"教职员代表吕复、学生代表庄金林等都有发言。①

为提高学院体育活动的水平,高崇焕请来当时的篮球国手王玉增担任体育部主任②。王玉增不顾天气炎热,暑假中就到校指导,同学纷纷组织球队,"留校同学,因导师得人,纷纷组织篮球队,每日群集操场,练习颇勤,其中尤以旧日抗队等队员,最为活跃,将已绝足迹之大操场,顿又呈热闹状态。"

长期以来,大学与中学宿舍混编,这虽有利于中学生的迅速成长,可是也容易让他们感染大学生散漫的习惯。对于大学生来说,也难以专心攻读,高院长来院后把大学和中学分开住宿,这样更有利于分别管理。高崇焕还大力支持各系部学生组织学术团体,出版学生刊物,聘请专家学者来院举办讲座。1934 年 10 月 29 日,他重新恢复了吴家驹停办的《法商周刊》(以下简称"《周刊》"),作为传达学院精神、发表师生习作的主要阵地,"专载本院行政的消息,和先生以及同学的论著,借以增进本院的行政效率,并提高师生的研究兴趣"。③ 法律系主任杨云竹的《从市民法进到社会法》、法律系兼职教师翁赞年先生《保存我国固有文化的立法政策》都在《周刊》首发。过去停办的《法商季刊》也积极筹备恢复出版,季刊每年出版四册,分别在二、五、八、十一月份出版。季刊的早期筹备人员除了杨亦周、杨云竹等老师以外,还有法律系学生康玉书、政治系庞宇振、经济系齐植璐、商学系王增洋,分别负责各系学术文章的搜集与整理。④

学院还下力量组织学术团体,以便提高同学研究学问的兴趣和主动

---

① 《法商学院昨开大会追悼苏蓬仙》,1935 年 10 月 20 日《益世报》第五版。
② 王玉增(1910—2009),河北新城人,北平师范大学毕业,曾代表中国参加 1930 年和 1934 年第九、十两届远东运动会和 1936 年奥运会,并任中国篮球队队长,后任黄埔军校体育教官。1934 年 7 月至 1935 年 6 月任学院体育部主任。
③ 《纪念周报告》,1935 年 2 月 25 日《法商周刊》第一卷第十四期。
④ 1934 年 12 月 17 日《法商周刊》第一版。

精神。1935 年 2 月,杨亦周说:"拟提高同学自动研究的兴趣,要鼓励同学多研究,做论文、作报告,更计划多请学者讲演,启发同学的知识欲。"他说:"半年来组织学生团体,指导学生活动,曾经费了不少的工夫。"①此时,学院有社团 22 个,活动单位 57 个。有的社团或单位只举办过几次讲座或开过几次联欢会,活动不够切实;也有的活动比较充实,这需要有热心分子积极参加。经济学会即属于杨所说"尚欠切实"之类,但其 1936 年编辑出版的季刊《经济汇刊》,至少出版了四期,成绩也很可观。商职部于庆嘏、周宝璞等组织的文书学会出版了 10 期《新开月刊》,他们的文学研究会还设立阅览室,会员可自由借阅图书。②

与此同时,学院的学术讲演也积极开展起来。1935 年 3 月 4 日,何海秋来院讲述《由债务法观察美国金条款判决》③;3 月 11 日,杨秀峰在纪念周上讲演《远东国际形势》,分析了日本对华新计划及中国所处的严重地位,"极为详细,极为动听";④3 月 15 日,经济学会聘请本院校友、北平大学教授崔敬伯来院讲演"国际对华贷款问题",除经济系同学外,其他各系同学也都去旁听,"极为踊跃";4 月 29 日,法学系主任杨云竹在纪念周讲演;4 月 30 日,中共党员,天津边业银行何松亭讲演"美国之白银政策与中国经济恐慌";5 月 1 日,中央通讯社任玲逊来院讲演⑤。1935 年 9 月 25 日的新生指导周,研究室指导教师温健公讲演《大学生的责任与新同学应努力的方向》;9 月 30 日,校友崔敬伯讲演《理想中学生生活》;11 月

① 《纪念周报告》,1935 年 2 月 25 日《法商周刊》第一卷第十四期第一版。
② 《商职部文学研究会第五次常会记录》,1935 年 12 月 9 日《法商周刊》第二卷第十四期。此处的文学研究会即为文书研究会。
③ 何基鸿,字海秋,1888 年生,河北藁城人,1903 年赴日留学,日本东京帝国大学法学士,早年参加同盟会,归国后任大理院推事、司法部参事,后任北京大学法律系教授,主讲《民法总则》《法院组织法》等课程,并任法律系主任,1935 年任河北省教育厅厅长。
④ 《纪念周记略》,1935 年 3 月 18 日《法商周刊》第二卷第十七期第二版。
⑤ 任玲逊,民国时著名记者、翻译家,原为《北平英文时事日报》(*Peiping Chronicle*)编辑。1933 年开始长期在中央社工作,曾任英文部和伦敦分社主任。

8 日,北平中国学院政治经济系主任、共产党员黄松龄讲演《研究中国经济的方法》。黄讲演的主旨是说研究中国经济,应当从整个经济结构,即从生产力与生产关系两个方面,从经济的整体环境,即新旧生产部门之间的连带关系,从政治环境和国际关系四个方面进行,只有打破落后的生产关系,推翻反动的政权,才能推动生产力的发展。①

学院还利用各种机会进行爱国主义教育。1935 年 6 月 13 日,当届毕业同学举行毕业典礼。本院前任校长刘诵青(同彬,原直隶法政专门学校校长)、顾德铭(法商学院第一任院长)到会致辞,"刘校长缕举本院过去之优美历史,勉同学发扬而光大之";顾德铭"则详述本院惨淡经营,艰难奋斗之沿革,勖毕业同学保持本院奋斗前进之校风"。② 教授代表沈矩如、鲁仲平,毕业校友洪麟阁、王仙楷先后发言。其中,鲁仲平是 1929 年进院的党员教授;洪麟阁是本院校友,后来在抗日战争中牺牲。

学院还增加拨款,将过去每月 200 元的图书经费增加到每月 450 元,大力更新图书馆藏书。1934—1935 学年第一学期,学院就新购图书 569 册、中外杂志 58 种,共采购中文新书 236 册、西文图书 140 册、中文杂志 20 种、西文杂志 22 种、日文杂志 16 种。

学院还全面整修了校内各种设施,特别是操场。"在上学期曾将体育场全部修理。跑道、球场,都已重新挖掘、修补。此外新开球场二座。我们在体育上不注意于锻炼几个选手,而求体育的普及,所以举行篮球班级比赛,结果甚佳。"③学校还开始筹备银行实习室、消费合作社和法庭实习室,责成商学系主任施奎龄和法律系主任杨云竹负责。1935 年 2 月底,银行实习室和法庭实习室均已完成装修。

---

① 黄松龄(1898 年 10 月 21 日—1972 年 11 月 18 日),著名经济学家,1925 年加入中国共产党,1949 年后任中共天津市委宣传部部长、高等教育部副部长兼中国人民大学副校长等职。庄金林记《黄松龄先生在经济学会讲"研究中国经济的方法"》,1936 年 2 月 10 日《法商周刊》第二卷第十六期。
② 《本院本届毕业典礼》,1935 年 6 月 17 日《法商周刊》第一卷第廿九期第三版。
③ 《纪念周报告》,1935 年 2 月 25 日《法商周刊》第一卷第十四期。

1934 年 11 月，大学部举行了演说竞赛会，讲演题目有《英国酝酿承认伪国之严重性》《中国需要学者》《法商学院之精神》等。"演说者均系本院优秀分子，且大半系舌战名将，故个人讲演时皆博得掌声不少。""到会听众极为踊跃，七时前已将座位占满，济济一堂，诚属空前盛举。"结果，周麟祥获得冠军，庄金林、韩树义分获二三名。1934 年 12 月 10 日，学院决定重新出版季刊以供学院师生发表学术著作①。"12 月 10 日下午，学院出版委员会第一次会议，决定出版《河北法商学院季刊》，逢二、五、八、十一各月出版，用论文集体裁，次序以各篇内容分量之轻重排序（但只采取关于法律、政治、经济商学四种专著，至文艺等项暂不列入）"。②

三、重现生机

高崇焕和杨亦周两院长的整顿大刀阔斧、雷厉风行。除原有学年考试外，从 1934—1935 学年第一学期开始，增加了临时考试和学期考试，学期考试这种大考改在大礼堂集中举行，有专门的监考老师，这就大大减少了作弊现象。"高院长……颇有大刀阔斧的精神……综合高院长任中，法商在本质上起了一种巨大的变化……本院图书馆藏书无多，且多陈腐……乃组织图书委员会，积极充实，计二十三年度，即购图书 11008 册，期刊九二种……（四）本院向无学期试验，临时考试，当更无从谈起，本期乃树立了临时考试制度，并学期考试集中在礼堂举行……本期内所表现的象征有：（一）在行政方面是组织的紧张化，（二）在同学方面是朝气的纪律化……是再造时期……自力更生时期……在法商纪念史上，开了一朵灿烂的鲜花。""高院长任内的一切设施，杨先生以秘书的资格，事无巨

---

① 顾德铭院长曾于 1931 年创办季刊，后因故停办。
② 《学院出版委员会第一次会议》，1934 年 12 月 17 日《法商周刊》第八期第一版。

细,擘画实伟。所以高院长走后,杨院长驾轻就熟,继续执行。"①除继承高崇焕的改革精神以外,杨亦周本人也有自己的设想。1934年10月,他在《法商周刊》发刊词中说:"我们愿意从今天起,树立一个完备的制度,先从整饬风纪上着手,使学校行政和学生生活,一切都纳入正轨,同时努力于学校物质设备的增加,实务人才的养成和专门学术的发扬"。也就是说,杨亦周的思路是完善制度,严格纪律,增加设备,培养人才,发扬学术。经过半年的整顿,学院重现生机,各个方面重回轨道。

同学们的学习热情异常高涨。按照学院作息时间规定,晚上九点半晚自习下课,十点半熄灯。可是大家感到这样的作息安排导致学习时间太短,因此写信给学校,要求延长晚自习时间或者开设早自习。结果,学校决定在早上6:00~7:30加设早自习,但一间教室似乎还不够用——"于上周开始,开第十三教室为早自习室,安设电灯炉火以便同学前往自习……每层到室自习者,极为踊跃,平均每日在三四十人上下。"②

由于严格管理,同学们的出勤情况和学习积极性都有了很大提高。商职部同学周宝璞说:"课是不能不上,每天必须按照一定的规则去做,不然,教授给你画不到,那是十分危险的。因为旷课太多,便有开除或扣分数的危险;所以在现在,他们已经不是从前那样的颓唐,他们是'蒸蒸日上',向着纪律、整齐的路上走着。最使我钦佩的地方,就是在图书馆里,假若你去参观的话,任何一个时间,可以看见许多的学生在苦干,不说话,更不像糟糕大学的图书馆内,是男女同学谈情话、消遣、吃零食的地方。"③对于整顿后的中学班,"法商附中……最初的生活,是跟大学部同学一样,混乱差,没有区别……自从高院长到校以来,虽然对于中学部同

① 王振乡.《我所纪念的法商卅周年》,1936年11月15日《法商周刊·三十周年纪念专刊》。
② 《早自习实行后 到室自习人数 极为踊跃》,1934年12月10日《法商周刊》第七期第二版。
③ 《新开河畔的三个学校 法商·民教·津师》,1935年4月24日《益世报》第十二版。

学不甚注意(比较大学部而言),然比较从前改变多了,第一是把宿舍集中(因为从前与大学部混在一起),这么以来起码管束也比较容易,正式钟点增加了差不多五分之一,在去年我们有早六点开始的晨自习,(现在夜短取消了),至现在我们晚间仍要上自习,如果点名不到,不仅受责罚,操行分数还要减少。十点半钟灯便统统熄了,校门上锁后,来往的人便禁止通行了。"①

1935 年底,学院风气大为改观,"本院采行考试制,每学期中间举行平时试验。上周为最严重时期,各系各班均分别举行考试。图书馆人数倍增,其势汹涌,宛如怒潮澎湃,势不可止;游艺室亦暂停游艺,竟变成了'夜车'和'早车'的地方了;在天仍黑暗的将曙时,游艺室灯光辉煌,多数同学,低首静心攻读,精神可钦! 据图书馆职员谈:阅书人数实增;指定参考书俱借一空云。此种伟大收获,不得不归于厉行考试的结果云。"②

法庭实习

1935 年 1 月,高院长赴南京活动,初步的反馈是正面的,教育部答应三月份将派视察员进行检查,视结果决定是否批准招生。当时舆论认为,"该院自高崇焕氏任院长后,遵照部令改进,颇具成绩"③。1935 年 4 月 17 日,教育部视察员孙国封、李锡恩等来校视察,从上午八点到下午一点,检查得极为仔细,除了听取院长高崇焕、秘书张小忱、法律系主任杨云竹、训育课主任苏蓬仙、图书馆主任彭道真等的报告以外,还实地考察了学生的课堂表现、请假及旷课情况,图书馆图书的购置及分类办法,巡视了各个实习室(法庭实习、银行实习、统计实习等)、研究室以及学生宿舍

① 《法商附中学生生活剪影》,1935 年 6 月 5 日《益世报》第十二版。
② 埙,《本院厉行考试的收获》,1935 年 11 月 11 日《法商周刊》第二卷第十期第五版。
③ 《杨亦周报告市党部今后之努力》,1929 年 3 月 24 日《益世报》第十版。

等诸多方面的情形。①

对于法商学院的整顿,视察团基本满意,对学院未来发展表示乐观,"高崇焕院长来校毅力整顿后,师生精神为之一变,刻已渐上轨道,尚需努力改进,前途可以乐观。"②

但是,教育部并没有顺利批复法商学院恢复招生。相反,有传言说法商学院将要撤销大学部,改为高职。"本年度经教部视察员视察后,是否准许招生,尚未决定,即教厅方面如奉令仍停止招生,有改为高级职业学校之意。"③1935 年 5 月 18 日,河北省教育厅厅长郑道儒④、院长高崇焕联袂赶赴南京游说,得到教育部法学和商学两系暂时恢复招生,政治与经济两系永久停止,逐渐办理结束的许诺⑤。1935 年 7 月,教育部批复了河北省教育厅关于恢复法商学院法律和商学两系招生,停办政治、经济系的初步意见,同时决定将前一年成立的天津商职学校并入法商学院。这样,迫在眉睫的存亡问题终于暂时缓解。

1935 年 11 月 8 日至 11 日,河北省教育厅厅长何基鸿在秘书主任梁容若等的陪同下来院视察了学院及商职部各部门,院长杨亦周,系主任吕复、卢郁文等接待。何对学院各个方面的变化非常满意,充分肯定了新院长就职以来取得的巨大进步,还特别对学院研究室建设表示满意,"法商学院在河北省为研究社会科学之唯一学府,且具有三十年之悠久历史……从去年……同现在杨院长不辞艰辛,与诸位同仁工作之努力,结果,社会上很得到好评,本人此次参观各处,于工作方面,设备方面,学生

---

① 《孙国封等昨视察法商工商两院》,1935 年 4 月 18 日《益世报》第六版。
② 《教部高教视察专员在津工作完毕》,1935 年 4 月 21 日《益世报》第六版。
③ 《法商学院本年招生尚未决定　有改高职学校意》,1935 年 5 月 13 日《益世报》第六版。
④ 郑道儒(1897—1977),字达如,天津人,民国时曾任青海省教育厅厅长,河北省厅、吉林省主席等职,后去台湾,任经济部长、行政院经济安定委员会渔业小组召集人等职。
⑤ 《冀教厅长郑道儒　昨晨由京返津》,1935 年 5 月 26 日《益世报》第六版。

精神方面,亦有相当成绩和进步,很为满意。"①"本院历史很早,不但在河北省,就是在全国,也是有悠久的历史,后来因为种种原因,未得到应有的发展……高院长以及杨院长来院,努力整顿,校风忽为之一变,前几天到院参观,看见教授同学很努力,各科以及图书馆、研究室很整齐,给我以很大的满意。"②

　　由于高崇焕、杨亦周的大力整顿,河北省立法商学院在经过 3 年的低潮以后重现生机,不仅恢复了法律和商学两系的招生,还筹建了研究室,开始培养高层次人才。在民族危机进一步加深和国民党华北统治集团的打压下,法商学院能够坚持办学的延续性,成为国内不多的拥有一定美誉度的专门的政法财经大学,与高崇焕、杨亦周的严厉整顿和广大师生、员工的艰苦努力是分不开的③。

---

① 《第八次周会》,1935 年 11 月 11 日《法商周刊》第二卷第十期第 3 页。
② 《第九次周会　何厅长从百忙中莅会作恳切训话》,1935 年 11 月 18 日《法商周刊》第二卷第十一期第一版。
③ 当时国民政府突出理工教育,紧缩法政教育,打击学生运动,不少政法院系被紧缩,甚至撤销。此时,原河北大学、北平大学俄文法政学院已被停办,北平大学法学院与商学院合并成为北平大学法商学院。因此,河北法商学院成为京津冀唯一的与上海法学院、上海法政学院、广东法科学院、山西法学院并列的专门的政法财经类高等学校。

第六章
北洋法政学堂与北方政治运动

第一节　北洋法政学堂与国会请愿

1906—1910 年,北洋法政学堂的立宪气氛十分浓厚,学校各式各样的活动都在加重这种气氛,师生都热衷于国会请愿。这一气氛在 1910 年达到高潮。

1910 年 2 月,北洋法政学堂翻译、日本法政学堂留学生刘麟从学校辞职,与他人合办了河东同乐新舞台。他们编演了不少宣传立宪的戏剧,其中之一叫《百合花》,主要内容是法国拿破仑第三时期王党与革命党斗争的故事。他们还根据湖南善化志士断指送请愿国会代表的故事编演了一出国会热潮新戏。1910 年 4 月 16 日,顺直团体代表召开大会,要求速开国会,谘议局局长阎凤阁、副议长谷芝瑞等议员相继发表讲话,"情词恳切,甚至贺君培桐演说时全场泣涕,几为失声"。4 月 18 日,会议继续召开,决定推举北洋法政学堂教务长籍忠寅为起草员,起草相关文书。1910 年 4 月 21 日下午,直隶谘议局在天津县议事会召开欢迎南洋华侨赴京请愿代表大会,北洋法政学堂毕业生,直隶自治总局自治催办员潘云巢和法政学堂监督李榘分别发表讲话。据称这些讲话"慷慨激昂,鼓荡民气"。① 5 月 4 日,速开国会同志会开会,决定组织直隶请愿机关,温世霖为干事长。5 月 5 日,谘议局为选派到各厅州的自治催办员举行动员大

---

① 《欢迎志详》,1910 年 4 月 23 日《大公报》第五版。

会,催办员潘云巢等发表谈话。

可以说,尽快召开国会是社会的一致要求,人们对代表的因循感到烦恼。1910 年 9 月 1 日的《大公报》评论说:

> 今之时势,国会开则存;国会不开则危。试为诸君详述之。韩国始为我国藩属,继受日本之保护,今竟隶日本之版图,奄奄就死,永无转圜之日矣。最可慨者,惟神明地胄、地大物博之中国耳。譬之临刑之人,固然觉其苦楚,而待刑之人对此景况益觉有无限之悲感。凄凉萧条终身之可惨可痛者,孰有甚于此者乎? 韩国之亡,实为殷鉴。风潮远播,我当其冲,不知我国民感情为何如也? 墨子云,君子不镜于水而镜于人也。镜于水见面之容,镜于人则知吉凶。吉耶? 凶耶? 代表诸君其知之耶? 不然何延宕至今,因循若是也?①

1910 年 9 月 21 日的《大公报》评论把中国与韩国相比,把国会代表与古时的张仪和韩国的安重根相比,认为张和安都是义士而无补于国事,因为他们行动太晚了:

> 故有一韩国焉,当既亡之后而张子房狙击嬴政。今有一韩国焉,当未亡之先而安重根刺杀伊藤,此二人皆无补于韩之亡。张固迟而安亦迟矣。今亚东之国又有类于韩者,愿谋国诸公亟早图之,勿使国民作张子房与安重根之第二可也。②

1910 年 9 月,国会请愿同志会创办了《国民公报》,报道请愿进程,潘云巢任经理。1910 年 10 月 5 日,在津直隶各界群众以谘议局议员为首千余人聚集总督府请愿,要求通电支持速开国会,杜宝桢、李向辰、张铭勋等

---

① 省庐.《第二次忠告国会代表》,1910 年 9 月 2 日《大公报》第二版。
② 寄.《闲评一》,1910 年 9 月 21 日《大公报》第四版。

12 名代表打着八面黄色大旗,上有"顺直人民呈请代奏速开国会"字样。
1910 年 10 月 11 日,天津咨议局议员、李大钊的密友孙洪伊等发表了第三次上摄政王书,请求速开国会:

> 思救国亡,惟有国会……海内外父老昆弟亦复函电交驰,迫不令去……佥谓及今不开国会国家必无幸存。东三省有变,则全局瓦解,宗社人民将至何地? 虽欲立宪,不可得矣。时势迫促,不可再缓须臾! ……外人之觇吾国者,以为吾国之政治如灭烛夜行,无一线光明,几不足与于国家之数。故其在吾国之行动,皆不以平等相待。值此内外交迫之际,若非有大举动、大变革,则孰若速开国会,与天下更始,令四海万国耳目一新,知吾国真实立宪,见日月之明而奸谋自阻。以中国幅员之广,人民之众,必不信开国会后不能自强也。

1910 年 10 月 14 日,孙洪伊发表了《上资政院书》,他说:

> 洪伊等以为筹备宪政之实之所以不举者,皆无国会而已。何也? 盖立宪之真精神首在有统一之行政机关,凡百设施悉负责任,而无或诿过于君上,所谓责任内阁者是也。责任内阁何以名? 以其对于国会负责而名之也。是故有责任内阁谓之宪政,无责任内阁谓之非宪政。有国会则有责任内阁,无国会则无责任内阁,责任内阁者,宪政之本也。国会者,又本之本也,本之不立,而末将安所丽? ……夫筹备何以能有效? 必自行政官各负其责任始。行政官何以能负责任? 必自有国会以为监督之机关始,是故他事皆可后,而惟国会为最先,他事皆可缓,则国会为最急![①]

1910 年 10 月,资政院在北京开会,李榘当选为税法公债股股长,籍

---

① 《国会请愿代表孙洪伊等上资政院书》,1910 年 10 月 14 日《大公报》第三版。

忠寅担任预算股第一科审查长。1910年10月22日,资政院召开第七次正式会,讨论速开国会问题,在大家纷纷发言,要求资政院决议请求速开国会以后,李榘发言要求应表决形成决议。针对有议员认为国会是宪法上的机关,要开国会就必须先定宪法的观点,籍忠寅发言认为,宪法问题虽与国会事实相连,可是此时并不应同时讨论,若先制定宪法,必然陷入宪法词句的详尽审查当中,不免影响速开国会的动议,可以把宪法做第二层的研究。籍的观点受到大家的鼓掌称颂。籍忠寅说,资政院应以自己的名义上奏朝廷召开国会,而不应以代奏的名义。各地的请愿书虽然要求资政院代奏朝廷,请愿速开国会,可是资政院是法定机关,完全可以用自己的名义,并承担自己应尽的法律责任。

当天的会议上,针对速开国会问题,很多议员纷纷登台发言,场面十分热烈。于邦华大声疾呼:"今日因要求速开国会事,本员愿对于军机大臣、行政大臣、政府特派员叩一头。"即举头向议台案上作叩头状,触案有声,随即含泪历数各部无统一之机关及其他机关不完全、不灵动,皆由于无国会之总原因。言至此,声泪俱下矣。

当天出席会议的一百五六十议员全体起立表决通过速开国会的议案后,旁听席上的二百多群众一同起立,鼓掌欢呼,大家高呼"国会万岁!""中国帝国万岁!""中国万岁!"现场掌声雷动,响彻云霄。

资政院开会时,多次要求军机大臣到会议接受询问,摄政王也要求他们莅会,可是大臣们却迟迟不敢出席,社会舆论对此十分反感。1910年10月21日的《大公报》评论说:

> 今资政院会期已去其半,而军机领袖竟未临席一次……因湘抚违法案,议会屡请枢臣莅会质问,又皆托词推调,坚不赴会,至合全院议员坐待以要请之,而仍不可得。议长以代表全体名义要请之,则竟遭斥责。迹其深闭固拒之心,俨若议员皆磨牙以俟,一莅议会,得不

免有食肉寝皮之惨者。呜呼,何其怯也!①

　　1910 年 10 月 22 日,资政院开会讨论弹劾军机大臣案,籍忠寅对朝廷驳回弹劾军机大臣的上谕很不理解,认为议员只有全体辞职才是唯一的办法。

　　"籍议员忠寅登台曰:自见两道朱谕之后,好无主意。以为除辞职外,无办法。其积极主意应俟之后任议员,否则再行弹劾之奏稿必须与前奏意见一贯,无论如何必请定军机责任,前后奏稿须一致,不可杂乱。"得到刘春霖等议员的附和,被资政院采纳。朝廷马上宣布起草军机处官制,似乎要明确军机大臣的责任,资政院随后召开大会,讨论是否撤回弹劾提案,籍坚决维护自己的主张,认为即使朝廷真的核定军机官制,也不意味着要确认军机大臣的责任。

　　"籍忠寅谓既有此上谕之后,自与前日略有不同,可以修正再行上奏,且弹劾案已上过一次,此为本院与军机未解决之问题,此种冲突既起,不得不求解决。弹劾军机万万不可取消,以全国托命于此二三人之手,彼等既不负责任,其危险安可言喻。……籍忠寅到底坚持不懈,始终坚持之,前日表决大众应具自信力,目的未达,何以公然取消,此事如不解决,将来本院颇极危险。对于军机负责任,无论如何均须求有结果,此事既认为与政府有价值之冲突,必不可遽然中止。"

　　1910 年 10 月 31 日,资政院召开第十次正式会,议员们要求作为行政机关代表的军机大臣表明自己对速开国会问题的意见,再次遭到拒绝。籍忠寅发言认为资政院代表了人民,包括军机大臣在内的每个官员都有义务服从人民:

　　　　方才请军机大臣宣布意思,而军机大臣不能宣布,以为是朝廷大政方针。不过以为是上谕为大政方针。今之所谓宣布者,乃请军机

─────────────

① 《要求国会之热潮》,1911 年 10 月 21 日《大公报》第五至六版。

大臣宣布自己的意思,系个人的意思。至于人民代表,虽人数无多,而代表之请愿则全系代表多数人民如饥如渴之热心。资政院的议员虽只二百人,较之全国为数寥寥,亦是代表全国如饥如渴之热心。前天钦奉上谕知,对于人民如饥如渴之热心,深系圣念,如果军机大臣赞成就可速开国会,可见此事于军机大臣之一身大有关系。

1910年11月5日,天津《大公报》发表了《资政院具奏陈请速开国会摺》,认为提早召集国会是解决政治困境的方法之一,因为两院制的国会必然互相牵制,自然可使政府摆脱政治漩涡:

> 两院制之善在议事之际必须经两次表决、两次通过,甲院以为可者,乙院或从而否之;乙院以为是者,甲院或从而非之,必两院无异议而后致诸政府上奏施行,其一善也。两院协商一再驳复,而政府不预,则彼此各有居间调和之用,而政府与国会无直接冲突之嫌,其善二也。

1910年11月,清廷宣布预备立宪年限缩短三年,请愿同志会仍不满意,认为既然可以提前三年,不如提前五年,明年即开国会:

> 千气万力得国会期限缩短三年,心长力短,言之痛心!以诸父老希望之殷而效果止此,能无惭悚!夫令时会可以少安,国步不致日蹙,则优游坐待既至九年之久,何容焦躁!无如国家时变瞬息万端,今距宣统五年尚距三年,不审此三年中列强环视,外交上有无变更与否,财政竭蹶,内部分事有无嚣暴与否……三年之遥,夜长梦多,诸父老与有兴亡,请为国忧勤,其何以图之!

1910年12月2日,资政院呈递奏折三件,朝廷只批了地方学务章程一件,申请设立责任内阁和明定军机大臣责任的两件都被"留中",也就是否决。1910年12月6日,奉天八团体四十六州县各执本团旗帜,齐集谘议局决定一起到总督府请愿,要求代奏于明年即开国会,代表有六十四人,代表团员一万多人。出发前,商会宣讲员兼奉天《商务日报》编辑张进治断指血书旗,字迹模糊,一痛欲绝,几欲赴督署自戕。商会总理田绪圣极力劝阻,执其旗为先导,见者惨目,无不感动。

1910年12月15日前后,包括奉天代表在内的各地请愿代表齐集天津,发生了很多可歌可泣的悲壮故事。12月15日下午,学生代表一千三百多人在天津西马路开会,一直讨论到晚上七点,大家一致认为东北危险万状,非开国会不能挽救,决定进行第四次国会请愿。17日、18日两天,又有广东等地旅津学生分别在广东会馆、大经路中州会馆、河北三条石自治研究所等地开会,连续讨论请愿事宜,北洋军医学堂学生方宏蒸(真)当场用刀断去左手中指,血书"热诚"二字,学堂管理员和学生大哭失声,只好停课。①

1910年12月18日,朝廷作出批示,对辞职的军机大臣和要求明确军机大臣责任的资政院各打五十大板。朝廷认为设官置禄是朝廷的大权,军机大臣是否应承担责任,完全由朝廷决定,无须资政院过问。该上谕发布后,社会舆论一片哗然。齐集天津的各校学生分别开会决定是否参与国会请愿,北洋法政学堂是此次活动的中心之一。1910年12月19日,全堂学生齐集学校东大讲堂(后来在此地改建了图书馆)会议,决定是否参与外地留津同学的罢课行动,大家都非常激动,会场气氛激烈。先是秦广礼报告自己断指情事,孙可割臂三匝,被送入医院,法律正科学生江元吉看到驳回资政院弹劾军机大臣的上谕,本来就很愤懑,又与大家一起讨论第四次国会请愿,激动之下竟于左臂上割肉一块,血书"为国请命泣告同胞"八字。讲台上鲜血淋漓,"于是全堂五百人相聚,议进行方法,每至悲愤处,则相向大哭,声震天地。后校长李君絜至,见案边之血痕狼藉,学生

---

① 《要求国会之热潮》,1910年12月21日《大公报》第五至六版。

之眼泪模糊,亦痛哭失声。"①

"本校同学在东大讲堂(现改图书馆)开会,同学秦广礼断指写血书,激扬民气。同学孙可断肘,大家非常激烈。孙君断肘之后,全身为血所染,许多同学鼓掌叫唤,都以泪相见。此时同学只以血泪相见,李监督、邓和甫都劝大家不必自杀,可以积极想法就是了。那种悲惨激昂的光景,我终生不能忘!"②李榘和邓毓怡(和甫,时任法政学堂斋务长)都到会劝慰学生,他们都是激进的立宪党人,后来曾帮助张绍曾起草滦州兵变的请愿文书。邓毓怡《李访渔挽诗》说:"清末立宪运动,法校几为北洋重心,学生慷慨激昂,割臂断指,君与余集会劝慰,满堂痛哭。"③说明邓毓怡确实亲历请愿运动,并对学生持同情态度。

"学生习政法,受刺激深,遂有吴(似应为江)生割臂之惨。流血满盂,学生血书请愿国会十数字,大如斗,贴讲堂四壁。血盂置讲案。血迹淋漓满地。余登讲台,欲有所劝慰,哽咽不能言,乃相率痛哭。……言罢复相率痛哭,声震屋瓦。"④

这次会议决定,法政学堂学生全体参加即将于广东会馆(该馆如今仍在)召开的各地学生大会,然后从那里出发,带着请愿书,到总督署请愿,要求总督上奏朝廷速开国会。1910年12月19日,各地学生齐集三条石自治研究所开大会,从下午7点一直开到11点闭会。第二天,全市各校停课,从七点开始各校继续集会讨论。直隶提学使到会,表示愿意向总督上交请愿书,但学生怀疑他的诚意。结果,大家一起游行到商会和县议事会,联合商会代表、在会值守的所有天津县议员、董事和谘议局住局议员,一起到总督府请愿,大家整队前进,秩序井然。天津地方绅士温世霖、

---

① 李大钊.《〈支那分割之运命〉驳议》,《李大钊全集》第一卷,河北教育出版社,1999年,第368页。
② 李大钊.《十八年来之回顾》,《李大钊全集》第四卷,人民出版社,2006年,第379页。
③ 《拙园丛稿》,天津图书馆藏。
④ 李榘.《直隶法政专门学校纪念会上的纪念词》,《直隶法政专门学校十八周年纪念特刊》,南开大学图书馆藏。

胡家祺、张伯苓、王法勤,北洋法政的监督李榘等都到场助威,署名按界别排序,学界的领签者是温世霖、田解、胡宪,绅界为李榘、胡家祺、王双岐等,气氛十分热烈。一议员见到现场军警嘻嘻哈哈、很不严肃,就极为气愤:

> 谘议局常驻议员乔君培桐因见到各学生席地而坐,面上皆现一种哀苦情状,而官吏兵警多嬉笑视之,悲愤中来,放声大哭,以致悲声四达,闻者痛心。[①]

请愿书充满了民族危急、时不我待的焦虑。"在津请愿同志会温世霖等三千八百五十九人呈称,为国势危机,迫于眉睫,非明年即开国会不足以救危亡。……自日人并韩以后,全国上下于南满竭力经营,鸭绿江桥及安奉线并工而作,明春即可成功,且以侵韩之余焰,直捣辽东不过数十时耳。政府既无国会为之后援,不识将何以待之?……然长此延迟二三年,而后国势已非,人心已去,外患已亟,始行开设,以图补救,恐已无及,是以辱渎宸威,共蒙不测之诛,以为与其国亡后死于外人,诚不若涕泣陈请我皇之前,终可上回天听,俯如所求。……今全国上下,自朝廷以至庶人皆认为国会为救国无上良策,如或少一迟顾,人心一去,将至不可收拾,此民等所以椎心泣血不敢不竭力为我皇上一言者也。"[②]

就天津的国会请愿活动而言,温世霖在天津本部具体领导、筹划以及联络学生等之作,孙洪伊在北京指挥全局。

"一九一〇年正在天津北洋法政专门学校读书的李大钊、白坚武等人,参加天津学界要求清政府开设国会的罢课活动,与孙洪伊结识了,时常交往,议论时政。""一九一〇年……同年十月至一九一一年一月,孙洪伊又和好友普育女校校长温世霖,以请愿国会学界同志会名义,由温世霖

---

① 《要求国会之热潮》,1910 年 12 月 21 日《大公报》第五至六版。
② 《直督代奏国会请愿之要电》,1910 年 12 月 22 日《大公报》第四至五版。

领衔再次上书请愿。"

李大钊的同窗好友郁嶷、张竞存都是请愿活动的积极分子。郁嶷,字宪章;张竞存,字树之,二人皆为李大钊同期同科同学。1911 年 1 月,郁嶷、张竞存等湖南同学在《大公报》发表启示,希望能把请愿活动的结余款赠给流放新疆的温世霖,以便他途中使用,说明他们都积极参与了请愿同志会的工作,与温世霖感情深厚:

> 贵报自治总会所登之广告谓因第四次国会请愿在津学界所筹款项除用费外尚余九百余元征求办法。同人等以为此款苟由捐款者自行领回,所得无几,不如将此款赠送温君支英以备途费之资。其理由有二。一,揆之以理应尔也。夫此次我津同志会之举,温君为会长,系出公议,而罢课风潮温君更从间极力维持,并未提倡煽惑,乃不图因此之故,致负重谴,当亦我捐款诸君子所同声痛悼者也。二,揆之以情义上尤不可无此举。盖温君此行闻在津各绅董拟集款千元以为赠仪,夫彼等与此事了无关系,尚慨然出斯义举,况我等既为同志会一分子,岂能恝然无所动于中乎? 具名人　湖南同人　郑萱　张竞存　李萼华　罗炳　梁任枢　郁嶷　贝昌桥　左昭炎　孙铎　张瑞臣　莫御①

北洋法政学堂同学胡宪和田解则是天津请愿同志会重要领导成员,胡宪是副会长,田解是会计。1911 年 12 月 27 日的一篇报道说:

> 去年四次请愿同志会余款九百元初由城董事会暂存,后由胡宪(请愿同志会副会长)及奉天田(同志会会计)解二君取出拟交红十

---

① 《来函两则》,1911 年 1 月 14 日《大公报》第二张第三版。

字会,无奈钱已取出而人不见矣。①

　　北洋法政学堂的地理教师、后来激进的革命党人白雅雨,这时也参加了国会请愿活动。法政学堂学生在酝酿请愿活动时,曾与白雅雨讨论,白对请愿的效果不抱希望,他说:"与虎谋皮,庸何由济? 诸君曷留热血以供后日用乎?"②实际他也参与了请愿活动,但不是激进分子。

　　国会请愿运动是北洋法政学堂最主要的政治活动,也是北方教育界公开参与政治活动的开始,直到民国以后的多年间,请愿活动的积极分子包括李大钊、孙洪伊、温世霖、秦广礼、田解、白坚武、张泽民都是北方政治的活跃人物,北京国会的韬园派、北洋法政学会、《言治》期刊、《宪法公言》乃至早期的《晨报》和《甲寅》编辑部,都有北洋法政学堂校友的影子。

---

① 《捐款未交》,1911 年 12 月 27 日《大公报》第六版。综合各报资料,此款后似充作滦州起义经费。
② 《白雅雨传》,《言治》月刊第一期,南开大学图书馆藏;北京大学图书馆,北京李大钊研究会编.《李大钊史事综录》,北京大学出版社,1989 年,第 66 页。

第二节　北洋法政学会与新中学会

　　北洋法政学会和新中学会是北京政府时代有一定影响的社会组织，前者为本校同学单独发起，后者则由校友集体参加，并发挥了一定领导作用，因此合并予以介绍。

　　从《言治》月刊第二期刊登的会员名单来看，北洋法政学会应成立于1911年以后，因为弓铃已经入会，他是1911年招入的中学三班的学生。具体估计应在1912年顺直议会成立前后，因为不少会员均为该会议员，学会很大程度上就是围绕他们而成立的。

　　该会的领导成员多数属于国会请愿的积极分子，会长田解是天津请愿同志会的重要成员，曾担任副会长（一说是会计，经管巨额经费）；调查部长凤文祺为法政学堂请愿代表；另一会长张竞存曾与郁嶷一起声明把请愿活动结余款赠给流放新疆的温世霖；会员大部分都是北洋法政学堂校友，主要是在校和已毕业同学。如潘云超等行政科（绅班）都是1909年毕业的，主体成员为李大钊等尚未毕业的高年级学生。低年级的同学也有，如中学班的王宣和弓铃，他们都是1910年以后入学的。

　　从学会的政治成分来看，已毕业的绅班同学多数属于立宪分子，也有激烈的革命派人物，如王宣、童启颜（冠贤）。其中很大一部分，是学堂的绅班学员，后来当选为顺直议会议员。

　　李阆增，字楚香，顺天府文安县人，1894年举人，北洋法政学堂行政科学生,毕业后即当选顺直谘议局议员。

陈洪范,字觊周,定州曲阳人,北洋法政学堂行政科学生,1902 年举人,1909 年、1912 年先后当选为顺直谘议局、顺直议会议员。

丁宗峰,字孟邻,遵化州丰润县人,顺直谘议局常驻议员,北洋法政学堂行政科学生;民国后曾任束鹿知县。

韩体乾,字健臣,北洋法政学堂行政科学生,广平府成安县人,曾任天津审判厅书记员,1912 年当选为顺直临时议会议员,国民党人。

刘梅塘,字荫轩,41 岁入学,广平府清河县人,北洋法政学堂行政科学生,顺直临时议会议员。

崔亮臣,北洋法政学堂别科一班毕业后留校任教,直隶教育会会员,顺直临时议会议员。

李培真,字养吾,北洋法政学堂行政科学生,44 岁入学,大名府长垣县人,直隶谘议局议员,顺直临时议会议员。

李春荣,字秀轩,承德府平泉州人,1909 年毕业于北洋法政学堂,顺直临时议会议员。

李赓虞,字绍康,北洋法政学堂别科一班学生,律师,顺直临时议会议员。

王作霖,字际襄,广平府迁安县人,1912 年任顺直临时议会议员,1913 年任顺直议会议员,国民党人。

马维周,字翰臣,冀县人,北洋法政学堂行政科学生,1913 年任顺直议会议员。

也有的会员毕业后担任律师、检察官或法官。如刘卓亭(世奇),曾在东北长期担任检察官,他"廉洁明直,颂声载道,有刘青天之目",1929 年 7 月任热河省高等法院首席检察官。刘子杰曾在汉口、海拉尔担任法官,"守法循矩,毫无陨越,清慎细致,天然法官材也",后任河北省高等法院大名分院庭长。

王宣、童启颜(冠贤)是辛亥前后激烈的革命分子,后来加入国民党。

弓铃则加入共产党,成为最早的中共基层党委领导人。

王宣(德斋,1890—1988),天津蓟县人,同盟会会员,北洋法政学堂中学一班学生,与安体诚、于树德同班,北洋法政学会第一批会员,兼任编辑部部员和会计。他与白雅雨和凌钺等人一起参加辛亥革命,后在母校法商学院任教,1949年后去台湾。"十月革命起,地理教员白毓崑,学生于树德、王宣、凌钺诸人同时奔走革命。白、于、凌三人往滦州,联络军队,王往徐州。"①

弓仲韬,原名铃,北洋法政学堂中学三班学生,后追随李大钊创建中国共产党,是中共安平县党组织的发起人和早期领导人。

除学生外,也有一部分教师参加了学会,张恩绶、高俊彤(亦做彭)应为学校领导,法定担任会长的。张殿玺为本校教师,入会应出于对学生的支持。

北洋法政学会早期主要工作是发行编译了两书一刊,即《言治》杂志和《蒙古及蒙古人》《〈支那分割之运命〉驳议》两书。《言治》刊发的文章有很强的针对性,销路广、发行面宽。其重要代销机构为津浦铁路飞行派报社,因此可以沿铁路线伸进中国的腹地,其天津、北京、安徽、江苏等几个分社都代办《言治》推广发行,这有助于《言治》在不足一年的时间内达到4000份的发行量。《蒙古及蒙古人》只出版了第一卷,主要介绍清代在外喀尔喀(今蒙古)的统治,应该是为朝野的蒙古问题讨论服务的。《〈支那分割之运命〉驳议》则是驳斥日人中岛端对中国革命的悲观预言,也不排除有为袁世凯站台的目的。

从赞助者来看,《言治》除了有本校师生的捐赠外②,主要的财政支柱还是校长张恩绶的一千元,"代募"似乎暗示排除了学校拨款,但背后的

---

① 张树义《本院院史》,《法商学院年刊》(1931年),天津市档案馆藏。

② 今井嘉幸、张恩绶、籍忠寅均捐20元,大石定吉15元,刘同彬、韩殿琦、高俊彤、贺肇培、贺德深、燕士奇、张务本、齐绍曾均为10元。梁均衡50元,郁嶷10元,其余从8元到1元不等,李大钊捐款2元。参见《言治》捐款名单,南开大学图书馆藏。

官方色彩不应怀疑。曹百善曾说李大钊、白坚武创办《言治》得到了孙洪伊支持,因此孙洪伊的赞助也不能排除。①

袁世凯解散国会后,北洋法政学会沉寂了几年。随着后袁时代局势的宽松和国会复活,该会也有了复活迹象。此时学会似仍接受孙洪伊赞助。1916 年底,李大钊、白坚武为筹办北洋法政同学聚会,请孙洪伊赞助。1916 年 12 月 30 日,白坚武准备同孙洪伊一起赴南京,"预备同伯兰赴宁。嘱北洋法政学会备寿屏。"1916 年 12 月 31 日"早刻,知伯兰不去代表北洋法政学会赴宁祝寿,同行者为王子邠、崔叔和。"②这里说的祝寿应是为冯国璋祝寿,当时他已任副总统,仍住南京。1917 年 1 月 7 日,白拜会冯国璋,"见副总统畅谈,具道代表来意。"白所谓"代表",即应代表北洋法政学会。孙、白均可充代表,说明他们与学会都有直接关系。李大钊 1917 年回北京后,即筹办续出《言治》,4 月 1 日正式出版,到 1918 年 7 月共出版三期。他的《调和之法则》《战争与人口》《大战中欧洲各国之政变》《强力与自由政治》《法俄革命之比较观》等重要文章都在该刊发表。此后的北洋法政学会渐趋沉寂,但在京仍有专门活动地点,名义是北洋法政同学俱乐部,有房间可以住宿。1918 年 9 月,白坚武到京还曾"出城看米市胡同法政俱乐部同人,夜遂憩于部中",并捐助北洋法政学会 6 元③。1920 年 4 月 29 日,白坚武"接到北京法政同学捐款信。"1920 年 4 月 30 日,"邓和甫自京寄来己酉同年册一纸",似乎是 1909 年同学录。1920 年 5 月 7 日,他"寄京门北洋法政同学俱乐部 5 元",说明此时该俱乐部还有活动,有捐助必要。

1919 年 3 月,田解到北京大学图书馆,捐赠岳飞《出师表》一册。北

---

① 张次溪.《陈翼龙先生事迹汇辑》,《文史资料选辑(75)》,中国文史出版社,1981 年,第 47 页。

② 中国社会科学院近代史研究所编,杜春和、耿来金整理.《白坚武日记》,江苏古籍出版社,1991 年,第 48 页。

③ 中国社会科学院近代史研究所编,杜春和、耿来金整理.《白坚武日记》,江苏古籍出版社,1991 年,第 157—158 页。

京大学日刊还称北洋法政学会捐赠《〈支那分割之运命〉驳议》一册,应是田解到北大图书馆找李大钊捐赠的。1919 年 5 月 19 日,北大图书馆再刊布告,田解捐赠一本西文、四本中文书;郭须静捐赠外文书一册。1919 年 9 月,北洋法政学会再次捐赠北京大学图书馆汉译《蒙古及蒙古人》六册。

　　1916 年 9 月创办的《宪法公言》可看作北洋法政学会的又一机关刊物,它基本是由北洋法政学会同人编辑的,主要发起人为李大钊与秦广礼,《白坚武日记》中记载,1916 年 9 月 7 日"守常在老便宜坊请宴一涵高君及秦立庵、田克苏,议宪法公言主旨。伯兰出,访之未遇。再与守常访何海秋,未得其住寓。晚,偕立斋、守常访伯兰,略谈。"①这说明《宪法公言》的创办主要是李大钊、秦广礼、田克苏、白坚武、孙洪伊等人,主要编创人员还有黄旭(鑑平),除高一涵外均为北洋法政学会老班底。1922 年李大钊与邓毓怡组织的宪法学会,也与北洋法政学会的网络有关,其成员多为法政学堂师生,成立会议亦在法政学会举行。

　　新中学会是 1917—1926 年,法政和南开部分校友组成的"学术、感情的结合"。新中学会的成员"不是在政治上有共同的主张和信仰,而行动上也正因此而分歧"。新中学会的发起人有童冠贤、高仁山、马洗繁、杨扶青等,宗旨为"以联络感情,砥砺品行,阐明学术,运用科学方法,刷新中国"。学会一开始租定东京早稻田崔卷町 12 号为会址,题为"新中寄庐";五四以后迁到北京,租鲍家街 27 号为会址,命名为"新庐"。最初会员有五十余人,主要领导人是童冠贤、马洗繁、高仁山等,于树德、周恩来亦为积极分子。会员中的法政校友主要是于树德、安体诚、王宣、崔敬伯、杨亦周等,南开校友为周恩来、高仁山,童冠贤则是由法政转入南开的两校"双料"校友。童冠贤、王宣亦曾为李大钊组织的北洋法政学会成员。

　　新中学会的主要活动是教育、实业和工人运动。高仁山、查良钊等创办了北京艺文中学,进行"道尔顿制"启发式教育;于树德、安体诚等在天

---

① 中国社会科学院近代史研究所编,杜春和、耿来金整理.《白坚武日记》,江苏古籍出版社,1991 年,第 36 页。

津创办了工余补习学校,后成为天津工人运动基地。杨扶青等人创办了新中罐头公司,厂内设医院,职工患病,负责免费医疗。经李大钊提议,该会还与少年中国学会联为友会。1923 年以后,在津会员三四十人,每两周举行一次座谈会,刘东美、凌勉之、王宣、崔敬伯、魏敬初和焦实斋等均经常参与,他们定期集会,从未间断。北京新中学会总会刊印《新中学会会刊》,发表会员论著、译述及会员活动情况通讯,1926 年新中学会解散时停刊。焦实斋回忆说:

> 1923 年,我从北京高等师范毕业,由学校推荐到交通部天津扶轮中学教书。就在当年,天津南开中学教师于纪梦(炳祥)介绍我参加了新中学会。新中学会是一个具有进步思想倾向的组织。虽然称为"学会",却不是纯学术团体,而是带有政治性的群众团体。

笔者认为,新中学会的政治参与也很广泛,他们与商震部队的深刻联系不可忽视,当然随着国共分裂,会员的"站队"与分化难以避免。周恩来、于树德、安体诚、高仁山加入中国共产党。童冠贤、王宣、崔敬伯则发起成立了国民党的一个左派组织——新中革命青年社。李大钊就义、国共分家后,新中革命同志社仍然存在,1927—1929 年几乎包办了京津地区国民党组织。李大钊不是新中学会成员,但与其中不少人关系密切。1922 年,该会执行干事于树德就经李大钊介绍,出席了远东民族代表会议,受到托洛斯基接见。不久,李大钊又介绍于树德、安体诚加入中国共产党。1924 年 1 月的国民党一大上,于树德又当选为国民党中央执行委员。在李大钊革命活动过程中,新中学会也曾给予很大帮助。因此,也有人说,新中学会是李大钊等创办的,甚至部分新中同志社的人也如此描述:

> 北方党务数年来均为新中革命青年社办理。秘密时期,即努力

革命工作,公开后河北省及津市党务,大半由该社一手组织。登记事项系该社重要分子张清源、苏蓬仙等办理。……按新中革命青年社与新中学会自不无多少关系,但确因主张不同,曾实行分离。新中学会为已故李大钊及匿居海上之于树德等所组织,新中社嗣与李氏等主张互异,童冠贤、张清源等,乃于十六年一月另组新中革命青年社,而李氏于是年四月六日就捕,二十日死难。……新中革命青年社,乃是努力国民革命工作之结果,取得河北天津等处办党地位。①

虽然新中学会与新中革命同志社的宗旨、组成都有区别,但二者存在诸多共同点,很容易联合起来。1929 年,蒋介石到平津视察,因遭到国民党河北省执行委员会常委张清源、吴铸人、王宣、王南复和天津市执委杨亦周等的怠慢而恼羞成怒。蒋称他们"领导乖方,致该市党员彷徨歧途,反动分子,日渐嚣张"。因此,津冀国民党地方组织重组。但平津地区长期处于蒋介石政权直辖以外,所以他们不少人又利用与山西帮和国民党内部派系的渊源,取得了教育系统的部分话语权。1935—1937 年,河北、天津很多高校的主要领导层,几乎都有新中成员渗入,杨亦周、杨秀峰、苏蓬仙、连以农等一度"包办"了法商学院,使之成为北方重要的政治中心。

---

① 《新中革命青年社 昨突告解散》,1929 年 8 月 8 日《大公报》第十一版。

第三节　法政校友与辛亥滦州起义

　　1911年10月底至12月初,为配合武昌起义,天津革命党人和驻滦州第二十镇新军部分官兵举行了武装起义。北洋法政学堂邓毓怡、白雅雨、胡宪、凌钺等多人领导了起义,于树德、王宣、汪瀛等多位同学参加了起义,李榘等学校领导积极支持起义。起义最终虽因清廷的残酷镇压而失败,却使清廷颁布了《宪法重大信条十九条》①,极大地动摇了清廷在北方的统治,有力地支援了武昌起义。《宪法重大信条十九条》作为清朝正式颁布的一部宪法文件,开创了中国民主主义宪法的先河。它传播了民主和宪政的理念,丰富了中国宪政文化,是中国宪政史上的重要篇章。

一、滦州起义简介

　　1910年国会请愿运动的失败,使以孙洪伊、齐树楷、王法勤为代表的天津立宪志士趋于武装革命。为配合武昌起义,巩固革命成果,天津地区的立宪派和革命派联合起来,积极发动天津周边地区举行武装起义,其中以滦州起义最为突出。滦州起义分为两个阶段,先是驻守滦州的清军第

---

① 又称《十九信条》。

二十镇统制张绍曾等发出通电,要求清廷颁布宪法,召开国会,实行英国式的君主立宪制;其后是该镇下属的营长施从云、王金铭等举行武装暴动,因清军的残酷镇压而失败。北洋法政学堂师生邓毓怡、白雅雨、张相文、胡宪、凌钺、于树德、王宣、张良坤等都是积极分子。

当时北方革命的重要联系人为同盟会员王葆真(卓山),他先是去了滦州联络张绍增。接着,他又赶回天津找到谘议局,议长阎凤阁、副议长王古愚(振尧)以及议员王法勤、齐树楷、孙洪伊等都很积极。他们请王葆真在议员大会上发言介绍革命形势,并派王法勤、孙洪伊到滦州接洽,"表示二十镇如果起义,经过天津组织政府,顺直谘议局完全担任筹拨军饷,按时供应",领事团同意部队在不改变《辛丑条约》的前提下经过天津。① 滦州兵谏失败以后,王葆真回到天津,孙洪伊和王法勤找到他,希望能够继续运动部队,"9月底(公历1911年11月),袁世凯已到京就职内阁总理。孙洪伊约我介绍到津的滦州军官在一家饭馆宴谈,王法勤亦到,都希望滦军能有新的办法。何任之、郭凤山、孙谏声、董锡纯、胡伯寅等表示:张敬舆(绍曾字)虽已离开第二十镇,镇中营长连长尚有若干人热心革命,仍可联络起义,乃相商同赴滦州接洽。"②"九月四日我回到天津……这个期间,与法政学堂教授白雅雨、张相文以及革命同志孙谏声等时有接洽。"③因此,滦州起义,天津革命党人功不可没。

滦州兵谏的发动者主要有张绍曾、吴禄贞、蓝天蔚三人。张绍曾(1879—1928),字敬舆,河北大城人,早在日本留学时就秘密加入了同盟会,时任二十镇统制;吴禄贞(1880—1911),字绶卿,湖北云梦人,时任第六镇统制;第二混成协协统蓝天蔚(1878—1922),字秀豪,湖北黄陂人。武昌起义发生时,三人所部分驻滦州、奉天、保定等北方重地,他们公开声

① 赵润生、马亮宽,《辛亥滦州兵谏与滦州起义》,天津人民出版社,2003年,第21页。
② 赵润生、马亮宽,《辛亥滦州兵谏与滦州起义》,天津人民出版社,2003年,第172页。
③ 中国人民政治协商会议全国委员会文史资料研究员会编.《辛亥革命回忆录》第5集,文史资料出版社,1981年,第405页。

援武昌起义,要求清廷立即实行民主,成立国会。1911 年 10 月 27 日,由张领衔,蓝天蔚、卢永祥等以二十镇官兵的名义通电清廷,发表了《十二条政纲》,要求实行英国式的君主立宪、颁布宪法,一切权力归议会,成立责任内阁,保护公民权利,特赦并擢用党人,并限清廷在 24 小时内答复①,"伏祈宸衷独断,立决可否! 迅即颁谕旨,明白宣示!""此次奏稿经臣等往返商酌,意见相同,并钤用臣二十镇统制关防,合并陈明!"②

张绍曾随后呈递奏折,让秘书携带赴京上交,以兵临北京为要挟,坚决反对以《钦定宪法大纲》为基础起草新宪法。公电发表后,清廷十分震惊,当值内阁大臣"面貌失色,两手发颤,顿足云,大事去矣,遂同两协理入奏监国,特开密议,并闻监国与各王大臣等亦均非常惶恐。"③立派吴禄贞到滦州"宣慰",更使吴与张加速了密谋,他们决定联合行动,攻占北京。吴还与李纯、吴鸿昌公电要求清廷撤回南下镇压的冯国璋,否则将率部起义,"禄贞已经招抚晋省混成一协、巡防队二十余营可供调遣。如蒙采择一得之愚,请饬冯国璋军队退出汉口……倘彼不从,当率所部二万士以兵火相见。朝廷若不速定政见,深恐将士奋激,一旦阻绝南北交通而妨害第一军(指冯国璋军队),则非禄贞所能强制也。"④张和吴还分别扣留了调往南方前线镇压革命的军火,使得清廷十分恐慌,被迫答应了官兵要求。

1911 年 11 月 3 日,清廷颁布了资政院根据起义军宣言拟定的《宪法重大信条十九条》,宣布实行英国式的君主立宪制,但张不为所动,要求立即实行民主选举,赦免南方革命党人。1911 年 11 月 5 日,张绍曾等成立"立宪军",宣布独立。⑤ 1911 年 11 月 6 日,《大公报》刊发了张绍曾、吴

---

① 赵润生、马亮宽.《辛亥滦州兵谏与滦州起义》,天津人民出版社,2003 年,第 96 页。

② 张绍曾等.《公电》,1911 年 10 月 30 日《大公报》第二版。

③ 《张统制电奏之惊人》,1911 年 11 月 3 日《大公报》第四版。

④ 吴禄贞等.《前晋抚吴禄贞等为停止战争请内阁代奏之原电》,1911 年 11 月 15 日《大公报》第二张第二版。

⑤ 赵润生、马亮宽.《辛亥滦州兵谏与滦州起义》,天津人民出版社,2003 年,第 7 页。

禄贞致南方革命军公电,宣布绝不会南下镇压革命,希望双方停战议和。清廷随即宣布免去张绍曾二十镇统制之职,命其为长江宣抚大臣。同日,吴禄贞在石家庄宣布联合行动,进攻北京。张绍曾还联络领事团,散发传单,准备在 11 月 9 日占领天津,进攻北京①,天津谘议局专门组织了欢迎队伍。但是,张、吴终因不能控制军队而失败。11 月 7 日凌晨,吴禄贞被刺杀于石家庄火车站。11 月 10 日,张绍曾因被协统潘矩楹架空离滦出走。11 月 14 日,蓝天蔚因属下告密被迫出走大连,滦州兵变失败。

兵变的失败,没有打消革命党人的意志。以第二十镇七十九标营长王金铭、施从云和八十标营长冯玉祥为首的二十镇下层官兵在劝说张绍曾回部队领导起义未成的情况下,在天津革命志士的支持声中,毅然举行武装起义。经过激烈战斗,起义终因力量悬殊而失败。

二、滦州起义与北洋法政师生

北洋法政学堂是滦州起义的重要策划基地,前期参与滦州兵变的主要人物是以法政学堂斋务长邓毓怡、教务长兼资政院议员籍忠寅等为代表的立宪派,后期主要参与人则是白雅雨领导的革命派。

邓毓怡很早就有救国济世的思想,早年曾在家乡创办启智学堂和自强女学校,开创了直隶私人兴学和开办女学的先河。赴日留学期间曾参与刺杀清廷政要,因策划不周而失败。归国后到北洋女子师范学堂和法政学堂任教,后任法政学堂斋务长。1911 年参与发起宪友会,民国后任第一届国会众议员,并负责进步党地方党务②,与北方政界人物多有交往。1916 年以后负责北洋法政同学俱乐部日常工作,与北洋法政同学李大钊、郁嶷和夏勤等长期保持联系,参与了多部宪法草案的起草,直接推

① 1911 年 11 月 11 日《申报》第一张第一版。
② 《中华》第一卷第九号,天津图书馆藏。

动了 1923 年宪法的产生。

籍忠寅(1877—1930),字亮侪,河北任丘人,日本早稻田大学政治经济科肄业。籍很早就受戊戌变法的影响而关心政治,有忧国忧民之志。义和团事变后创办知耻学社,将总部设在北京和保定,在直隶很多县城设立分社,成为他以后创办政党的基础。留日时曾参加留日学生总会,与杨度、范源濂、蒋方震、林长民、张继等多有交往,回国后担任北洋法政学堂教务长、资政院议员①、国会参议员,参与创办共和党,为研究系重要人物,曾发起尚志学会、新学会等,参与《晨报》《时事新报》管理,是李大钊组建北洋法政学会、发起工人运动,宣传马克思主义等进步活动的重要赞助者。

白雅雨(1868—1912),名毓昆,江苏南通人,同盟会会员。早年就学于上海南洋公学师范院,曾受聘上海澄衷学堂。② 白温文儒雅,朴素大方,喜欢交友与辩论,一心以拯救国家为己任。他认为舆地学是百科之本,能激发同学的爱国热情,所以倾心钻研,用不同的颜色标注地图,用米粒代表山峰,对中国各地的地理地貌、人情风俗都有详尽了解。有记载称:"毓崑黾勉孝顺,愉愉如也,雍雍如也,庭户肃肃如也。……目短视,能做径尺书,温润遒劲,淋漓挥洒,不经心,性淡泊宁静,有武乡侯风。蔽履簪缨,泥涂轩冕,一以觉世牖民为己任。……屏弃一切破碎支离之学,而专从事于舆地,分图绘色,聚米为山,具知天下厄塞户口多少强弱之处,民所疾苦者……独慷慨好宾客,朝游夕宴,时或青梅煮酒,为长夜谈。游道既广,常能趋人之意,不避险巇,走危地如鹜。平居与人争辩事理,辄气

---

① [日]实藤惠秀.《中国人留学日本史》,生活·读书·新知三联书店,1983 年,第 383 页。籍忠寅担任教务长,应从杨肇培手里接任,到 1913 年 4 月国会在北京第一次开会为止三年多的时间,因此说"忠寅病既愈,任北洋法政学堂教务长、顺直咨议局议员,同居天津者三年。"见籍忠寅.《困斋文集·亡室悼启》,天津图书馆藏。
② 辛公显.《辛亥革命时期天津的革命活动》,《天津文史资料选辑》第 16 辑,天津人民出版社,1981 年,第 5 页。

涌声高,不达其所见不止,盖不欲为苟同也。"①

白雅雨编纂的地理教材,平白朴实、内容丰富,融历史、地理、人文知识于一炉,趣味横生,引人入胜。比如,他说西藏的山脉,"凡三大干,皆自帕米尔高原发端。一喜马拉雅山系,其首在克什米尔之东北,逆印度河源东南下,入西藏之东南边。山之阴为西藏,山之阳为英领印度之西北孟加拉省、廓尔喀布丹各部落及英属阿萨密侯国②,此山脉之高度二万尺至二万五千尺……就中极高之峰曰额非尔斯③,达二万八千二百四十尺,为世界第一高峰。"他介绍直隶省的物产,"东南半省系冲积层,宜于耕种,有大麦、黍、玉蜀黍等产。近山之地多果实、药材,正定、广平、河间、大名产梨栗,遵化产梨栗、人参,永平产梨、榛、蘑菇,承德、朝阳产栗,宣化产葡萄、榛、蘑菇,保定之安、肃菜肉苁蓉,河间之肃宁菜,深州之桃,皆其特产。"④谈到直隶省的交通,他说:"旧时交通,全恃驿站,以京师皇华驿为全国之中心,今则铁路四通。一京津路,长二百五十里,合津榆路七百二十里,名关内路,皆借英款筑成者。庚子之乱,皆被拆毁。联军入为英所据。和议成,始自英赎回,今此路赢余日渐发达矣。一京汉路,长二千八百里,全国铁路干线,借比利时款一万万余法郎筑成,每年息五厘,以此路财产作抵,三十年为期。然名借比款,其实集资权管理权全在巴黎华俄银行支店,比盖为俄法之傀儡也,此路颇丰,每年除开支外,可余四百余万。"⑤白氏又说天津"本名之天津卫,……其城垣当庚子年为各国联军所毁,立约不得复筑,并毁大沽炮台,以后不驻军队。"⑥这样的介绍,于平实

---

① 《白毓崑传》,台湾《中华民国史事纪要·民国元年至六月》,1986 年影印版,第 39 页。
② 现译阿萨姆,历史上位于布拉马普特拉河上游,喜马拉雅山脉南麓的一个国家,南邻印度和孟加拉国,北连中国,东接缅甸,主要居民为掸族,1947 年并入印度。
③ 现称珠穆朗玛峰。
④ 白毓崑.《续编本国地理讲义》,第 218 页,天津图书馆藏。
⑤ 白毓崑.《续编本国地理讲义》,第 219 页,天津图书馆藏。
⑥ 白毓崑.《续编本国地理讲义》,第 220 页,天津图书馆藏。

中渗透着爱国爱乡之情,使人不能不受到感染。

1909年9月,白雅雨与张相文等联合创办了中国地学会,他本人任编辑部长,主编会刊。会刊设专门的英日文编辑,编辑部有21个成员,英敛之和张伯苓赫然其中。这二人分别是《大公报》和南开学校的创办者,说明白先生在地理学、教育界威望之高。白氏主张人道主义,也有社会主义的思想,他的学生张星华、刘清扬和崔震华、崔昭华都有一定社会主义思想,是津门革命运动的激进分子。他发动滦州起义,主要是反对南北妥协,希望能尽快结束战事,以免生民涂炭,"战期延长,生民涂炭,吾不忍视也。"①

张相文(1866—1933),字蔚西,号沌谷,中国现代地理学的先驱、教育家,江苏泗阳人。1909年,他与白雅雨等在津创办了中国最早的地理学术团体——中国地学会,自任会长。次年,创办《地学杂志》;1911年初任北洋高等女学校校长兼法政学堂地理教师,与白雅雨等秘密组织"天津共和会"。

凌钺(1882—1946),原名庆钺,字子黄,河南固始人,北洋法政学堂别科学生,1909年3月—1912年2月在校。他是北洋法政学堂学运积极分子,早在1909年6月初就投书《大公报》,反映学校管理不善②。他于1910年12月参加国会请愿运动;1913年任第一届国会众议院议员,后任中华革命党河南支部长。他长期参与孙中山领导的革命活动,是国共合作的参与者。③

张良坤,字尧(瑶)卿,河南商城人,北洋法政学堂预科英文二班、政

---

① 《白雅雨传》,《言治》月刊第一册,南开大学图书馆藏。张星华为北洋女师学堂学生,后曾负责中国社会党北京平民学校。

② 《北洋法政学堂别科学生凌钺等上监督书》,1909年6月3日《大公报》第二张第四版。

③ 张西曼回忆,1921年前后,苏俄代表柏烈伟"对于民十年前后秘密从华北入苏的中国青年(瞿秋白、俞颂华、李仲武、凌钺和其他许多人),都给以绸制长方小块的秘密入境证件"。北京大学图书馆、北京李大钊研究会编.《李大钊史事综录》,北京大学出版社,1989年,第546页。

治经济本科一班学生,李大钊在津大学同班同学、滦州起义敢死队成员、北方军政府秘书长。1936 年 10 月,他与凌钺一起上书国民党中央,表示他与李大钊等均为滦州起义共义之人。

张砺生(1888—1975),原名张秉义,张家口尚义县大西沟村人,似为北洋法政学堂学生,在校时组织克复学会,从事反清活动,1910 年参加同盟会。民国后担任国会议员,后任察哈尔都统、省主席等职。1949 年 9 月参加中国人民政治协商会议,1954 年当选为全国人大常委会法制委员会委员。

胡宪,原名廷柱,字伯寅,河南罗山人,北洋法政学堂预科英文二班学生,后升入本校正科,是国会请愿运动和辛亥起义的积极参与者、白雅雨在津革命活动的主要助手。

于树德(1894—1982),字永滋,天津静海人,北洋法政学堂中学一班、法律本科三班学生,1918 年 2 月取得律师资格。1922 年加入中国共产党;1924 年 1 月参加国民党一大,当选国民党中央执行委员。1949 年后任中央合作事业管理局副局长、中华全国供销合作总社监事会副主任等职。

童冠贤(1894—1981),又名启颜,北洋法政学堂中学二班学生,1914 年 2 月转入南开学校。留日期间组织新中学会,会员于树德、安体诚、周恩来后均加入中国共产党。1925 年留学回国后,历任北京大学、暨南大学等校教授;1938 年任中央大学教务长。他长期追随顾孟余等国民党改组派,抗战胜利后任善后救济总署冀热平津分署署长;1948 年任立法院院长。[①]

童启曾,字效贤,北洋法政学堂中学一班学生,曾参加李大钊等组织的北洋法政学会,民国后任第一届国会众议员,支持中国劳动组合书记部邓中夏等提出的劳动立法请愿书。

[①]《张发奎回忆录选译》,《近代史资料(107)》,中国社会科学出版社,2003 年,第 222 页。

江元吉,字迪生,湖北黄安人,北洋法政学堂预科德文班、正科法律班学生,国会请愿运动激进分子。

覃秉清,又字秉卿,原名蔚,湖北江陵人,北洋法政学堂中学二班学生。

徐铮,字从周,又字剑秋,云南恩安人,北洋法政学堂预科英文二班、政治经济本科一班学生,李大钊大学同班同学。

汪瀛,原名步瀛,字鲁泉,河南商城人,北洋法政学堂预科英文二班、法律本科一班学生,李大钊同级校友。

王宣是本校中学一班学生,与安体诚、于树德中学同班,后任北洋法政学会会计兼编辑部部员,是本校革命运动积极分子[①]。留美回国后,长期在直隶(河北)参与国民党领导工作;1949 年以后去台湾,任监察院"监察委员"。[②]

三、法政师生的主要事迹

法政学堂师生先是参与滦州兵变,以清廷颁布《宪法重大信条十九条》、张绍曾下野而告终;后又参与滦州起义,以部分官兵的壮烈牺牲为结束。过去对滦州兵变研究较少。事实上,滦州兵变也是滦州起义的重要组成部分,北洋法政学堂的参加者主要是邓毓怡、籍忠寅等。

作为津门立宪派的重要人物,籍忠寅、邓毓怡等早就与张绍曾保持联系,张的奏折于 9 月 9 日(公历 1911 年 10 月 30 日)递上,13 日(公历 1911 年 11 月 3 日)清廷就宣布了《宪法重大信条十九条》。资政院并回复张绍曾说:"来电敬悉,维持大局情迫忧危,本院深表同情。当即拟具宪法内《重大信条十九条》,已于本日具奏,并声明起草全部宪法之时,请

---

① 李榘.《十八周年纪念词》,《直隶法政专门学校十八周年纪念特刊》。
② 刘继增、张葆华主编.《中国国民党名人录》,湖北人民出版社,1991 年。

准各省谘议局及军人参与意见。"①

　　天津革命运动领导人王葆真说,1911 年农历 10 月,他联系滦州起义时,曾与胡源汇同车相遇,后者是到迁安运动军队的,"十月初旬,我和何任之、孙谏声、董锡纯、胡伯寅等同志回到滦州……胡源汇本君主立宪派,同车相遇,自言赴迁安运动军队起义。"②

　　时任法政学堂斋务长邓毓怡也参与了密谋,邓的亲戚、直隶籍国会议员常堉璋说,"宣统三年秋,革命事起,张公绍曾驻军滦州,以《十九信条》迫促清廷,君与有谋焉。"③民国后,张绍曾任绥远都统后立即邀请邓毓怡担任财政厅厅长,委托邓创设中国银行绥远分行,"国会解散,张公绍曾方都统绥远,手书招君。既至,以财政委君,设归绥银行,规划垂成,张君罢去。于时主中国银行者伟君规划,则议设分行于绥远,以君主办。君乃因夙计而张施之,其银行至今存也。"④

　　作为直隶女学的先驱、津门立宪派的重要领袖、国会议员的邓毓怡,与立宪派和北京政府上层拥有广泛的社会关系。汤化龙、蔡锷、冯国璋、梁启超去世,他都送有挽联。如他致冯国璋夫人周道如的挽联是:

　　　　挽周道如女士(冯总统夫人,曾从余受学)
　　　　治国在治家　以配地德　博也厚也
　　　　斯人有斯疾　所谓天道　是耶非耶

---

① 张绍程.《张绍曾事迹回忆》,《文史资料选辑》第 30 辑,中国文史出版社 1981 年第 208 页。据报道,1911 年 10 月 27 日张绍曾等《公电》发表的当天,资政院会议就通过了于邦华关于起草奏稿,要求颁布宪法基本原则的提案,指定陈懋鼎、王季烈、劳乃宣、易宗夔、孟昭常、李文熙为起草员。10 月 28 日,孟昭常在资政院演说了奏稿主旨。11 月 2 日,陈懋鼎、李文熙、牟琳、易宗夔提议尽快通过奏明清廷,"议长遂将《信条》逐条付表决,均得多数赞成。复将奏稿与《信条》全付表决,全体起立赞成。"《资政院纪事》,1911 年 11 月 5 日《大公报》第六版。
② 《辛亥革命回忆录》第 5 辑,文史资料出版社,1981 年,第 407 页。
③ 常堉璋.《拙园诗集·行状》,天津图书馆藏。
④ 常堉璋.《拙园诗集·行状》,天津图书馆藏。

给汤化龙的挽联为：

> 生才忌才异哉天地　知我罪我听之春秋

给冯国璋的挽联是：

> 知遇感前尘,公亦少年叶才百里
> 飘零悲大树,干排雷雨根断泉源①

宪友会直隶分会副干事长、北洋法政学堂教务长籍忠寅时任资政院民选议员兼预算股第一科审查长,他是《宪法重大信条十九条》的主要作者与创意者,他在《五十自叙》中称:

> 辛亥革命军兴,张绍曾勒兵请颁宪法,余与陈敬弟、李文熙二君提议宪法信条十九条草案,通过颁布之。②

籍忠寅是邓毓怡的舅舅,他们二人除了观点相同、密切共事之外,还有可靠的亲戚关系,所以两人共同参与、策划滦州起义的信息,应属可信。

我们可把《宪法重大信条十九条》与《钦定宪法大纲》略作对比。前者规定皇帝之权,以宪法所规定者为限;皇位继承顺序,于宪法规定之;宪法由资政院起草议决,由皇帝颁布之;宪法改正提案权属于国会;总理大臣由国会公举,皇帝任命,皇族不得为总理及其他国务大臣并各省行政长官;海陆军直接由皇帝统率,但对内使用时,应依国会议决之特别条件,此外不得调遣;不得以命令代法律,除紧急命令,应特定条件外,以执行法律

---

① 邓毓怡.《拙园诗集》,天津图书馆藏。
② 籍忠寅.《五十自叙》,《困斋诗集·行状》,天津图书馆藏。

及法律所委任者为限;国际条约非经国会议决,不得缔结;皇室经费之制定及增减,由国会议决;皇室大典不得与宪法相抵触。可见其为虚位君主制,实际是代议民主制。

《钦定宪法大纲》则规定,凡法律虽经议院议决,而未奉诏命批准颁布者,不能见诸施行。皇帝有召集、开闭、停展及解散议院之权。解散之时,即令国民重新选举新议员,其被解散之旧员,即与齐民无异,倘有抗违,量其情节以相当之法律处置。用人之权,操之君上,而大臣辅弼之,议院不得干预。君上调遣全国军队,制定常备兵额,得以全权执行。凡一切军事,皆非议院所得干预。由此可知,《钦定宪法大纲》这是绝对君主制,两相对比,可见《宪法重大信条十九条》革命性的进步。

辛亥革命以前,法政学堂即有多人参加革命组织。1910 年 5 月 16日,天津共和会在保定召开成立大会,法政学堂江元吉作为天津学生代表出席会议①。于树德、童启曾、童冠贤、段亚夫、张砺生、李季直等参与发起了"克复学会",出版《克复学报》②,这是与同盟会有关之秘密组织。③武昌起义后不久,天津又成立了新的革命组织,"天津共和会是辛亥起义后,以北洋法政学堂和天津女子师范学堂为中心组织起来的革命团体,也有学堂以外的人参加。公推白雅雨为会长,胡宪为副会长,与南方和京津一带革命团体联系,大概是辛亥年九月间(阴历)的事。"④成员有"法政学堂地理教员白雅雨(名毓昆,南通人),学生胡宪(字伯寅,河南人)、凌钺(字子黄,河南人)张良坤、熊飞等和我(于树德)",实际还有何英等数十

① 辛公显.《辛亥革命时期天津的革命活动》,《天津文史资料选辑》(16),天津人民出版社,1981 年,第 3 页。
② 《克复学报》以"排满和恢复汉族统治"为宗旨,主编为李季直,当时在直隶境内可公开发行。见马艺主编.《天津新闻传播史纲要》新华出版社,2005 年,第 202 页。
③ 中国人民政治协商会议全国委员会文史资料研究委员会编.《回忆辛亥革命》,文史资料出版社,1981 年,第 341 页。
④ 于树德.《回忆滦州起义与共和会》,《辛亥革命回忆录》第五集,文史资料出版社,1981 年。

人①,并与北方革命组织的主要协调人王法勤和胡鄂公等保持联系。②

从农历十月初四(公历1911年11月14日)开始,胡鄂公连续召集天津革命党人开会,研究行动计划,法政学堂胡宪、白雅雨、凌钺、江元吉等多人参与。会议最终决定发动驻滦州的陆军第二十镇(师)第七十九标第一、二、三营起义,派胡宪等前去调查。1911年11月16日,革命党人在《大公报》刊登启事,要求于树德速到河北集义栈相见,"愚于月之二十三日由府上来津,令叔子猷公托我带信一封,并有紧要口信,祈见报后请到河北集义栈,愚在该栈敬候面晤,切切!"③1911年11月20日,革命党又要求王宣前来会商,"王宣急速来集义栈,因汝有病,可急速同我回家。"④这些都应是革命活动的暗语。十月十二日(公历1911年12月2日),共和会各地会员来津开会,江元吉、覃秉清等代表天津分会与会,会议决定分头在京、津、保、滦等地举行暴动策应武昌,以施从云为滦州起义总司令,白雅雨、熊朝霖、胡宪等五人为指挥。⑤ 1911年12月6日,北方共和会开会,决定派敢死队到滦州,协助二十镇官兵起义,推凌钺为队长,签名者七十多人。⑥ 于树德说:"我们本来就很注意二十镇,张绍曾被逼离职后,我们认为更有机可乘。乃派凌钺、张良昆和我赴滦州,鼓动该地驻军起义。……我们前后结合了十四个人,组成了敢死队……凌钺排第三,何英排四,张良昆排九,我年最幼(十七岁)排十四,公推凌钺为领队。"⑦

敢死队设在雷庄一花生货栈和滦州城南坨子头,常驻队员有凌钺、张良昆、于树德、何英等,他们与两个当地战友结盟为异姓兄弟,戏称为

① 赵润生、马亮宽.《辛亥滦州兵谏与滦州起义》,天津人民出版社,2003年,第178页。
② 中国人民政治协商会议全国委员会文史资料研究委员会编.《回忆辛亥革命》,文史资料出版社1981年,第341页。
③ 《于树德鉴》,1911年11月16日《大公报》第二张第四版广告。
④ 见1911年11月20日《大公报》第六版广告。
⑤ 胡鄂公.《辛亥革命北方实录》,《辛亥革命》(六),上海人民出版社,第283页。
⑥ 赵润生、马亮宽.《辛亥滦州兵谏与滦州起义》,天津人民出版社,2003年,第188页。
⑦ 中国人民政治协商会议全国委员会文史资料研究委员会编.《回忆辛亥革命》,文史资料出版社,1981年,第341页。

"龙山十四郎"。①

为及时掌握起义准备情况,白雅雨多次到滦州。12 月中旬,他找到王葆真,探讨方策。为了筹集经费,他找到了法政学堂监督李榘、女师学生刘清扬等,最终解决了经费问题。乘车时,白雅雨、孙谏声与崔震华、崔昭华假扮家属前往。他们在当地拜见了警察所、滦州知州等当地衙门,获得了经费支持。②

1911 年 12 月 12 日,胡鄂公以鄂军政府代表名义在北洋医学堂召集革命志士开会,委任白雅雨为鄂军代表办事处外交部长。1911 年 12 月 14 日,天津各革命团体召开代表会议,成立北方革命协会,同盟会代表白雅雨,北方共和团代表胡宪、凌钺等多人出席会议。白雅雨等八人受命前往滦州发动起义以响应武昌起义。他首先组织红十字会进行发动,又运送军火到张家口、大同等地组织响应,江谦回忆说:"时汉阳战事方殷,烈士披广氅短铳,与女生数人奔走于北京张家口之间,设联络站于天津梨栈生昌酒家,设弹药制作所于河东大王庄,屡输送炸弹至新保安……并遣同志赴西北联络民团。"③

白雅雨还派张相文南下约民军从海道赴山海关以为应援,"烈士欲得之以与冀鲁民团同时发动占领天津,遣其友张蔚西氏南下约民军由海道北上,袭取山海关,绝京奉路,意旬日之间,北京可举也。"④

凌钺则与同盟会代表王葆真保持联系,王葆真说:"我与江浩、赵秀章、凌钺等几位同盟会同志,另有秘密的联系,有时孙谏声、白雅雨和凌钺等同来见面。""辛亥九十月间,我在天津和白雅雨、孙谏声、凌钺诸同志时常往来,并与本省革命同志江浩、徐月卿、赵秀章、石位亭、丁小川、宋兆

①　赵润生、马亮宽.《辛亥滦州兵谏与滦州起义》,天津人民出版社,2003 年,第 189 页。
②　赵润生、马亮宽.《辛亥滦州兵谏与滦州起义》,天津人民出版社,2003 年,第 193 页。
③　白一震.《记我的父亲白毓昆》,《天津文史资料选辑》第 16 辑,天津人民出版社,1981 年,第 32 页。
④　白一震.《记我的父亲白毓昆》,《天津文史资料选辑》第 16 辑,天津人民出版社,1981 年,第 32 页。

芙、刘古风等二十余人,皆有秘密的联系。"①

　　辛亥年农历十月二十五日(公历 1911 年 12 月 15 日),胡鄂公在孙谏声、胡宪等陪同下赴滦州,与施从云、王金铭等取得联系。10 月 28 日,胡鄂公返回天津。11 月 1 日(公历 1911 年 12 月 20 日)下午,胡鄂公、白雅雨等在天津英租界小白楼成立暗杀团,晚宴后,白雅雨高唱荆轲刺秦王的易水歌,抑郁苍翠,听者涕泣。② 同日,北方革命协会在天津法租界生昌酒店召开革命团体代表会议,决定发动滦州起义,运动军队的主要任务由白雅雨等负责,为了减少拖累,他决定把家眷送回南通故里,然后只身赶赴滦州。

　　1911 年 12 月 30 日,白雅雨等在北方革命协会召开的会议上汇报了滦州考察的成果,大家认为起义的时机已经成熟,派白雅雨、孙谏声等分批前往。12 月 31 日,白雅雨等到达滦州与凌钺会合,当天宣布独立。1912 年 1 月 3 日,宣布成立北方军政府,王金铭为大都督,施从云为总司令,冯玉祥为总参谋长,白雅雨担任参谋长,凌钺为外交部长,张良坤为秘书长。新政府成立后,举行了隆重的就职典礼,王金铭、白雅雨、凌钺等发表了讲演。为扩大革命战果,军政府向社会各界致电,指出"民清不两立,满汉不并存",决心"即日振旅京津,发布讨清檄文,廓清余孽","重开黄帝之山河……洗二百年之奇辱,会看赤日之重升,拯大千世界沉疴,快捣黄龙而痛饮。"③1912 年 1 月 4 日,起义军决定西进夺取天津,但在雷庄遭到清军伏击。因双方悬殊过大,缺乏应援,起义支持将近一周后被镇压,王金铭、施从云等在与清军谈判过程中被杀,白雅雨在逃离过程中被捕获杀害,凌钺等逃出。据统计,滦州起义牺牲的革命志士共一百多人。

　　白雅雨牺牲时非常惨烈,他被倒挂在树上,先被砍了腿,然后被砍头,

①　中国人民政治协商会议全国委员会文史资料研究委员会编.《辛亥革命回忆录》第五集,文史资料出版社,1981 年,第 416 页。
②　胡鄂公.《辛亥革命北方实录》,《辛亥革命》(六),上海人民出版社,第 283 页。
③　赵润生、马亮宽.《辛亥滦州兵谏与滦州起义》,天津人民出版社,2003 年,第 25 页。

收尸的师生是依据他的裹脚布辨认的,装殓前从他的口袋里找到绝命诗一首,据说后来李大钊就义前也常常吟唱,"慷慨赴死易,从容就义难。革命当流血,成功总在天。身同草木朽,魂随日月旋。耿耿此心志,仰望白云间。悠悠我心忧,苍天不见怜。希望后起者,同志气相连。此身虽死了,千古美名传。"①

于树德的主要任务是打进驻军内部,谋杀标统(团长)岳兆麟,但他下了两次毒都没有成功。起义爆发后,于树德等人负责到古冶、雷庄等地破坏铁路沿线的电话线,又由于工具简陋而受挫。起义失败后,于树德等人到迁安等地寻访失散的队伍,但没有找到有价值的线索。②

滦州起义时未及行动即被发觉而被捕的冯玉祥说:"第二十镇的革命势力虽是被分散监视,但革命的进行并不中止,反而再接再厉,更具体地干起来。推溯这方面革命的酝酿,原受有两方面的影响,一是握有实力的国民党党员吴禄贞等,一是在天津任教员的白雅雨和王励斋等。……那时白雅雨、王励斋曾数度和我们接洽,他们以为京奉线一带,革命实力过于单薄,主张密约烟台民军由海道自秦皇岛登岸,那时再合力发动。"③"白毓昆、凌钺等,亦以先发制人,完成北方革命之大业为请。至是时机已熟,万难久待。不意滦州正将举义,清廷侦知皆玉祥主谋,先令监视,防止异动,剥夺自由"。④

辛亥革命胜利后,法政学堂为白雅雨举行了隆重的追悼大会,烈士的同事和朋友多人撰有挽联,如邓毓怡所作的挽联是:

著书传通邑大都,论君所述作,已卒不朽;

---

① 辛公显《辛亥革命时期天津的革命活动》,《天津文史资料选辑》,天津人民出版社,1981年,第13页。
② 中国人民政治协商会议全国委员会文史资料研究委员会编.《回忆辛亥革命》,文史资料出版社,1981年,第344页。
③ 赵润生、马亮宽.《辛亥滦州兵谏与滦州起义》,天津人民出版社,2003年,第173页。
④ 罗正纬《滦州革命纪实初稿》,《辛亥革命》(六),上海人民出版社,第356页。

委骨于荒原穷驿,为谁易幸福,生者勿忘!①

王柄存所撰的挽诗是:

义士纷还日,如何不见君。
悲风知劲节,热泪哭参军。
潜扼京畿吭,真空冀北群。
九原应齿冷,极口共论勋。②

北洋法政学堂的主要领导对革命事业曾给予了不少保护和支持,时任监督李榘回忆说:"请求开国会未有效果,诸生多从事于革命运动。童生、王生为最著。学使屡以此相告诫,并指某两教员为革命党,以督帅注意为言。余皆一笑置之。"③

李榘是白雅雨组织的天津红十字会的董事,也曾捐款赞助起义,起义失败后还进行了营救。白雅雨也曾准备吸收李榘和籍忠寅、吴柄枞参与领导:

一日保安会开会未毕,本校地理教员白君雅雨已在他室久候,甫就座,出凌生钺电报相示,云在滦州联络军队,谋独立就绪。已推余与籍君忠寅、吴君柄枞为各部长⋯⋯余以保安会每日开会万难脱身为言,并劝白君勿轻往,须加慎重。白君面有不预之色,向余就经济上之援助。余曰昨胡生宪以本校学生奔走革命,困于衣食,予以二百元,令其救济。今敝寓所存,约不过数十元。又无时间可以向他处通

---

① 邓毓怡.《困斋诗集·挽白雅雨》。
② 《言治》月刊第一期第 207 页,南开大学图书馆藏。王柄存,河南商城人,北洋法政学堂法律一班学生,李大钊同级校友。
③ 李榘.《十八周年纪念词》,《直隶法政专门学校十八周年纪念特刊》。

融。白君曰,有数十元足矣。匆匆去。晚九时许,白君来敝寓,以三十元予之。①

滦州起义失败后白雅雨被捕遇害,虽经李榘和曾任女师监督李士伟一起奔走营救,但未成功②。

四、李大钊与滦州起义

滦州起义发生时,李大钊已经在校学习四年,是该校本科二年级学生,深受革命思想的影响。他说,"革命派组织秘密团体,上海的《克复学报》……对于革命思想充量介绍。同学们订阅该报不少,大家都抢着看报,情愿不上班,也得看报,"起义失败后,他与同学们都深感悲伤,"滦州革命失败,同学以为白、于二先生不免于难,噩耗传来,大家悲伤得很!"辛亥革命胜利后,李大钊参加了法政学堂召开的白雅雨追悼大会。他在《十八周年之回顾》中写道:"给白先生开追悼会,就在这个礼堂上。那追悼白先生挽联的字句,今天我来到这礼堂上,还仿佛有人念给我听! 当天津学生政治运动正在激昂的时候,上海《民立报》上天天有一段时评,告诉我们学生,应该做甚么样运动。"③《克复学报》和《民立报》都是同盟会的报纸,大家"都抢着看报",说明李大钊也在其中。,这些报纸和白雅雨的言传身教,应该是李大钊最早接受的革命思想。

李大钊对起义的领导成员也很熟悉,他说革命派的中心是于树德与王宣,"于永滋、王德斋两位先生是革命派中心人物。""于永滋、王德斋先

---

① 李榘.《十八周年纪念词》,《直隶法政专门学校十八周年纪念特刊》。
② 中国人民政治协商会议全国委员会文史资料研究委员会编.《辛亥革命回忆录》第五集,文史资料出版社,1981 年,第 428 页。
③ 朱文通等整理.《李大钊全集》第四卷,河北教育出版社,1999 年,第 323 页。

生亲往邮局去取(报)。""同学奔走革命的,白雅雨、于永滋往滦州,王德斋往徐州。"①

1917 年 5 月,李大钊乘车省亲,"天将破晓,过雷庄,猛忆此为辛亥滦州革命军失败之地,白雅雨先生,王金铭、施从云二队官及其他诸烈士,均于此就义焉。……他日崇德记功,应于此处建一祠宇或数铜像以表彰之。……更联类忆及辛亥之役,张绍曾将军拥一师劲旅,虎踞此处,与吴绶卿、蓝天蔚二将军谋取燕京,震撼根本,煌煌一电,足寒清廷之胆,而《十九信条》之颁布,遂为逊位诏之先声,此其遥助义军之声势者,不少也。惜乎机事不密,绶卿既遭人暗杀,张君亦被迫去职,蓝君又不得不去兴京……卒以三营之众为最后之牺牲、最后之纪念,此诚吾人今日思之犹有余痛者也!使吴、张、蓝三君之计划实现,则民国何至有癸丑之役,何至有西南之役,又何至有今日之局面也?"②他既为张绍曾等的勇气而赞叹,又为其谋事不密而惋惜,"张君之志,不可谓不大,其气不可谓不勇,惜于深沉二字,尚欠功夫。"③1917 年 6 月,他在《天津法政专门学校校长及教务长易人》一文中说:"清季天津学生之与于请开国会运动、革命运动者以斯校为最激烈。卒以是为官僚所疾视,屡谋所以破坏而未遂。"④

1919 年 8 月,李大钊到五峰山游历,过滦州车站,他又说:"此地是辛亥年,张绍曾将军督率第二十镇停军不发,拿《十九信条》要挟清廷的地方。后来到底有一标在此起义,以众寡不敌失败,营长施从云、王金铭,参谋长白亚雨等殉难。这是历史的纪念地。"⑤

当年他在北洋法政学堂的同学、北方共和会的领导人凌钺说李大钊

---

① 朱文通等整理。《李大钊全集》第四卷,河北教育出版社,1999 年,第 322 页。
② 癸丑之役指孙中山等国民党人于 1913 年发动的反袁武装革命,又称为"讨袁之役"。西南之役是 1916 年春蔡锷等领导的护国战争。这里的意思是说,如果滦州起义胜利了,就不必再有后来的革命了。
③ 朱文通等整理.《李大钊全集》第二卷,河北教育出版社,1999 年,第 701 页。
④ 朱文通等整理.《李大钊全集》第二卷,河北教育出版社,1999 年,第 709 页。
⑤ 朱文通等整理.《李大钊全集》第三卷,河北教育出版社,1999 年,第 311 页。

等参与了北方共和会:"……革命同志久已怀恨,又经此次挫折,势非团结前进,不能立足。由凌钺、王法勤、李大钊、张良坤、汪瀛、胡宪、于树德等,密约至日租界荣华里开会,公决实行严密组织,广求革命同志。又以同盟会易引敌探之注意,特取避人耳目之手段,组织北方共和会。"①"天津学校,又以北洋法政专门学校人才为最多,思想最为发达,如凌钺、李大钊、胡宪、张良坤等,富于国家思想、革命志愿,早与革命同志秘密结合。"滦州起义失败后,"会中同志如马浩、汪瀛、李大钊、徐铮、凤文祺等数十人,或愤恨而悲痛失声,或疾首痛心而莫知所措,或搔首问天愤不欲生,或疑信参半,亲至唐山、开平、古冶等地密探真相。"

笔者认为,从李大钊与天津立宪派孙洪伊、齐树楷的密切关系,从他与凌钺、张良坤的熟悉程度,他对滦州兵变和滦州起义的深切缅怀,对《宪法重大信条十九条》的高度评价,以及法政学堂师生参加革命活动的普遍性来看,李大钊参加滦州起义是定而无疑的。有学者认为,"李大钊在家乡积极配合活动,负责联络支援。"高一涵也说:"辛亥革命,守常奔走之力极多"。因此,笔者认为李大钊确曾参与策动滦州起义。② 但是,得出这个结论,必须回答一个问题,为什么当日滦州起义的一些重要人物,包括胡鄂公、刘清扬、于树德的回忆录没有提到李大钊,李大钊究竟参与了滦州起义的哪些工作?

唯一的答案是,胡鄂公、刘清扬等没有与李大钊一起共事,因此不了解李大钊所做的工作。李大钊应主要参与了天津立宪派与滦州上层军官的联络工作,甚至可能参与了十二条政纲和《十九信条》的起草,因此他对张绍曾和《十九信条》评价很高。这些细节,于树德和刘清扬一无所知,凌钺也难知其详,因此他们都不能详尽描述。其实,当日法政同学参加革命的很多,李大钊的密友白坚武也曾有所参与,白说:"8 月,武汉首

---

① 河北省李大钊研究会编.《李大钊研究》第一辑,河北人民出版社,1991 年,第 80 页。
② 河北省李大钊研究会编.《李大钊研究》第三辑,河北人民出版社,1992 年,第 80 页。

义,偕洁芬夫人返故里。余再返津,奔走于秘密团体者再,品德杂甚,不足语。"①就是说,革命者品流不一,白参加两次就退出了。李大钊的同班同学,后来中国社会党的同志郭须静也参加了白雅雨组织的红十字会。从北洋法政学校同学对滦州兵变的发动者张绍曾、齐树楷和孙洪伊的熟悉程度看,齐和张都曾与该校同学有过密切接触,应就是滦州起义之时。②这也有助于解释,十多年后李大钊还可以向齐树楷推荐学生,希望齐为之安排工作。

五、滦州起义的背景及其意义

北洋法政学堂师生参与滦州起义的主因是国会请愿的失败,使广大青年看透了清廷"假立宪"的真相而趋向于革命。学校革命运动的主要领导人之一胡宪就曾是天津国会请愿同志会副会长,天津革命另一领导人白雅雨也曾参加国会请愿,李大钊说:"这次风潮,算立宪派运动失败,而革命派进行越发有力,从此立宪派的人也都倾向革命派"。③

直隶立宪派也是这样,他们公开为同盟会声援,要求开放同盟会参与政治活动。1911 年 1 月 3 日,资政院上书,要求开放党禁,赦免因政治运

---

① 中国社会科学院近代史研究所编,杜春和、耿来金,整理.《白坚武日记》,江苏古籍出版社,1991 年,第 4 页。

② 李大钊在国会请愿以前就与孙洪伊关系密切,一些证据表明,他与张绍曾、齐树楷等的关系也非同一般。1917 年 5 月 4 日,李大钊、白坚武等法政同学没有事先通报就拜访了张绍曾,受到亲切接待。有记载称:"同守常沐浴后,偕崔叔和访刘愚白,愚白余之小试同年友也。少顷,李味斋、张新吾、陈笃芝来,遂同为不速之客,饭后同访张敬舆。此君议论风生,慷慨直陈,军界中谙政治者也。"1916 年 8 月 17 日,白坚武拜访了齐树楷等人,紧接着,齐 18 日就来回访。12 月 6 日,李大钊、白坚武一起拜访了齐树楷:"同守常访周国屏、齐巽斋、郁宪章,至林质生家小饮。"参见《白坚武日记》,江苏古籍出版社,1992 年,第 47 页。

③ 朱文通等整理.《李大钊全集》第四卷,河北教育出版社,1999 年,第 322 页。

动而遭受通缉的革命党人,公然宣称党人"有瑰异之才,卓绝之行……富于国家观念与有兴亡之责",毫不掩饰他们对革命党人的钦敬之情。① 立宪派还公开组织政党,与京津革命党人紧密团结,形成了一股强大的政治势力。1911 年 1 月 4 日,孙洪伊、齐树楷与资政院议员多人发起帝国统一党,齐、孙与牟琳等 17 人被选为干事,该党党纲在标榜"尊重皇室威严,拥护神圣之国体的同时",主张"贯彻立宪精神,举责任内阁之实;坚明法律效力,保人民公私权利……戮力自治,舒中央政府远驭之势",还特别提出"刷新教育,养成适时势之国民"。说明该党在承认君主存在的同时,主张民主自由、地方分权,对教育生活的民主化予以了特别的注意。② 1911 年 4 月,李榘、梁志宸、马英俊、籍忠寅、吴家驹、邓毓怡等联合发起法政讲习所,开设成人法政夜班,为未来竞选培养人才。③ 1911 年 6 月,帝国统一党改组为宪友会,这是立宪党人的正式政党,"以发展民权,完成宪政,俾达所订各条件事宜为目的",雷奋、徐佛苏、孙洪伊为常务干事,籍忠寅、李文熙、谢远涵为候补常务干事,齐树楷与籍忠寅、李榘、白雅雨、高俊彤等为直隶支部发起人,汤化龙、刘崇佑、林长民、林志钧等分别发起湖北、福建支部。④

事实上,立宪派由于在皇族内阁、铁路国有等一系列问题上进行了激烈斗争而遭到清廷嫉恨。⑤ 武昌起义爆发后,资政院发文征询各省谘议局对起草宪法的意见,直隶谘议局回复说,资政院目前只适于推动国会召开、起草议院法等眼前活动,不适于起草宪法,"宪法非国会不能协赞,为各国之通例,敝局以为宜先由贵院编订暂行选举法,奏请速开国会,然后再议宪法。不然现在时局危急,已大非昔比,若仓猝竣事,转不足以服天

① 《资政院文件汇录·各省人民王法勤等陈请资政院速开党禁书》,1911 年 1 月 3 日《大公报》第三张第一版。
② 《帝国统一党党规》,1911 年 3 月 18 日《大公报》第二张第四版。
③ 《天津法政讲习所公启》,1911 年 4 月 1 日《大公报》第三张第二版。
④ 《宪友会召开成立大会》,1911 年 6 月 8 日《大公报》第二张第一版。
⑤ 《政府又密派侦探员》,1911 年 6 月 19 日《大公报》第一张第三版。

下之心,是平乱反以招乱!"①1911 年 11 月,顺直谘议局分别致电内阁和资政院,要求推翻清朝统治,尽快建立共和政体,"为天下安危计,恳速定政策,合满汉蒙回组织共和政体。"②1911 年 12 月 6 日,李榘、籍忠寅、邵义、李文熙等资政院议员上书抗议镇压武昌起义,认为军队是对外的,未经资政院批准就对内用兵,是违宪行为,全院议员决定全体辞职。相关记载称:"本院既经奏请明降谕旨不以兵力定内乱,而汉阳进兵未经本院通过,是为违宪。"③这些都说明,国会请愿失败以后,立宪派对革命派是支持、同情与声援的。

　　滦州起义失败了,但是它极大地动摇了清廷的统治,加速了武昌起义的胜利,传播了民主和宪政的思想,起义的重要成果《宪法重大信条十九条》,作为中国历史上第一部虚君共和式宪法文件,虽因清廷的垮台没有实施,但它宣传了民主立宪的理想,丰富了中国的宪政文化,在中国宪政思想史上占有重要地位。

① 《要电照登》,1911 年 11 月 3 日《大公报》第五版。
② 《人心趋共和之一斑》,1911 年 11 月 23 日《申报》第一张第三版。
③ 《资政院民选议员辞职书》,1911 年 12 月 6 日《大公报》第一张第六版。

第四节 法商学院时期的党员活动

从 1922 年起,直隶法政专门学校及其后身河北法商学院就一直存在
党的活动。除 1927—1929 年因当局疯狂打压而陷入低潮外,在国民革命
和南京国民政府时期都存在着强大的党组织,是京津地区乃至中国革命
的重要基地。因资料和时间所限,本节仅就南京政府时代法商学院党组
织的活动加以简单归纳。

一、法商学院的党员教师

南京政府时代,直隶法政专门学校改组为法商学院。随着院长顾德
铭而来的第一位党员教授就是鲁仲平。鲁是最早在法商学院任教的中共
党员,1929 年 9 月至 1930 年 6 月任本院政治经济科主任,以后长期担任
学院教授,直到学院撤销。他很早就著书立说,宣传马克思主义,"(阎辅
弼)高中读书时,先生曾任班长,读鲁仲平(共产党员)经济学图书,'思想
遂有进步'"。

阮慕韩(1902—1964),河北怀安人,1924 年赴日攻读法律。1931 年
入党,1931—1937 年初任本院法律系讲师,1949 年后任察哈尔高等法院
院长、呼和浩特市市长等职,1964 年去世。有人回忆阮慕韩,称:

　　慕韩1924年就到了日本。他学习刻苦,办事认真负责,作风朴实,文学、法学功底都很深。对真理的追求十分执着,研究马列主义时间也比较长。在日本他曾发起组织了一个"业余社会主义科学学习会",联合了我们七八个思想进步的同学,利用业余时间,经常一起探讨马克思主义。……慕韩于1931年先我半年回国,在北京、天津两地担任大学教授。"九一八事变"激发了他的爱国激情,于1931年10月经鲁仲平介绍入党,以教授身份为掩护在平津地区做党的地下工作。

　　根据学院同学录,1932年6月,阮慕韩已担任学校讲师,讲授法理学、国际私法和劳工法课程,以后又讲授行政法总论[①]。按照当时教师年度聘任的惯例,他应在1931年9月已进入法商学院,最迟不会晚于1932年3月,这是此学期开始之时。他在法商学院五年多,1937年初离校。在校期间,阮直接领导中共"特科"天津组织。杨秀峰说:"阮慕韩是'特科'成员,由他直接领导我。我来往于平津两地,经常两边跑。法商学院教职员中的党员还有温健公和闻永之,也由阮慕韩领导。"[②]学院经济系学生、中共党员庄金林说:"一九三二年南京请愿归来,我结识了阮慕韩老师。他一九三二年到我校教书,原籍察哈尔,日本庆应大学法律系毕业,为人谦虚谨慎,和蔼可亲,深为同学爱戴,教法律,也教日语。课余我常找他请教。"

　　杨秀峰,又名秀林,河北迁安人,1916年考入北京高等师范学校学习,五四运动积极分子,与杨亦周、焦实斋等国民党人交往密切。1926年加入国民党,北伐后曾任天津市教育局科长(局长为焦实斋);1930年加

---

① 《法商学院学期试验时间表》,1935年1月14日《法商周刊》第十一期第二版。
② 杨秀峰.《回忆在平津所作的上层统战工作》,《一二·九运动在天津》,南开大学出版社1985年,第119页。

入中国共产党;1934 年 10 月进入法商学院;1935 年 6 月任学院秘书,1937 年初因学院解散离校,在法商学院两年多,他同时在经济系、政治系和中学任教,是本院党组织活动的主要指导者,也是天津"一二·一八"学生运动的策划发动者[1]。

温健公(1908 — 1938),原名文淦,号守遇,广东梅县人。1928 年加入中国共产主义青年团,后转入中国共产党。1930 年初赴日本早稻田大学研究院,九一八事变后回国,在上海成立留日学生救亡会;同年 11 月被捕。1933 年出狱后曾任阎锡山顾问,在北平民国学院[2]讲授《新哲学概论》,编译出版了《现代哲学概论》等著作。1935 年夏,任法商学院讲师兼研究室导师,参与时事座谈会、经济学会活动,是天津"一二·一八"学生运动的主要指导者。1936 年,任阎锡山晋绥军官教导团政治总教官。1938 年 12 月,因敌机炸弹击中牺牲。

闻永之(允志),湖北浠水人,武昌大学毕业,日本早稻田大学研究生,九一八事变后回国,在河南偃师中学任教,从事地下工作。1935 年春,任北平《世界日报》编辑,秘密进行抗日活动。闻永之在法商学院的时间,应是 1935 年 10 月到 1936 年 12 月底。他是在原辅导课主任苏蓬仙被杀(1935 年 7 月 30 日),继任张新吾上任不足一月离任他去的情况下继任的。1936 年 9 月,闻转任注册课主任。同年 11 月,因学院秘书莫某的控告,闻被天津市公安局逮捕。离校后,闻亦在阎锡山的山西军政训练委员会从事统战工作[3],1940 年 8 月牺牲。

何松亭(1902—1986),辽宁昌图人,早年赴英国剑桥勤工俭学。抗战前,何在白区从事党的秘密工作,担任法商学院教师,并任天津边业银

---

① 《法商学院学期试验时间表》,1935 年 1 月 14 日《法商周刊》第十一期第二版。
② 即私立北平民国学院。
③ 梁寒冰.《从学徒到史学家:梁寒冰回忆录》,天津图书馆藏。

行发行部经理①;抗战时曾任晋察冀边区银行副经理。1949年后,何任人民银行天津市分行行长、人民银行总行教育司司长兼高级干部学校副校长、东北财经学院院长等职;1986年,在京逝世。

陈伯达(1904—1989),原名陈建相,字仲顺,曾用名王通、陈志梅等,福建惠安人。1927年加入中国共产党,"文革"期间曾任中央"文革"组长、中共中央政治局常委。1981年1月,陈被最高人民法院判处有期徒刑18年。根据校刊资料,他1936年进校,在政治系和经济系讲授《政党论》和《世界经济问题》课程。1935年学院资料尚无其任何信息,1936年两学期都有他在校讲课的信息,还曾加入经济学会。

二、中国共产党党员教师的在校活动

1934年,激进的国民党人、进步人士杨亦周先后担任学院的秘书、经济系主任、院长。他主张国共合作,大力援用共产党人,先后有杨秀峰任秘书、闻永之任辅导主任(负责学生管理)、温健公担任研究室导师。经济系主任卢郁文、商职部辅导主任连以农、党义教师王宣(德斋)也曾与中共交往密切,这些都给本院共产党员更大的活动空间。除日常授课和行政管理外,学院的周会、院务会议、图书委员会、时事座谈会和经济学会、法学励进会、商学会等组织都有党员活动的身影。

在1935年3月11日例行纪念周上,杨秀峰作《远东国际形势》讲演时指出:"将最近日本对于中国之新计划,与远东局面的发展,中国本身所处非常严重之地位,以及舆论界对于现在局面之下所发表的意见,均一

---

① 边业银行成立于1919年,由西北筹边使、皖系军阀徐树铮"以开发边疆,巩固国防"为意取名,呈准北京政府设立,取开边创业之意,总行设在库仑(今蒙古乌兰巴托)。1920年迁到北京。1924年被张学良收购后,总行迁往天津,1926年6月又迁到奉天。九一八事变后被日军接收,张学良在天津另立边业银行总行,1937年10月停业。

一分析说明,极为详细,极为动听。"①

1935年9月16日,杨秀峰、温健公与学院《法商周刊》编辑部联合发起时事座谈会,同学自由报名,每周确定一人主题发言,然后大家讨论,最后由杨、温二人作总结。"各系对于时事问题素饶兴趣之同学,踊跃参加,遂于十六日下午四时半,假本校教员休息室开筹备会,到会同学多人,并聘请温健公、杨秀林先生为本会指导,临时表示很多意见,决议于礼拜一召集全体大会。"②

1935年9月30日,第一次时事座谈会召开,韩树义报告《由意阿纠纷与帝国主义斗争之解剖以观察第二次大战是否爆发》。然后是反复辩驳,"会员反复辩驳与补充,空气非常紧张,如似大事之将至,最后由指导温健公、杨秀林二位先生,详细地加以指正与补充"。座谈会从晚上7点开始,到晚上9点半才讨论结束,结论是"意阿纠纷有爆发战争之可能,但帝国主义战争,则不至于火拼或拼也不能扩大与延长,至于第二次大战,则因现在之势不许其爆发"。③ 这是在校大学生的国际形势报告,其全文亦在《法商周刊》发表④。

第二次时事座谈会于1935年10月14日举行,刘绍兴介绍中日关系,然后"由会员各就研究所得,加以补充……最后本会指导杨秀林先生,把日本动作的原因加以总括,更论及我国民众对列强的原则,与对中日问题应有之认识,颇为正当扼要"。⑤ 事后,《法商周刊》刊发了东流撰

---

① 《纪念周纪略》1935年3月18日《法商周刊》第十七期第二版。
② 《时事座谈会成立》1935年9月23日《法商周刊》第二版第7页。
③ 《首次时事座谈会》,1935年10月7日《法商周刊》第6页。
④ 《时事评述》,1935年10月7日《法商周刊》第7页。
⑤ 《时事座谈会举行第二次问题讨论》,1935年10月21日《法商周刊》第3页。

写的《我们对于"中日经济提携"的认识》①,认为"我们要有坚定主张对于中日经济提携问题,民众最低限度的希望是利用外资是可以的,经济互惠也是欢迎的,但溢此范围,是危害民族生存,使华北殖民地化的办法,则誓死反对之"②。

1935 年 10 月 28 日举行的第三次时事座谈会,由郑雪报告阎锡山的土地村有政策,杨秀峰、温健公、闻永之等党员教师悉数参加。杨秀峰"补充介绍社会人士之批评,最可贵者提出研究土地问题之方法,指导温健公先生稍加补充,并指出会员报告之不正确点。总之最后结论,认阎百川先生的土地村有,固然在世界思想中是落伍的,但在中国尚是进步的一个土地改革方案。我们希望该案能在六中全会中通过,同时要领导民众要求阎百川先生说话兑现。最后闻永之先生更指出会员意见之一点错误,并规定土地革命之性质。闭会前决定下期讨论题目为《土地改革在民族革命中的重要性》,由朱君纪章为主任报告人,刘君绍兴为大会主席"③。

1935 年 11 月 18 日,时事座谈会召开第四次讨论会,决定出版壁报,以便唤起同学对时事问题的注意,并由两周一次的会议改为每周一次。④

温健公是研究室指导教师,辅导研究室国际论文编译会和日文研究会。1935 年 9 月 27 日的国际政治经济论文编译会第一次会议上,温健公提出:"报告本会成立意义、工作方针与工作方法……并决定每星期四下

---

① 所谓华北经济提携,是 20 世纪 30 年代日本为吞并中国华北所推行的一项殖民经济政策。早在 1933 年秋,日本外务省亚洲局就开始拟订向华北发展日本经济的方案。1933 年 10 月,外相广田以"训令"的方式,确认了发展日方在华北地区权益的一系列文件。1934 年 2 月,日本外务省又针对中国方面要求日本进行经济合作的意向,提出了日本对华"经济提携"的具体内容,即通过在华北投资、开矿、建港口、修铁路等手段实现对华北的全面控制。耿兆锐.《宋哲元与〈中日华北经济提携协定〉》,《理论界》2009 年第 4 期。东流,估计为刘绍兴。

② 《时事述评》,1935 年 10 月 21 日《法商周刊》第 3 页。

③ 《时事座谈会第三次时事讨论》,1935 年 11 月 4 日《法商周刊》第 4 页。

④ 《第四次时事座谈会》,1935 年 11 月 25 日《法商周刊》第六张。

午一时在研究室接待室开常会一次。"1935 年 10 月 23 日,该会召开第二次谈话会,定于每周二、四两个下午各活动两小时,活动以启发式研究为主。相关报道称:"温健公先生勖全体会员养成守时习惯、研究恒心,摒斥过去国人对研究日文之错误观念,并指示今后研究日文之途径。闻该会已于上星期四(十月二十四日)下午开始研究,课本为《大战后之国际对立》云。"①

中国共产党党员教师还是学校各种集会的活跃分子。1935 年 9 月 25 日的新生指导周上,温健公讲演《大学生的责任与新同学应努力的方向》。1935 年 10 月 7 日,他在全院第四次周会上讲述《意亚问题的展望》,这是院长杨亦周安排的,"本月七日为本院第四次周会,院长请本院教授兼研究室导师温健公讲演《意亚问题的展望》,全体听众,均为动容。"讲演认为,"一九二九下半年,世界经济恐慌爆发以来,各帝国主义者,都企图将恐慌转嫁给殖民地大众,转嫁给本国的劳苦大众,企图从反苏联的战争,帝国主义的第二次世界大战,镇压殖民地革命运动的战争中,找寻他们克服恐慌的出路,而要求最迫切的在远东的日本。……我们的同情,毫无疑问,是给予阿比西尼亚的。然而光是同情是不够的,只有我们也坚决地掀起反帝国主义,反法西斯蒂的斗争,才是我们对阿比西尼亚最有效的同情。"②1935 年 10 月 28 日,辅导课主任闻永之在学院第七次周会上发表讲演,"讲词沉痛异常,志者悚然"。他"首由国际环境的转变,国内经济的破产及外交上的压迫三点,解剖中国民族当前的危机。继由历史上,说明中国学生在历次革命运动中,所站的位置。最后谈到现代的青年应有如何的觉悟,以担负起时代的任务"③。

何松亭是法商学院兼职讲师,讲授商学系《银行实务》和经济系《合

---

① 《日文研究会开始工作》,1935 年 10 月 28 日《法商周刊》第 3 页。
② 《本院第四次周会》,1935 年 10 月 14 日《法商周刊》第 1 页。
③ 《闻永之先生讲"中国民族的危机和我们应有的认识"》,1935 年 11 月 4 日《法商周刊》第 2 页。

作论》课程,辅导学生银行(学生模拟银行)。1935年4月30日,他到本院经济学会讲演,题为《美国之白银政策与中国之经济恐慌》。[①] 1935年9月12日,何松亭到校参加学生银行筹备会,提出了很多意见。[②] 同年9月17日,何出席了实习银行第二次会议,并被选为监察人、协理,负责协助该机构运转。

　　温健公等还积极指导学院各学生社团的活动。1935年10月3日,温与经济系主任卢郁文、研究室主任导师王子建等一起参加了庄金林主持的经济学会第三届全体大会并发表致辞。相关报道记载:"新会员卢郁文、温健公、王子建三先生亦莅会参加,首由大会主席庄金林报告开会意义,继由卢主任及各教授分别致训词。"[③]1935年10月8日下午,在经济学会第三次干事会上,温健公被选为出版委员会委员,会同庄金林、刘绍兴、萧垧等筹办机关刊物《经济汇刊》。[④] 1935年10月22日,经济学会第四次干事会聘请杨亦周、卢郁文、温健公为经济问题讨论会及读书会指导。

　　杨秀峰、何松亭等还以各种名义与同学进行联系。1935年10月3日,杨秀峰、何松亭参加了商学系迎新大会,"师生六十余人,济济一堂,颇极一时之盛。"1935年10月,温健公利用商职部第九次周会发表了《阿义战争问题的讲演》。10月26日下午,闻永之、温健公等率领法律系法学励进会30多人参观了坐落于天津的河北第三监狱。

　　商职部统计学讲师、共产党员赵梅生在学院也很活跃。赵梅生(1906—1944),原名赵作霖,又名赵长远,山西平顺人,1926年考入北京大学预科,不久加入中国共产党,后在北大经济系读书。[⑤] 曾任中共北平市委委员、组织部部长,1935年任中共北方局军事代表(一说担任中共河

---

① 1935年5月6日《法商周刊》第二十三期第二版。
② 《本院学生银行不日成立》,1935年9月30日《法商周刊》第三版。
③ 《经济学会第三届全体大会》,1935年10月7日《法商周刊》第八版。
④ 《经济学会第三次干事会记录》,1935年10月14日《法商周刊》第五版。
⑤ 敬木.《北大学生赵梅生的传奇人生》,《党史博览》,2006年第2期。

北临时省委军委书记),负责河北兵运,1944年在延安病逝。在法商学院"一二·一八"活动中,他是唯一被明令解聘的教师。在课外讲座中,他公开质疑中国资本主义发展的可能性:"中国目前最严重的问题有两个,一个是帝国主义的压迫,一个就是农村问题。……小农经济、高额地租,过高的地价及帝国主义的支配等却又是资本主义发展的死对头,而且这些障碍如果不经过特殊的事变,是绝不能克服的,所以资本主义和平发展的可能性大概是很少的。"[1]北平发生"一二·九"运动以后,他公开动员学生说:"北平学生爱国,难道天津学生就不爱国吗?我相信在座的同学都很爱国。北平学生干的,为什么别的地方的同学干不成?!"[2]

三、法商学院的学生共产党员

1931年,法商学院学生朱光、郝金贵入党。1933年,学院建立了党支部,1934年遭到破坏。1935年以后,学院大学部和商职部都设有党支部,郝金贵任大学部支部书记,党员有庄林、阮务德、宛汝义、王民生、付朋竹、刘立栻等。商职部党支部在"一二·九"运动后成立,刘瑞方、可与之先后担任党支部书记,党员有田雨霖、刘增奎、尤克、何静(李炳新)、孙鸿志、李悦芬、于振华等[3]。

郝金贵,又名茂堂、锦堂,河北大名人,原法商学院高中学生,根据1932年法商学院高中的毕业纪念册,他是本校高中三年级学生,则其1931年9月已经在校,1936年大学毕业离校,最少在校5年。

朱光(纪章),1932年考入法商学院经济系,1935年任学生自治会体

---

① 赵梅生讲,刘济光记.《中国农村问题》,1935年12月2日《法商周刊》第7页。
② 《天津法商学院商职部党的活动》,《一二·九运动在天津》,南开大学出版社,1985年,第278页。
③ 程宏毅、杜文敏、姜思毅.《担负起天下的兴亡》,《一二·九运动在天津》,南开大学出版社,1985年,第165页。

育股主任①,1936 年毕业。

宛汝义,1932—1936 年在本校政治系学习,曾任班长、研究室编译员和学生自治会出版股股员。

可与之,河北安平人,法商学院中等商业科 1935 年毕业转入商职部会计科二年级,商职部地下党支部书记,1937 年离校,在校六年。②

王民生,武昌人,1932 年 6 月在本校高中二年级学习,1933 年 9 月考入本校大学部经济系,1937 年初离校,最少在校 6 年。

庄金林,字子周,天津人,1927 年考入天津公立商科职业学校,1931 年考入法商学院预科,1933 年考入法商学院经济系,1937 年初离校,在校时间五年多。

阮务德(1914—1938),河北山海关人,1933 年就读法商学院,是本院抗日救亡积极分子、天津"一二·一八"学生游行的主要组织者,此后不久加入中国共产党。1936 年被捕后离校,参加平西和冀东等地抗日游击队。1938 年 10 月在激战中牺牲。

刘济光,回族,1915 年出生,字明初,后改名瑞方,天津人。1933 年 1 月毕业于天津公立商科职业学校③,1934 年夏考入法商学院商职部,曾参与主编《法商周刊·商职附页》,1937 年毕业,是商职部最早的党员和党支部创建人。

法商学院学生党员多是学院各方面优秀分子。庄金林曾任学生自治会主席、阮务德曾任自治会常委,他们在学习和各种活动中都很突出,受到师长们的肯定。1934 年 11 月 26 日,大学部举行演讲竞赛大会,庄金林获第二名,是前五名中唯一的经济系同学,其他均来自政治系④。庄金林、可与之、阮务德、王邦屏等因成绩优异多次减免学费,阮务德、王民生

---

① 1934 年 10 月 29 日《法商周刊》第一期第二版。
② 《中学部学生自治会改选完竣》,1935 年 3 月 11 日《法商周刊》第十六期第二版。
③ 1936 年 10 月《天津公立商科职业学校同学录》。
④ 1934 年 11 月 26 日《法商周刊》第五期。

还曾担任班长。①

四、"一二·一八"大游行及其以后的法商党组织

　　法商学院一直是天津学生运动主干,早在九一八时期,天津学联的不少活动就在法商学院召开。1931年11月6日,天津学生救国会在法商召开常务会议,决定罢课,一直持续到当年12月初。时人报道:"省立各高校,如法商、一师等,仅余少数职员学生……津市数万青年学生,至此流离失所,惨哉!"②

　　1935年12月9日,北平数千名学生向当局请愿却遭到镇压。这就是著名的爱国救亡运动——"一二·九"运动。而天津学生组织的"一二·一八"大游行,则是"一二·九"运动的重要组成部分。天津举行"一二·一八"大游行时,法商学院党组织已很强大,很多具体工作由法商党组织安排。北平学生游行后,天津学联派朱光、庄金林等同学前去联络。天津各校同学的联络也是杨秀峰、温健公、阮慕韩等通过郝金贵、庄林进行的。"一二·一八"的游行队伍是庄林带头从法商学院出发的。在体育场举行群众大会时,法商教师杨秀峰、温健公、赵梅生等发表公开讲演,要求停止内战、一致抗日。当时的天津市委组织部部长李启华说:"天津地下党员人数虽然很少,但是他们起了领导作用。法商学院郝茂堂、朱纪章等人,他们的工作使法商学院成为'一二·一八'运动的中心"。③ "一二·九"运动中,起了很大作用的是郝茂堂和他的支部。

---

① 《本学期各班班长名单》,1935年9月30日《法商周刊》。
② 《各校复课又成泡影　数万学生流离失所》,1931年11月29日《大公报》第六版。
③ 李启华.《我在天津从事地下工作的回忆》,《一二·九运动在天津》,南开大学出版社,1985年,第106页。

　　"一二·一八"游行以后,杨亦周院长被逼辞职,吕复继任院长。吕复相对保守,对学生参加政治运动持反对态度。因此,1936年以后,定期举行的时事座谈会没有了,《法商周刊》的《时事综述》栏目取消了,杨秀峰也不再担任院长秘书,但党组织在学院仍然拥有强大的影响力。1936年4月23日,天津学联决定为声援学生自由文化促进会的反帝运动而罢课,法商学院积极响应,"为响应此间学生自由文化促进会之反帝运动,遵照天津学生联合会之决议,自本月23日起罢课二日。于此罢课期间,工作颇忙,二十三日上午开全体大会,当场同学空气非常紧张,一致通过天津学生联合会之决议案,罢课两天。决议终了,并请本院教师讲演,直至十一时半始散会。晚七时半开座谈会,讨论专门问题,颇有研究之精神。"①1936年6月,天津各高校继续罢课,"至北洋工学院、南开大学、法商学院,仍全部停课,学校当局虽已迭次劝告,卒未生效。尤以法商学生最为坚决。"②

杨秀峰　　　　　　　　闻永之

　　杨秀峰、闻永之等党员教授仍然出席院务会议,参加各种校务活动,辅导学生论文,由于在学生中拥有较高声望,学院不少活动仍要倚重他们。1936年1月15日出版的经济学会机关刊物《经济汇刊》,就刊有庄

---

①　《学生自治会消息》,1936年4月27日《法商周刊》第五版。
②　《北洋南大等校仍未恢复常态》,1936年6月6日《益世报》第二张第七版。

金林、温健公的论文。1936 年 2 月 17 日晚,经济学会召开全体会员大会,吕复出席会议并讲话,决定成立经济系恢复招生委员会,杨秀峰、王守先、庄金林均为委员。① 3 月 23 日,《法商周刊》发表了杨秀峰的《德日外交政策与中国》,这是他在 2 月 16 日周会上的讲演稿。他认为希特勒进兵莱茵尚不至爆发世界大战,但日本的政变,只能使其外向性更强——"日本政变的本质是法西斯的政变,今后……总是要加强法西斯化,扩大反自由主义的势力。……日本今后的对外政策,更要再接再厉地强化……遭祸最深的怕是中国,决定是中国。……日本一向的缓和就是积极的前奏,一元外交的背后进行多元军事的侵略,当此民族危机存亡之秋望政府明定方针,使民族有所遵循,上下团结一致图存。"②

杨秀峰(前排左二)与政治学会

1936 年上半年,杨秀峰担任政治系毕业班《现代政治经济问题研究》和《社会主义史》(学年课),一年级新生《社会科学方法论》和商学系新生《近世产业发达史》四门课,下半年除《社会科学方法论》之外,还担任

① 《经济学会本届会员全体大会记录》,1936 年 2 月 24 日《法商周刊》第 3 页。
② 《杨秀林教授讲述 德日外交政策与中国》,1936 年 3 月 23 日《法商周刊》第二版。

《国际政治》和《中国政治史》。相关研究显示,杨秀峰主讲的《社会科学概论》座无虚席,还吸引了不少中学学生参加旁听①。1936 年 5 月,何松亭到学院商职部讲演《世界经济恐慌及我国货币改革问题》,长达 40分钟②。

1936 年 8 月,吕复执掌的新学期开始,阮慕韩仍任法律系讲师,杨秀峰、樊止平仍为经济系教授,闻永之转任学校注册科主任,仍参加院务会议。学院发起的改善校园环境活动中,杨秀峰、阮慕韩、何松亭、闻永之、陈志梅(伯达)都有捐款,说明他们仍在校活动。③ 学院每周二晚上例有学术讨论会,各教员轮流担任主讲。1936 年 10 月 21日晚,就在闻永之回家准备讲座时被天津市公安局逮捕,随即离开学院。④

阮慕韩

---

① 程宏毅、杜文敏、姜思毅.《担负起天下的兴亡》,《一二·九运动在天津》,南开大学出版社,1985 年,第 121 页。
② 《商职部消息》,1936 年 5 月 11 日《法商周刊》第三版。
③ 《商职部消息》,1936 年 11 月 23 日《法商周刊》第六版。
④ 《法商注册主任闻永之前日失踪》,1936 年 10 月 23 日《益世报》第五版。

五、若干史实的厘清

一些传统说法流传甚广,但有些不够准确,现予以厘清。

第一,杨亦周聘请了共产党员来校任教。程宏毅等学者认为,华北事变①前夕,进步教授杨亦周出任院长,聘请了杨秀峰、黄松龄、温健公、阮慕韩、闻永之、何松亭等(皆为中共党员)为教授②。事实上,杨亦周在1935年6月份以后才担任院长,此时杨秀峰、阮慕韩、何松亭早已在校任教,只有温健公、闻永之是杨亦周任院长后才到岗任教的。温健公虽为研究室导师,但不是教授,他和阮慕韩、何松亭一样,都是兼职的,只能担任讲师。闻永之不是教师,而是职员,先任辅导主任,后任注册主任。黄松龄并未在法商任教,他确实到法商活动过,但他是北平大学法商学院教授,而非天津法商学院教授。

第二,有人说,杨秀峰曾任法商学院秘书兼教育系主任③。这是多年后的回忆,并不准确。实际上,杨秀峰来院时只是教授,1935年6月高崇焕辞职、杨亦周接任院长后,杨秀峰才被任命为秘书,但他没有担任教育系主任,法商学院也没有教育系。应该说,杨秀峰在本院并没有担任系主任,他的院长秘书职务已经很重要,但不是系主任。

---

① 所谓华北事变是指20世纪30年代,日本占领中国东北以后,开始入侵中国华北地区。1935年,日本在华北制造一系列事件,向中国政府提出使华北政权"特殊化"的要求。6—7月,中日先后签订《秦土协定》和《何梅协定》,使中国政府在河北、察哈尔两省的主权大部丧失;9—10月,日本人又公开策动、支持华北"防共自治运动",企图使中国华北五省、二市脱离中央管辖成为其卵翼下的"满洲国"第二,激起了中国人民的强烈反对,直接引发了"一二·九"运动。
② 程宏毅、杜文敏、姜思毅.《担负起天下的兴亡》,《一二·九运动在天津》,南开大学出版社,1985年,第129页。
③ 庄林.《天津的"一二·九"运动》,《一二·九运动在天津》,南开大学出版社,1985年,第259页。

　　第三,"经过共产党员和民先队员的努力,许多学术性的团体便在各个学校相继建立。如法商学院成立了'经济学会''政治学会''时事座谈会',经常请杨秀峰、温健公等同志指导和讲课。"①这个说法不准确。"经济学会""时事座谈会"的成立早在"民先"成立之前。据当事人回忆,"民先"是 1936 年 2 月 1 日成立的,全名"中华民族解放先锋队"②。"经济学会"是 1933 年成立的,当时杨秀峰、温健公还未到校,阮慕韩在法律系任教,也很少参与经济系的活动。"时事座谈会"是 1935 年 10 月成立的,主要发起人除了党员教授杨秀峰、温健公外,还有学校编辑部主任王守先,是校刊编辑部与杨秀峰联合发起的③。

---

① 程宏毅、杜文敏、姜思毅.《担负起天下的兴亡》,《一二·九运动在天津》,南开大学出版社,1985 年,第 151 页。

② "民先队"织就北平抗日网(组图)中国新闻网,2013 年 02 月 01 日 http://www.chinanews.com/cul/2011/06—29/3145930.shtml。

③ 王守先(1911—1937),湖南长沙人,1930 年考入法商学院,1935 届经济系毕业生。早在 1929 年,他就是北平学生联合会代表,参与反蒋活动,是本院学运积极分子,新剧社活跃分子,参与新剧公演。曾先后发起经济学会和时事座谈会、法商校友会,后任学生自治会常委(兼游艺部主任)、《法商周刊》编辑部主任、校友会执行委员,后因从事抗日活动被捕杀。

附　录

法商校史资料选

本院院史

　　本院于民国十八年夏改组成立,改组之前为河北省立法政专门学校,又前为直隶法政专门学校,又前为北洋法政学堂。溯自创办迄今历时二十六载,过去事实不无可寻,爰述其梗概如次。

　　——北洋法政学堂时期(一九〇六—一九一四)

　　清光绪三十二年六月,北洋大臣袁世凯札委黎渊为监督,筹设北洋法政学堂,即于新开河兴建校屋。十一月十五日①启用北洋法政学堂关防,申呈总督,并咨呈各司道。

　　三十三年四月,校屋落成,即今之院址也。七月初五日招生②,初十日行开学礼,二十五日开课。初招讲习科,设立专门科,分职绅两班。职班名额百五十名,为司法科;绅班百五十名为行政科,并仿日本维新初年司法省法律学校之制,设立专门一科,以六年毕业,分前三年为预科,后三年为正科。预备科名额二百名,分英法德文三班,升正科时,分为法律、政治两科。

　　三十四年十二月,职班毕业百四十四人、绅班毕业百二十人。

---

①　西历 12 月 30 日。
②　七月五日即西历 8 月 13 日,初十日为 8 月 18 日,正式开学为华历七月二十九即西历 9 月 6 日。

宣统元年正月，监督黎渊卸事，熊范舆奉杨宫保①札委到差。添招老班别科，名额百人，期以三年毕业。二月，熊监督去职，张鸣珂到差视事。八月，添设中学，招第一班学生八十人，期以五年毕业。旋监督张鸣珂去职，胡钧继任。

二年二月，直隶总督陈②札委李榘为监督，继胡钧任。秋季开学后，请愿国会之风起，本校学生奔走最烈。时清廷专制，人心厌恶，改革政体之说，相为倡和。是时政治运动，分为两派：一为立宪派，一为革命派。本校学生多为立宪派，革命派则居少数。立宪派加入请愿国会运动，联络天津各校学生组织同志会，津绅温世霖为正会长，本科学生胡宪为副会长。时有学生吴某(失其名)③割臂之惨，流血满盂，血书请愿国会十数字，大如斗，贴讲堂四壁。秦广礼断指写血书，以激扬民气，及孙可断肘，遍身血迹淋漓，更惨不忍睹矣。于是全校同学震惊，莫不激昂慷慨，互以血泪相见，誓死达到开国会目的。未几，会长温世霖被放新疆，学校提前放假，滔天巨浪，悠然沉寂。而革命派之进行，则勃勃然起矣。是年七月，专门部预备科英文班毕业七十人、法文班四十四人、德文班五十五人。

三年正月，添招别科第一班。十月，革命军起，地理教员白毓崑，学生

---

① 应为时任直隶总督杨士骧。

② 即陈夔龙，时任直隶总督。

③ 李榘亦作吴某，似不确，法政学校割臂者为江元吉。"北洋法政学堂正科法律班学生江君元吉(湖北人)，昨日因见朱谕，资政院弹劾军机无效，已自愤懑。适又与众学生讨论第四次国会请愿事，于十二时，自己用刀于左臂上割肉一块，血书'为国请命泣告同胞'八字。书毕，昏倒在地。"参见1910年12月20日《大公报》。刘际清说："孙可上台讲话，在激烈时抽出短刀，割臂流血不止，立即晕倒""继又有刺血者十几人"。李大钊则说："同学孙可君断肘……全身为血所染"。李榘的回忆，虽名为在直隶法政学校纪念会上的"纪念词"，实际他并未与会，而是发来了书面贺词，"余抱病数载，每思为文，辄头晕而止。辞不获已，谨就为监督时可纪念之事实详述之。"文末落款为"束鹿李榘谨记"。又说"诸君子读吾纪念词而奋然兴起乎！"这都说明李榘并未参加会议。参见北京大学图书馆、北京李大钊研究会编.《李大钊史事综录》，北京大学出版社，1989年，第36—42页；中国李大钊研究会编注.《李大钊全集》第四卷，人民出版社，2006年，第383页。

于树德、王宣、凌钺诸人同时奔走革命。白、于、凌三人往滦州,联络军队,王往徐州。滦州革命失败,白毓崑以身殉,于凌二人幸免。

民国元年五年①,监督李榘辞职,胡源汇代理。八月,张恩绶来长斯校,自是更监督之名为校长。十二月,老班别科毕业百又八人。

二年一月,添设法政预科。遵照教育部颁定学制,预科一年毕业,本科三年毕业。三月,校长张恩绶辞职,高俊彤代理。是年六月,法律本科毕业五十人、政治本科七十人;十二月,中学第一班毕业二十人。

——直隶法政专门学校时期(一九一四—一九二八)

民国三年六月,直隶巡按使朱,札委安尚敬等为接收合并各校委员。七月,接收合并竣事。于是保定法政专门学校②、高等商业专门学校③二校并入北洋法政专门学校,定名为直隶法政专门学校。内设三科:一法律科,一政治经济科,一商业科。校长一席,以前高等商业专门学校校长梁志宸充任。八月,颁发直隶法政专门学校钤记,定全年经费六万七千六百五十六元。八月,详呈巡按使修理前商业专门学校斋舍四座,改建饭厅一座,旋奉饬照准。先是北洋法政专门学校,有大饭厅一座(今小三楼后院内花园即其旧址也),学生全体聚食于斯,时以失修倾圮,不堪应用,又因学生自备伙食,仿照前商业专门学校办理成效,勿庸聚食一堂,故有拆除大饭厅,改建平房饭厅二十余间之议。是时学校地址全部,合前北洋法政专门学校、前高等商业专门学校而为一,计分东西两院:东院即有礼堂一座,楼房百六十间,堂舍占地面六十七万七千五百九十五方尺,操场占地面八万四千四百零五方尺,余地七十六万二千方尺。西院计有礼堂一座,楼房六间,平房二百间,另附子院一所(即西北小楼),楼房二十六间,平房三间,堂舍占地面三十九万八千二百五十六方尺,操场占地面八万七千

---

① 五年似应为五月。1912 年(民国元年)5 月,李榘因赴京担任临时参议院议员而辞职离校。白雅雨等的滦州起义则在 1912 年初,此时李榘尚在校。此处语序有调整。
② 即原直隶法政学堂,此时更名为保定直隶省公立法政专门学校。
③ 前身为北洋师范学堂,校址在新开河北岸、北洋法政学堂以西。参见崔志勇主编. 《李大钊与北洋法政专门学堂》,第 205 页。

五百零六方尺,余地五十七万三千一百一二十五方尺(以上三年根据学校一览表)①。综计房舍几四百间,地面二百五十八万余方尺,规模洵宏远矣。是年六月,中学第二班毕业二十人、十二月别科第一班毕业八十三人、中学第三四班百人,亦于十二月间奉饬合并归入南开毕业,自是停止招考中学班。

四年八月,直隶巡按使朱②饬准校长梁志宸辞职,以张云阁接充。是年六月,别科第二班毕业三十四人、十二月法律本科一班毕业五十一人、政治经济科本科一班毕业二十七人。

六年三月,前办附属中学所设备之理化像(仪)器、博物标本、生理模型等物品,拨归直隶私立法政专门学校,充备接办中法中学应用。旋校长张云阁辞职,李镜湖奉委继任③。六月,校长李镜湖具呈直隶省长曹④,拟于本年毕业班次,每班选择成绩最优者一人或二人,贷费遣送日本留学,以资深造,由历年撙节项下提出银千二百元,均分各生。经奉令照准,八月,直隶省长曹,令遴选教员一人派赴日本考查学务办法。十月,选送教员李志敏赴日。是年六月,法律本科二班毕业四十六人、商业本科二班十

---

① 或为"学校三年一览表",原文发排有误。

② 即朱家宝。

③ 据说,直隶籍国会议员、韬园系干将张书元曾推荐李大钊于此时担任校长,1917 年 2 月 20 日,"马千里先生在女师学校听齐璧亭谈,直省国会议员张馨吾想推荐李大钊任天津政法学校校长",但未成功。又有说,有人欲推荐白坚武为教务长,1917 年 6 月 25 日的《甲寅》有消息称:"近闻该校有大更动,继校长任者为李君镜湖……至于教务主任一席,关系至为切要,闻校内外颇属望于白君坚武。白君为本校出身,老班中之高才生也……闻李君亦颇属意于白君,记者将为母校庆得人矣!"中国李大钊研究会编注.《李大钊全集》第二卷,人民出版社,2006 年,第 154 页。但是,白坚武并未来校,而是很快离津南下任李纯幕僚。事实上,李大钊于 1917 年 5 月 5 日回乡省亲,6 月 22 日二人才再次相见。29 日,白坚武"借王复轩洋 30 元,赴沪订轮船票"7 月 1 日即"偕泽民搭轮赴沪,晚 11 时半上船。"可见白李没有到法政学校就任时间。参见中国社会科学院近代史研究所编,杜春和、耿来金整理.《白坚武日记》,江苏古籍出版社,1992 年,第 78 页。根据 1917 年同学录,李镜湖、李志敏已于 1917 年 6 月底前到校。

④ 即曹锐。

一人;十二月,法律本科三班毕业三十七人。于树德、安体诚二人被遣赴日本留学,入京都帝国大学经济部肄业。

七年六月,商业本科三班毕业二十五人。

八年七月,添设甲种商业讲习科,期以一年预科毕业,三年本科毕业。为造就中级商业人才,以固实业基础计也。原拟一次添招学生两班,年增经费八千四百元,嗣以实际只招收一班,减为年增经费五千元,并固有经费,全年支七万二千六百五十六元。八月,腾校舍一部与第一师范学校,并经厅谕,旧有校舍不敷住用,准另请款建筑或修补。旋奉拨修补建筑费银万六千元,遂于九月兴工。是年六月,法律本科四班毕业十三人。

九年六月,呈报建筑工竣,除修葺外,添筑斋舍几间①,接修宿舍五大间,隔断廿间,厕所八间,围墙十六丈,砖瓦房十五间,厨房五十八间。今之六七斋舍及学生厨房,多为是时建筑物。时因运水困难,与第一师范、长芦育婴堂共同安设自来水管,摊装置费千六百元。是年六月,毕业学生,法律本科六班三十四人,政治经济本科二班二十四人,商业本科四班十五人。

十年八月,校长李镜湖委署万全,以李志敏接充。十二月,呈准安设电灯。是年六月,法律本科七班毕业六十六人、政治经济本科三班十六人、商业本科五班三十人。

十一年十月,规定校徽为一盾形,取防御恶社会潮流之意,中间为淡青色,外纯白,表示中心淡泊,外体纯洁之意,上边嵌罗马字母 C. L. C,表示为直隶法政之名,其红色者,取盛大之意也。是年六月,法律本科八班毕业六十人、政治经济本科四班十二人、商业本科六班十六人。

十二年四月,于大门内斋舍南院面积得十二亩,辟做校园,兴工一月落成;添草亭三,圆形荷花池一,置草木花数百盆。时定每年十二月三十日为学校周年纪念日,盖计自北洋法政学堂启用关防日期起也。五月,出

---

① 原文如此。

售坐落六马路北首之校地七亩,得价万一千二百元,为扩充图书馆计,备作购买图书专款。旋由西楼上(今教员休息室)移图书馆于东楼,上下占房二十四间,且购置中外图书数千百种焉。十二月,东大楼不戒于火,楼上下全部被焚四十余间,公私损失约两万余元。是年六月,法律本班毕业五十三人、政治经济本科五班十三人、商业本科七班十六人、甲种商业本科一班十三人。

十三年四月,呈请修复东大楼,以毓兴木厂为得标人,需银万三千元。经奉令照准,五月呈请拨款,旋奉省令,内开。据财政厅核复:"遵查,该校因上年教职员宿舍被焚,会议修复,固与寻常无故请款不同……惟现在省库异常竭蹶……无从筹拨……俟省库财力稍充,再行酌核"云云。于是令准修复之东大楼,迄今仍败瓦颓垣也!十二月,挪借图书专款五千余元,支付教职员薪俸。是年六月,法律本科十班毕业五十六人、政治经济本科六班二十四人、商业本科十二人、甲种商业二班十五人。

十四年九月,校长李志敏病故于张家口,刘同彬代理职务。十二月,呈报,乱兵抢掠校内什物一空。是年六月,法律本科十一班毕业五十五人、政治经济本科七班十九人、商业本科九班二十三人、甲种商业本科三班二十四人。

十五年二月,挪借图书专款千余元支付教职员回籍川资。八月,校长刘同彬就职。十一月,校内驻军稍减,请款修葺。盖自十三年秋,直奉战役起,校舍屡作后防医院,此往被[彼]来,抢劫焚毁相随属,房屋、器具、花木二十年来所经营培植者,摧残殆尽。且也,经费奇窘,教职员薪俸积久压欠,几无以供饮馔川资者,前之图书专款,强半挪借于斯,然亦车薪杯水也。是时校内辍弦歌、闻呻吟,化书香为腥秽,无形损失更难以言宣矣。是以师生同伤,共谋补救之方,遂由学生供给杂费,教职员则暂服义务,又废除寒暑例假,以补足驻兵过多时之缺课,此当时艰难困苦维持之状况也。是年六月,法律本科十二班毕业二十八人、政治经济本科八班十二人、商业本科十班三十四人、甲种商业本科四班十人。

十六年六月,法律本科十三班毕业三十九人、政治经济本科九班五人、商业本科十一班十五人。

十七年四月,西北小楼被焚,全部延烧。初,是楼备作教职员宿舍用。十五年四月间,鲁军到津占为后防医院。十六年三月,鲁军他徙,直隶督办公署勘作制弹厂。遂于月初之十日惨遭于火。五月,校内驻军增加,房屋全部占据。除是年毕业生外,余俱回籍。六月,旧驻军他徙,旋有大批新军入校,什物书籍,遍遭蹂躏,损失尤巨。是时北伐告成,直隶省有改名河北省之议。

——河北省立法政专门学校时期(一九二八——一九二九)

民国十七年八月,河北省教育厅令将直隶省改为河北省。旋校长刘同彬辞职①,校务由教职员组织校务维持会负责维持。谢宝清、李毓棠、张庆开、张启元、刘次青、杨景濂②、李邦翰、刘焕文、耿驯生九人当选为委员。九月,教育厅令,校名上所冠直隶二字改为河北。十一月,北平大学③成立。是年六月,法律本科十四班毕业三十六人,政治经济本科八班五人,商业本科五班十一人,甲种商业本科五班十一人。

十八年一月,北平大学接收河北省教育厅,本校改隶于北平大学。三月,《北平大学改进河北省高等教育计划草案》中称:"改天津河北省立法政专门学校为北平大学区河北省立法商学院,将各科改称学系。十八年度经费每月增加一千元,连同原有经费五千六百元,合计每月实领六千六百元云云"。旋经审查,定名为北平大学区河北省立法商学院,于四月二十三日经省府会议通过。于是本院名称确定。

---

① 按本文叙述,刘同彬长校应为1925年9月至1928年8月,校务委员会负责期为1928年9月至1929年5月。

② 杨景濂即杨亦周,1921年12月同学录登记为法政预科,后升入本校商科,期间曾到北京大学政治系旁听,毕业后留校。谢宝清,字萍舟,1921年12月同学录登记为主任,1929年10月离校,后曾在本校商职部、私立达仁学院任教,1946年协助顾德铭复校。

③ 此时之北平大学囊括了原北京大学、北京师范大学等京津地区所有高校,其后多校陆续退出,本院亦获独立。

——河北省立法商学院时期(一九二九—　)

民国十八年五月,北平大学区教育行政院训令:"河北省立法政专门学院[校]改为北平大学区河北省立法商学院,并聘顾德铭先生为学院院长。"六月,本院法律、政治、商业各本科,改为专门部。甲种商业讲习科改为甲种商业班。七月,北平大学区取消,河北省新教育厅成立。本院复隶属于教育厅,院名上不冠以"北平大学区。"八月,添设大学预科,兼收女生。本院之有女生自此始。旋易院徽作长方形,长二寸,宽寸半,盖取普通形式也。时承军事之后,房舍之坍塌者十四五,器具之损坏者十六七,至于门窗户壁,十九破碎。现院长顾德铭到院伊始,力图整顿,如修补斋舍、备置器具、添设浴室,不遗余力。是年六月,法律本科十五班毕业三十七人、政治经济本科十一班五人、商业十三班五人、甲种商业六班毕业十七人。

十九年二月,甲种商业班改为中等商业科。四月二十三日,举行本院改组成立第一周年纪念。六月,奉部令停止招考大学预科。添设高级中学,并决定自十九年度起实行政治经济分系。七月,改建本院大门,宏壮逾初。八月,本院经费增加,十九年度全年实领十一万三千九百六十九元。十一年,《法商周刊》、季刊编辑部成立。是年六月,专门部法律本科十六班毕业三十二人、政治经济本科十二班十四人、商业本科十三人。

二十年……①

本院事迹,略如上述。而关于本院组织沿革、学科变迁以及学生主办各会社之成立,或因文卷不全,首尾莫详,或为时间所限,征询未遑,爰略作一简括记述,且补遗漏也。北洋法政学堂成立之初,设监督一人,总揽校务,下设教务长、斋务长、庶务长各一人,分理各部事务。教员则称教习。又有所谓管学官、预科监学官、别科监学官、中学监学长、文案长、会计长、杂务长、稽查员等设置。宣统一年②更监督为校长。民国初元,校

---

① 原文如此,或因民国二十年即为当年,撰稿时数字尚未确定。
② 应为民国元年。

长下置庶务员一人、会计员一人、监学员一人、教务员一人,又置法政学科主任、商业学科主任及各科教员。民国十二年添置学监主任。十八年,本院改组成立,设院长一人,掌理全院事务,下置秘书、注册、学监、庶务、会计、图书、军训、体育各主任。又设法学系、政经学系、商学系各主任及各学系教授、讲师。国术指导及月刊编辑部亦同时设置,此以往组织上之概况也。学科设置与废弃,难尽一一以名举,如宣统三年添设中学班,民国三年添设商科、取消中学班,五年结束别科,八年添设中等商业讲习科,十八年成立学院、添招大学预科,十九年添设高级中学,皆为科目上变动之最大时期也。我国学校风气,初尚保守,五四以后,校风为之一变。北伐告成以后,学风又为之一变。故本院学生各会社之成立于五四以前者,唯一商学会(民四成立)。五四以后成立者,则有法学会、政治经济学会(民十二)。北伐告成以后,如雅乐社、戏剧社、国术会、三民主义研究社、演说辩论会、消费合作社、新剧社、艺术研究社、平白社,以及体育方面之各球队,均相继成立焉。由是本乎宗旨,循蹈正轨,慎行为、杜流弊,以观摩为功,以学术为归,则成就无量也。

附识:年刊筹备伊初,而有院史目次之排定,撰述之责,筹备年刊同人委诸院长。院长公务忙,终未暇。乃以属诸余,而年刊付镌有日矣。初以期限既迫,且本院档案散遗者多,材料之搜集非易,深惴惴焉无以应命也。而年刊委员李宗晟同学,敦促者再,不得已乃尽三日力,或翻寻案牍,或请询于供事年久之同人,随得随录,垃圾成此,所以填充年刊之目次也。院史云乎哉! 盖史之性质,贵有系统组织;此则漫散无纪,杂然并陈,以视流水账簿,尚愧负负! 然由是以引起阅者对于本院往事之回忆,有以是正增删而藻绩之,更成一真正之院史焉;则斯稿之作,或不无引玉之劳也。

张树义一九三一,六,二,于天津河北省立法商学院[①]

(选自 1931 年 6 月《法商学院年刊》)

---

① 据 1931 年《法商学院年刊》,张树义,字新吾,河北昌黎人,时为学院总务主任。

法商学院年刊序

　　我法商学院,有周刊、有季刊,凡我师若弟之发表思想,已数见而不一见矣。兹复有年刊者,盖年刊其名,而同学录其实也。查中外各学校,每届毕业,率萃职教员及诸学生之姓名、籍贯、简明履历及像片于一编,精加剞劂,巧事装潢,用以为毕生之纪念品。而我法商学院,对于此事独付阙如,实憾事焉。故民国二十年暑假期间,诸学生有年刊筹备会之组织,特以制钢版、购精纸以及排版装订,需款巨矣。仅恃公款之挹注,恐有时滞碍而难行。幸诸教员先生,慨解廉囊,以补阿堵物之所不足,而我法商学院之年刊,遂于以观成。又见年刊之印刷精良,装订美丽,交口称赞。谓斯册为我法商学院空前之出版品。然此不过年刊之外观也。

　　凡出版书籍,徒取其外观,则其含义也浅;若取其内容,则其含义也深。诸生之议刊发年刊,意非在于联络感情乎?然见面而识之,闻姓名而知之,晤焉只交数语,别焉不通一札,所谓感情者安在哉?必也聚则相欢,睽则相忆。隔数年或十数年后,偶遇于他乡,班荆道故,倾盖谈心,稍有遗忘,披年刊以考证之,绝不视之与路人同,则年刊之效著矣。有疑义欲相质证,披年刊而查其通讯处,修一纸以通诚,虽隔关山,如亲而语,则年刊之效愈著矣。使人人存此心,并时时存此心,吾知斯年刊不仅为案头之装饰品,庶不负我学院之挹注公款及诸先生之慨解廉囊焉!抑尤有进者,夫既曰年刊,必年出一册,非自斯册起,而即以斯册止也。

学问无止境也,出版品之改善,亦无止境也。来岁年刊之外观、内容,更驾斯册而上之,乃我法商学院之光,亦即我师若弟所馨香祷祝者也。

中华民国二十年五月,北平顾德铭序

(选自 1931 年 6 月《法商学院年刊》)

本院沿革

本院于民国十八年夏改组后,始有称今名。先为河北省立法政专门学校,又前为直隶法政专门学校,又前为北洋法政学堂。溯自开办至今,历时三十有一载。考其沿革,可分期为:

(一)北洋法政学堂时期(一九〇六—一九一四)——清光绪三十二年,北洋大臣、直隶总督袁世凯始创北洋法政学堂,六月委黎渊为监督,于新开河畔兴建校舍。翌年四月,校舍落成,即今之院址也。初设专门部及讲习科。专门部六年毕业,前三年为预备科,分英法德文三班,后三年为正科,分法律及政治两科。讲习科分职绅两班,职班为司法科,绅班为行政科。宣统元年正月,监督黎渊卸事,熊范舆代理。添招老班别科,三年毕业。二月,熊氏去职,张鸣珂继之。八月,添设中学,五年毕业。旋张氏去职。胡钧继任。殆二年二月直隶总督陈复札委李榘继胡氏为监督。秋季开学后,请愿召集国会之风潮起,本校学生奔走最烈。三年正月,添招别科第一班。五月,监督李榘辞职,胡源汇代理。八月张恩绶来长斯校,改称北洋法政学校,更监督之名为校长。民国二年一月,添设法政预科,遵章预科一年毕业,本科三年毕业。二年三月,张校长辞职,高俊彤代理。

(二)直隶法政专门学校时期(一九一四—一九二八)——民国三年

六月,直隶巡按使米①札委安敬尚②等为接收合并委员,以保定法政学校及直隶高等商业学校并入本校,更名为直隶法政专门学校,分设法律、政治经济及商业三科,由前商业高等专门学校校长梁志震[宸]充任校长。是时校址合前北洋法政专门学校及前高等商业专门学校而为一,规模愈宏。同时(年)十二月,中学班奉饬合并南开毕业,自此停招中学班。四年八月,校长梁志宸辞职,张云阁接充。五年六月,别科均陆续毕业,遂无是班。六年,张校长辞职,李镜湖奉委继任。旋呈准直隶省长于本年度本科毕业班次,每班选成绩最优者一二人,贷费遣送日本留学,以资深造。八月,直隶省长曾[曹]令遴选教员一人派赴日本考查学务办法,于是遂派教员李志敏赴日。十二月,资送法科第三班毕业生于树德、安体诚二人赴日留学。八年七月,添设甲等商业讲习科,预科一年毕业,本科三年。八月,腾让校舍一部与第一师范学校。十年八月,校长李镜湖委署万全县令,以李志敏接充。十二年,扩充图书馆,添置中外书籍数百种。四月,于大门斋舍南院辟做校园,又定每年十二月三十日为学校周年纪念日,盖计自北洋法政学堂启用官防日期起也。十二月,东大楼不戒于火,焚毁校舍五十余间。十四年九月,校长李志敏病故,由刘同彬代理校务。十五年,始奉教育厅委继任校长,呈报兵灾情形并请款修葺。盖自十三年秋,直奉战起,战乱濒仍,占据校舍为后方医院。本校二十年来所经营培植之房屋、器具、图书、花木摧残殆尽。且以经营奇窘,教职员薪俸积久压欠,弦歌时辍,幸赖师生共谋补救,由学生供给杂费,教职员则暂服义务。又废除寒暑例假,以补足驻兵时间之缺课。十七年四月,西北小楼因直隶督办公署设制弹厂于此,不慎被焚。五月,校内驻军增加,房屋悉被占据。旋北伐告成,直隶省改名河北省,本校名称因亦更改。

---

① 　应为朱家宝。
② 　张树义《本院院史》做安尚敬,1923 年 11 月直隶教育会会员亦有安尚敬。1927 年 3
　　月 31 日,北洋《政府公报》有"直隶教育厅科长安尚敬遗族抚恤金"条文,似表明安于
　　此前去世。

（三）河北省立法政专门学校时期（一九二八——一九二九）——民国十七年八月，校长刘同彬辞职，由教职员共同组织校务维持会负责维持校务。九月，教育厅令校名上所冠直隶二字改为河北。十八年一月，实行北平大学区制，接收教育厅，本校遂又改隶于北平大学。三月，改称北平大学区河北省立法商学院。四月二十三日，经省政府会议通过，各科并改称学系焉。

（四）河北省立法商学院时期（一九二九——　　）——民国十八年五月北平大学区教育行政院聘顾德铭为院长。六月，本院法律、政治、商业各本科改为专门部，甲种商业讲习科改为甲种商业班。七月，废止北平大学区，复设河北省教育厅，本院亦改称今名。八月，添设大学预科，兼招女生，本院之有女生自此始。时承军事之后，房屋器具破碎不堪，经顾院长修葺补置，日趋完备。十九年二月，甲种商业班改为中等商业科。四月二十三日，举行本院改组成立后第一周年纪念，并订是日为学院纪念日。六月，奉部令停招大学预科，添招高中班，并决定自十九年度起实行政治经济分立，添设中学部主任①。九一八事变后，学生激于义愤，有抗日救国会之组织，出版反日特刊并实行军事训练。二十一年一月，因礼堂年久失修，向教育厅请款翻盖。二月，院长顾德铭调委，梁煐继任，旋因故未能就职。三月十九日，教育厅改聘吴家驹为院长②。是年专门各班毕业，乃专办大学本科。九月，改学监处为训育课，改教务处为注册课。十月，学生自治会成立。二十二年六月八日，奉部令停招政治系新生。二十三年夏，请准修缮费于东大楼旧址兴造图书馆。六月二十三日，部令本院停招新生一年，以资整顿③。七月二十五日，改聘高崇焕任院长。九月，改训育课为辅导课，组织辅导委员会，规定辅导方针，制定教授请假补课办法，并

---

① 中学部主任为李汉元。齐植璐.《北洋法政学堂及其沿革》。
② 吴家驹早年曾来院任教，此时长院应为 1932 年 3 月至 1934 年 6 月。
③ 本院 1931 年、1932 年招收四个系大学生，1933 年停招政治系，1934 年全院停招。1935 年、1936 年法律、商学两系恢复招生。

列体育为必修科。组织图书委员会,计二十三年度内共购图书一一〇
八册,期刊九十二种。十月,依部令改行学分制,并自本年度起实行。树
立临时考试制度。二十四年一月,举行学期考试,此为改院后第一次有学
期试验。二月设研究室、法庭实习室、银行实习室、统计实习室等于新楼。
三月,院务会议议决,"本院纪念日宜注重学校历史,以原来之成立纪念
日为准,应另行呈部改四月二十三日为十一月十五日。"①六月二日,高院
长辞职,教育厅六月委杨亦周代理②。同时并举行大学部第一届毕业试
验。六月二十八日,厅令河北省立天津商业职业学校归并本院商职部③。
七月五日,厅令省立民众实验学校校址学田拨归本院,由商职部占用。七
月十一日,部令恢复招生,暂先招法商二系。七月,教育厅正式聘任杨亦
周为院长。十二月二十四日,院长杨亦周因事辞职④,教育厅改聘吕复为
院长。自吕院长莅院以降,对院务行政整饬改革继续进行,现正筹备招

---

① 事实上,北洋法政学堂公章启用之日为华历 11 月 15 日,此时恢复之纪念日为西历
11 月 15 日。
② 兼经济系主任。
③ 该校本拟由本院划出单独办学,但未成事实,此时又回归本院。亦有人回忆,该校
1934 年由学院本部迁出,后来占用民众试验学校原址,未回学校本部大院。
④ 杨亦周辞职,乃因天津"一二·一八"大游行而受到外界压力。"日军汉奸和华北国
民党反动政府相勾结,对该校进行一系列的迫害,先后逼走院长,逮捕爱国同学,"
"一九三六年春杨院长突然离校,不辞而别。教师同学都不知道他到什么地方去了。
几天后,杨院长返校召集全体师生开会,宣布:因为不得已的原因他被迫离开学校,
离开天津。什么原因这里不能讲,希望大家也不要问。……事后才听说在学校门前
法政桥上,被一辆汽车劫持到一个秘密机关,警告他限期离开天津,否则对他的人身
安全不负责任。"参见王邦屏.《法商学院营救被捕同学的罢课斗争》。又有人明确说
"日本人强迫天津当局逼走了法商学院的院长杨亦周,然后就强行解散了这个在学
生抗日救亡运动中作出了巨大贡献的学校。"见朱光.《回忆天津"一二·九"学生运
动》。结合吕复《院长序》,"及至客冬,复承省政府之命,以院长一职见畀。事先未有
所闻,及何教育厅长海秋先生与杨院长访予于燕都私寓,始知杨院长求去甚急,省政
府一时难于择人,遂有此议耳。"可知,杨亦周辞职出乎众人意料,不仅普通教师,甚
至吕复这样的中层管理人员、学校的上级主管机关河北省政府、省教育厅亦不知情。
在选择后任的过程中,上述主管部门亦考虑了杨的意见。可见,对杨施加压力的主
要是日本特务部门,或亦有天津市公安局的参与。

生,并规划一切建设,至下年度课程亦经整订竣事。本届法律、政治、经济、商学四系毕业者七十二人,行将献身社会。回忆本院艰难缔造之精神与已往光荣之历史,得无有感于中耶!

（选自 1936 年法商纪念册）

院长序

　　客夏予①自定武解组②，北返故都，客次保阳。梁子青杨亦周两先生相偕过访，谈次谓河北省立法商学院法学系主任，见正虚席，殷殷致其延揽之意，予未之应也。是为予获交两先生之始。隔日复来，以此见商，予筹思良久，遂允焉。盖乡邦化育之事，义应尽力也。时杨先生适长此院，梁先生正为河北省政府委员，而与杨先生为挚友，故亦来相劝也。及至客冬，复承省政府之命，以院长一职见畀。事先未有所闻，及何教育厅长海秋③先生与杨院长访予于燕都私寓，始知杨院长求去甚急，省政府一时难于择人，遂有此议耳。自问行能无似，学殖荒陋，乃承友好推重，先后缪加倚畀。思之既感且愧。及今任事半载，赖有教职同仁之匡助，各级生徒之相谅，幸得免于罪戾，私心又稍以为慰焉。今夏卒业同学，将有纪念册之刊，索序于予。予应之曰，此校创立至今三十年，外省设立法政学校者，实以此为始。先后毕业生徒，无虑千数百人，其中亦多能有所表见于世。有治学者，有治律者，有从政者，有执法者，有参军者，有入幕者，有从事实业者，有死于辛亥革命之役者。又有笃守一家之言，不阿当世，以身殉其所

---

① 时任院长吕复自称。
② 指吕复辞任河北定县实验县县长。吕复从 1935 年 6 月起在校任教，1935 年底任院长，1937 年 2 月学院解散时离任。
③ 何海秋，即何基鸿，时任河北省教育厅厅长。

信者,似亦可谓盛矣。然国事世风,滔滔如江河之日下,其势初不因此而少减。则所谓三十余年来之新学教育,其功效如何,亦大可以见矣。此固非一院之责,然亦不能谓毫无其责也。今者在院诸生,感怀国难,无不愤然欲有所为,则出校之后,其何以达此素志,一救已往教育之失,愿诸生思之勉之。

中华民国二十五年孟夏之月

涿鹿吕复谨序于河北省立法商学院之南斋

（选自 1936 年法商纪念册）

法政学堂试题照录

　　河北北洋法政专门学堂今届第一学年季考之期,兹将其各班考试之题目照录如下:

　　政治(绅职同)①

　　(一)说内阁与议院之关系。

　　(二)列于下之文字,其意义为何,试说明之:(甲)责任内阁(乙)个人充实主义

　　国法(绅职同)

　　(一)述议会组织之大要。

　　(二)问次所举之文字之意义:(甲)归化(乙)宪法上之机关

　　(三)清国政府对于住在于外国租界之清国人民及住在于租界外之外国人民得课租税否?(绅)

　　(三)外国领事厅对于住在于自国租界之清国人民及住在于租界外之自国人得课租税否?(职)②

　　商法(绅职同)

　　(一)论民法、商法之关系。

　　(二)论商号专用权。

---

①　即绅班、职班题目相同,以下同。

②　此处有两个(三),估计分别为绅班和职班试题。

行政(绅职同)

(一)述领事职权之大要。

(二)官厅之监督因何故而为之者欤?

(三)关于征募兵员之方法,清国应取如何之主义欤?

经济(绅)

(一)问列于下之文字其意义云何?

(甲)劳动问题(乙)自然的独占

(二)说明帝国主义。

刑事诉讼法(职)①

(一)公诉自诉之区别,试说明之。

(二)刑事诉讼各裁判所管辖之要旨,试陈述之。

卫生(绅)

(一)问卫生学为专科之学,习法政者何以必须知之?此学究与各种行政机关有何关系?试概论之。

(二)问水之于人也,其关系何在?日常所用之水,以用何法始能清洁而无流弊?试详举以对。

裁判所构成法(职)

(一)论大审院判例之价值。

(二)论中国裁判所之将来。

民法(绅职同)

(一)法律行为之完全成立须以如何之事项为必要欤?

(二)试论物权、债权之异同。

刑法各论

(一)内乱罪与骚乱罪其相异之点何在?能历举之欤?

(二)逃走罪以何时为既遂?试详言之(职)

---

① 此处的刑事诉讼法指一学科,有论者认为乃一普通名词,不确。

（一）内乱罪与骚乱罪其相异之点何在？试历举之欤？

（二）伪造、变造之意义云何？且能举例以证明之欤？（绅）

中律（绅职同）

（一）律有言勿论者，又有言不坐者，其勿论与不坐有何区别？能约略以明之否？

（二）误杀、戏杀及过失杀辨。

（三）罪名加减之等差。

国际（绅职同）

（一）私法上之契约与国际法上之条约形式相同，何以私人定约以胁迫而成者无效在国家定约则有效？能言其故欤？

（二）条约效力之发生，学者各异其说。诸君能举其最当之说而各加以评判欤？

财政（绅职同）

（一）论公债之平价发行法与低利发行法之得失。

（二）论议会与预算之关系。

（三）直接税与间接税之区别。

国文（专门预科甲乙丙丁四班题，以下同）

（一）问井田之制坏于商鞅与鞅时代果有井田制乎？

（二）问秦皇焚书遂亡经籍，史所传述可尽信乎？

（三）问执券取钱虽为弊政，楮轻铜重亦有便于民乎？

（四）问群己界限？近人以么匿拓都诠说，盍就其义推而衍之？

（五）问民政组合，有时公群太半之豪暴无异专制之一人，然乎否乎？

历史

（一）秦皇汉武才略政策之比较。

（二）汉通西域之事略及关系。

博物

（一）问植物分显花隐花二部，显花复分被子、裸子二部，被子更分双子叶与单子叶二部,试各说明其形态上之异点并举一例以证之。

(二)问幼根及幼芽各有何特性? 完全花及完全叶各有何实征? 虫媒花及风媒花、攀援茎及缠绕茎各何由而识别之?

(三)问稻实之芒、松子之翅①、睫之管状口器、浮尘子②之鞭状触须各有何效用? 试分析言之。

(四)问蜂之分职有何等级? 蛛之作网用何方法? 试各阐明言之。

地理

(一)天山西端为何三河之分水岭? 喜马拉雅山北谷为何两川之发源处? 此二山者由何地发出,与何国分界,各有何之高峰? 其峰之高也又孰居世界第一? 试详言之。

(二)渤海海岸有何巨川流入,黄海岸有何军港最良,东海南海岸以何岛屿为尤著? 其悉举义对。

伦理

(一)伦理学定义宜若何判定? 所谓伦理行为者有若何之条件? 试诠释之。且动机结果二说其意义若何,以何者为可取,有因时因事而异宜者否?

(二)梭氏、柏氏何氏为西洋古代伦理学巨子,可撮其学说之要略或更以己意评判之。

生理卫生学问题

(一)问构造人体之组织者系属何物? 共有几种? 试就其重要者言之。

(二)问筋肉之在人体也,系属何种器官? 共分几类? 全体筋肉之作用均属一律欤? 抑或各有其特别之性质欤? 试条举以对。

(选自 1908 年 7 月 5—6 日《大公报》第一张第四、五版)

---

① 松子,似为一种鹰的名字。
② 浮尘子,害虫名,即叶蝉,叶蝉科动物的统称,广义包括叶蝉和飞虱科动物。

天津法政讲习所公启

　　立宪国之民有参政之权,有守法之责,则不可无政治法律之知识。其为官吏、为职员,凡有行政、立法、司法之职务者无论也。吾国自预备立宪以来,各省官立、私立之法政学堂计数十所,然每堂学生不过数百人,合计之不过万人。而据法部最近之统计,一二年内全国应需法官二万人以上。以此项学生专供法官之需犹形不足,其余之官吏、议员等不能尽出于法政学堂明矣,而况一般之人民乎?且法政学堂毕业生咸三年或四年,其来学而能毕业者,必富于年力之人,其稍长而有职务者不能与也。凡百之事物,不能悬以待将来毕业之少年。其目前任事者,必以中年以往之人居其多数,而中年以往者又不能舍其职务而来入学,是学者未用,而用者不学。不学不特为天下之事危,抑且为任事之人惜也。比者京师各省多有法政讲习所之设,其教授科目以及组织之法,彼此不同。要其讲习之效皆有以补法政学堂所不及,诚善事也。天津为官绅士商所萃居而讲习法政者止区区一二学堂,识者憾焉!同人不揣谫陋,创设斯所,期限务短,资格务宽,倘法政知识因以稍稍普遍而为立宪前途获涓俟之益,是则同人所黾勉竭蹶,引为己责者也。凡我同志幸赐教焉!

　　发起人:李榘　梁志宸　马英俊　邢端　顾琅　籍忠寅　王治昌
易恩侯　吴家驹　吴柄枞　宋兆芙　李士熙　戚连机　陈模　邓毓怡
刘同彬　韩殿琦　焦焕桐　张恩绶　王锡泉

（选自1911年4月1日《大公报》第十版）

天津法政讲习所简章

第一条　本所以谋法政知识之普及为宗旨。

第二条　本所设于天津,即名为天津法政讲习所。

第三条　本所暂设督署两等小学堂内。

第四条　本所开设夜班,每日授课三小时(自下午七时起至十时止)。

第五条　本所设所长一人,由发起人公推。

第六条　本所讲员由本所发起人担任或特延名誉讲员任之。

第七条　本所干事由本所发起人之不任讲员者任之。

第八条　本所所长、干事、讲员均为名誉职务,不支薪水。

第九条　听讲员不限资格。

第十条　听讲员每月应纳校费一元、讲义费一元。每三个月前交纳一次。

第十一条　听讲员于入学时另缴入学费一元。

第十二条　听讲员各给听讲券,无券者不得听讲。

第十三条　本所以六个月为毕业期限。

第十四条　本所于毕业时分科考试一次,能及格者予以毕业文凭。

第十五条　本所所授课程如下:

法学通论　政治学、宪法、行政法、民法、刑法、理财学、财政学、国际法。

以上各科均参酌现行法令教授。

第十六条　本所经费以听讲员所纳讲义费、校费及捐款充之,如不敷开支时,由发起人共同担任。

第十七条　凡捐助本所经费及书报者均为本所名誉赞成员。

第十八条　本简章应行修正时,由发起人共同商订。

(选自 1911 年 4 月 1 日《大公报》第三张第二版)

讲习所开学

河北督署两等小学堂内附设之法政讲习所已于十九日①晚七钟举行开学式,首由所长李君榘报告开学宗旨毕,当由谘议局议长阎瑞庭②、日本法学士今井、谘议局副议长王古愚、该所发起人吴绳麓、王怀清、梁著芗诸君相继演说。大致不外中国若非立宪,难救危亡;然立宪而不讲求法政亦难救危亡。故非人人有法律知识学问,不足以济时艰,务期各学员极力研究,幸勿负督宪及发起人之苦心,俾宪政前途有厚望焉,众人鼓掌,振铃闭会。

(选自《讲习所开学》,1911 年 4 月 19 日《大公报》第六版)

---

① 华历三月十九日为西历 4 月 17 日。
② 应即阎凤阁。

讲员赴考

　　督署两等小学堂内附设之法政讲习所讲员马英俊、韩殿琦、张恩绶三君均系日本留学法政毕业,现因赴京朝考,所有该三君应讲宪法、政治学和刑法三门刻已请人代班。

（选自 1911 年 5 月 11 日《大公报》第四版）

建国策

北洋法政学堂教授、日本判事法学士
今井嘉幸①

　　谨致书东亚新大共和国大总统、副总统、国务各员、各省都督及建国主动者诸公阁下：

　　诸公起义以来不半载，清帝退位、南北统一，达新民国建设之机运，考诸革命史册，成功之速，实无伦比，非赖诸公之热诚、英迈，曷可臻此！虽然，革命之难，不在破坏，而在建设。东西诸国之革命也，前祸甫戢，后患适至，以革命始以革命终者，不知凡几。其原皆在建设之未善。诸公今日之建设，不惟贵国之盛衰存亡，视为关键，即与贵国辅车唇齿之日本，亦有关系。推而至于东亚全局之兴废、安危，亦莫不大受影响也。鄙人久处贵国北方，从事于法政教育，隐窥贵国情势有不能避大革命之举动者，于兹有年矣。昨秋武汉起义，鄙人闻之，不觉心为之动，乃整装南行，往来东西诸军之间，数月以来，得晋接诸公之风采，目击诸公尽心国事不辞劳瘁之实状，感佩之私，曷可极言！今也，革命破坏之业成矣。诸公深谋远虑，建国家万年之长计，在此时矣。鄙人不揣纤陋，愿呈愚策于诸公之左右，虽

---

① 本文作于 1912 年 3 月，北洋法政学堂同学译于 4—5 月。"适彼邦革命变起，慨然投笔，束装南下……乱既平，草《建国策》，属法校诸生译之，颁寄彼邦朝野名流。""敝稿起草于阳历三月五日，时余乘南阳丸发汉口，其后经南京、上海、青岛等处，同月之杪于天津客栈竣事。"参见 [日] 今井嘉幸著，李大钊、张润之合译.《中国国际法论》，东京健行社，1915 年，第 2 页。

致天下之嗤笑亦不暇计,一以酬诸公之恩,一以表关心东亚大局之微衷而
已!诸公聪俊博雅,左右亦济济多士,自有建国不朽之良策,如鄙人之愚
昧之言,何足污大贤之耳!虽然,幸得诸公之一顾之荣,异日有补大策之
万一,是亦鄙人所狂喜不置者也!

第一　建国之基础

民国之基础,不在制度,而在国民之精神。所谓国民之精神者,何也?
四万万人民因羡民主共和之政体,牺牲性命,百折不回,移从来忠君之道,
相率而忠于民主共和主义。国民之精神,在于此矣。然取民主共和之政
治,其危险有二,诱起该撒①主义或拿破仑主义其一也,陷于无政府主义
其二也。该撒主义云者,共和政治之统领专其威权,外袭共和民主之美
称,阴行专制君主之暴政,彼见人民共和之精神稍不充足,则设法术以笼
络之。笼络既久,人民遂尽入彀中而莫能自外。共和政治之废弛,不旋踵
而立见矣。无政府状态云者,人民无共同一致之念虑忠于民主共和之主
义,而国家之政柄遂为群雄所觊觎。当此火器发达之世,虽得魏绛樊哙之
伦亦不足以自卫,其结果之可危可虑,实有令人不寒而栗者。窃恐政治之
权势将操诸无智识之兵卒矣,次曰建国制度之设施,于预防此等危险之点
固宜注意,而于鼓吹国民忠于民主共和主义之观念,尤不可不三致意焉。

民国统治之方针取联邦制度而行地方分权乎?抑取统一制度而行中
央集权乎?立万邦制度之基础,不可不先定此主要问题也。然吾人讨论
两制度,究不能不就其主张者之意旨所在略有所左右于其间。其以联邦
制度为政策者,主张取美国各州之例以治此二十二行省,以此解决今日之
势局,固属甚易。然立国之大本,不得据目前之难易为衡贻误国家万年之

---

① 现译凯撒,似为君主之代名词。

计也。盖联邦制度并和星散之小国为一国家,实属万不得已之政策,形式虽具,内外政治不能统一。国家之团结力亦甚薄弱,辄酿成国土分裂之势,此一般学者所公认者也。而美德诸国尚采用此制度者,固其国内之情势有不得不然。诸国思矫正其弊,遇有机会,力图统一,此无可争之事实也。然此联邦制度之行于诸国较前者诸国分立之状态,犹不无进步。顾中国为单一国家,统一既久,忽变其形貌而为联邦状态,直政治退步耳。进步云乎哉? 当春秋战国之世,若行此联邦制度,未必非良策,然欲行之于今日,则未为计之得也。

或谓今日之行省,宜全破坏之,以为数多之行政区域。甚者谓更宜加入西藏、蒙古诸藩属而仿效法日英之例,采用中央集权统一的郡县制度,是不思今日国情与革命之性质而涉于空想者耳。夫中国人口之众多,领土之广阔,虽欧洲全土无以过之。西史称罗马帝国为最大国家而其人口不过一亿有余而已,实不及中国十八省人口之半也,而其统治之方法不外今日之所谓殖民地政治。今者文明诸国之土地固有与中国相伯仲者,其大部分概为属地。属地之政治,概用特别之殖民地政治,其中央集权之统一制度仅以本土之一部为限耳。然其本土人口不过中国之一省所有之数,移其统治之方法用于大数十倍之中国,不亦谬乎? 不可不特别注意者,此也。览中国历史,封建制度以外,立宏大之郡县政治固不乏旧例,然其中央集权之程度较之今日文明诸国,未见强大,而末路终归失败,如前朝之督抚等类,即由此而驯至者也。且今者革命之性质,实空绝往古之创闻。前代之得天下也,草泽英雄崛起一隅,战攻连年,荡平四方,而后大业成,其功足以慑宇内。故其威武亦强,行中央集权制而有余,及颁布统一制度,不必量地方之民情畏服,绝无起而抗之者。今则不然,人民蜂起,南北一致,数月之间,旧迹扫灭,此皆依民主共和之真精神,澈上澈下以民论公议为本位者也。况乎革命运动之状态,极宜注目者,各省各有团体之活动,隶于都督名下,有类以军政实行联邦制度者焉! 然此皆于建国之沿革有特别意思之政治团体也,夫国家政治统治之大本,不察建国之沿革,不可以立制度,征之古来东西建国史,确有可信。苟不顾此等重要团体之关系如何,忽而破坏之,夺其自由,派遣不适民意之多数官吏,□牧其民,如各代立国之初,强行中央集权,定不洽民情之统一制度,势不至于反动不止也。即或不立见反动,亦恐此禹域四亿民之邦土,只有望于该撒主义之繁荣,而对于民主共和主义之前途诚有不胜忧虑者矣。

然则如之何而后可曰以民主共和主义统治此广漠之大国？唯有依自治体之运用而已。今日而行自治政,二十二行省实足为无比之良才。如其破坏良才而轻举妄动,宁利用之以建万年不朽之盛业也。其构造之本旨似联邦,□联邦且不比今日文明诸国地方行政之区划,要在取联邦及统一制度之长而舍其短,设定具有大自治权之特种地方团体而相宜结合之,以组织空前绝后之大民国也。而自治体之行政主张固宜由民意定之,或以自治体人民选举为标准,而经大总统承认之,不然其弊有不可胜言者。即不至大总统与主长①相结逞威暴以压抑人民,而地方议会与行政主长亦难望永久调和也。戾民主共和之精神,伤人民之幸福,妨国运之隆盛,无过于此者矣。夫所谓地方自治团体者,拥有广土众民,固堂堂一国家也,其行政主长一小总统也。惟急谋交通机关之发达,握国家重要大权于中央,乃不致酿成土地分立之弊。何谓重要大权？即军事之统帅权也,立法及司法之两权也,外交之全权也,维持运用此等权力必要财政权也,至于地方不能实行之事业,国家经营之。此外一切听之地方自治,不必滥行干涉。如此,则中国之时局可圆满解决,欲使民主共和之精神永远贯彻者,无事舍此而他求也。

若对于藩属将如何以处理之？观大旗悬五色,是将满蒙回藏已与汉人同等相视矣。其个人之待遇与政治之方法是别个之问题也。四族地方去中国本土辽远,其地势、人情、风俗、宗教亦与中国本土截然不同,如政治组织用同一之规模,直反于政治学之原则矣。即使采用联邦制或极端

---

① 似指大权在握的地方行政长官。

之统一制而对于此等地方亦不可不讲求特别之政治方法。彼欧美之殖民地政策亦未必即宜移行于此地。何者？欧美之殖民地,大率远隔海洋,与本土不相联属,种族文化亦纯然相异故也。中国领地与本土接壤,其人种亦与汉人无甚差别,彼法人所行之同化政策,欧美用之终归失败,今日一般学者辄排斥以为不可用。然吾以为中国于此等地方,若采用同化政策,实无上之妙策也。论今日之程度,使各属与本土行同一之国会制度虽觉困难,然可认其有送代表于中央上院之权能。大总统派遣统监,以监督其内政,余则任彼自治,以从旧制,□行干涉,斯亦可矣。其二十二行省中之新疆、满洲比之他省稍有不同,宜取日本对于北海道所用之政策,稍加以特别制度。特满洲不惟关乎前朝有特别之情事,今日外交上关系亦屡生问题。惟立法、司法之制度不□与汉土分离,而行政宜有强大之权力。大总统亲任一掌握军事、外交之总督,使处理一切案件为良策。一切共和政治之运用,固宜仿今世文明诸国之例,独有立法、行政、司法三权分立之立宪政体不宜盲从他国之成例,宜斟酌中国固有之情事,设适当之制度。余试就重要诸点分项目论述之,此不必今日皆见诸实行,不过为民国将来之政治制度示及其可达到之标准而已,至预备时代之目前政策,自宜别论。故吾人欲先论制度之要旨,而后就目前之要策以陈述愚见。

第二　立法策

国会乃代表民意之机关,其制度如何,关系于民主立宪政治之维持、发达者极切,是殆毋庸赘言。然则其制度宜如何规定？如前所述,于强大自治体之各行省,既附以强有力之地方议会,则此外关于中央国会之设置尚须用二院制否？抑以一院为已足？此则宜先解决之问题也。夫一院固属简便,而且不见有议会彼此间冲突之发生,是尤其特长,古来采此制度者未尝无之。且两院国之学者中,亦有称誉之者。虽然,其过单简,议事恒缺郑重,动为诡辩之说所惑,以致狂举妄动,或驱于党派之私而不计国家之利害,是则其弊之显然者也。是以今日各国之于国会,不问其起源之何在,几无往而非两院制度,且此等理由不以地方议会之规模及其权限之大小而受影响。故在联邦制度之美德诸国,虽已有各联邦议会,犹且采此制度,故吾以为中国宜仿多数之成例,采取两院主义而尤以适合于中国之事情及民主立宪精神之制度为最善,是所望于当局者焉!

两院之中,其一谓之下院,此院最接近于人民。其要旨也,务使其代表人民之意思。质而言之,不可不令为国民全体之缩图也。以是选举下院之议员,广与选举权于公民之全部以行所谓普通选举者。此等有选举权者,躬自投票,直接选举代议士,以行所谓直接选举者。纵不法此,亦应求其法之近乎,是者准以组织下院,此盖名国之常例也。然则中华领土之大与夫人民之多,恐有不能按此法以行者,是又不可以不审。窃思议员总数至多不逾五百名,分配于各省,则每省仅二十名左右耳。以一省人口数百万或多至数千万,今使其公民全部躬自投票,其直接选得者只议员二十名,其事果能实行乎?故征诸中国事情,关于此点,不妨反诸国之例。虽系下院之组织,未始不可以特别选举、间接选举方法行之也。其方法之主要者有二,其一先选定议员选举人,此当选之选举人是为初选举人,再以之选举议员,即所谓复选举者也。其二不为如斯之特别手续,即以现在之各民意代表机关使之行议员选举之事是也。由下院之性质言之,或以第一方法为优,第二方法即法美所用以为组织上院之方法。但二者皆属于间接选举,论及民国统治之大方针,仍以采用第二方法为是。民国统治之大方针若果如前所述,除自治政妙用外,别无良策之可求。则有共和政治根本之美称之下院,其组织苟不悖乎民意代表之本旨,尽可利用自治政治之机关,发挥自治政治之作用,如是则立国之基础将必藉此益加巩固耳。然则地方议会既为代表民意之自治议事机关,使之尽中央议会议员选举之能事,不亦事半功倍乎?然如前清资政院之组织专赖诸各省省会者,亦不可也。以此种机关一则与人民遥相暌隔;二则其选举权者,为数过稀,设竟于其中选出二十名内外多数之议员,颇觉不适故也。故余以为可以为下院议员之选举权者,除省会之议员外,尚可加入下级之地方议会议员。详言之,即以各县会各城会之议员全部及各镇乡议会之代表为选举权者,以之选举下院议员。镇乡议会之选举权者,所以只限于其代表者,以其数甚多,概与其议员以选举权恐生蹂躏市府利益之结果也。其选举之方法,先将下院议员之总数,以各省之人口比例分配之。其在各省,则按各县之人口并和数县以设置选举区,广大市府另为特别选举区,然后将自省之下院议员分配于是等选举区,使住于各选举区之选举权者相集投票以选举自区所分配之下院议员。

以两院制而成国会,其精神已如前述。故上院之组织须与下院异。其性质与其为一般人民之缩图,毋宁辅助为人民缩图之下院以矫正其弊害。组织上院者,不可不本此旨以筹划之。各国上院之制度,或下院采直接选举上院用间接选举,或下院专注于民选,上院则参以官选,因其国情与其沿革虽外表颇不相同,其主意则一也。今中国上院之制度,究将何取意者?莫如仿美法二邦之制度,下院既采直接选举,则上院由地方议会选出之。但余前层论之,中国之情事不宜于下院用直接选举,唯有取利用地方议会之一策,但上院亦取同一之方法,由省议会选出议员,此种方法,究嫌重复,且与两院异性之精神更相僢驰。吾主张上院之组织可就今日之参议院而加以改良,其议员之数比之下院应居少数。至其主要之构成分子,即以各省行政主长所选任者充之,加以各殖民地之代表与夫大总统所选出之议员,以三者编成上议院,是不徒为今次革命领资援助之参议院留作永久纪念,更如德逸①联邦参议院之为地方官宪代表者,然与上院殊其性质,以发挥上院之效用也。议者或见为官宪代表之一语,似属违反民主共和之旨者,其实不然。以吾党观之,各省行政主长之大总统无一非出于人民之公选,则为其所选任之上院议员,究亦不外为一种之间接民选议

---

① 似应为德意志一词之汉译。

员。如斯下院为民选地方议会之代表,上院为民选地方官宪之代表,二者皆胚胎于民意,可谓极得其权衡者。依此法,则不克制胜于通常之选举场,不屑与他人角逐之博学高德之士或富于政治经验之老练家率皆可以网罗之于中央之立法府,藉以调剂过与不及之失,而缓和其狂躁妄动之害。彼下院之青年,虽富进取之气象,其失也,易骋于空想,陷于粗暴,驯至以败大事。今辅之以上院,则为国民根柢之立法府庶几得完其任务乎?

国会之权限大抵与今日东西立宪诸国之制度同,此可不必详述。其主要者,唯法律之议定权与预算之议定权。二者之中,关于预算之预定权,各国主义多不一致。是否上院对于下院有平等之预算议定权,此亦待解决之问题也。若果照吾前所陈以占多数于下院之政党组织责任内阁,则预算议定权只可为下院之独占,断乎不可使上院参与,否则恐不足以贯彻政党内阁之本旨也。设使上院对于以下院为基础之内阁财政案有否决或加以修正之权,□其结果必置内阁之运命受制于上院,而所谓政党内阁之实者不易见焉!英,政党内阁之始祖也。其宪法之明文如何暂不具论。若观察夫实际,其于此点悉唯下院之所为,未尝一干与之。依此惯例,而英之政党内阁始得赖以安全。今中国若取法乎英,设责任内阁,不如以明文将上院之预算容喙权除去之,何必学英国之明文规定其参与权而实际不使之行也?

法律不可不经两院之议决。然不可遽谓凡百国家之法规统应经两院之议决,特必须经两院之议决之国法名之曰法律,止限于国法之重要者耳。其他之法规名之曰行政命令,由中央及地方之行政机关发布者也。法律比之命令,其效力较优。法律虽可变更命令,命令则不得变更法律。所以区分法与令者,以此为立宪政体之特色,盖必如是焉,方足以为人民自由之保障而达国内统一之旨也。所谓保护人民之自由者,即以宪法将人民之身体、财产及言论之自由等即法人所称民权自由者逐条列举之,又将关于此等规定不可不依法律之事项等俱宣言于宪法中,则人民之自由可为其代表之国会所保护。一般官吏虽欲专横,无由加焉。又凡政务之必须统一者,任由中央国会议定,则不致以广与立法权限于地方自治团体之故而招国内分立之弊。中国既认强有力之自治体发生于国内,则于此点亟须特别留意。如彼美国联邦之流弊,内外政务之统一,动不如意。虽司法制度犹且各地参差不能划一,致使行人有越宿问禁之苦。此种怪象,中国所宜力为防范者也。

第三　行收[政]策

置大总统为国家行政元首,复常设副总统以备补充若今日者,可谓至当。惟其选举尽任于中央议会,极非得策。盖于共和前途易启两大弊端。肇建民国诸公幸致意焉! 使大总统与国会关系若斯接近,倘议会之势力大,则大总统竟为议会所左右,而仰其鼻息,驯至为多数党首领之内阁总理转握大总统之实权,其弊一。若议会之势力小,则大总统可一以己意动摇议会甚至滥用兵力图更宪法,悍然断行所谓该撒主义,其弊二。法国自大革命已还,迄今仅百余载耳,而终身大总统或皇帝自议会造成者屡矣。泊乎近时,犹恒出孱弱之总统,趋承内阁总理之下风,未始非此制为之阶厉。美国无兹流弊者,固由开国总统华盛顿之高风至诚足以感动后世,实亦未以议会为大总统选举机关有以致之也。中国际兹肇建,匆猝之秋,首期选举若难从容,则尚可为临时变通之计,汇集上下两院合为一体,使行选举,逮二次以下,则必须博咨民意,俾议会以外之选举团体掌之,此吾人之主张也。援照前述下院议员选举方法选出总统,选举委员倍于每区所选出下院议员之数,集于各省首府,行总统之投票,汇票于中央上院启匦检定当选之人,此法最称适当。

大总统名为行政元首,总揽国家行政全权,实则躬自施行者,不过紧要少数之大权,其他政权概应委之内阁。盖就百政良窳,元首自负其责,致伤大总统之威严,动辄辞职,国本因之动摇,故应耳也。所谓紧要大权者,外交权、军事权、官吏任命权是已。故凡编制、统率海陆军、布告戒严、宣战、媾和、缔结条约、派遣使臣、任黜司法官、陆海军武官以及定行政上官制、任免中央行政高等官吏一切权能,大总统皆宜有之。且不第此种行政事务已也。当考诸国成例,尚得关于立法、司法权行非常之处分,不戾立宪本旨,谋所以应人世不测之情,故能于紧急必要之际,发布代法律之命令,又可关于刑事施大赦、特赦、减刑、复权等恩宥。

内阁因政务种类而分部,而各部置总长,全部设总理。既有大总统,复设总理者,欲使大总统超然于行政上责任之外,且于统一内阁为必要也。至于内阁员之政治,宜采责任内阁主义。责任内阁者,谓内阁员就其政治良否对为主权者之人民而负责任,其进退视人民之信否而定也。顾人民之信否,漠然无由得知,不得不征下院多数之信赖与否以为标准。盖下院为彼等代表机关,犹其缩图也。故得下院过半数信赖之时,内阁之命运巩固。一旦失此信赖,则立解其职,付之为众所信赖者,于是内阁常为政党首领、足制下院多数者所组织,此所以有政党内阁之称也。虽然,依此责任内阁主义而迭嬗者,仅上级干部所谓政务官耳,其他事务官,盖不与焉。苟其不然,则每当内阁交迭之际,致激国务□滞之弊,而且躐官之狂热一浸滥于政党而流弊不可收拾矣。

大总统之最高行政顾问府可与他国枢密院、参事院相比者,宜如何组织乎? 是亦宜名曰参事院,员额在二十名内外,由上院议员中互选充之。盖使大总统自择所好不若使代表各地方利益者依选举方法参与中央行政,方符民主共和之精神,且与尊重建国基础自治团体之精神适相叶①也。而为国家元首之咨询机关,以上议院之稳健老练,其性质确较下院议员为宜,且下院议员独占预算议定权又于内阁组织根柢上关于国家行政较上院占优胜地位。兹上院得此参政权其势乃可均平也。

吾人深信,治此大国,妙在利用自治政,前论之屡矣。兹特择言其要,

---

① 叶,和洽,相合。

献于诸公,幸致意焉! 地方自治体宜如何区划乎? 今日各省皆与建国沿革关系深久,未可谬废也。可视各地情势略为分合,大体仍宜以今日之区分为准而存其旧,以为民国建设之柱石。其他行政区划亦不必废,适当者利用之,以设自治体。惟团体之种类、阶级殊多,不徒兹错综害统一抑且多设冗员,增出国费,故应于省下迳置以县,区分、名称概可仍旧,至位乎县之上,如厅州者,一概罢废,分合适宜,编入县制中。府则一律撤废,县之下置城镇乡为最小单位,城于政治上、社会上及经济上为四方荟萃之区,特宜重视,视其大小,设特别自治制度。中国自治体以上三级足矣。日本幅员较中国为褊小,区划虽有三级,而第二级之郡今则废止之议已沸腾矣。中国各省多较日本本土为狭,县亦视日本自治体首级之县为小。故置省、县、城镇乡之别最善也。至关于裁判、选举、兵制各务,固不必以此拘限,恒须特别区域,亦取此三级自治区划加适宜之分合足矣。占国家政治最大部分之普通内政即以此等自治体为标准,任其自治大小,各自治体上下连结,积成一大民国,共和之运用斯得其至宜矣。

自治行政机关主要者为各议会、行政主长及参事会。议会省有省会、县有县会,城镇乡各有城镇乡会,皆自治体之立法府也,以制定自治体法规、议决其财政案为主要职务,与中央议会无异,议员应由该地方人民按照直接选举方法选举。否则此等自治体议会议员所选出国会议员,其与人民相隔愈远矣。尤宜注意者,凡选自治体议会议员,宜以自治体土地区划为准,此外团体如学会、商会以及其他团体含有政治性质者,可由其中拔选议员与否,今日各省正在研究纷议之中,顾以揆之学理,用为议会选举之法,则大谬矣。设许加入,不独与取之际易启纷争,而且团党庞杂,结散靡恒,又乌从而究诘之乎? 故可为代表之标准者,唯有界无争之地方区划耳。苟其他团体欲得参政权,只宜以其党之运动游说地方,以冀由地方选出之,俾为议员而已。

自治体行政主长宜以何人充之乎? 各省行政主长较前清都督权力为大,故其任用法及权限如何,于民国政治所关尤深切。应由大总统任命

乎？仰［抑］由民选乎？此关于都督议论之点也。今日都督为此国家非
常之际所设军政府之长官，关此议论问题，不必尽同。唯吾辈所主张者，
各省行政主长宜依民选定之，此与或者所论各省行政主长宜使有军事权
与否之问题一见有不可离之关系。设使行政主长有军事权，以大总统由
军人中选任为至当。是则与民选之观念似相僻驰。唯依吾人卑见，以中
国各省领域之广，主宰之者苟非于军事上握有权能，一旦变出异常，势难
尽统治之责，此种军事权与夫躬入行伍为之将校者不同，行之者亦不必专
门军事之人。观于美国各州知事有军事权而由普通人中民选，普鲁士各
道长官有军事权而普鲁士王不必军人中任命可以明矣。若谓中国各省主
长因有军事权必由军人选出，不可依民选方法，则统帅全国军权之大总统
其就任应如何乎？若因大总统之职亦握有军事权宜永为军人所专有，不
可依民选之法，天下之民主共和国有如是者乎？故曰各省主长之为民选
与夫握有军事权两事不相关也。为此主长者原为行政官，际此多事之秋，
固不可为例。若当平时，与其以军人而兼有政治才干者充之，终不若政治
家而有军事知识者之为愈也。且当其选者，亦不必其省之人，莽莽禹域，
拥土三万里，求此二十余人足符众望者，岂其难哉？至于选举方法，一任
于省会则不可。亦犹选举大总统不可委之国会，若仅以省会为选举省长
机关，必至无力之省长，动辄更迭，致乱地方行政。故应比照选举大总统
方法，使省内各自治体议会议员亦得与焉。次若城镇乡长仅关最小自治
体，故考诸国成例，概任城镇乡会选举，亦无流弊。独至各县行政长少费
思索。省内县数既多，究应注重省内统一，故以由各省行政主长选任
为宜。

省县及城镇置参事会，亦犹中央之有参事院，各由该议会选出常任委
员组织之，平常参与政治体行政，但各省参事会应由大总统派遣特命参事
员加入之，以期国内统一。中央参事院中加入各省所出上院议员以为委
员，各省参事会亦由中央送遣委员加入，斯则中央、各省皆有双互委员会
同处理政务，中央地方之联络结合始得无憾。

行政监督方法已有各种议会及参事会,特别弹劾机关似不必设。惟须仿照列邦成例,设置会计检查院及行政裁判所亦为要图。会计检查院苟能善用,前清末叶财政上官界积弊不难一扫而空,惟是形式徒具,不若重在得人,始能收监督之实。行政裁判所为人民直接对于官吏之违法行政行为要求救济之法庭,可于数千年来政治思想开新纪元者也。英美主义使与司法裁判所并行。按之三权分峙精神仍宜特设机关,不属司法机关。顾察中国现状最□方法,先为二审设一特别裁判法庭,只为次审之裁判所,其始审则由各省参事会兼行之。

第四　司法策

改革司法制度与开设国会,俱为施行宪政之枢键,又与收回领事裁判权关系密切。民国创建诸公急宜注目于此。今当中国布民国立宪之新政,欲入世界一等国之列,而领事裁判权依然存在,□为国家主权之限制,其为辱□何如? 究其存在之由,无非中国裁判制度不足取信于外人,以谓服从如斯制度生命财产究难安全,所言固属夸张,证诸前清末叶秕政亦非无故。虽然,彼之所据者既如斯,苟吾人从事改善不让文明诸国,则领事裁判权存在之基自覆。现与诸国所缔通商条约中亦于此意明言者不尠①。故为今日之计,与其大声疾呼空言收回,毋宁及早图画,绝其建树之基。推原领事裁判之为权,非同他种利权。质之学理,其本质于权利国亦颇不便,一俟义务国裁判制度完善,权利国即将毅然撤去不少顾惜,其例屡见矣。

整顿裁判制度宜先着目者,谋裁判权之独立于数千年来行政司法混合之主义彻底厘革也。裁判权独立者,裁判权不受行政权干涉影响之义。

---

① 尠,鲜、少。

欲行此事,微特裁判机关由行政机关分离便可竣事,且必与法官独立之地位,尽抉其顾虑禄位枉法轻断之根。故应仿照立宪诸国通例,裁判官除刑事裁判所宣告或惩戒裁判所惩戒处分外,不受免职、调迁、减俸等职务上之责罚,裁判官保障既得持身自谨,就其职务不虞行政官反其意思妄行贬黜,无论高官显位、威势咸不能加,裁判官始得安于其位,惟遵法律所命,以尽司直之职。人民之生命、财产乃得安全保障,此与议会制度相需而为宪政之精髓,窃曾怪前清末造民间只有高声呼吁请开国会而未闻要求裁判独立有如此之甚也。

民国裁判制度以统一为趣旨,无关行政组织,全国置一最高裁判所,为通国裁判所上级审,所用法律由中央国会议决,其解释则最高裁判所示所依据。在职裁判官概由大总统任命。全国裁判所审级仿多数国成例,采用三审制度,划分全国为几多最小裁判区域,其区域大部以今日县治地方行政区划为衡,每区各置区裁判所一,合数县置地方裁判所一,省置高等裁判所以总之。其上尚有最高裁判所以总括全国事件之管辖。视其巨细,审级之统系有差。案件小者,以区裁判所为始审;地方裁判所为次审,最高裁判所为终审。案件大者,则自地方裁判所始,循高等裁判所、最高裁判所之序以致终审无间。案件巨细,终审皆归最高裁判所管辖者,盖因终审专属法律解释问题,以书状审理为原则,文件行复托之邮驿足矣,通国唯一,民亦无大不便,最要法律解释因之可趋统一。然则最高裁判所所在地以何处为至当乎?今日观于国都地位,南北议论纷纷,总宜视一般政治外交为断。人民之便,不必顾及。故今日可留北京,设使异日南移,自外交政策进取主义观察,金陵固较武汉为优。然定裁判制度中枢,无须顾虑及此,一以人民之便决之。且裁判本质与他种国政无密切关系。故其中枢与为百政枢纽之国都地点不必趋同。如德国奠都伯林而最高裁判所设于来浦济①,是其例。且中国武汉为九省通衢之所会,最高裁判所宜与

① 现译莱比锡。

行政终审裁判所俱设于此,以民权拥护之机关志民国发祥之纪念,甚盛事也。

关于裁判一切法规,学者所称司法法者,兹就其制定方针略言梗概。此等法规,皆关人民之生命、身体、财产、自由、安全,故宜以经议会协赞之法律定其原则,今宜迅速制定者,只为刑法及关乎法院编制、诉讼程序各律,至若民商各法,尽可从缓。英美诸国迄今尚无统一民商法典,民商案件司直苟得其人,援彼东西法规揆诸习俗情理,不难判决得宜。与其专求速成,设鳌戾情俗贻害靡极之法,何如容与时日,考覈①精详,丕成超轶东西之宝典耶?日本今日民法典未臻完善,尚阅岁月廿余年。中国各地情俗歧殊,精查之难,倍蓰于日本,而前清宪政筹备表目揭载,编纂民法典仅须二三载间,殊可笑矣。博征各国成例,引为司法法编制参考,乃知裁判制度固与国体无关,大别之可分为英伦法系及大陆法系。英伦法系制度以不文之惯习为基,明文可征者颇罕。英人有守旧性,其旧制有归不用而存之,无害者往往不废,类夫告朔饩羊。今中国当新树法度,不可引为矜式。岂若大陆法系成文,彰彰俱在,中国据之酌参国内情形,折衷至当法度为得计也。夫法度以人情风俗为准则,日本人情风俗与华夏类似,其法度又依据大陆主义,则宜取其制度藉为参考,此草茅日人所敢质于诸公者也。且吾中东两国交通关系颇称亲密,苟于裁判制度乃相径庭,相互人民之间恐多不便,是亦宜留意者也。

整顿一国裁判制度,要在得人。听讼者设皆陋暗之辈,法制纵美,悬若虚文,而人民之生命、财产奚恃以安巩?外人且将藉词不肯信赖,则领事裁判权之收回永无望矣。是故养成完善法官,宜与整顿司法制度同时并重。独据学力试验之法选拔学才,犹有未足。登录者仍限时日实务见习,期满复加甄别。后此数年之间,应于京师及各巨镇俱设法官讲习所,讲学间尤重实务,广聘中外有相当之知识、经验者,俾实任之法官及候补

---

① 覈,仔细地对照检查。

之法官共致力于研究,法官宜有此才能而其人之人品、性格尤不可忽,得货财不贪、权威不畏挠,独法而慕正义者乃为得人。今大总统当法官登庸之任及夫司法行政长官有推荐之责者,宜慎重焉!

第五　目下诸策

今世交通机关之发达,使人生变化之速,愈觉应接不暇。如今日者,所谓万乘之天子至不得已而退位。巍然建立东亚大地,古未曾有之大民国,此在去年之今日谁复料及哉? 设使此次事变在一世纪以前,则两军犹滞于武汉之野可也。乃昨秋以来,中国政界之变转,其急激不测竟使世界人士茫然而自失。今也大局略定,而依建国主动者若诸公之图维、之行动,常有以促变化之发生,故不佞虽缕陈累千万言,而付印需时、付邮需时,及达诸公左右,恐有笑为明日黄花者,况本节既名为目前诸策,专以目下之情势为标准而立说者耶? 诸公其谅之!

目下之要策揭载于民国临时约法者,其大致为吾人所赞同,速召集国会,制定宪法且确定其他为国家政治根本之方针是其要务已,且宪法不确定,微特治国之方针动摇已也,当此建国紧急之时机,凡监督政府以贯彻民国精神之必要行动以无国会而莫由执行。此自古革命史上民主政之宣言与国会之召集有不可离之关系也。然制定详密之议院选举法又费时刻,临时议会当依临机便宜之方法而急成之。完全之法规则随宪法之确立而于代表民意之机关制定之。夫临时议会在革命史上多一院之例。幸今日之参议院有至大之劳绩、至要之关系。依吾人预料,与将来之上院其根本的性质相同,故可暂存之而使有临时上院之地位。至临时下院,以代表国民之意思为重,其召集之手段略可依前述下院组织之方法,其召集之地点,则当在中央政府之所在地,参议院之地点,亦犹是也。盖国会之开会地点与中央政府之所在地决不可相离,否则国会与政府之交涉须多费无用之烦累与时间,且监督政府之职责又何以尽之耶? 若恐政府之压迫意思,则派遣适当之民军,使当国会拥护之任,亦无不可也。

军政之将来,当如之何? 今日都督之名下所行之军政与前所述有军事权之行政主长所行之政治相似而不同。军政者,军队司令官而使之握行政司法之权力于战地、戒严地、殖民地者也。有军事权之行政主长则自居军队编成之外而行其与司法权分离之行政权。惟应非常之变而有发令于军队之权能而已。故此种之行政方法有永久性而军政之施行于立宪国乃处非常之际不得已之一时的方便。倘欲长此维持之,是既与立宪政治之义相背,又非所以安戢人民之道也。中国今日之军政,起因于革命战争。今也大局既定,而各地之情势尚不能绝殊于战时,其未可猝然废止之也,固不待言。然适应乎今日之局势而诱导之以求企乎,前述之平时行政状态,吾人以为于其全体之组织,不可不一大改良也。今日全国之军政,岂惟中央未能如意统一之乎? 即各省亦不必见其统一,或一省数都督焉,或一市府而有数人自称都督相持不下焉。且所在匪徒蜂起,其头目之小者剧据一隅,大者僭称都督或王号,是于军政之统一为障害不小也。欲一变而径复乎平时之行政状态,此必不可得之数矣。然则以各省一都督一军政为其初步而中央悉统制之,使上下之政令有如身之使臂,臂之使指,莫不听从,诚为当务之急。顾今日若任自然之势之所趋,则此统一的军政状态果何日达到耶? 各省之数都督相争而至于胜败之决也,须经若干日月,彼省会之决议与中央一纸之命令又未必收解决之功。既为人民之灾害于现在,又恐酿非常之祸变于将来。今日之计,惟有设一特别之军政机关于中央与各省之间,使其威力优于各地都督,一方面震慑地方,一方面即为中央地方连接之媒介。中国各枢要地如北京、南京、武昌、奉天等处皆当各置此机关而定名为大都督。大都督握大兵力、大权力,以临附近之数省。依其威力与手段而渐成一省一都督之状态。大总统自为全国军政之元首以统帅各大都督,其庶乎一统一之一日乎? 试一览中国之地形,南岭北岭①两山脉蜿蜒若长蛇,自西走东,黄河、扬子江、西江之水汹汹然沛灌于其间。革命运动之情势及今日之情状亦关乎此地势,而各省之外,自有数个之中心点存。反抗此大势而行其急促之中央集权策,保不激出反动,而陷国家于分裂之机运乎? 毋宁善用之而大成其军政统一之伟业之为得也。且可谓大都督之人物而为众望之所归者今日固不难其选也。如是则全国之军政统一,内外之秩序整然,裁撤军政此其时矣。然后中央元帅府招致大都督而优遇之,平时则使之为总统之最高军事顾问,有事则出而统帅三军,各省都督亦量其所能而或使为纯然之军队司令官或被选为各省之行政主长。至是而军事与政治厘然不相混矣。军事则兵营地不必限于每省一处而各以其部队长为之指挥,行政则与司法分离而行政主长有一部之军事权以当其任,此如前段行政策中之所论述者是已。

将来之军政之难问题则兵士之解散也。募兵易散兵难。兵之解散,犹纵猛虎于野,犷悍无赖不平于淘汰之徒,多混入于民间,彼等以赋闲太早,拥郁勃之气而叹息陇上者盖不少矣。其分也,为良民之厄难,一旦为野心家所乘,则啸聚山谷为患滋大。故兵决非可一时解散也。当先分为数次焉。夫年龄也,计量也,学识也,人之不齐者也,即据以为标准而斟酌其间。至公至平以定去留之先后,使彼等对于此等判定而无抱不满之余地,是为第一步。欲被遣散者无不法之意,与其威慑之以刑罚,不如授之以适当之生业,使无糊口之忧而得为良民。故此际矿山、铁道、开垦及其他以劳动为要素之职业当与兵士之解散相连结,是为第二步。其三则对于解散者之恩赏全授之于一时,不若以年金及其他方法分授之于后日,既有以系之心使无作乱之举,又得悉其籍,使国家他日无有事召集之难。其四即为对于现未遣散者之处理也。闲居无事为恶之念易生,每日之不可怠于训练固已,又须注入根于共和主义之军人精神。犹有余暇,则教以文字而使学职业。此等方法而成功,中国因此而造出多数之预备军人,是使

---

① 北岭位于福建福州北郊,旧称大、小北岭,亦称北峰,平地拔起,连绵不断,蜿蜒环绕,地势险峻。

此事乃有长期大演习之意味,此之谓转祸为福。

尚有牵连于军士之解散而吾人不胜其寒心者,武器之散失是也。余辈往来战阵之间凡数月,兵士以枪担货物,兵器弹药纷弃于道旁,此殆屡见不一见者也。夫武器非所谓军人之精神耶?而轻视之如此其甚!则兵卒之间,其散失之多不难测知也!况北方军队之携武器而逃亡者亦不尠耶?此外,短枪为民间护身之要具,私人之购入而手持之者殆不知其几百万也。嗟嗟祸变之方殷,其由各地港湾输入之兵器奚啻巨万!今也,此巨万兵器之一大部分悉脱政府之监督而为放散于民间之凶器,言念及此,栗栗危惧,足不敢一步入山野。当局若不讲求适当之方法,此等兵器不特长为交通贸易之障碍也,人民其得一日高枕安眠乎?

其次,吾人之所切望于各地军政当局诸公者,则裁判制度之注重是已。夫革命战争原欲一扫恶政而不得已之一非常手段耳。当战争纷乱之中,人民所蒙之不幸灾害何堪设想!今战乱渐终,使彼等一舒其疾首蹙额之状而其余波犹未易平也。不良之军人、民间之不逞相结合而加危害于良民之生命、身体,蹂躏其权利、利益者谅非无有。将欲制压而防止之,与舍适切机宜而改良民刑裁判制度之外无良策也。夫求此等制度之划一,宜归其权于中央;而暂应目下之急需,又宜各从其地方之便,此固无容疑问。特其大体之旨趣将如战时之严峻而单简乎?抑如平时之宽容而详密乎?二者均不可择乎?中庸又从近时司法之精神,区别民刑而设良制,斯得之矣。若夫多立烦琐之新法,适以苦人民。故法文之用,取足于临时刑罚法规可也。至法官之选,遍树锐进之新人,亦有虞偏枯。故不必概斥旧职之贤才。新旧相剂,长短相补,用合议的制度,盖其最适者矣。其他有关系乎军人之事件,则军人将校亦可使之为法官而加入也。夫军事倥偬之际,裁判之事,人恒有轻视之倾向,然其良否,大有关乎人民之利害休戚,其为此际慰安人民唯一保证,殆无疑义。敝国之施新政于朝鲜也,其始未必受韩人之欢迎,今则有少许之信用,实司法制度之开其端也。民国之新政府成立,欲买人民之信赖而使之讴歌新政之前途,殆无有愈于改良司法制度者也。

　　一切新政之根底,皆在户口田土之调查。而军政时代最宜断行户口调查以为他日完备户籍制度之基础。昔萧何入关,先收秦之图籍、户口、田土之精确记录,其为财政、警察、教育、裁判、选举等所有政治之标准,今不异于古所云也。民国初基,思一变前清之靡政以蕲其最宜,奈何丧之!且诸公今日所疲精劳神而不敢一息或懈者,非军事乎?即军事之改良上观之,户口之调查亦实为好机而不可失。今夫义务兵役之制度,文明国太半采用,为法最良,诸公所熟知也,而至今迄无着手之处,此其故何在?盖此制度课兵役之义务于全国壮丁,其一部为现役兵焉,其他为预备役或国民军焉。前者在营,得施之以军事教育。后者在野,省国家平时之浮费而不害民间产业之勃兴,一朝有事按图索骥,百万熊罴立时可集,非以户籍制度之运用奚以至此?昔普之破于拿破仑而受兵数之制限也,得一策焉,曰短期现役制度。表面养少数之兵员,而民间实隐备无数军学毕业之士,滑铁卢原头之一雪前耻基于此矣。试假定现役义务为二年,预后备役义务十八年,平时兵二十万,令一下忽成二百万大军。故曰无户籍法之国不足惧,以其现在之兵员即其国固有之兵员,他皆乌合之众耳!有户籍法之国乃大可畏,以其现在兵之背后尚隐有累万之大兵故也。

　　诸公欲改革贵国之军事制度,为世界之大强国,须先求贵国户籍法之完备。若虑格于一般人民闭锁家庭之风习无由窥见其内部之真形,则于此际亦正有排除之之机会。此次革命,促民间诸事革新之气,旧习虽破不之怪,一也;战乱之际,人民习于受少许之强制处分,不招彼等之反感,而得闻见其内情,二也;声言凡登录于民籍簿者,以新民国之人民待遇之,使之得自吐其实,三也。彼人民之散而之四方者,似于调查有不便,然此特为战争地之都会耳。田舍之人,转因是而退返其故庐,其壮丁之募于各地而为兵者,则尤易明晰。凡此等之事机,今日最为具备。渐经时日,斯消失矣。军政府乘此时机而实行民籍之调查,其利于军事固也。其他凡新政府施行良政之基础,胥于是乎在矣。

呜呼！中国将来之政局,当如何结束乎？此法国大革命以来世界政治上最大之问题也。考历朝交迭之史,从龙逐鹿,人具此心。喋血相争,数年不息,其长久者乃数十年或百年,绵[锦]绣河山,殆成荒土,耗矣哀哉！今日列强环伺,其欲逐逐,尚堪如此之扰攘为乎？天佑中邦,新主义出民主、共和、革命之帜,此义贯彻,所有大事无难依公义若选举之平和手段而速解决之矣。抚今思昔,何幸如之！虽然,此等幸运,扶植之则炽而昌,破坏之则促而短。民国之命运,其扶植而昌炽之者,事非一二端,而消息①于大总统之人格者独大。不闻米国南北之战争乎？两军相攻抵华盛顿墓侧,不觉忸怩曳兵而走。第一期大总统之高风,其感人之深也宜如是已！民国第一次之大总统果为何人尚不得而预定。若如世之所推拟当选者为袁公,窃望公心华盛顿之心,以福民国,而决无慨然慕想拿破仑之遗迹,且公而行拿公之事,斯浊乱天下后世,将与曹孟德之流比而观之,以视所谓东洋之华盛顿,所谓中国四千年史中独步之第一人,其得失荣辱何如也！黎副总统及孙、黄两公实民国之母也,其必继袁公之后而践大总统之位,此又吾人所预期者也。其他济济多士,其为大总统之候补者乎？夫共和宪政实以无冠之帝王而公之于多数人之制度也。公等当徐俟顺序之及,且绝不可以此华冠为为②一家之专有品而误大局也。公等而为共和政,共同和衷以竭其至诚欤！民国之前途万岁！东洋之全局万岁！

敝稿起草于阳历三月五日,时余乘南阳丸发汉口,其后经南京、上海、青岛等处,同月之杪于天津客栈竣事。其稿之大部,盖草于舟中者也。狭室兀坐,汽机戛戛然,有声震耳,而心遥驰于友邦与东洋之前途矣！一片赤诚,蒿目时艰,不禁搦管狂叫,渎诸公尊严,献曝之讥不免夫！然观过知仁,大雅海涵,荣幸奚似！

（选自 1912 年 5 月 20 日至 7 月 2 日《大公报》）

---

① 消息,此处应取引申义,指起决定性作用的事物,即决定于。
② 原文如此。

北洋法政学堂呈都督请改为
法政大学校暨扩充办法文并批

为呈请示遵事:窃维民国初建,非才莫理。而巩固国家之要素,不外立法、行政、司法,故法政人才较他项人才为尤急。法政学堂,法政人才之所从出也,非改良而扩充之,实不足以拯国难而应时急。监督有鉴于此,因邀集职教各员会商数次,议定办法,拟将北洋法政学堂改为北洋法政大学校,以后遇有一切扩充事宜,均比照大学章程办理,并拟体察情形推广别科,酌设大学预科、法政速成科各班以宏造就而储人才,添设评议、编辑二部。评议部为学校议事机关,得以随时提议改良,冀学制日臻美备。编辑部经理讲义兼编订法政适用各书,以图全国人士法政知识之普及。至于学生方面,尤宜德育、智育、体育三者并重,拟设校友会、体育会、讲演会及学术练习等会,或强健其身体或增进其智识或养成其良习惯并熟练其技艺,此敝堂学制之宜扩充更改之理由也。然欲添招各班,增设各部、各会,则需款正复不赀。当此司农仰屋,公私交困,求拨官款恐非一时所能办到。而以上诸端又皆重要事项,有不能稍缓须臾之势。无已,不得已改订学堂编制,力求撙节而资挹注,名称务副其实,员薪较减于旧。因拟将监督改为校长,每月薪金暂减为二百五十元,未敢擅断,仍候钧裁。裁去三长一级,另设正科教务主任及附属中学科教务主任,皆兼任本科功课,每月薪金暂定为百五十元及百元。正副监学各一人,每月薪金暂定为百二十元及八十元,庶务、会计各一人,每月薪金暂定为八十元,书记薪金暂定为月五十元,校医薪金暂定为月三十元。以上职员遇事均与校长直接商办以免彼此隔阂之虞。至教员薪金,除外国人业已定有合同不计外,统以教授时间计算,以昭公允而求核实。敝堂自此次改革之后,职员方面计裁去各班监学官三人、管课官二人、杂务官一人。教员方面,因薪水减少,亦有变动。以上两项,每年节省经费约在数千元之谱。即拟以此项节省之款移作扩充改良之用。至于所短之数,再于学校各方面力求撙节,务期款项不致虚糜,学堂日臻进步。此敝堂现拟扩充改良之大概情形也。再,扩充改革统须另订章程,此项章程现正逐加商定,一俟订定之后,再行呈请核夺。所有敝堂现拟改良各缘[款]中,除咨呈学司外,理合呈请大帅签核批示祗遵,为此备文具呈,伏乞照详训示遵行须至。

呈者　都督

张①批:据呈已悉,所请将北洋法政学堂扩充改良各办法均甚妥协,足见办事认真,良深佩慰,应准照办。惟改易大学校,名称与学校定章是否相符,仰提学司查核呈复再行饬遵缴抄由批发。

(选自1912年5月26日《大公报》第二张第四版)

---

①　似应为张镇芳。

直隶民政长据北洋法政专门学校呈
覆添招法政别科学生程度情形
咨覆教育部文

　　为咨会事教育司案呈案准:贵部咨开为咨行事,据直隶教育司呈称:案准北洋法政专门学校函开咨。敝校所设别科第二班及附属中学一二三四等班,武汉起义各班停课。至元年春开课之时,旧有学生回校者虽亦不乏,然按之各班人数仍多缺额,当即根据旧章添招插班,现时各班缺额均已补齐。除旧有各班学生履历业经呈报在案外,其元年添招别科插班百零五人,中学各插班九十一人,理合造其履历清册二分,恳请转呈存案,并清册二分前来。查法政学校别科近来多有以讲习科毕业呈请插班者,殊属不合,均经本部批驳在案。该校此次添招插班生,系由何校转学,未经声叙,应请转饬详细呈覆,以凭核办。除中学添招插班九十一人应准备案外,相应咨行贵民政长转饬遵照可也。等因准此。当经训令该校遵照详细呈覆去后。兹据该校覆称,查敝校第一班别科系前清宣统三年暑假后添招新班,旋因武昌民军起义,于是年十月间停课,至民国元年春间开课时旧有别科学生来校者虽不乏人,然缺额太多,不能成班。故当即遵照旧章添招足额。当因别科旧有学生入学未久,程度尚浅。

　　又奉教育部通电,将毕业期限展缓一学期,敝校第一班别科应将前清宣统三年始业改为民国元年始业,已与新班无异。故当时所招插班新生以汉文优长者为合格,不问其曾在何校肄业者。是此次所招新生,虽名为插班生,实系陆续招考之性质,良以旧生程度尚低,又展缓毕业期限,添招新生,原无不可企及之理。陆续招生在第一学期于课程原无妨碍,较程度相差已多,与半途插班者情形迥有不同,此敝校添招别科插班生之实在情形也。等情前来相应咨覆贵部希即查照备案可也。此咨

（选自 1913 年 4 月 27 日《大公报》第一张第四版）

纪念会志详

　　月之十二日,各界假公园内省议会场开南北统一纪念会。是日,该会场楼上下几无插足之地。午后二钟,警察厅军乐队作乐毕,发起人上海《天铎报》特别记者陈翼龙君报告开会词,首由国民党燕支部代表、众议院议员王卓山君①演说,大致叙述自共和告成,南北统一,中央政府如国务总理唐少川、陆征祥二君相继辞职,参议院毫无效力,甚至内政外交在在堪虞,诸多待理之际,而该院议员常不足法定人数,竟至延误事机,及东三省、蒙藏等问题发生,现政府无能力,在中国徒有共和之名词,而亡国速度较前清为尤甚。并述及最近日本众议院议员之桂太郎党者,被人民及他党议员于该院门前打死二人、受伤者二人。当时桂太郎在院旁听,见势凶猛,至于潜避,该国天皇已将众议院解散另行选举等事。次由警察厅长杨敬林②、北洋法政学校教授、日本判事法学博士③今井嘉幸、华林,统一党代表王可鲁,直隶总督冯华甫,《民意报》记者管颖侯,前南京政府参议黄甫、陈翼龙,前《醒商日报》总理李仲吟④,社会党干事俾寿(蒙古人,为前清御史,曾奏参徐世昌者),内务司兼财政司刘仲鲁,省会副议长王观

---

①　即王葆真。
②　即杨以德。
③　此时今井嘉幸尚未取得博士学位。
④　李仲吟为1912年成立的天津工党评议主任,1925年国民革命期间也曾有所活动。见天津《民兴报》1912年6月13日第七版《工党开会》等。

铭、王绍一诸君依次演说,至六钟闭会。

（选自 1913 年 2 月 14 日《大公报》第二张第五版）

直隶公立法政专门学校同学录

（1915）

职员：

姓　名	字	年　龄
梁志宸①	箸香	四十三岁
周焕文	子畏	四十八岁
郭锡瀛	仙洲	三十四岁
童宗河	泗泉	四十六岁
郑金滢	力生	三十八岁
刘际芳	步青	三十四岁
陈宝善	幼泉	三十三岁
王文镜	鉴堂	三十一岁
陈兆芙	镜秋	四十一岁
韩宝琦	席珊	四十六岁

---

① 　梁志宸 1914 年 7 月任校长，1915 年 8 月离职，其在校并送出毕业生，应在 1915 年 6 月。

常宝珍	聘之	三十五岁
刘传玑	钧恒	四十岁
李膺符	锦堂	三十八岁
李凤翯	翔阁	二十六岁
徐　镛	琴江	二十七岁

教员：

姓　　名	字	年　　龄
苏艺林	梦鲁	三十三岁
李成林	华甫	三十四岁
戴　复	襄甫	三十一岁
张德滋	君澍	三十四岁
孙荫溪	小泉	三十五岁
王肇春	任甫	三十六岁
张树栅	伯材	三十三岁
狄吹克(美国纽约)		三十五岁
薛宜兴	少卿	五十一岁
于振宗	馥岑	三十七岁
马英俊	仲益	四　十　岁
胡源鸿	效梁	三十七岁
张则林	屏藩	
李作宾	璧城	
孙百福	介卿	

直隶公立法政专门学校同学录
（1917）

职员：

姓　名	字	年　龄	职任
李镜湖	问渠	三十九岁	校长
李志敏	秀夫	四十一岁	主任
刘鉴塘	春舫	二十八岁	会稽
王炳文	潜侪	三十九岁	文牍
王汝泽	润生	三十七岁	监学
林树棠	棣村	四十岁	庶务
焦增祺	锡祉	三十五岁	庶务
李文英	子敏	二十六岁	教务
葛季康	季康	二十五岁	教务
张鸿琦	耀庭	二十五岁	教务
姚谪寰	临圃	二十五岁	文牍
王枢	绍飓	三十五岁	庶务
陈镜海	滨东	三十七岁	会稽
王荣生	采南	三十岁	斋务

陈宝衡	幼泉	三十五岁	教务
谢秉钧	子石	二十六岁	教务
章锡振	玉卿	三十八岁	会稽
段智	兴周	三十六岁	庶务
刘孔钰	钟岩	二十五岁	斋务
王恩培	锡三	二十五岁	教务
张池藻	馨斋	三十二岁	庶务

教员：

姓　名	字	年　龄
李钧	洪甫	三十五岁
李毓棠	苇亭	四十四岁
黎炳文	雅亭	三十七岁
张念祖	芍晖①	三十七岁
毕培真	确岑	三十三岁
邵骥	志千	三　十　岁
杜之堂	显阁	四十九岁
袁棣	华秋	二十八岁
贾文范	子式	三十四岁
燕世英	冠卿	三十三岁
李渔沣	苣荪	三　十　岁
黄毓桂	芳轩	三　十　岁
刘鉴塘	春舫	二十八岁
张殿玺	璧堂	四十一岁

---

① 张念祖，字芍晖，河北昌黎人，北平大学毕业，曾任直隶省议会议员，北洋大学教授。

马钟南	挹山	四十七岁
韩殿琦	云翔	四十一岁
刘焕章	人龙	四十二岁
陈景章	斐斋	二 十 岁
陆钧泰	康衢	三 十 岁
荆可恒	子久	三十二岁
杨雪伦	雪伦	二十八岁
于振华	秋实	三十一岁
王葆鋆	白珩	三十一岁
李其珩	焕楚	四十一岁
刘德藩①	翰忱	三十三岁
谢实[宝]清	萍洲	三十二岁
刘焕文	从周	四十四岁
郑耀奎	星五	三十一岁
秦清怀	月如	四十一岁
王秉喆	浚明	
王若宜	睍青	
韩炯	举贤	三 十 岁
络得伟		
陆司		
庄乃珮	纫秋	
李玉山	仙石	
张耀卿	聘臣	
张守业	省三	

（原件存天津市档案馆，本书只部分节录）

---

① 刘德藩，字翰宸，永平府临榆县人，北洋法政学堂别科一班学生，毕业后留校任教，兼任律师，直隶教育会会员，天津律师公会评议员，1912年任顺直临时议会议员。

庆祝欤？惭愧欤？

杨景濂[1]

　　行于街，国旗飘扬！步于市，国歌喧呶。嘻！此何时耶？非十一年前吾革命成功之日乎？吾国民见国旗之辉煌，闻国歌之壮朗，其所兴之感想，为庆祝乎？为惭愧乎？吾不得而知，姑就吾见，妄一言之。

　　距今十一年前，吾国非痛心疾首蜷伏于专制淫威之下者，几三百年乎？一旦光而复之，其荣幸为何如？凡吾国民宜作豪舞、宜发狂喜。双十节之纪念，不特印于吾脑，且书而悬诸壁，笼以碧纱，供以香火，更以此告我子孙，使之永永不忘，如此方且庆祝之不暇，何惭愧之有耶？

　　帝制虐我，而帝制倒矣。希望共和，而共和成矣。失望者已去，希望者既得，不曰庆幸而曰惭愧，宁非偾乎？虽然，实者名之本也；名者，实之宾也。有其实而无其名，固无妨也。至若无其实而有其名，则流祸所及，有不可思议者矣。满清之时，其政虐矣。然其名固为专制也，为独裁也。彼虐我而我抗之，抗之不得，虽裂我手足，断我肢体，吾固无恨。何者？名实符也。今也不然，生为共和国民，犹蜷伏于万恶政治之下，暗无天日，诛求之甚倍于往昔，吾国民竟隐忍之而不敢动，不亦大可怪哉？夫共和国家以国民为主体者也，大权操诸国民，庶政决于舆论，方无愧于共和之名。

---

[1]　杨景濂似为杨亦周别名。

顾今日为何如乎？操纵政治者，不外少数之官僚、军阀，国家任其断送，国民听其宰割。所谓共和者，谁与谁共之耶？不过彼少数强暴共以国财为盘乐之资已耳，共以国民为驱使之奴已耳，嗟乎！吾生而为共和国民，即宜尽我国民之责，既不能尽我国民之责，乃任盗跖之流横行国中，非特不能抗，抑亦不知抗，甘为奴隶，无所怨尤，七尺之躯，何以答上天？！其生也不如其死，此所以见国旗之飘扬而中心惶惶，而惭愧随之也。

今试追忆辛亥革命之前，志士仁人，死于弹火者几何？死于锋刃者几何？彼胡为而若此？彼宁不知孝其父母，乐其妻子，苟活于世之为愈哉？独奈何弃父母、捐妻子，万死而不顾其生乎？至功未成而尸先裂，两目一瞑而万事俱休，继而九泉之下犹有其乐者，为全国人民争福利故也。吾国民敬之、祝之、崇拜之，宜矣。然而彼为民国流血之英雄，非仅载之青史，祀之庙朝所可报其义也。彼固盼吾国民如何？继其志而改建国家、福利同胞使能长治久安而彼乃欣欣然以为得其死所。不然，祭以粢盛，祀以太牢，固弗宁也。今民国成立既已若是其久，以言乎内政，则纠纷也。以言乎外交，则失败也。社会扰攘，道德沦丧，大权归于盗跖，而其残暴不仁，视前此有加焉。何者？前此官吏，犹有所惧，不敢肆其虐。今则各行其盗，无所忌惮。一切诛求强索，由此其繁矣。十数年来外交操于奸党，庶政决于武夫。国家大权，得之者横行全国，失之者谋乱一隅。军阀蛮杀，政党倾轧，生灵荼毒，险象环生。国家之命，绝而复继者屡。如袁世凯得摄高位，而帝制萌，张勋盗窃兵权，而复辟现。安福谋乱于京畿，胡匪进扰于中原，加以南北分裂，干戈不息。纷扰之象，不知沦于胡底。呜呼！国家之势，危若累卵。为国民者，环顾强邻之耽耽，内视国贼之扰扰，□□谈笑，而无所痛于心，得勿有燕雀处堂之讥乎？国民处若斯之境，宜如何感慨、如何兴奋、如何宵衣旰食。奠邦基于永固，享太平于无穷，方可以对我英雄在天之灵。今吾人惟袭前贤余泽，不特无以泽我后人。即前贤之泽，亦且旦暮不保，呜呼！吾唯思之汗流浃背，愧不能言！又奚庆祝之足云耶？

　　国旗者,代表五族之徽帜者也。试一思此五族者,其土地完全乎? 其主权完全乎? 十八省之内,其名港要塞,几何不为外人所租借? 然此犹可归罪满清,姑不论矣。南北纷争,形同割据,然此犹可望之统一,姑不论矣。近者胡匪为乱,涂炭生灵,中央号令,不及于东省。更乃野心不死,借援外人,使彼日窥我侧者,得以逞其蚕食,如是全满恐不保矣。蒙民智识未足而强悍有余,民国以来屡起独立,国家不谋救施之策,听俄党煽惑其间。蒙民且为所惑,如是则蒙疆且不保矣。西藏问题所以延宕至今者,英人累于欧战而不暇顾及也。今则精力将复,宁能忘情于东土! 而我国上下漠然视之。一旦起而解决,非至失败不可。如是则西藏又不保矣。嗟乎! 五色之旗,行将见其为四色,见其为三色,或二色,或更一色而不能存,嗟乎! 其所宜庆祝者何在? 吾唯觉痛不能言,满怀惭愧矣。

(选自 1922 年 10 月 10 日《益世报》增刊)

法专售地设立图书馆

　　直隶法政专门学校以该校为专门学校,须设立图书馆,购置中外书籍以供学生及各教员参考之用。惟现时财政支绌,颇难筹此巨款。查该校尚有购置地亩若干,坐落河北三马路,拟即投票出卖,约可得数千元,可作设立图书馆之用。但事关官地,未便擅专,已呈请教育厅,转呈省长核示云。

（选自 1922 年 12 月 23 日《益世报》第十一版）

宪法学会开发起会①

　　国会正式开幕后,即应从事于制宪大业。近有某某议员等,联合在野之法律家、政治家等组织应时之宪法学会,作国宪内容之研究,供宪法会议之参考。定于三十一日下午三时在北长街路西前宅胡同五号开发起会,业已遍发通知矣。

(选自 1922 年 8 月 1 日《大公报》第二张第二页)

---

① 　该会由北洋法政学堂原斋务长、国会议员邓毓怡发起,李大钊、郁嶷、夏勤等校友均为会员。参见刘国有编著.《李大钊与北洋法政学堂》,沈阳出版社,2013 年,第 397 页。

法政生出发参观

　　北洋法政毕业生,前曾组织参观团,拟赴日本参观各级法院,刻因改变路程,拟先参观国内各法院,业经呈明教育厅核准,并发给参观费用,故已于昨日(四日)出发,参观团团员为郭汝铎、张王琛、王青椿、耿彬、安肇敏、赵淑忏、张星台等诸君。所定路程,先由津到大连,次到旅顺、上海、杭州、南通、金陵、芜湖、汉阳、武昌、汉口,再由汉口乘京汉车到石家庄,换乘正太路车到太原,然后即行回津云。

(选自1922年7月5日《大公报》第三张第二页)

十八周年纪念开会词

秀夫①

今日为本校第十八周年纪念日,开会祝贺则为十八年来之第一次②,如人活了十八岁未作过生日,今年第一次做生日,虽然不是整寿,但距法定成年之期已不远。因此给他做一个生日,教他回顾一番,知道由呱呱坠地以致[至]将近成年生活,经过颇不容易,此为一件事。又教他往前一看,知道生活年岁已不小了,顶家立业落在他的头上。如何光大门楣,如何显扬祖先,如何发展产业? 均须盘算清楚,往前去奔,方不为空活了十八年的光阴。天津学术讲演会上星期曾请本校毕业的老前辈、学界革新的急先锋李守常先生在省议会讲演《历史与人生观》的题目,内说了几句话,颇足感动吾们的感情,激发吾们的精神。他说:"历史是要前进的,回顾从前、羡慕从前是无用的,不惟无用,一踌躇、一眷恋,反足耽搁吾们前进的时间。黄金时代总是站在吾们的前面,作吾们引路的一盏明灯,一直照着他奔去。"这是他的历史观,也是他的人生观。吾今取其意作本周年纪念会之开会词。凡第十八年以前之事实用作以往的经验、已有的基础,

---

① 这是校长李志敏在 1923 年 12 月 30 日在直隶法政专门学校十八周年纪念会上的讲话,秀夫即李志敏。
② 1916 年 12 月,学校也曾举行"毕业同学欢迎会",李大钊、张泽民、白坚武均来津与会,见《白坚武日记》第 47 页。

再于其上一层一层地垒上去或另辟一个新局面,以与以往的成绩相衬映。是回顾以前思想,仍为现在作一兴奋剂,即以作将来的考镜。若夫本校的黄金时代,固时时在吾们的前面,无一时一刻无拿出创造的精神来开拓他的运命,此种目的,实赖我校六十余位教职员同仁共同努力及五百在校同学互相提携、互相督促以进行,因此吾们在冥冥中常听着一种军令用语大声喊叫曰:"一齐立正! 开步走!"

学校周年纪念,本年虽为第一次的举行,然自今以后,当然年年要做,亦将普通"年中行事"相同,同为时间上之一阶段,并无何等奇异之可言。所贵乎有此一举者,在时间之阶段上,与吾人以深刻之印象,将当时关于教育之感想表而出之,以供世人之批评,以为进化之比较有意识地祝贺之,可贵其在斯欤! 吾之所感想者,第一为教育,第二为法政教育,第三为直隶法政教育,第四为本校教育,试缕述之如下。

第一,教育。教育之目的与效用,均为作人,此最普通之见解如是。以吾所观,作人一语包含二义,即一须作有用之人,一须作好人是也。作有用之人,则需要智识、能力;作好人,则需要道德。明乎此,则教育上之作为,可以提纲挈领,得所着手之处矣。又作人有种种之方面,如在家庭为一良子弟,在社会为一好分子,对国家为一健全的国民是也。故教育上最重要者,即在受教育者将来毕业后得一"适"字,即在家庭,适乎家庭;处社会,适乎社会;对国家,适乎国家。此之谓教育之实用。但言到适不适,首须注重到好不好,即适者未必好,好者未必适,此其中大有分际,未可混焉视之者也。即如现在之中国家庭,国际姑不论。只即社会言,污浊到极处。办教育者亦将学校大门紧闭,不使恶潮流灌入洁白的"学校领域"。乎学校对于恶社会,咬定牙关,保持他的"治外法权"。每一个学生毕业,即拨给他几千兵马,教他对社会下哀的美敦书,作宣战布告打他个落花流水,其得最后之胜利。即不幸战败,赤手空拳,还落一个"骂贼而死",绝不屈服投降,此为教育之真价值! 故吾自初即主张学校宜与社会造成两截,如社会不讲公理,学校内偏要讲公理。社会上黑暗,学校内定要光明,使学生在学校内体验出共和真谛来,好准备着与社会宣战,使之顺入正轨。这是我所抱的理想,能达到十分之一二或百分之一二与否,非所问也。

第二,法政教育。近来颇有人谓中国政象之险恶,而归咎于法政教育之不良。斯言也,吾愿承认之,而不敢承认之。此非欲卸责而为办法政教育者作辩护也。诚以吾国积四千余年之文化,一旦与欧风美雨相遭际,吾等旧文化之缺点乃大暴露,而新文化又方在萌芽,不足以遽代其位。在此青黄不接、新旧杂陈,纷焉混战之时代,聚各种原因发而为今日之恶果。以此而专使办法政教育者负其咎,恐办法政教育者无此担当力。此吾所以有不敢承认之说也。然而各种法案法规,非吾校所规定之科目乎?各种政治原理、学说,政党之组织以及各国政治、外交之现状,非吾校所研究之课程乎?供给司法之人才,驰骋立法团体之林,陈言侃侃,论列是非,非吾校应尽之专责乎?居法政教育之地,司供给法政人才之职,对于立法、司法、行政各界所发生之恶象,而日莫不与闻,或研究各种真理或方策,而期以矫正社会,挽救颓风之责任,外人攻击法政教育之不良,正所以期望法政教育之深厚,评量法政教育之重要。当其冲者,更属责无旁贷,义不容辞!此所以有愿意承认之说也。况本校所设各科,有法律科,凡维持社会秩序、整顿人生规律之研究,皆属之;有政治经济科,凡善用国家举措,充足人民生活之研究,皆属之;有商业科,凡振兴国际贸易,开发国家富源以及改良交换方法之研究,皆属之。其范围之广,几乎除单纯的精神方面与实际的物质方面外,与人民生活全部相关联,分门别类,尽力研究。关系之重,难以言喻!法政教育之地位,有如是也。

第三,直隶法政教育。直隶法政教育,以我校成立最早,次于我校而成立者,有保定南北司之两法政学校[①],专以造就官绅之法政人才为目

---

① 似即 1914 年前,直隶法政学堂的"臬属""藩属"两部分。

的。迨入民国,遂与本校合并。再后起者,有公园私立法政学校①,自民国初元成立,办理十余年,遂告结束。北洋大学原有法律科,后与北京大学商议专办工科,遂于民国九年以法律科让归北京大学办理。近来河北大学虽有法律科之设,然预科甫经办了,本科方入第一年。然则环视直隶教育界,自创办以底于今,十八年间从事于法政教育,今且蒸蒸日上者,唯有我一校耳。其责任之重,对于直隶全省,实无诿卸之余地,此一方面之观察也。若易一方面观,起视北京,法校如林,公立、私立之大学、专门,不止十数。密迩天津,相距二百余里,交通不过三小时。若我校不自振奋独保灵光,相形之下,有何面目以与首都各法校相见? 此又一方面之观察也。况今日者,宪法公布,省自治亟宜励行。人民对于宪法之运用,全在各项选举权,选举权之保持,则在人民之自觉。至于启发人民之自觉心,端在本校学生毕业后之努力。然则鼓吹省自治之励行,宜为我校用力之标的。加以各县、司法独立载在宪法,将来实行时,供给司法人才更非本校莫属! 至于经济、商业,在直隶地利肥腴,矿产丰富,实当五省贸易之冲,为百货集散之地,更属随时可以发展,随地可以设施。然必智识预备充足,道德训练完美,而后可以赞助省自治之进行,增进省民之幸福耳。

　　第四,本校教育。关于本校教育,两年来所抱持之方针,所以提要以告语者,首在开发学生思想,对于各项学说、各种主义,杂然并陈,使各人一一研究其真相,由自己,以自由意见定其所信从,本校从不稍执我见,指某学说为洪水猛兽,翘某主义为地义天经。亦不辨孰为旧、孰为新,何为主、何为奴,完全以第三者之地位,研究真理之所在,以定其利害之所终极。至于见解归结如何,则随其个人性质之不同,见智见仁,各随其便,绝不以一定之主义而决从违。诚以学说、主义云者,皆以随时势、国情变迁之物,绝不容稍有成见以陷于带色眼镜之嫌。故开发学生思想,认为本校

---

① 　即直隶私立法政专门学校,民初创办,因设在天津河北公园内,故称公园法政学校,1922 年并入河北大学,李志敏先生曾任该校校长。

教育之一要义。但若有与此相反之一义,即行为应受检束是也,即上课有定则,起卧有定时,升级、毕业有定衡,及各种行为,无不以理性为范畴,端不许以一方面之自由意思,恣行其所欲。盖自由之可言,谭仲逵先生不云乎?"生物之公律,多属于不得已。如不得已而吃饭,不得已而生殖。如应天津学术会之请到此讲座,亦属不得已之一种。如知人生公律,多受不得已之支配,则知人生自由所留之范围,亦极狭矣。"吾尝体验于星期六之晚或星期日,决意赴某剧园观剧,此何等小事,宜属吾人之绝对自由。但车已戒矣,而忽由上海方面来一十年不见之旧友,此时观剧之自由,即宜绝对牺牲。人若知不得已之精义,吾敢断言社会上将免却几多之争执,天下事即好办多多矣!

故本校教育之精神,可以此相反之二义总括之,曰思想要开放,曰行为要检束。若夫教育之设施,头绪纷繁,莫能缕述。吾关于教育之感想,略尽于是,社会明达就其疵谬而教正之,则幸甚!

直隶教育会职员一览

（1912）

直隶教育总会举定胡君家祺、孙君松龄为正副会长,已纪前报,兹再将各项职员探录如下。

编辑员八人:王树昌(天津)白月恒①(永平)张佐瀇(高阳)郭凤洲(高阳)张耀恒(天津)齐树楷(蠡县)张泉常(静海)刘炯文(沧州)

调查员十人:华泽沅(天津)牛楷(高阳)刘芝田(天津)李榴荣(武清)王法章(蠡县)郝濯(霸县)高奎照(交河)苏作宾(刑[行]唐)刘夺元(定州)孟鹤龄(迁安)

评议员二十三人:邓毓怡(大城)张云阁(永平)李镜湖(束鹿)赵象文(交河)张尽臣(正定)胡源汇(广平)周学彬(天津)阎鸿业(天津)牛宝善(冀州)李赞隆(遵化)孟昭文(朝阳)李作(宁河)王文超(永平)马英俊(东光)贾赓熙(宣化)贾祜(顺德府)骆唯(大名)黄传藦(天津)王观铭(赵州)李成章(定州)王辅仁(易州)李春荣(平泉州)刘丕承(围场州)

(选自 1912 年 5 月 26 日《大公报》第二张第六版,题目经编者修改。

此为 1912 年 5 月成立的直隶教育会职员名单,

中有法政学堂多人,如胡源汇、邓毓怡等)

---

① 即白眉初。

提议重组直省教育会

　　顺直省议员夏荆峰、李志熙等,以直省教育会自十年七月改组未成迄今以来,全省教育,不免大受影响。特提议重组直隶省教育会,其意见书其文云:

　　社会进步,端赖教育。教育进步,重在研究。此教育会之设,所以为最重要也。盖教育官厅,所司在教育行政;各级学校,所司在教育实施。而教育会之职责,则在补助官厅、学校所不及,为全省教育思想先导者。地方情形、社会趋向与现行教育方针是否适宜,教授方法、管训主张与学校学生是否适当。改进之责,舍教育会莫由焉! 故教育会关系全省教育甚重。教育会之组织如何,尤为全省教育进退之关键。我直隶教育会成立以来,是否有成绩,人所共知。自民国十年七月改组未成,立会一年有半,为教育会中断时期。则全省教育所受影响若何,自不可问。教育事业,不可一日中辍,则教育会不可一日中断。直隶无教育会,为我直隶之大不幸。同乡父老痛心久矣,迁延迟误,更待何时! 故重组直隶省教育会,为当今急务。凡我省教育同仁,定无不赞成者。唯我直隶教育会何以无成绩? 自十年七月何以中断? 近年余来何以亦能重组? 原因虽甚复杂,然我教育界同仁当无不深悉。约之直隶教育问题,应公诸全省。直隶省教育会,应由直隶人共同组织,绝非少数人所得把持,又非少数人所能胜任。前日教育会之争执,为教育会谋进步①;今日教育会之重组,实因教育会之中辍。为全省教育会谋利益,即全省人人应尽之天职。合全省之公意,谋教育之改良,无对人问题,无党派之争。若存一念之私,天人共弃!愿我同志共襄此举。谨述管见,敬待商榷!

（一）旧有教育会中断已久,教育会应重新组织;

（二）教育会重组,应先设筹备员,筹备一切;

（三）筹备员之分配,应按照旧府属,或新道区,或选举区,每区若干人共同组织,以示公开;

（四）筹备员依照部令,拟具会章,招集会员;

（五）会员招集,应专函全省各学校,及各教育行政机关,并登极显著之新闻,以期周知。

（六）会员入会时间,自公布之日起算,至少须两阅月。

（七）会员名册,应依照部令,由省视学及各中学校长审查;

（八）开会及互选会长时间应斟酌,会员能多数到会方为适当,或年假或春假或暑假,尤以暑假为最适宜云云。

（选自 1923 年 1 月 15 日《大公报》第三张第二页）

---

① 原文如此。

省教育会会员录

（1923）

　　直隶省教育厅,即发出布告一件。其文云,案照直隶省教育会征求会员暨组织会员资格审查会,均经办理完竣,兹定于民国十三年一月一日起在津召开大会,除开会场所临时再行通告外,合将审查合格会员姓名公布,仰即一体知照。此布,计开。直隶省教育会会员资格审查会审查合格会员姓名录之于下。

郭士学	孔祥鹅	赵思敬	刘鹤江	闵文道	张希彖	李志敏
靳之藩	宿锡威	刘殿英	董焕之	贾士钊	臧鲁昌	范延荣
吕邦栋	齐国朴	王耀卿	董作霖	王振山	梁清彬	程宗灏
张作新	傅嘉玉	段厚菴	王祥祐	许　毅	李士昌	石景恭
杨秀峰	韩国武	张国璘	贾　伸	师鸿森	米宗海	张志和
张焕墀	张同书	赵凭祺	庞澍霖	吴庆熙	商殿选	周连中
杨得园	傅松山	刘鹍书	赵象文	冯荣绂	梁振声	常绥绅
王国镇	夏荆峰	郝折桂	周镐川	姚　锷	杨克坊	党梦龄
郝俊声	刘显周	尹全智	孙炳和	赵济霖	邵彭龄	贾永睿
任清芬	宋屏周	李开泰	韩清波	张焕文	苏瑞三	杨绍震
马国鉴	韩砚田	展之璞	王耀卿	杨维鑫	倪文楼	赵子壁
王尊德	杨疑福	张爱松	王　沄	鞠　瀛	苏从武	翟清杰

常振经	冯成麟	李世昌	蔡云章	张文彬	范毓堂	齐书堂
张肃尊	韩树棠	妥鸿钧	尹荣琨	张荣绶	李士哲	田庆祥
杨广仁	谢丕阁	刘光汉	刘清江	王汝赓	王法章	杨肇麟
苗埆	郝杏林	吕禀墅	刘凤梧	杨玉枢	陈寿麟	王辅臣
王喜曾	耿肇璘	胡维镛	吴国贤	杨玉如	董锡珍	尹文吉
王书薪	李仲威	张子绍	李耀春	段钧	郭庆龙	黄国钦
李林生	赵召德	陈韵琴	李梦九	韩居才	张思虔	李金声
郝濯	吕廷杰	张官云	李恩桂	武茂绪	张之林	谢庚宸
谢宠遇	杨成奇	杜丛桂	张瀛州	王蹈义	陈树森	郭儒群
吕维周	刘振华	李清英	李博猷	李庆深	刘慰曾	张凤阁
臧家佑	许光迪	周维垣	杨学山	周继忠	范称	赵鳞甲
田维蓝	田金琢	王诏	王清晨	李芳田	尹佐宣	陈毓钟
田云丰	孟世杰	寿昀	杜秉义	赫桂和	李大本	王际隆
宗凤歧	郭堉恺	费荫棠	祥懋	董之骧	王景缉	张培纯
程恩暄	阎汝梅	郭树棠	乔向尧	杜士元	沙毓书	刘宝常
穆祥珍	穆成祥	穆春祺	张庭芝	张景韩	马国玺	成培咨
刘英筠	王秉异	李梦笔	张泽民	王馨兰	刘松年	戎春田
刘兆兰	王棫荃	周锡铭	禄汉宗	杨世培	张照棠	刘树鑫
张式尊	李式箴	李荫沧	田国栋	董化成	吴洁亭	刘保犿
孟奎元	傅如铁	王穆如	张定辰	王郁文	游保忠	杨开沅
王家鹤	陈晋温	赵会昌	郭荣光	卢晏海	王钟秀	高士芳
李培藻	孙景云	李豫菜	马大中	郭维城	吕□同	李如高
孙纲	任世奎	赵茂林	李明士	成国瑛	郑考	王国恩
谢景贤	梁桂芳	刘梦花	张籍桂	王毓麟	李文龢	赵振春
崔庭瑞	张从龙	佟润田	陈焕文	路镕	壬仁熙	赵银墀
桑丹风	徐荫枬	郑兆栋	周连吉	李世俊	沈禀懿	李镰镗
张鸿儒	马金涛	吴金彬	郭成材	佟竹森	耿启明	王仁寿

梁绳筠	王修德	王 峻	成世杰	常万奇	齐世壎	陈藻洲
杨沛清	张敬虞	田宝鸿	张毓芭	吕春霖	路 敞	李树茂
刘生辰	刘生新	王庆九	宋曾权	皮兆祥	杨蔚堃	胡人椿
苏从武	徐迁乔	赵金海	王 徹	时得霖	马春棠	张 溶
王凤清	冯新铭	安贞祥	魏会文	张涵广	赫金镜	唐建寅
魏 溥	端木昭坤		魏其祥	李文本	李兴唐	贾伯墨
杨炳文	王山岭	杨 彬	郭 胥	李裴然	王文麟	宋之濂
崔焕章	张 渲	刘同彬①	马宝恒	刘俊儒	刘震昇	李丰田
李玉珍	张德崇	刘翼章	王文阁	朱培桂	齐文书	褚春溶
李毓琦	安尚敬	刘秉鉴	阎继善	华世桐	陈楷之	孙树棠
刘骏书	董士敏	王子祯	赵以铺	张升堂	关钟照	张士铭
王鸿文	郭维镛	胡 铜	王元明	赵之浚	张绍良	王义梓
孙 强	齐 敬	张 达	刘炳辰	陈彧文	乔智申	孙景沆
李大钊	李煜瀛②	王祖彝	王玉田	石以珩	杨信容	张嗣堪
胡哲如	燕树棠	侯德均	马德刚	王 伦	吴荫芸	崔智泉
蔡 堃	张莲舟	李津筏	罗儒珍	胡庆云	薛际蕃	刘 恕
耿世奎	马瑞峰	赵毓兰	王炳南	赵鼎勋	李大椿	陈则君
何 源	臧家禄	檀绍弓	李运隆	徐赫亭	王鸿逵	刘宗汉
刘节之	吴念祖	牛宝善	王恩树	孙 祜	董 锟	刘兰圃
刘 霖	步以镛	齐炳煜	田柏龄	殷 珍	郝书隆	张友琴
陈鸿楷	高维岳	和梦阳	李挺生	高祥麟	唐景岐	杜守文
刘素绚	苗思明	宋世英	宋善登	赵有义	刘印堂	田林栋
节拜竹	于炳祥	魏文明	周维桢	郭廷璋	郭东岭	李彬堂
杨会沣	罗振泽	边聚丰	赵万洲	张凤图	阴其桐	王清源
刘济邦	杨廷柱	谢 栋	张肇桔	吴 镇	王庆魁	陈富馨

---

① 张渲、刘同彬均为法政学堂校友，此时应在北京任职。
② 即李石曾。

郭云峰	刘广震	王汝揖	李　泽	沈其淮	刘成章	晁登明
张金丰	范　梓	王文麟	刘凤举	刘恩洗	王式模	侯占齐
陈　榘	兰起敬	王相汤	王家冀	耿　正	谢维驹	李树蕃
石占元	董光照	朱文田	毛学粹	孟广运	曹乾元	董天锡
王镇江	曹育墀	杜仙桂	杜寅福	邓书山	王承曾	赵铭新
徐志诚	李荫之	李鸣铎	王庭芝	王汝成	吴□圻	耿魁梅
张　湛	朱同顺	郭际闰	郭增壁	贾桂山	姚崇翰	骆冠吾
王克寯	宋文华	武学易	张廷祖	李　时	房玉辉	薛德贵
王鉴武	刘兆东	董成昭	王之桢	李秉良	刘秉中	张荫圻
崔焕章	李兰生	高象良	李麟举	陈允恭	王文元	李玉林
魏兆麟	李毓棠	焦增铭	李绍康	崔翌昆①	李玉山	刘焕章
王树棠	张思敏	荆可恒	王锦容	张庆开	张绍曾	许肇铭
黄毓桂	燕世英	于树德②	王　宣③	李克岐	张雨苍	谢宝清
袁　棣	戴鉴哲	乔裕昌	张赞勋	步以棠	马钟南	佟甫田
魏世麟	李培禄④	贾文范	陆均泰	刘元勋	张念祖⑤	张嘉会
李焕沣	董守信	张启元	郭致中	陈炳之	毕培真	于振华
王荣生	介维翰	吴　焕	刘廷弼	陈宝衡	马洁褆	陈兆芙
赵建中	张鸿琦	崔嗣功	郭式恂	徐人杰	赵予珊	李嘉桐
梁桢材	王立敬	张桂森	李　涟	王大椿	王树屏	王炳文
张星亚	阎翰昇	耿星江	张德强	庄守正	赵毓芳	朱希曾
杜占芳	李　锷	刘希哲	刘润泉	胡桂秋	高　桢	黄德滋
李汝骧	阎宝森	陈爱棠	刘松峰	李世英	刘法曾	邓德箴

---

① 即崔敬伯,此时任直隶公立法政专门学校教师。
② 于树德,中共党员,时在直隶公立法政专门学校、北京大学等校任教。
③ 即王德斋。
④ 直隶公立法政专门学校教师。
⑤ 李培禄,字子镇,河北吴桥人,直隶公立法政专门学校商业本科三班同学,毕业后留校。

王冬箴　石春煦　陈汝翼　尹树汉　张怡云　邓鹤举　程维新
姚金绅　齐树芸①　荣慧清　金　溥　李士瑞　李鸿鼍　李晓泠
李九华　武　镇　陈慕儒　杨宝毅　郭贵瑄　刘印波　王骏声
马文鼎　李贯英　齐昌豫　梁煦章　关绍棠　张仲华　崔　瑜
韩居本　刘文华　马永春　邵增昕　张世铨　李士奇　王念典
任德纲　盖殿武　张鹿鸣　王渭清　齐树楷　李崇本　靳钟麟
张曾琳　王尚显　李喆庚　黄怀信　田世谦　张书绅　梁建勋
王炳玺　王琴轩　黄恩涛　马千里　王同阳　治永清　袁鸿业
范秉礼　张祝春　王道元　蔡达轩　齐　叙　王增祥　鲁自然
李韵臣　郭士骧　李荫波　张文庄　张冰贞　郝联第　刘绍祖
刘振谦　银凤阁　王景清　张广熙　梁栋材　田沃滋　周绶章
杨　洁　王贞儒　王敬章　周之廉　武鸿桥　王钟瑞　王维藩
郝雨春　李思祐　尹子元　张振中　李宗魁　孙雅平　步恒苍
房树培　谢良枢　朱文湘　王志衡　樊毓泍　王继儒　张绍隶
张家声　汪醒庸　胡□贞　董成襄　焦　堃　郭恒彦　邓文淑②
汪　瀚③　杜翰儒　张沛之　雷俊清　高守真　刘启裕　王书伦
赵凤山　杨茂松　许育铭　王连甲　刘玉仁　魏兆元　孙连第
张鸿杰　俞万清　陈天纪　穆成科　胡卜年　李锡田　李松圃
郭廷琛　孙同善　王元恺　杨广泰　岳恩桂　贾丙照　董凤衔
鲁清晨　张英伦　刘树声　李家珍　董恩光　李在林　尹鸿劣
龚松年　吉福庆　杜云锦　刘符琛　刘继志　庞文蔚　孙继祖
张郁文　张造永　周　岐　宋家骏　张凤池　王植三　武登贤
华泽灏　王勤学　陈兆复　武变枢　张　翰　李恩桐　余恩明
李股举　宣佩声　王鸿胪　李汉光　夏兆钫　郝廷枢　邢桂文

---

①　似为北京大学学生，直隶教育改进会会员。
②　即邓颖超。
③　似为北大学生，与蔡元培、李大钊关系密切。

李等农	王恩堂	黄勖志	郭同春	路海泉	王桂林	王德修
沈鸿恩	杜化南	陈梦松	高正中	宁殿和	卢 镇	张懿齐
王 政	刘庆霖	张守恒	刘继曾	杨守曾	王 冀	张万祥
田秉仁	郭毓璋	周福安	董 树	李世昌	张毓祥	吕允文
高延绪	王文智	马龙骧	谢恩承	郝其昌	王书云	□□元
□□光	□□□	魏冠儒	□□德	刘成麟	陈 谦	吴春第
陈 钺	张献瀛	时尚贤	缪炳垣	李维民	曹德臣	刘瑞麟
宋文彬	刘秉钧	张世经	马昆冈	韩梦藻	周宝琛	赵荣昌
王 锐	王镜心	穆成荣	崔景澄	郑恩举	祝钦尧	孔广林
邓庆澜	李静轩	姜宝书	张炳燮	马福新	孙士琛	王维慧
郭汝恒	何启麟	李 谦	饶祖贤	郭峻城	胡毓椿	李树滋
袁祚彦	梁寿臣	唐肇奎	赵文俊	刘张淑媛		彭清湘
刘兰如	杨德荫	张恩魁	董文秀	林翰兆	王秉康	高振冈
王士奎	骆寿先	杨荫昌	韩俊祥	韩荣璋	穆祥麟	曹锡璠
姚可彰	卢秉铨	季文光	胡永年	李泖文	刘恩波	项祖荫
王 焕	周桂芬	刘贤章	顾宗培	王锡祺	刘锡明	邢德玉
李莲洲	陈瑞凤	张翔洽	郭恩嘉	黄玉麒	程瑞年	武登善
陈震声	李承恩	李砚田	章金瀛	马贤声	邵瑞莹	武振华
孙如恭	贺明德	骆长新	张誉扬	刘士湉	景熙宸	胡荣藻
李善宝	朱润源	张春棣	刘芸田	华踪隐	吴释明	华踪萦
宗鹤龄	刘仲贤	马淑声	戴蕴璋	谢宠陞	潘世长	王文华
周学恭	石承濂	许汝霖	任光弼	郑恩荣	刘延年	赵以文
武登明	李鸿钧	陈宝璠	李宝恂	张增辉	刘善述	刘毓燮
王登第	李登云	李奎年	冯有铭	郭世鑫	任世珍	范樾森
孙士琛	李宗培	朱秉鉴	王守性	高维祯	高恩荫	刘白奎
王福田	武登善	毛连第	杭培贞	魏淑宸	只鸿绪	单培信
周国恩	陈葆清	刘芝田	冯孟韩	徐致远	丁士宽	穆青云

王敬章	陈宗毅	吴书绅	庞文源	杨学川	朱润源	张雨辰
纪钟华	杨鸿藻	李维良	吉福庆	李光益	刘伯英	孙毓泽
徐克杰	刘登翰	王恩承	苗　兴	赵金泰	尹致成	董蒿[嵩]年
王莲峰	罗光奎	华卜昌	张维邦	宋慕唐	魏怀霖	李德馨
鲍文蔚	宋濂生	张恩宠	赵宴清	缪鸿文	李淑文	张孔惠
阎鹤林	穆文云	张松彭	宋寿彤	赵其骏	穆祥和	杨荫昌
于学浚	曹耀奎	张士恺	王润璋	吴凤歧	姚家焯	高文斌
黄松龄	赵智珍	曹振华	傅相桥	侯耿华	哈文浚	苏延赞
刘方浚	戴锡瑞	叶文涛	冯梅光	刘培钦	鲁鸢声	王炳章
温那彦	王文德	侯兆星	杨堉平	齐宗颐	孟继琪	谢恩承

共一千三百二十八名

（选自 1923 年 11—12 月《大公报》）

法校辞退教员之内幕

本埠法政学校校长李志敏,辞退职教员十数人一事,教育界咸抱不平。兹经知其内幕者道及,该校校长与被辞之教员,宿怨已深,故有借题发挥之举。盖该校长自前充任教员时,即为此次被辞诸员所轻视,李因愿其有力者为其推毂,攫得校长一席。接事以来,一味纵容学生,摧抑职员、教员,旧教员如黎、李、毕、刘、张诸人,愤而辞职者,具有事迹可案。其未辞者,亦多积不能平,时露愤状。以是该校长久拟假一事排而去之。适该校失火,因将种种腐败情形上闻于省长,省长初拟斥革该校长,藉示惩戒。旋又改记大过一次,勒令整顿。于是该校长乃视为绝好题目,将腐败之咎,完全推之于素所嫉视诸人之身上,而一齐辞退矣。此为该校长,修复宿怨、排除异己之手段。闻教育界某氏,已将此项内幕直陈于省长,省长亦不以为然。现已派员密查真相,以昭公允云。

(选自 1924 年 2 月 23 日《大公报》第二张第二页)

法政学生为校长辩诬

直隶省议会日前接法政专门学校学生宋乃明①等声明书一件,为校长李秀夫辩白,此案省议会仍在争执,结果如何,当待表决。姑录原书如左:

敬启者:窃查中国大学毕业生裴兆庆等,为直隶法政专门学校校长违法渎职、诬陷青年,请转咨迅予撤惩请愿案内所列各条,尽属捏造是非、淆乱黑白,至涉及学生各事,尤为任意造谣,污蔑本校全体学生名誉。当本校诸事改革、整顿之际,而局外人信口雌黄、无故挑衅,污蔑我青年,诋毁我学校,忍之实无可忍,受之实难甘受,为此不得不秉诸天良、沥陈一切,敬祈贵会垂鉴焉!

(一)查本校去年失火,颇有损失,良为不幸。校长李志敏无日不在学校办公。失火之时,校长大声疾呼,各处奔走,招消防队,令学生搬运图书馆书籍,当日情形,历历在目。何谓火起晌午,该校长尚在私宅? 又何得谓闻警而来,不设法营救? 至原书中谓校长坦然不慌,令夫役搬运自屋琐碎杂物,坐视坚固巍大之楼房焚烧净尽等语,按火在东楼,校长室在南楼之极西,距离甚远,何至搬运自屋琐碎杂物? 又岂有身为校长,坐视楼房焚烧净尽之理? 故意造谣,罔计情实,虚伪显然,无待深辩! 又原书谓

---

① 宋乃明,本校法政预科、政治经济科七班学生,1921—1925 年在校。

大火之后在礼堂内演剧等事,去岁十二月三十日,系本校十八周年纪念,庆祝纪念为一事,失火又为一事,何得故意牵连,用资污毁? 此学生众目所睹,不得不据情直陈者。

校长负有整理学校之责,礼聘刘同彬充学监,刘先生为本省教育名家,人所共知,学生等方庆本校得人,而裴某等竟以此责难,居心何在,不问可知! 原书又谓将两学监并为一席,致两学监同时去职,殊不知日日内两学监之去职在先,刘学监之供职在后,倒果为因,其意何在? 该请愿人既为学校整顿起见,又加入致两学监同时去职,若为两学监惋惜者也,何必如此说法,明眼人自能知之。且现刘学监日不离校,朝斯夕斯,所谓旷职废事者安在? 所谓校长玩忽管理者何指? 此种实在情形,亦不得不特为直陈,用明法校真况者也!

污蔑学生最甚,为法校全体学生所扼腕不平极待理论者,即污法校学生赌博一事。该原书谓十年春曾有是事,足见十年后已无是举,而学校当时已严加惩处,岂可以十年前偶然之事,而污人以至于无穷? 至谓扑克、马雀、牌九、大宝等赌具,无地无之,试问彼何所据,有何为凭? 似此无中生有,纯作此村妇骂人口吻,真不禁为我学界羞! 我法校学生有何法外举动,而招污蔑,此真百思不得索解者也!

学生家有事,致开学日期不能到校者,实或有之,然历经学校催问,家长再三说明,间得一允。学生在校有病,非经校医允准,不许休养。学校之待学生,不为不严,而原书乃谓校长任其荒纵,是必使学生无论有若何要事,学校亦不可给假,揆诸情理,岂得谓平?

本校门禁,素称紧严,使该请愿书所言属实,则门禁久已废弛,何至尚有殴打门役、捣毁校门之举? 其作此自相矛盾之语,以冀蛊惑观听,愚陋殊甚。

卖地事批准有案,有教厅监督投票,有科长署名纸契,本校有保管购书委员,有学生写账,何得谓校长侵蚀校产? 关于官厅有案、众人共瞻之事,尚敢故意造谣,其全案之诬陷,已昭然若揭矣!

招考学生,得用原校公函报名,此为各学校通行之办法,岂惟法政一校为然!后有部令,换缴正式文凭,亦情事之常,有何可以大惊小怪之处?该请愿人并此常识尚无有,借此为污毁我法校要点,无故损毁,彰彰明甚,其尤可怪者。

原书全文本为污蔑我法校及我青年学生,竟谓多数青年费无数之金钱、掷宝贵之光阴。又曰吾直学子,受其摧残,更曰法校之福,吾直学子之幸,是何异于刺人而杀之曰:"吾所以生汝!"天地间之狂妄,岂有如此之甚者!学生等志在求学,他非所知,凡有能达吾求学之目的者,即为心之所愿,至于校长办学成绩如何,社会上自有定论,学生等决不为之代辩,学生等所最痛心者,乃因一二人之私意,故意污蔑,阻我等求学之目的,其居心所在,既为破坏法校,亦即为我全体学生之公敌。况查近来该请愿书列名之孔庆生、王荫芬等,均来信声明,并不知有请愿情事,则该请愿书之姓名,半系捏写,可以想见。因一二人之私见,谬称公论,淆乱非是,至斯已极!

贵会为人民代表,秉持公义,对于本校学子,自必力为保护,为此掬诚抒陈,敬祈贵会鉴察真况,于十二日开会讨论此案之时,将此书当场宣布,勿使奸计尽售,以误我青年,不胜感激之至!谨呈

直隶法政专门学校学生宋乃明　莫易珪

赵荣寿等四百六十二人同启

(选自 1924 年 5 月 15 日《大公报》第十一页)

直隶法政专门学校
全体学生宣言书

　　直隶省公署、省议会、教育厅、教育会、全省各教育局、各学校、各报馆、各公团均鉴：

　　窃查直隶法政学校为造就专门人才之所，居直省最高教育机关，成立十有九年，更迭十二校长。前名北洋法政学堂，民国三年始改今名。教泽宏流，遍及全国，一时豪俊，多出斯门。此久为学界所共认，邦人君子所咸知也。迨李秀夫先生继长本校，力图革新，一切设施，悉本教学原理，教职各员，尤能尽职，学生等方欢欣鼓舞，努力淬修。不意近日有人挟其私怨，妄造事实，混乱黑白，冀图恐众。一方则万端毁谤，欲遂其破坏之私；一方则暗里勾结，欲达其倖进之隐。不谓人心未死，公理犹存。百计图谋，莫售其术，于是出以卑污手段，散布传单，藉泄私愤。假借直隶教育界同人，标题曰《天津直隶法政学校内容腐败之披露》，在彼等则以出此煽惑伎俩，大可逞其阴谋。吾侪则以此鬼域[蜮]行为，无足与之理论。然而市上有虎，曾参杀人，以伪乱真，古今同慨。若不声其罪而发其奸，恐将滋其恶而炽其气，以故学生等忍无可忍，不得不揭其奸谋，以为诸大君子告。查该传单所藉名义，原属乌有先生，所列各端更系空中楼阁。曰"校长戕贼青年"，曰"教职员尽属饭夫"。曰"学生全是赌徒"。似此捏造事实，任意污蔑，极其用意，大有不毁本校不止之势。学生等肄业是校，不便为奖誉之辞。然自信教学两方,年来颇有进步,而若辈竟如此大肆讥评,究不知何所用意,且该单散布之目的,谓"为青年计""为学生计""为教育前途计",若所谓者尽为磊落光明之事,夫何不出头露面,自作自当?胡竟鬼鬼祟祟甘为埋名隐姓计耶?是则散布传单之人,流萤鬼火,怕见日光,贼人胆虚,为流氓饿鬼所利用,意固在彼不在此也。学生等负笈来津,终日伏案,课外琐事,罕愿与闻。且是是非非,长官自有主持,达人类能烛照。数月以来,吾侪所以谨守犯而不校之义,自安缄默者,正为此□。不意若辈哓哓不已,扰我心绪,今□散布传单,淆惑观听,可谓无理已极,逼人太甚!学生等为自身学业计,为学校名誉计,为教育前途计,认此人群败类、教育蟊贼为学校公敌。至关于侮辱名誉,律有专条,俟后查知主使之人,□在法庭起诉。此中实在情形,除在省议会声明外,特此宣言,用明真相,邦人君子,幸垂鉴焉!

　　直隶法政专门学校全体学生　宋乃明　莫易珪　杨景濂　刘凤山
徐荫祖　张愈　赵荣寿等四百六十二人仝启

(选自 1924 年 5 月 21 日《大公报》第二张第二页)

七个法政学生宣言之反响

　　直隶法政专门学校校长李志敏办理法政专门学校成绩若何？社会上早有公正之判断,学生等正在求学时期,不便轻与置喙。今忽有少数人假借全体学生名义出宣言书及登报启事为校长辩诬之举。学生等诚恐是非混淆,谨将此事之内容,为我全省父老约略陈之。客冬本校失火,损失甚巨,李校长为避各方责难计,以损失无几呈报省长,旋被省长查觉,下谕免职。正在□科办稿之际,李志敏闻知此信,百方呼吁,始改为记大过一次,以观后效,嗣被公民李某等在省长公署及教育厅控告其十四款,均经查明属实。又被省长记大过一次。迩来公民裴某等,以李校长劣迹昭彰,误人太甚,已在省议会请愿。又有直隶教育界同人发布传单,列举李校长十大罪状,以校长地位之清高,连被省长记过,屡受公民控告,倘有人格,早宜引退。乃李校长恋栈心切、饭碗是图,一若不知人间犹有羞耻事者。近又妙想天开,竟利用我清白学生谋保其个人地盘。学生等处彼势力之下,焉敢轻言分辩。奈李校长得寸进尺,既用我全体学生名义登报辩诬,又利用我全体学生名义散布传单,且利用我全体学生名义致省议会公开声辩。学生在校,以研究学业为独一无二之天职,绝无参与外事之余力。李校长为保全地位计,竟牺牲我全校学生名誉而不惜,其利禄熏心,可云已极！按宋乃明乃政治经济科学生,平日狂嫖浪赌,且好吸食鸦片,在校三年旷课极多。去冬曾由前学监呈请李校长限期令其上班,若仍事因循,即行除名。近因烟癖过深,旷课尤多,深恐伏假考试难以及格,希图见好校长,以免降级。李校长亦利用学生势力以图恋栈,竟于五月九日以恢复全体学生名誉为词,招集我全体学生开会,及登演台,神色仓皇,语言支离。学生等见其以校长之尊,出此乞怜丑态,不觉大口,旋由学监手执盖有学监处图章纸条,迫令我学生投票选举代表,使之出名颂扬李校长之功德,学生等被迫无奈,既不敢不投票,又不愿受人利用。当时有写走狗者,有写王八蛋者,有写抱粗腿者,有不得已故将姓名写错以成废票者,卒至未投得结果,一哄而散。事后李校长即与宋乃明等秘密印刷传单并拟稿送益世刊登,捏用全体学生名义,由宋乃明等七人领衔。此等动作,全体学生事前皆未与闻,及见《益世报》登载启事及传单,学生等均甚诧异。而宋乃明等则自喜得计,宋乃明自此以后,不但去冬摧[催]其上班之牌示无效,即现在任意旷课,而缺席簿上,亦不载其大名,其得意洋洋,同学等均嗤之以鼻,李校长则称其热心不已。杨景濂商科学生,极善逢迎,夙被李校长宠爱,前年①李校长荐其充某报馆编辑员,故去冬李校长被省长免职时,杨景濂邀集二三学生,口称法校全体学生代表面见教育厅厅长挽留李校长。现在李校长被人控告,又欲组织自治会终日鼓吹保留校长。今与宋乃明合谋,大口李校长之私恩小惠,力请各班学生通力合作。张愈、莫易珪等不明其中情节,竟被其煽惑署名,而假借全体学生名义之宣言书及登报事启之怪现象遂发生矣。至该宣言书言到种种支离,本不足置辩。最可笑者,该书末尾有云:"至于李校长办学成绩如何,社会上自有公论"等语。李校长连被省长记大过两次就是特别成绩,社会上自然早有公论,不辩自明。要之,学生在校求学,焉能为一二人报恩利用,兹特宣诸全省父老兄弟,俾明真相,庶不至为二三人所蒙蔽矣。

直隶法政专门学校学生会

(选自 1924 年 5 月 24 日《大公报》第二张第二页)

---

① 1922 年 10 月,杨亦周曾在《益世报》发文,或许即为此时。

天津国民党市党部大会记

自国民党总理孙中山先生北上消息抵津后，天津国民党市党部迭开全体大会，讨论对于中山先生北上之意见及筹备欢迎事宜，并欲作一大规模之宣传，俾中山先生之主张深印于津埠市民脑中。乃于日昨在直隶省党部开全体大会，到会党员约二百余人。由于方舟主席、崔物齐书记①，会议至四时之久。

首由韩某报告目下政治状况，略谓在最近帝国主义国家分立政策新方式之侵略已告成功。英自保守党内阁成立，业已搁置之海军港建筑、军备扩充诸案，均再行提出。美之更为反动的共和党已操得政权。对于中国道威氏计划之新拟议及铁路共管计划，均足证明帝国主义之猛进。徒以英美正进行选举，无暇顾及中国，是以长江形势，暂呈和缓，但不久必有极大之冲突发生。国内政治状况，和平之声浪高唱入云，其实整齐的战争虽渐似停止，而局部的战斗范围且愈加扩大，如苏皖浙闽鄂川豫均开始战斗，较之从北京到沈阳、从上海到南京的战线，相去益远。北京更反动的政局已树立坚稳，于此足征吾党之革命责任，更见重大。而且帝国主义与军阀之专横愈甚，则吾党之革命成熟期愈近。本党近已得民众之真拥护，本党更有确实可行的新纲领。英国商人政府之阴谋失败以后，本党愈如

---

① 即崔溥，中共党员，直隶公立法政学校（即本校）会计兼总务。参见齐植璐.《北洋法政学堂及其沿革》。

帝国主义所忌惮。总理此次只为得接近民众而来,于日本统一势力之下,代表民众的利益而奋斗,行见吾党主张,对于民众更发生一新印象。至于总理抵沪之被帝国主义所嫉视,而总理之主张愈见坚强。同志等应如何随此贤明领袖之后而奋斗云云。报告毕,二百余党员精神为之一振。继由主席报告津地方欢迎中山先生筹备会开会情形,多数党员即提议在此大规谋[模]、极热烈之津埠市民欢迎代表民众利益而奋斗之中山先生中,天津党员应即速全体动员,向津地市民演说中山先生为民众利益奋斗之主张,再组织维持队。(以下略)

(选自 1924 年 12 月 2 日《大公报》第二张第六版)

法政学生会致谢救护队

　　法政学生李鸿业在市民大会时，一时晕倒，经慈善医院救护队救治，未致危险。法政学生会日昨致电感谢慈善医院。原文云：迳启者，敝校李君鸿业素具爱国热诚，此次对沪□援助，奔走呼号，异常出力。昨日市民大会，李君随敝校大队讲演，尤为慷慨激昂，继以大呼誓死力争，用力过猛，即时昏倒，不省人事。幸遇贵院慈善为怀，特别卫生队用救济法医治，着手回春，得庆更生。不但李君念此大恩，即敝校同人，亦感德无量矣。用特专函鸣谢，略表忱悃。肃此。敬请慈善医院贵院长暨诸同仁诸先生大安！

（选自 1925 年 6 月 17 日《大公报》第二张第五版）

法政校长之逐鹿

河北法政专门校长李秀夫与察哈尔都统张之江系属姻娅,于客冬张氏莅察之时,曾召李氏赴察,欲任以察区审判处处长。因李氏对于政务厅厅长一席,颇为热衷。然政务厅业已委人,李氏之审判处处长,亦让于王右丞,旋即归津。自冯氏倡大西北主义后,李氏复趁暑假之期往察活动,不料到张垣未久,旋染虎列拉,病仅三日病故。噩耗到津,法校职教员学生,均极感痛,所有现遗校长一席,已由省长委该校刘君代理,一般热衷该校校长者,现正极力奔走运动,尚不知鹿死谁手云。

(选自 1925 年 9 月 17 日《大公报》第二张第五版)

高工法专有归并消息

昨据教育界消息,自北洋专门法政学校校长李秀夫君逝世后,当局拟将该校归并保定河北大学,同时并有将高等专门工业亦归并北洋大学消息。据闻系为节省经费起见,并无其他原因。俟呈明省长核准,即可见之实行云。言者如此,确否待证。

(选自1925年9月18日《大公报》第二张第五版)

法政学校已委校长

　　法政学校校长李秀夫君,在张家口逝世各节,已志昨报。所遗法政校长一缺,已经省署委任刘宋卿代理,委任公文,于昨日发送法校,交刘君接收云①。

（选自1925年9月18日《大公报》第二张第五版）

---

① 　据此可知刘同彬于1925年9月17日正式接任法政校长一职。

律师公会　选举大会记

　　天津律师公会于昨日(九月三十)下午四钟开选举大会,到会者一百三十三人,公推许肇铭①主席。首由主席发言,今日为本会改选职员之期,惟选举会票如何散法,请大家讨论。多数主张不必推举检察员以省手续,即由书记散票可也。随即由书记散票,结果兰兴周待[得]九十七票,当选为正会长。许肇铭得八十八票、王兆槐得五十四票,当选为副会长,后又选出评议员九人如下:黎炳文、贾文范、钱俊、赵建中、张星泉、王振烈、李宝忠、徐树屏、刘德藩。干事员四人如下:刘凤冈、陈宝生、李恩逊、周熙,选举闭时至八钟闭会。

　　　　　　　(选自1923年10月2日《大公报》第二张第二版)

---

① 直隶法政专门学校教师,天津律师公会会员。

河北法专学生会大会决议案
推举代表赴平请愿遴选校长

本市河北法政专门学校学生会,于昨日上午九时假该校法政大讲堂举行全体同学大会,出席二百余人,主席盖翔鹏、记录吕克桐,开会如仪。

(甲) 报告事项

(一)本校代表大会报告。(二)执行委员会报告。(三)出席学联会代表报告。

(乙) 讨论事项

(一)前次代表大会所产生之出席学联会代表,认为有另选之必要案。决议另行推选。选举结果,张本初、苏明文当选为代表,荆达生、杨仁桂为候补代表。(二)呈请大学区从速遴选校长,以专责成,而维教育案。决议派盖翔鹏、刘金堂赴大学区请愿。(三)在未发表校长前,教职员不得无故请假案。决议请校务维持会办理。(四)对于实行军事教育与划一制服及改换徽章案,决议请校务维持会办理。(五)课余设立平民学校案。决议交执行委员会办理。(六)对于未住校学生借书时许携带阅览定期送还案。决议请校务维持会令图书馆照办。(七)武术团购置武器案。决议请校务维持会办理。(八)请学联会令各校设平民学校经费由党部筹划案。决议提出学联会办理。(九)本校讲义及宿费两项原为战事影响、经费困难,增加本系临时性质。现在革命成功,经费并非短绌,请免收此项费用而减轻学生负担案。决议请校务维持会照办。(十)对于教员授课,每周不得过十八小时案,决议请校务维持会办理。(十一)教员所授之科目,必有深刻之研究及经验始得担任案。决议请校务维持会照办。(十二)张逸云现任文安县知事,已无回校复职之可能,自应另请相当人才,以专责成,不宜任意分配,敷衍塞责案,决议请校务维持会负责办理。(十三)关于新教员授课必得本班同学许可案。决议通过。(十四)校务维持会对内对外原系代理校长职权,在校长未发表前,请委员自上午八时至下午六时,由各委员轮流值日办理校务案。决议请校务维持会照办。(十五)对于各专门及各大学招收女生案。决议一面提出学联会,一面函达本校校务维持会实行办理。(十六)请校务维持会令教务处逐日逐时牌示教员请假时间案。决议请校务维持会照办。(十七)临时动议。

(一)对于各班代表不尽职应如何办理案。决议推举审察委员五人,从新订立章程,根本改组。当推定张本初、刘金堂、苏明文、杨仁桂、盖运兴为审察委员,黄绍璋、阎子敬、尹静方、李士垲等为候补审察委员。(二)对于物色校长资格案,决议(一)中国国民党员(二)具有法律或政治经济学识者、适合本校校情者(三)须在国外专门或大学毕业者(四)品性端正、人格高尚、富有革命性者(五)闭会。时已午后一时云。

(选自1929年3月31日《大公报》第五版)

法专学生请改称河北法政大学校
并呈请提高教育程度

  直隶公立法政专门学校改大运动委员会宣言书云,直隶公立法政专门学校留津学生,当兹国民革命将告完成之际,谨以至诚之意,向国内各界发表下列宣言:

  直隶向为黑暗势力所盘踞、巨恶大憝之渊薮,凡百事业颓废莫举,教育尤奄奄一息,久为军阀政客及其他腐败分子所嫉视,且不惜断绝经费之支付与军队之强迫,占住务尽,其摧残与压迫不[之]伎俩,使学校日濒于危境。今幸北伐成功,一切政治、经济、实业、教育,均须谋根本之改造与刷新,乃为达到此次国民政府所领导之国民革命之真正目的。姑单就教育而论,此次南京全国教育会议,对于学校系统,既有积极改进之决议,则今兹直隶专门以上学校之改大运动,实有必要,亦为吾等所当为! 深望各界人士,对吾辈此等运动予以同情与赞助。而此种问题,且须目前解决,不容稍缓,庶足以慰吾辈青年殷殷向学之志望。故不得不力自振拔,广集同志,根据现代教育趋势及最近南京全国教育会议议决案,为下列之陈述与请求:

  (一)现代教育趋势。蔡子民议长于此次南京全国教育会议曾致下列之开会词:"日本学制之高等学校,实系入大学之途径,当时大学尚未发达,故高等学校遂觉十分重要,从[后]来要求开设大学,高等学校遂不若前之重要。"窃查我国之高等学校,据吾等所知,只北京一内务部警官高等学校而已,此外各文化未十分发达或黑暗势力较深省分尚有少数名异实同之专门学校而已。惟此等高等学校或专门学校,实际上或较吾等所统计为多,然近年教育趋势,此等学校确多改为大学,则可断言者。

(二)南京全国教育会议关于整理学校系统之议决案,其关于高等教育者,有下列之几方面①:

1.大学校分设各科为各学院,其单设一科者,称某科学院。

2.大学校修业年限四年至六年,医科及法科修业年限至少五年。

3.大学行选科制。

综上所述,至少可以得到下列之结论:

1.高等学校或专门学校为大学未发达时代之一时的救济品。

2.高等学校或专门学校在现今教育趋势,已成为历史上之产物。

3.南京全国教育会议之议决案,对高等学校或专门学校无明文规定,且未提及,是已足反证其已不复容于久远。

统观以上情形及直隶地方文化程度,吾人深信此种过渡时代之专门教育,已不克久延其寿命,办理专门教育之专门学校,当然亦不容其存在,其理由至为显豁,而吾等改大运动之必要于此益可得有力之保障,除由敝会分呈大学院暨河北省政府、省党务指导委员会……及参与宁教会议直隶代表齐宗颐积极进行外,并望直隶各级党部、各社会团体、各职业团体、各报馆及各界民众充分谅解,表同情于此等教育建设运动,予以赞助,以巩国基,则直隶教育幸甚,中国前途幸甚,谨此宣言!

下列数条为吾等运动之最低标准:

1.改直隶公立法政专门学校为河北法政大学校,但专门部之高年级,得许其按旧制毕业,并须设一年或二年之研究科,以补救专门毕业之欲求深造者。

---

① 　因排版原因,此处序号略作变更。

2. 修业期限增至五年或六年。

3. 行选科制。

4. 延聘国内外著名学者为教授或讲师,以提高教育程度。

5. 组织学生军。

6. 同时招收女生,使男女教育机会均等。

(选自 1928 年 7 月 10 日《益世报》第十六版)

法专学生被捕

本埠法政学校学生韩锦云①、胡学骞、蒋梅生等,因有某项嫌疑,昨日下午由当局下令分别逮捕。闻韩系天津人、兼第一师范图书馆主任,即于该馆内捕去。胡系奉天人,于去年考入法校,即在该校捕去。蒋系东光县人,在杨家花园捕去。此外尚捕去一人,姓名未详。闻韩等昨日被捕时尚被搜出重要文证云。

(选自 1928 年 11 月 17 日《大公报》第五版)

---

① 学校登记为韩锦云,字大刚,天津市人,通信处为大直沽。此后报道及法院判决则作韩锦堂。胡学骞,字汉槎,辽宁省义县人,通讯处为锦县城内元宝胡同。

法专学生被捕案真相
惩共委员会指明逮捕
虽无共党证据但须严加看守

　　本埠法政专门学校学生胡学骞、韩锦云等因共产嫌疑被捕一案,曾迭志本报。兹悉河北省政府教育厅依据该校呈报,函请市政府将该案情形查明见复。市府据函即训令公安局查复,兹录市府训令及公安局呈文如次。

市政府训令

　　顷准河北省教育厅函开,据法政专门学校报称,为呈明本校政治经济科十三班学生胡学骞、韩锦云被天津特别市公安局逮捕情形及逮捕后讯问经过真相事。窃本月十五日下午四时,忽有本校政治经济科第十二班学生荆宪生与政治经济科第十班毕业生王敬明率领多人,各持手枪,将胡学骞在本校捕去,将韩锦云在第一师范学校图书馆捕去。是时,曾由本校庶务主任陈镜秋①向持手枪人询及诸位逮捕本校学生胡学骞、韩锦云,系奉何机关命令,伊等皆置之不理。逮捕竣事,亦未通□本校,竟将该生捆

---

① 陈兆芙,字镜秋、镜烁,河北蠡县人,1911 年前后来院任教,1929 年离职。

缚,装入汽车而去,此该二生被捕之实在情形也。自该二至被捕而去,本校肄业诸生人人自危,争向委员会询问情由,并云青天白日之下,竟有本校学生私擅逮捕本校学生之事,实在骇人听闻各等语。经委员会告以本会虽对此意外之变无法处置,然必将该二生被捕情由探问明白,告诸大家知悉,请大家少安毋躁,照常上课。自十六日起,一面本会安慰在校肄业生,一面四处探听该二生被捕真相。探听两三日,始知该二生系被公安局特务队捕去,第真相犹不明瞭。因于十八日由本会会议决定于十九日上午十时往见公安局局长(中略),本会委员等遂对之云,该生等被捕之情由及审理之结果,已得真相,以下不必再谈,即兴辞而出。此本会调查本案之实在情形也。应如何处置,本会实无善法,惟有据实呈明,请钧厅将本案提出省政府会议,以求水落石出等情。据此,究竟该生等被捕真情如何,审理经过情形如何,应□贵政府查明见复,实纫公谊等因。准此,合行令仰该局将此案经过及现存情形迅速呈复,以便转复,是为至要,此令!

公安局呈文

为呈复事　案奉钧府第一一〇六号训令,以准河北省教育厅转据法政专门学校呈报,该校学生胡学骞、韩锦云等,被职局逮捕讯问真相一案,饬将此案经过及现在情形迅速呈复,以凭转复等因。奉此,查此案职局于十一月十一日,准天津特别市惩共委员会函指本埠法政、北洋、南开三校共产党学生七名,秘密期间活动甚力,嘱饬特务队分头逮捕,严行审讯等因。当经秘令特务队遵牍办理去后。旋于十六日据该队捕送法政学校学生蒋梅生、胡学骞、韩锦云三名,连同搜出函件,先请讯办到局,迭经提讯。据胡学骞等供称,我等并非共产党,素信三民主义,今年发起改大运动委员会,我三人同系发起人,无非欲将专门学校改为大学,以求深造,此项举动,并未越轨。至云有共产党嫌疑、请求调查证据等语,再查检送案函件,亦并无可资证明之处。复该据校①法学会、商学会所呈快邮通电，内叙胡学骞等系因主张改大一案，为该校教员荆可恒②所仇视。荆之子宪生、达生，均因挟嫌图害，诬向惩共委员会报捕等情，当以案关共党嫌疑，非有确实证据，不足以资研讯而昭折服，经函请惩共委员会，将调查所得证据送案证明。旋准函复，并无正当证据，但切嘱严加看守，无论如何不能释放等因各在案。兹奉前因，理合将此案经过及现在情形据实备文呈复钧府鉴核，转复施行。谨呈！

（选自 1928 年 12 月 5 日《大公报》第五版）

---

① 原文如此。
② 荆可恒，字子久，河北定兴人，直隶公立法政专门学校政治经济本科一班学生，1916年 12 月毕业即留校任教，1929 年前后离职。

法政学生共嫌案重提

党部提出新证据再行起诉
胡学骞等上呈法院辩其枉

【本埠特讯】去年党务指导委员会时代,北洋法政学生蒋梅生、胡学骞等三人因共党嫌疑被捕,羁押公安局数月后转送法院,因无确据,宣告不起诉处分。旋党部又要求提起公诉,刻此案仍在高等法院检查处,三氏代表律师金殿选于昨日呈检查处一文,云:

被告人胡学骞、蒋梅生、韩锦堂,均住南开荣德里门牌二十三号,为犯罪嫌疑不足,应请鉴核,维持原不起诉处分,以资保障而重法权事。窃查学骞等三人被控犯共一案,曾蒙钧处为严密之侦查,于本年三月予以不起诉处分在案。事阅数月,并未闻原告发人正式以书状叙述不服之理由,经由原检察官声请再议,依《特种刑事临时法庭诉讼程序暂行条例》第十一条"凡本条例未规定者,准用《刑事诉讼条例》①及其他现行刑法令"之规定,适用《刑事诉讼法》②第二百五十二条"不起诉之案件,非发见新事实或新证据者,不得对于同一案件再行起诉",本不得再行为任何之侦讯。乃于本月二十四日奉传到案,继续侦查,谓近由公安局在英界逮捕李子芳时,搜得共党济难委员会呈中央报告书一份,中有汝等之名,视汝等嫌疑重大,故提起再议,继续侦查等语,并蒙赐阅该报告书之一段大意,谓"法

---

① 似应为北京政府 1921 年 11 月颁布的《刑事诉讼条例》。
② 应为南京政府 1928 年 7 月颁布的《刑事诉讼法》。

政学生蒋梅生、韩锦堂等三人,由公安局逮捕转送法院,由该法院饬各取二千元之铺保开释。至于黄中瑞(不知何许人),因此地无眷属,已与彼父去电,俾共同设法营救,现正进行谋划"云。似即指该报告书为新证据之发现,更或以学骞等三人苟与共党无关,何以该报告书内提及学骞等三人之事件,抑知有大谬不然者。查该报告书既称济难会,则顾名思义,当系共党党人遇难时,由该会设法营救之意,学骞等果系共党,当被控之时,诉讼上一切,当然有该会中人参与其间,如是则该会对凡被控之人一切经过,无不知之甚详。乃详阅该报告书,谓学骞等各取二千元之铺保开释,核与当时学骞等三人共交一保证金,总额为五千元之事实显不相符。匪特此也,当取保之日,时近黄昏,由梅生之家属介绍,绝无局外人参与其间,有当时眼[跟]同取保之法警白耀潭为证。或谓事出仓促,当时为该会所不知(学骞等被捕由公安局转送法院,羁押经数月之久),迨后胪列关于此事件之报告,亦必详询学骞等之经过,决不能有如右所述与事实相差悬远之理。是可知搜得之该种呈报,姑无论其本身有任何作用,然就事实上言之,胪列学骞等三人事件,既非学骞等三人所知,自足证明学骞等三人之非共昭然若揭,即就法律上观察,未便据以为新证据之发现尤甚明显。学骞等尤有不能已于言者,当兹时局混乱、黑白难分,凡属青年,动辄被控共党,大之受生命权、自由权之无辜剥夺,小之受诉讼上之拖累,亦足使其耽误求学光阴。此中流弊之挽救,全仗法院本其独立精神,为公平敏捷之处理,不以国家法权为一时党风、政潮所利用,非特法院之光,学骞等三人之感,国家前途,实利赖之!并陈□言,统乞鉴核、俯加曲察,对于本案迅予维持原不起诉处分之处分。谨呈河北高等法院检察处。

中华民国十八年八月二十八日　具状人胡学骞、蒋梅生、韩锦堂　撰状律师金殿选

（选自 1929 年 8 月 30 日《大公报》第一张第四版）

法商学院近讯

　　本埠河北省立法商学院,乃前省立法政学校所改组,分设法律、政治经济、商业三科。今年五月间,北平大学区校长委任留美博士顾德铭为该院院长。接事以来,力加整顿,以延聘名家为着手改善之办法,闻已聘定张孝移为刑法讲师,赵泉为国际公法、外交史讲师,李秉彝为民法讲师,王毓英为国际私法及法理学讲师,沈观准为市政学讲师,林天枢为商科讲师,陈赣一为国学讲师,王文豹为监狱学、警察学讲师,段继达为商科讲师,尚有余荣昌、翟桓、钟赉言诸名流正在商洽中。次为学术讲演亦颇注重,闻已约定张继、周震麟、刘揆一、傅作义等十余人担任讲演。他如图书馆之整顿、商品陈列馆之建设种种课外工作不及备述,均在积极进行中,当有一番新气象也。

（选自 1929 年 8 月 11 日《大公报》第五版）

法商学院昨开学

昨晨十时行开学礼
傅作义氏莅会演说

本埠河北法商学院,昨(二日)晨举行开学典礼,教职员、学生到者二百余人,警备司令傅作义亦莅校参与典礼(按,傅氏现任指导该校军事训练)。十时开会如仪,首由院长顾德铭博士报告三件事。(一)关于教务者。沈观准、赵泉两先生各因公忙辞职,现请王毓英先生代赵担任国际公法、外交史等。沈先生所授之市政论、政治学等,现尚无人,正在慎重物色中。又请舒宏、钟赓言两先生分任政治经济及行政法,皆将到校。(二)关于兴办事项。消费合作社本拟由学校出资,教员指导之下归学生办理,奈因校务太忙,无暇顾及。稍缓时日,当可实行。其他应办事件,如补修寝室、浴室等等,已于八月间修理完备。款若完足,尚拟兴筑校舍。(三)关于课程方面,钟点加多,务使将近毕业之各科学,其应学之课程,其新入学者亦得多求学问云云。顾氏报告毕,请傅作义演说,略谓:"今天能与诸位相聚一堂,不胜荣幸。余已为贵校担任军事训练,甚愿竭力为之,而顾院长提倡军事教育之热心,尤觉可喜。贵校主科在养成法政专家,再能辅以军事教育之身体的锻炼,于建设大业裨益更多。现在国家已告统一,将来需要,端在专门学术。盖欲求法治国家之实现,固非赖于法政人才不可,希望诸君将来有军人勤苦耐劳之精神,为法治国家之建造"云云。

(选自《大公报》1929 年 9 月 3 日第五版)

津法商院长突辞职

新教员已聘齐，旧教员欲重来
应付维艰，顾遂于昨日不到校

　　本市法商学院风潮，自经教育厅派员来津调查后，即告平息。学校当局，以学生课务不能久停，又经学生屡次请求，遂进行延聘教师。照常上课迄今两周，各班课程，均已恢复就绪。乃近闻教育厅批示该院旧教员，谓"所控各节，多属子虚，但应以学生课业为重，迅速回校视课。"旧教员谢宝青①遂于前日代表旧教员致院长顾德铭函云："同人等，刻奉厅令回校视课。同人等，念维持本校之初衷。同人等，拟于本星期一到校视课，请院长赐复。"②顾院长接信后，以新教员已经延聘，且已上班，今旧教员又要求回校，实无法应付，遂即日呈请教育厅辞职，于昨日已不到校视事。旧教员以未得复函，且经该校学生方面去函拒绝，故昨日并未到校。该校全体学生护院委员会闻讯后，昨日下午召集紧急会议。法十六班长金振西，法十七班长杨仁桂、王家瑶，法十八班长陈棕、李旭涵，政十二班长康宝铭、杨锡龄，政十三班长李祖膺，政十四班长张景贤、徐维藩，商十四班长吴兴华、张祥垲，商十五班长王兴华、王恒敏，商十六班长张鉴铭、喻步洲，大预甲组班长邢树桐、郭世勋，大预乙组代表魏普泽皆出席，由杨仁桂主席，郭世勋、张景贤记录。首由主席报告开会宗旨，略谓院长现已呈请

---

①　似亦作谢宝清。
②　原文多次重复，本书收录时略有删节。

教厅辞职,于本日已未到校视事,关系校务进行,实非浅显,请讨论应付办法,并及上次院会议决、呈递教厅呈文现已拟就,请当场慎重修正等语。次由起草委员金振西宣读呈文。经讨论后全体通过,提议事项为对于挽留顾院长。由本会选派代表携带公函往院长宅面请到校视事,一面再由本会选举代表,赴北平携带呈文向教育厅请愿。议决由本会选出赴平请愿代表二人,挽留院长二人。当选出赴平请愿代表杨仁桂、张鉴铭,候补代表邢树桐,挽留院长代表王家瑶、邢树桐。临时动议:(一)挽留院长代表二人立刻出发,携带公函去院长公馆,请其回校视事(李祖膺提),通过。(二)赴平代表宜何日起程,议决明日上午早车赴平。

(选自 1929 年 10 月 29 日《益世报》第十六版)

法商学校轩然大波

顾德铭办结束，静候接收
学生拥护院长，标语满墙

　　本市法商学院院长顾德铭，自今春莅任以来，努力整顿校务，年来该校腐化教育行政，扫荡无存。学生方面，莫不交口景赞、欣欣向荣。近忽发现一部旧教员，呈控顾院长，列举七大罪状之消息。多数学生颇为扼腕，故日来学生揭示牌，发现各种措辞沉痛之标语，表示拥护顾院长。其中犹饶趣味者为挽联式，文云："痛哭数百可怜学子，呜呼一群有志青年"。上款"求学的目的千古"，下款"一个苦学生泣血拜挽"，是足以见学生意志之一斑。并于昨晚学校四周发现各色标语，如："打倒破坏学校的恶贼""挽留新教员辞职""以良心维持学校前途""不要受腐恶教员的利用""打倒图谋院长的刘□□"等类。而顾院长已谕令各科办理结束，静候接收。各班班长已征集各班同学对院长问题意见，结果大多数学生，对顾院长一致拥护。今日下午，各班长将开会议，讨论进行方法云。

（选自 1929 年 10 月 2 日《益世报》第十六版）

法商学潮复燃

旧教员昨日到校
学生罢课示拒绝

　　本市法商学院,学潮经过情形,迭志本报。现该院旧教员谢萍洲、刘次青、李苯亭等,前日接该院之函请遵令到院授课。该院院长旋即出牌示,令学生届时安心上课。讵料该院学生,对旧教员已具坚持拒绝彼等授课之决心。迨昨日上午八时,谢等果联袂到院。该院学生见彼等到校,所有旧教员任课班次一律罢课(甲商除外),并于九时全体齐集礼堂。首由护校会向旧教员递拒绝呈文,辞极恳挚,继则全体到教员休息室门前,请谢等出校,并高呼打倒口号,后经顾院长将学生劝到礼堂,并嘱务要遵照厅意,不要出非礼举动,免蹈学校于僵局,致诸生等自误等语。旋学生要求顾院长令彼等即时出校,我等立时即安心上课。顾无法答复,学生遂仍到教员休息室前高呼"请出""打倒"口号,该旧教员等亦不敢出门,复经顾院长一度婉劝,学生至十时始星散云。

　　　　　　　　　　　(选自 1929 年 11 月 14 日《益世报》第十六版)

法商学院举行周年纪念

　　本埠法商学院,自改组以来,颇著成绩。本月二十三日为该学院周年纪念,当兹戒严期内,对纪念之举行未便铺张,竭力缩小。兹筹备会委员已由学生方面选出徐维藩等八人,教职员中选出施念远等六人,计分招待、布置、纠察、会序四股分头进行。是日上午十时开会,敦请名人讲演,下午一时举行游艺会项目,雅乐、武术、提琴独奏、相声、双簧、魔术、口技、女子跳舞、昆曲、清唱,并有旧剧,戏码已定为《鸿銮禧》《捉放曹》《南天门》《六月雪》《坐宫》《碰碑》等,均由该院戏剧研究社社员扮演,想届时定有一番盛况也。

　　　　　　　　　　　　　　　　　(选自 1930 年 4 月 21 日《大公报》第五版)

这也算是办教育吗？

河北法商学院的一斑

（文责自负）沈森

我平日爱读《大公报》，这几个月在报上看见许多对于教育一方面的社评、短评、议论的警辟，可说是针针见血，叫人十二分的痛快，就是各人将各大学的内幕一层一层地揭开来，赤裸裸叫民众看看这个西洋镜，把北方教育的糟糕状态，让人们更加上一种认识，至少也可以得到"言之者无罪，闻之者足戒"的些微效果。像我们河北法商学院的腐化、恶化，那真可算糟到不可救药的地步了。我是一个学生，认定读书是应该的，鬼混是不应该的。办教育的人，内行外行姑且不提，总应该拿出良心来干吧，要是像做了货捐局长一般，不管三七二十一，只要能达到蒙混教育长官的志愿，不怕饭碗不亿万斯年。如此存心，便是自杀政策、杀人政策，在这种环境底下，我们做学生的，真是说不出的苦恼，学问是得不着半点益处，如果马马虎虎下去，骗一张文凭到手，岂不是自欺欺人，前途渺茫？哭也不是，笑也不是。

试把我们法商学院分几层来说一说。我先起一个誓，举出的事实，若是有一点不对，情愿天诛地灭。因为我记得前人有一副对子，什么"不敬师长，天诛地灭；误人子弟，男盗女娼"。这就是我发表这篇事实和起誓的原因所在。

（一）包办教育。法商学院是去年夏天才改名的，从前叫作法政专门学校。改名以后，由大学区放了一位院长。提起这位院长，在法大和北洋工学院当过讲师。因为教法玄妙，被学生恭送出大门的。自从他到了法商，除引用私人，正经事一件不干，开口美国、闭口美国，实在叫人听了肉麻。天字第一号的大将，便是秘书兼注册主任、学监主任、训育主任的张永平①，这位先生常在军队里混事，他于是乎拿丘八式注射法来支配教育。院长大人每天到学校至多一小时就回府纳福，不管什么天大的事，都交付这个军事家。不到一个月酿成三科主任教授联合教职员向教育厅控告，足足闹了一百多天，百计运动，风潮才算平息。那个时候，他知事情不妙，立刻把注册主任另外派人，并且四面八方张罗，花三四十元一点钟的代价，请了几位教授来敷衍学生，但是他们至少也在两个以上学校兼课，请假的占多数。各科教授、讲师，在这一年当中进进出出，不知更换了多少角色，受害的自然是我们学生，腾挪钟点贵，装下腰包的，自然是当局。我们倒霉的学生，只好瞪着两只眼看把戏。可怜整个的一学年课程，统统埋没在风潮和教育缺席的里面。用功的人们一个一个地气得顿足捶胸，懒惰的人们却皆大欢喜，伸直两腿，躺在藤椅上做信天翁，在现在各学校为着校长问题及种种问题差不多都剧烈奋斗，我们同学总算一百分的安分守己、听天由命！

（二）破坏学术。在这样科学发达的时代，一个独立学院，竟然没有一部书籍供参考，岂非笑话！提起图书馆，只有十几种交换而不花钱的杂志。几种科学的书籍，不是十年前的，便是二十年前的，同学们再三要求买些新书，以便各人自修时可以参考，量力而行，自然易办。院长大人不说经费不足，就说你们程度还够不上，用不着什么参考书，平日有教员指导，大可以将就下去。这种不伦不类的官话，我们急得对他跳脚，末了他顺风转舵、轻言细语，做出前倨后恭的神气，弄得我们没有法子对他翻脸。再说到消费合作社，开了三天张，马上关门大吉，其余如学生自治会、商学

---

① 张永平，字子衡，山东饶阳人。

会、政治经济研究会等等，甚而至于用金钱破坏，所以自始至终没有成立。当此学术演进的潮流，就是一个普通中学校，也短不了有出版物，藉此大家讨论，并且还可以对他校交换智识，确实是一件万不可缺的东西，何况我们是大学院！去年上半年皇皇布告创办《法商月刊》，居然用正式公文向教育厅立案。一年以来，连半页也不曾印刷。同学们已办的《商学》报和预备出版的《经济学报》，因为经费缺乏，要求学校方面每月补助二三十元。院长大人说，现在这种乱世打得落花流水，你们求学的人和我们办学的人，还是留些精神干别的大事业，何必咬文嚼字做书呆子！依我意思，马马虎虎混一天算一天吧，我们领略这番高论，还是急得跳脚。院长大人也依旧前倨后恭，如法炮制。却是天字第一号大将张永年[平]，因为他劳苦功高，提起笔来，下一道手谕，着每月加薪三十元以示奖励。我们为这件事再三质问，他说，本院长有权衡，学生不应干涉行政，俨然大官僚的口吻，可怕！可怕！

（三）敷衍考试。上学期报名的，总共不到一百名，三个考试一回，五个考试一回，一直考到开学以后，还考过两次，每次都一榜及第。记得一次有十八人报到，也是一榜及第，真是十八学生登瀛州了！这次考试插班生，报名的人数寥寥，除照例一榜及第外，笑话不胜枚举。从前学校名誉很不坏，已毕业的有数千人，近几年因为战事屡次权作后方医院，受了绝大影响，目下外间居然有"野鸡学院"的徽号。我想一二个私立学校专靠学宿费维持现状，或者说不上成绩，难免没有人加以"野鸡"字样，我们法商学院，是堂堂河北省立，每月经费盈千累万，多少总可有点设施，怎么会戴上"野鸡学院"的一顶帽子！如此看来，主持的大人先生们，似乎应该负责吧！

（四）威吓学生。以上所写的，不过是大略情形。难道我们当学生的个个都睡着了么？不……我们遇事不是公推班长，就是选举代表提出质问。院长大人说，谁干涉行政，就开革谁，重大的马上送公安局。有一次我们情急了，几乎要打他一顿，结果他作揖赔礼。这种把戏，不知干了多少次啦！俗话说："家丑不可外扬"，但是我们学校的丑事，教育界没有不知道，我们拿着父兄千辛万苦赚来的金钱，求学变成空谈，自问良心上终归过不去，别的学校都把这样纸老虎戳穿了，难道我们就没有胆子说几句公道话吗？应该教人硬戴上一个鬼面具吗？

（五）利用女性。大凡学校，是何等神圣庄严，主持的人们应该怎样清纯高洁！不料我们学院这位院长大人，自己晓得倒行逆施站不住脚，然想出一个妙计，四处托人找年轻女子做教员，不问资格，不问程度，对人说这是破天荒的举动。其实学校有女教员不自今日始，有什么稀奇古怪！不料他正式报告题目"本院新添女教员""大家注意呀"等等字样，竟抄袭平津各报馆雇用女招待的成文，"本馆新添女招待，价廉物美！"这样欺骗青年子弟，居心殆不可问，其罪在万恶市侩之上。这件事，津地各报已有记载，如此做法，未免自堕人格，何能表率莘莘学子？教育神圣扫地无余了！

以上所说的，不过几个大题目，要是一件一件地如数家珍，虽有千万言不能尽！我奉劝当事的人，多少牺牲自己一点吧，改善学校一些吧，不要把高等学府当作货捐局看待吧！我不禁磕一百个头来谢谢！

八月十日作于书斋

（选自 1930 年 8 月 11 日《大公报》第一张第四版）

观了《获虎之夜》以后

　　河北法商学院,前日(二十二)开成立第二岁的生日游艺大会,节目很多,十二点起始开幕。先演旧剧,登场的大部是同学,本院毕业生和津市的名票等人也占多数。记者到场的时候,整个的大礼堂已竟挤得水泄不通,连一个插足的地方都没有,不用说想探一下头了,所以这时只好找院内艺术团体以及教授侯曜先生等分别谈谈,原来这天节目中重要的两个都是新剧,一个是《获虎之夜》,一个是《山河泪》。记者本来以为在天津想看新剧极为不易,这次法商学院学生虽然把新剧和旧剧连在一起来开个游艺会,但一个学校居然有两个戏剧团体研究新剧,这也未尝不是一件可喜的事情,所以记者倒想看一下,他们这次公演的成绩如何。第一先演《获虎之夜》。开幕的时候,外面天色已竟非常黑暗了,可是观众仍然拥挤不去,好像连饭也都忘掉去吃似的。这个剧是田汉氏的著作,出版约在七年以前,成稿的时期或者更要较早的。所以虽然是新剧,其实在思想文化这样日新月异的中国,已竟应认为是过去的东西了。但这是一曲悲剧,同样的悲剧也许同样地在我们面前演唱着,所以古旧的人们看着也未尝不是好事。

　　这剧的故事简单。说来是这样的,一个孤贫的少年恋爱一个猎家的少女,可是少女的父母把少女许聘给另外有声有势的一家,少女想逃跑又没有勇气,少年也只能苦苦怀念少女,到夜才在山边看看少女家的灯光来解些苦恋之情。后来少女要出嫁了,她的父亲想打一只老虎剥下皮来作她的嫁奁。就在这个晚上,不但没有打着老虎,反把山边呆望的少年打伤了。少女因为看护少年的病伤,触起她父亲的忿怒,毒骂少年,把女儿抛出去大打。少年听见少女痛哭的声音,便拾起一把刀子用来自杀了。剧到这儿闭幕,是一个独幕剧。

大体讲来,剧辞是非常紧张的,所以是在最后的几个场子,不免引观众下泪。但我们的时代毕竟是与七八年前不同了,我们应该较那时候有更新的认识,应该找找更正确的路径。我们仔细看看《获虎之夜》是怎样的一曲戏呢? 那剧的主人公(青年们)都是退缩的、否定自己的。少年爱一个女人而只会望望她家的灯光,到末尾遭过毒骂之后只张开大嘴痛哭一场,结果呢,并且弄把小刀子把自己的心窝一刺。你看看他够多末可人怜哟! 而少女也是一样的,她的唯一能力就是善于忍耐,会一句话不说,会哭出长流的眼泪,你想世界哪有眼泪淹死人的奇闻! 像这样的孩子不太可怜吗? 所以,不消说,在写这样剧本的田汉氏,还正在青年热情的时代,真感情是有的,但一向在黑暗里还没有找到一线生路,结果想作个人解放的事业(恋爱自由不是个个人的琐事吗?)还只弄出流泪的一途。我们

看剧的人随着流泪,不过咳声叹气怜悯剧中人的悲运而已。这在有眼睛的教育家看来,一定被感动,奉以"针世""警人"等等的好名目。其实对于青年人,即仅求个人的解放,已竟走进歪曲的道路。在最新时代所渴求的立场上,不但不需要,或连写着新作物的田汉本身,也应不客气地打这过去的本身死影子吧! 以上这些话,单是说剧本。

至于前晚的舞台表演,真有出乎意外的成功。这所谓出乎意外的成功,或者是不如字面所形容的这么好的,但用怀疑的心情,怕看一曲文明戏的心情的观众,居然看次真正的话剧回来,虽站立了整个的钟头,拭了又拭头额上的汗滴,也未尝不是高兴的事罢。演剧人都好像是换一个剧中人的魂灵,面部化妆尤其神化,把演员表上的某某人饰的某某丢掉了。

所以在演剧中,观众宁可把痰咽到肚里,省得吐出来作大声,宁可弯曲得腰痛和拭额上的汗,不愿意挤出去换一次空气,看这种种便晓得演剧有怎样的力量了。演员中,记者限于精神,只能提到下面一点,徐维藩饰猎户,动作发音都颇粗鲁有致;张佛珠饰少女,俨然一个乡姑娘,她的动作说白皆能楚楚动人,在演剧中能够真哭得像泪人一般。这也是初次看得。许榛女士的母亲也是这样。李玉林饰甲长,胡子是真的,据说留养很久,动作固是不免稍嫌呆慢些。不过看起来倒还真的像一个老者。演员中有一个另外值得注意的,是钱士元,他饰作一个老太婆,男女反串装扮起来演戏,前些日曾据洪深谈过,极不以为然。可是这次他的老太婆却是例外的,他饰得太像了,获得全部观众的赞叹!看的时候不免想起《人海三怪》中的郎却乃①,的确以为那个老太婆掩饰不尽郎却乃本来的苦相,深以为不如这个化妆高明了,并且这个并没有戴眼镜,吐白自然逼肖,真是难得的事。至于光线和背景这两点,不客气地说,都觉缺陷些,放油灯的地方不该太暗,墙壁只用黑布,也太简陋,好在这两点改善起来还不是很困难的事。

侯曜讲演《山河泪》略写

关于《获虎之夜》的公演,已竟写过如上面的一些了,下面因为时间限制,关于《山河泪》的公演,也只好从略些。好在我的预□就不想多写的。因为初开幕的时候远方的来宾还未都散去,记者看完《获虎之夜》以后,换一次空气的时间,已经得不着好地位了。

其次,在未演之先,公演此剧的艺术研究社的指导侯曜先生,先有一段颇有价值的演讲。据他说,这次公演实在他没得加入领导。因为他才

---

① "郎却乃"为好莱坞著名演员,以擅长化妆各种形象而著称,有"千面人"之誉。

来法商未久,连同学们也自信这次公演成绩绝不会怎好的。不过,这次演剧宁希望观众把艺术的一方面放掉不管,注重在剧的内容上面。这剧的内容便是描写朝鲜民族运动的热潮,虽然此剧写得较久,未始不可以对于现在的我们有些利益。记者因有上面的各种原因,便想只看剧本了。但仅就远望的舞台上的片段几幕来说,表演上的确差些,有的女演员不晓得把悲哀寄放在何处,只举起两臂转了几遭,这引得一部观众大笑。尤其失败的,是某一两个演员们受文明戏的遗毒太深,演员之间的谈话把面孔对着台下,如此的错误,似乎太过火些了,事后据说这是艺术研究社初次演戏,以前没有经验,思想又没有成熟,本来倒也是无足深怪的,好在他们已约侯曜先生作指导,第二次公演的时候,必有长足的进步了。关于剧中内容的话,原来我是要写些的,可惜油印的剧本看不清楚,这里只好整个略去了。好在记者已和侯先生谈过一次,他又有两部已出版的新作、两部完成的近作,还有未曾完全脱稿的歌剧等等,俟我有机会一一仔细地读过,再做一次详细的介绍罢,这儿暂和读者告别了。

(选自 1931 年 4 月 25—26 日《益世报》第十三版)

法商学院盛会

在校生欢送毕业同学还只弄出流泪的一途。我们本市法商学院,昨天已经举行欢送毕业同学大会,在上午院长、师长、各班同学代表勉励、警惕的欢送词,足可显示法商的朝气。学生的精神,一般"法政老爷"的浑调无疑的不能肯定现今的实况了。下午的游艺会,观众的满坑满谷,虽然苦热的天气侵袭着,但是各项游艺表演的吸引力,宁使身在"蒸笼"也要忍受些。雅乐、西乐的悠然扬抑,更有李湘如、曹传善、孙镜录、孙贞合歌 *Old Folko at Home And Longlong Ago* 二曲,俨然流莺百转,观众中嘹动心弦的,恐怕大有人在吧。国术表演拳刀枪剑惊心动魄,对斗时令人咋舌。吴子夫、康海寰的双簧笑趣横生;惠经权的魔术光怪陆离,尤其"大变活人"更使观众捉摸不得索解。新剧一个是独幕剧《孔雀东南飞》,一个是两幕剧《洒了雨的蓓蕾》,都是鼓吹女子解放的作品,加上演员表情的细腻逼真,全剧的含意赤裸裸地灌输到观众的意识界。布景方面,适得其宜,因为布景过于伟丽繁重,观众的注意力,多少要被布景吸收去。对于演员的表演上不加注意了。如果过于简陋,又不免给予观众以不快之处,这次法商的新剧布景竟能避免这两重瑕疵。

旧剧头一曲是《法门寺》,赵钢的刘瑾,嗓音阴沉动听极为老到,扮宋巧娇的张春森,唱作俱佳。继场是《珠帘寨》,谷润昭饰李克用,举动从容,颇见精彩。《六月雪》里的陆康衢、钱士元各极其唱作佳境。《空城计》出场,王德立饰孔明,唱功遒劲,颇步"余派"风味;徐维藩扮司马懿,也极有侯喜瑞的典型,嗓音嘹亮,声压全场。压轴戏为《玉堂春》,查荫荪扮苏三,表演深刻,发音极其抑扬顿挫。至七时闭会,观众无不美满、兴尽而归。

伯珍

（选自1930年6月3日《大公报》第二张第八版）

法商学院体育设备调查①

沿革

法商学院之前身为北洋法政学校,当时因办理不善,学风颓唐,故体育一项,形同虚设。民十三前校长李秀夫到校,延聘耿顺卿任体育主任。耿君为北平师大体育系卒业,田径赛等运动技术甚佳,为体育界知名之士。到校后即大加整顿,而校长亦以体育为校正颓风之方针。然当时经费中并未有为体育之专款,故仍无若干发展。民十八北伐成功,新院长顾德明氏就职后,体育部之工作始见诸实行,而顾氏复对此项特别热心,因之兴味突增,风气一变,去岁曾参加天津联合运动会,得居团体第二。至此,该校之体育渐露头角,而其进步则可称惊人也。

经费

经费一项,自顾院长接办以来,每学期由学生缴纳体育费,每人一元,

---

① 题目为编者所拟。

全校学生四百人,故可得四百元。遇不敷时,酌由学校补助一二百元不等。现学校当局,正进行增加经费,将来体育上有无进展,以视经费之能否补加耳。

设备

校内有大操场一处,其中包含球场甚多,有网球场二处,为最近费款四百余元建筑者,为华北学校之罕有设备。篮球场二处、排球场一处,足球场一处并兼做田径赛场之用,该场长百三十米、宽九十米,足敷应用,此外如各种运动器具等,亦颇完备。

项目

篮球、网球、排球、足球及田径赛,均为课内课外之项目。最近复延聘傅镜如每日领导学生作二十分钟之团体操,以资团结学生精神,并聘邱口楼担任教授国术,学生加入者五十余人。

兴趣

该校网球场之设备最良,故网球风甚炽,练习网球者几占全校学生三分之一,每年九月终,作全校比赛一次,篮球、排球亦感兴味。此外田径赛之爱好者,亦占全校三分之一,去岁举行二十三年第一次之运动会,加入者八九十人,秩序甚佳。今年举行第二次时,其成绩打破去岁者十之七八,以此足见该校进步之速。每日自早五时起至晚七时止,运动场中无空闲之时,尤以下午更为拥挤,学生运动之风,可见一斑。

计划

该校最大之计划,莫过于增加经费。经费有着,则计划即可见诸实行,将来并拟建筑露天游泳池一处,各种设备亦拟加添,下学期拟成立体育委员会,每班举出干事二人。又足球一项,向不发达,下学期亦拟从事提倡。又,该校限于经费,体育教员仅由主任耿君兼任,故诸君忙碌,有时不免遗忘,故为该校将来发展计,增聘体育教员亦为一端也云。

(选自1930年7月9—10日《大公报》第二张第八版)

中等以上学校体育促进会
今日开成立大会
宗旨为补弥弱点　绝不独树一帜

　　本市中等以上十一校发起组织体育促进会一节，已志昨日本报。记者为明瞭真相起见，特往关系各学校访问此种体育会组织之经过及其动机。据某君谈，此事之发生，原以我国体育在本届远东大会失败后，国人感受刺激极深，虽拟竭力穷追，唯苦望尘莫及，徒呼奈何！又以本市体育程度不齐，因之落伍者兴趣渐减，为补救计，不得不有较小范围之组织，其目的不外补弥弱点，绝无另树旗帜之意。现发起者为法商学院、省立一师、觉民中学、中山中学、河北中学、扶轮中学，赞成者有究真中学、女师学院、省立一中、震中中学、水产专科学校，并定于今日（十九日）下午三时在法商学院开成立大会，将拟定草章修改后通过之，并发表宣言，声明立场主旨云云。

（选自 1930 年 9 月 19 日《大公报》第二张第七版）

法商师生联欢

　　本市法商学院,昨日下午一时在大礼堂举行全校师生联欢大会,到校学生四百余人,由施念远主席致开会辞后,由院长顾德明①博士、法律系主任王乐三相继演说。旋由教职员陈瀛一、李祝萱、张子衡各说笑话三则。次由该校雅乐社奏雅乐,李玉林奏梵亚林,孙贞女士西乐独唱,孙贞、王薇两女士西乐合唱,陈瀛一昆曲,李玉林、张春森双簧,女生合演纸装滑稽跳舞、男生滑稽跳舞。该校武术团表演武术,孙贞女士粤戏清唱,旧剧团表演旧剧,徐维藩、王之衍、陈云卿合演《捉放曹》,张春森反串《女起解》。最后为王之衍、钱士元合演滑稽《坐宫》,唱作既佳,而服装又生面别开,扮四郎者斜戴道观,着玄色马甲、配眼镜,留八字黑须,宫主则绿衣宽袖,动辄哄堂!至晚七时始尽欢而散。又,该校教职员订于今日午十二时,假福禄林②举行新年团拜会。

（选自 1930 年 1 月 1 日《大公报》第五版）

---

① 　原文如此。
② 　当时天津法租界大型娱乐场所。

法商学院春假后之新气象

　　教授　法商学院自春季开学以来,颇加整顿,添聘各系讲师,已聘定者,法律系李怀亮、政治经济系涂眉初博士(美国意利诺大学)、王潜恒、商学系陈杰生等。又下星期一日(三月三日)下午一时延请罗正纬氏在该校大礼堂公开讲演,讲题为"东方文与中国及世界之关系"。

　　体育　该校近在校园前添设"呼吸运动场",每晨举行深呼吸运动。

　　军事训练　刻正裁作操衣,下月初旬即可开始训练。

　　消费合作　该校消费合作社近已成立,刻正力谋扩充,并续缴新股。

　　研究会　该校学生为谋课外研究起见,特组织"政治经济研究会",自上学期已开始筹备,现已大致就绪,不日即可开成立大会,届时并延请名人演讲。又,该校学生曾有从事新闻事业者,近正筹备组织"新闻学会",俾得于课余继续研究云。

（选自 1930 年 2 月 26 日《大公报》第五版）

南开与法商之游艺

　　法商学院,昨午在新开河外本院大礼堂开游艺会,艺术研究社作首度的戏剧公演,来宾到有三四百人,女客达三分之一。二时开会,先由主席略致开会辞,继演雅乐社的中乐;第二节目演魔术,表演的是北洋大学的两位长人①,手术甚为熟妙,观客大拍把[巴]掌;魔术后汇文同学演凡雅林钢琴合奏,作《璇宫艳史》声片中之进行曲,曲甚普遍,故能振刷全体座客的精神。奏毕,培才小学学生演滑稽歌舞,演员全体化装,与前晚南开游艺会中的《黑人之夜》相仿佛,但演员全是小学学生,来宾感觉着十二分的兴趣。次为女师某君的钢琴独奏,此君弹琴的艺术确很熟练,所以也博得一部分的掌声。掌声竭,新剧《山河泪》开场,这曲剧多半月前曾演过一次,原作者是侯曜先生,这个剧本在先总理前年的奉安期中大大演过,表现被压迫民族的革命精神,很能够开发民族主义的志趣,所以这剧虽是颇老的新剧作品,较之《获虎之夜》确还不至于那么没落,至于此次表演的成绩,比第一次游艺会的表演进步许多,尤其台上的秩序,不像上次那样紊乱,能够改良,将来的希望就很远大了。演员方面,像刘勃安等人,倘再加以相当的训练,明日的成绩必很可观,因为他们是能够大胆地来演剧的人。

(选自 1931 年 5 月 7 日《益世报》第七版)

---

①　长人,身材高的人。

全国大学及专校概况

教部高等教育司长报告
已立案者共计五十八所

【南京通信】教育部高等教育司司长孙本文十八日在中央广播电台报告"近三年来全国大学及专科学校概况",原词如下。

自民国十八年七月,国民政府公布《大学组织法》及《专科学校组织法》。八月,教育部公布大学规程、专科学校规程及私立学校规程以来,全国公私立大学及专科学校均能遵照组织法及规程办理。截至本年八月为止,全国共有公立及已立案之私立大学五十八所,专科学校二十七所。兹将最近三年间概况分别报告于下。

（甲）大学教育

近三年来,全国大学教育似有相当进步。当十七年十一月本部成立之初,国立大学计有中央、北平、中山、武汉、浙江、清华、暨南、同济、劳动、交通等十所。旋因历史关系,北京大学、北平师范大学、北洋工学院于十八年八月间先后独立。十九年秋,青岛大学筹备成立,广东法官学校改组为广东法科学院。本年三月,中法国立工业专科学校改组为中法国立工学院。截至本年八月为止,国立大学共计十六校。省立大学在十七年初亦仅十校,即河北、东北、山西、成都、成都师范、湖南、安徽、河南中山、西安中山、兰州中山等十大学。当时尚有广西大学一所,惟仅于该年度开办预科,旋即停办,故未计入。十八年夏,河北省立各专校先后改组,计成立省立法商学院及省立工业学院两校,又添设省立女子师范学院一校。同时四川各专校合并为四川大学。十九年一月,太原国民师范学校高师部改组为山西省立教育学院;二月,河南中山大学改称河南大学;七月,江苏省立教育学院就原有省立民众教育学院及劳农学院合组成立;同月,云南东陆大学改为省立大学;八月,吉林省立法专等校合并成立吉林大学。本年四月,兰州中山大学改称甘肃学院;同月,西安中山大学改办省立高中;八月,广西大学恢复。截至本年八月为止,省立大学共计十八校,合国立、省立计之。在近三年中,计添设十三校之多,总数已达三十四校。私立大学经前大学院核准立案者,仅厦门、金陵、大同、复旦等四校。至十八年六月,又陆续核准沪江、光华、大夏、燕京、南开等五大学立案。十八年七月至十九年六月,陆续又核准东吴大学、武昌中华大学、协和医学院、中国公学、上海法政学院等五校立案。最近一年中,又复核准岭南大学、南通学院、中国学院、朝阳学院、金陵女子文理学院、上海法学院、福建协和学院、广东国民大学、之江文理学院、持志学院等十校立案。已立案之私立大学,截至本年八月为止,共计二十四校,合国立、省立及私立各大学计之,共得五十八校,兹将各大学校、各院、科别及所在地列表于下,以见一斑。

　　国立:(略)

　　省立:河北大学(文法农医)保定,东北大学(文理法教育工农)沈阳,安徽大学(文理法)安庆,湖南大学(文理工)长沙,山西大学(文法工)太原,成都大学(文理法)成都,成都师范大学(文理教育)成都,四川大学(文法农工)成都,广西大学　桂林,东陆大学　昆明,河南大学(文理法农)开封,吉林大学(文法理工)吉林,甘肃学院(文法)兰州,河北法商学院(法商)天津,山西教育学院(教育)太原,江苏教育学院(教育)无锡,河北女子师范学院(文)天津。

私立(已立案)：厦门大学(文理法教育、商)厦门，金陵大学(文理农)南京，大同大学(文理商)上海，沪江大学(文理教育商)上海，光华大学(文理商)上海，大夏大学(文理法教育商)上海，燕京大学(文理法)北平，南开大学(文理商)天津，东吴大学(文理法)苏州、上海，武昌中华大学(文理商)武昌，岭南大学(文理工农商、蚕丝学院)广州，广东国民大学(文理商工)广州，中国公学(文理法商)上海，协和医学院(医)北平，上海法政学院(法)上海，南通学院(农医，附纺织科)南通，中国学院(文法)北平，朝阳学院(法)北平，金陵女子文理学院(文理)南京，上海法学院(法)上海，福建协和医学院(文理)福州，之江文理学院(文理)杭州，持志学院(文法)上海。

......

每周上课时数之加增，亦以文理法三学院为速。十七年度该三学院合计一四.零九九小时，占全数百分之四八.九二；十九年度增至一八.六五八小时，占全数百分之五四.二。合各学院计之，每周上课时数，一九年度总共达三六.二八九小时。每周平均以四十二小时计算，全国大学每小时当有八六四[①]教室上课。其中当有一七五教室讲授文学院课目，一三六教室授理学院课目，三三教室讲授法学院课目，一〇五教室讲授预科课目，九六教室讲授工学院课目。其余二一九教室，专修科占五十九席，教育学院与农学院各占四四席，商学院三八席，医学院占二九席，五学院合修课目五席，全国各地五十所大学平均每校同时有十七教室上课。

4. 大学教职员及学生

教员及学生在近数年中增加甚速。民国十七年度计共有大学教员4313人，十八年度增加至5271人。十九年度续增至5636人，内中专任教员及只兼任本校职务者，十七年度为2580人，占全数百分之五九.五九，十八年度增至三四五八人，百分比亦增至六五.六〇，十九年度继续增至

_____

① 似应为二六四。

三六五三人,百分比为六四.八六。大学教员就等级分析,教授副教授之数,约与讲师数相仿佛,均在百分之四十以上,助教约占百分之十六。就大学教员院科别分析,以文学院为最多,占百分之二十以上;法学院次之,占百分之十六;理学院又次之,约占百分十五;预科及工学院各占百分之十;农医、教育二学院各占百分之六;其余专修科、商学院及两院合聘者,占百分之十。

大学女教员,十八年度为二百七十人,十九年度三百零五人,占全教员百分五.五左右,其中以讲师和助教为多。不兼课之大学职员,亦稍有增加。十七年度计共二 零六八人,十九年度为二五八零人,平均每校五十二人。

就大学生言,民国十七年度共有本科生一七四三六人,计文学院四零五二人,理学院一七三一人,法学院五三三六人,教育学院一二四五人,农学院五七四,工学院二一八零人,商学院一四八五人,医学院六七零人。十八年度计增至二零六一三人,除商学院外,其他各学院均有增加,计文学院增至四六一零人,理学院增至二零七六人,法学院增至六五七四人,教育学院一五七八人,农学院七六六人,工学院二六五七人,医学院八九四人。十九年度增至二五零一八人,各学院均有增加,计文学院为五三五八人,理学院二六四四人,法学院八三二七人,教育学院一七三三人,农学院九零八人,工学院三三零五人,商学院一六六四人,医学院一零七九人。以百分数计算,文学院为二一.四二,理学院一〇.五七,法学院三三.二八,教育学院六.九三,农学院□□.六三①,工学院一三.二一,商学院六.六五,医学院四.三一。

就十九年度与十七年度比较,人数以法学院增加最多,计增二九一;文学院次之,增一三零六人;工学院增一一二五人;理学院增九一四人;教育学院增四八八人;商学院最少,仅增一七九人。设以十七年度为

———————————

① 此处原文有遗漏。

基数,则学生数增加以医学院为最多,增百分之六〇.三;其次为农学院,增百分之五八.一九;再次为法学院,增百分之五六.零五;再次为理学院,增百分之五二.八零;工学院增百分之五一.六一;教育学院增百分之三九.二〇;文学院增百分之三二.二三;最少为商学院,仅增百分之一二.零五。就此比例观察,医农理工等实科占先,深合中央高等教育注重实科之意。就各学系学生数分析,以政治法律两系为最多,均在三千二百人以上,其次为经济及中国文学,均在一千六百人以上,理工医各科方面,在一千人以上者,仅土木工程系一五七三人,医学系一零七九人。在五百人以上者,亦仅化学、电机、农艺、物理、数学、机械六学系而已。

女生人数,十七年度包括大学附设专修科在内,计为一七二九人,占同程度学生总数百分之八.五七。十八年度本科女生计共二一九七人,占大学生总全数百分之一〇.六六。十九年度共有女生二八八七人,占大学生全数百分之一一.五四,可见女子大学教育之发展较男子为速。大学专修科学生,十七年度为二七三零人,十八年度为三四八一人,十九年度为三六二二人,其法政,经济专修科学生平均约占百分之五十七,养成师资性质者占百分之三十三,其他方面专修科合计占百分之十左右。

再就大学毕业生言,近三年来,计共一三一三九人,以全国人口四万七千四百余万计算,每三万六千一百三十六人中仅得一人,此一三一三九毕业学生中,以法学院出身者为最多,达三三八六人,专修科或专门部出身者三零四一人,文学院二一三九人,工学院一三一五人,理学院一零六零人,商学院八五二人,教育学院五六五人,医学院四一五人,农学院三六六人,医农两项毕业生总数为数甚少,若以人口总数比例之,约占五十万人口中仅占一人。

5.大学经费①

各大学经费,民国十七年度岁入方面计,全国为一七一七零四一零元,内国省库款为一零零二五零六三元,占全数百分之五十八以上。学生缴费为一九七二四八七元,约占百分之十一.五,其余财产收入、补助款、杂项收入者合计约占百分之三十。十八年度各项收入,均有增加,共达二三六二二四零三元,国省库款为一五四三七零六元,占全数百分之六十以上,几及三分之二。学生缴费二一四六一八零元,占百分之一零.二,其他各款项约占百分之二四.五。

岁出方面,十七年度总数为一六三一三二八五元,其中以教育薪俸为最主要,占百分之二八.一五;办公费次之,占百分之一九.二九;设备费再次之,占百分之一六.八零;职员薪俸又次之,占百分之一四.五八;其余特别费、工饷、附设机关用费等合占百分之一一.一八。①

(节选自 1931 年 8 月 22—28 日《益世报》第七版)

---

① 以后涉及专科部分从略。

法商新剧公演略评

　　余对戏剧本乏研究,不过仅以普通观众立场,对该社此次公演之成绩,以实事求是之眼光,略进数言,以相商榷。至于剧本之良否,自各有见解之不同处,不便批评。该社自筹备公演以迄实现不过一月,社员只十余人,职员而兼演员,事务纷繁。自不免有疏漏处,宣传又欠周密,而致观者不甚踊跃,自在意中。

　　开幕后第一剧为《父归》。此剧系日本文学家菊池宽所作,王守先君饰国贤,口齿清楚、态度自如。谢天培饰家贤,表情尚可,惟满口津腔,似失却精神不少。孙贞饰胤贞,颇能充分表现其一派天真少女气。张秀英饰母亲,亦能称职;李玉林饰父亲,很能将年迈颓败之老人表出。当父亲归来时,颇能将久别重归、惊喜惭愧之心理表现尽致,国贤之拒绝认父尤能引起全场注意,父亲归而复行后,其一种懊悔焦急的神情,充分流露于眉宇之间。

　　第二剧即为《可怜的裴迦》。此剧不过喜剧而已。孙贞之玛利亚、李玉林之裴迦、钱士元之医生,均能称职,各种动作及说白具不拘执,故能引起笑声不少,休息时有蔡君之口琴独奏,蔡君天赋特佳,各种音乐俱精通,其口琴自无待言矣。继以孙贞女士独唱及某君之钢琴独奏。

　　奏毕即为第三剧《获虎之夜》。徐维藩之魏福生,凶猛粗野,宛然猎户,谈猎虎时之种种状态,颇能令人起谈虎色变之心。许榛之魏黄氏,口吻极像一卑鄙村妇。张佛珠之莲姑、王守先之黄大傻,当黄大傻受伤后,二人之哽咽泣谈,将一派天真之爱、诚笃之情表现淋漓尽致。钱士元饰一七旬余之魏胡氏,难得钱君煞费苦心,不知由何处将一副老太婆的动作、说白、神情揣摩得无微不至,洵为天才,非强学可以致此。其他李钰林之李东阳、曹传善之何维贵、顾兆骧之屠大及谢天培之周三,俱平妥,对白、表情极臻佳境,化装尤佳。

统观该社本次公演之成绩,其优点有三。(一)化装。其化装之佳与南开剧团相较犹有过之,就中尤以钱士元之老太婆、李钰林之父亲、徐维藩之魏福生为最。(二)说白。各剧员对国语之运用及句逗之留意,俱自如而不拘执,与一般"哲学式"的说白相较,倒能引起注意。(三)表情。各剧员对各角色之身份、地位,亦能揣测相似。

其劣点有:(一)布景。布景过于简单,然或系经费支绌所致。(二)配光。在《获虎之夜》中,本系夜间,而靠街之窗户反有亮光透入,似失检点,台上光线尚可。(三)缺乏练习。因缺乏练习,而致演员常有将辞句弄颠倒者,似对全剧精神减色不少。

总之,该社此次虽系第二次公演,有此成绩已属难能,而突闻社员有因特别原故将离去而剧社亦将解散之消息,实令人惋惜。惟望该社社员能特别牺牲成见,益坚团结,将来成就,绝不止此也!

(选自 1931 年 5 月 22 日《益世报》第十三版,无署名)

法商学院院长问题酿成风潮
学生封锁校门赴教厅请愿

　　本市河北法商学院因教厅调院长顾德铭为教厅督学，改任梁焴继任院长。梁氏现尚在平，曾一度派人赴院视察，教职员因发拒梁宣言，学生方面亦召集全体同学于前昨下午七时开全体大会，决定对梁加以拒绝，并自昨日起实行封锁，表示拒绝之意。一方面表示拥护顾德铭，该学院内贴满标语，并推举学生代表赴教厅请愿。据教厅方面消息，梁氏现尚未到津，关于该院学潮，正在疏解中，须俟梁院长到津亲晤该院教职员后方能解决云。

　　又据教厅某要人谈，今晨法商学院学生二十余人，为该院院长易人来厅请愿，当由陈厅长派殷科长出见。所谈大意为，陈厅长自就职，即发现法商学院有亟待解决之件，教厅召集高等教育委员会议议决，聘请专员视察各学院，曾推定北京大学教务长何海秋、北平法学院教授史兆德调查法商，嗣后调查报告证以呈诉各案件。教厅为学生学业计，认为有改任院长之必要，旋决定以梁君仲理继任。梁系北京大学法学士，曾充河北大学法学系主任、东北大学法科教授五年，富有学问经验，人尤诚实可靠，实有改进学院之希望。始经提出省政府会议通过，陈厅长并与梁院长口约，对于旧教职员，冀勿更动。今晨学生请愿除报告上述情形外，复嘱其详细考虑，万勿因此废学，顾院长系调厅任用，并非撤任，前后任可以随时接洽，院中各事不至于不相衔接并碍学生学业云。

（选自 1932 年 2 月 26 日《大公报》第五版）

法商学院改进方针

从改造人心　注重科学着眼
训育方面务求实际

　　该学院共分四系,法律系、政治系、经济系、商业系,并附有高中部、中等商业部。该院内部组织,法政经商四系各设主任一人,襄助院长办理各系一切事务。关于学生成立之各种会社,学校当局亦时时予以指导匡助,故特别发达,有如雨后春笋。该院现存之会社,先成立者,计有法学会、商学会、政治经济学会,北伐成功后续成立者,有三民主义研究社、雅乐社、戏剧社、国剧社、演说辩论会、新剧社、艺术研究社、平白社以及最近成立中商学行砥砺会,高中英语谈话会。自九一八东北事变发生,学生激于义奋,有抗日救国会之组织,出版反日特刊并加紧军事训练。该院体育向极沉寂,年来颇现朝气,每年春秋各举行运动会一次,由体育主人[任]耿顺卿努力提倡,学生颇感兴趣。在记录方面虽不甚佳,但亦颇有可观。今届暑期,学生纷纷回里,除田径赛暂停止外,留校学生组织消夏网球队,每日朝夕练习,颇有兴趣,将来定有可观。院内校舍宏大,综计楼舍四百多间,面积占二百五十八万余方尺,前因政变,校舍屡被军人占用,横加摧残,学校既无人负责,学生则率多自由,是以成绩愈下,口气日沉。社会对该院渐有不满之批评,近自顾德铭长院以来,努力整理于前,继之现院长吴家驹彻底改革于后,则知今日之法商非昔日所可比,且多数学生,概皆拼命读书,服饰亦渐朴实,非昔日长马褂黑眼镜之流。除正式课外,或研究科学,或著述刊物,故近来学生成绩较前大有进步,直有蒸蒸日上之势。至学生住食方面,男女宿舍共分八斋,规定每大间住五人,每小间住三人。盥漱室、浴室、理发室设备均甚完全,最令人满意者,即法商饭团为他校所不及,伙食全由学生自己办理,多是小组织,不下二三十饭团。更令人羡慕者,为男女同学共室而听,共案而食,处处生活都感到愉快,亦可谓两性间的互助。故该校乐境多忧境少,近该校大门、礼堂已重修告竣,外观壮丽,焕然一新,另有一番蒸蒸日上之势。

(选自 1932 年 8 月 1 日《益世报》第六版)

日本政治经济研究

法商学院教授许兴凯著

自九一八事件发生以来，国人对于日本情形之需要明瞭，已为人所共晓，但国内尚少关于日本全部研究之书籍。天津法商学院政治系教授、北平法学院①讲师许兴凯氏近著《日本政治经济研究》，由天津百城书局(法租界二十九号路，北平西长安街分店出版)，全部五百余页，凡三十余万言，特价一元四角。内容分(一)日本资本主义的历史；(二)日本经济财政；(三)日本财阀势力；(四)日本政治制度；(五)日本政党纵横变化及对华政策；(六)日本帝国主义特质及中日关系；(七)日本经济恐慌；(八)日本的法西斯运动及最近政变。材料引用直到一九三二年九月。按，许氏前著《日本帝国主义与东三省》曾经日本白杨社译成日文，此书关系日本整个的研究，似更有一读之价值也。

(选自《出版界》，1933 年 1 月 15 日《益世报》第十一版)

---

① 全称为北平大学法学院。

法商学院女[学]生组织法学励进会

探讨法学问题　实际练习审判

【本市消息】本市法商学院学生多人,为图增进法学知识起见,特组织法学励进会,俾便互相磋切,收共励共勉之效,于前日(五日)开成立大会,订立章程,选举职员。该会组织共设总务、研究二股,而以会长总理一切,工作大纲要分问题探讨、实习审判、出版刊物及社会视察等项,该院教授亦多被请为指导,现正向校方进行登记手续,不日即可开始工作云。

(选自 1933 年 12 月 8 日《益世报》第六版)

法商学院新气象

各科系悉照部令改编
增日俄政治研究课目

【本市消息】本市新开河外法商学院已于本月一日开学,记者昨往调查情形,知道现在正是举行旧生补考,本周内可以考毕,预定在下星期一起,始能正式开课。

现法商学院,包括大学及中学两部。大学部原有法律、政治、经济、商业等四系,不过以前为专科,本学期起遵照部令改为大学本科,同时政治系停止招生,是以本学期的大学新生只招法、经、商等三系。至于中学部,亦自本学期起改普通中学为商科职业班,旧有高初中名义取消,改高级商科职业班及甲种商科职业班同时改为三三制,高级及甲种各定学期三年。

学生名额,在民二十一(即九一八以前),大学部原有一百五十一人,其中有十三个女生,隶籍东北者五人。至去年,全额已增加到二百二十三人,内有女生十七人,东北生占十三,从这个数目看起来,可知我国自经九一八以后,需要教育的青年更加急迫,尤其东北人,并不因国难临身而忘却受教育的义务。

中学的人数,也有增加。九一八前有一百九十人,上学期已增至二百一十三人,上学期中学部毕业生共六十一人。大学因为改专科二年为大学本科三年①,所以今年没有毕业考试,秋季始业新招的学生。中学方面,前后两次报名者共二百九十二人,第一次取录四十一人,二次取录二十七人。大学方面,初次报名者百零二人,取录二十五人,二次报名者五十七人,取录二十七人,总共计有一百三十一个青年今秋起入法商学院读书。

　　九一八在我国近代史上画下涂抹不掉的创痕,所以对于东北的研究成为一种单独的科目,大学部便已特设一个"日俄政治研究"的专科。

　　法商学院在学校行政的立场上,也有种种正在进行或已计划设施,这里也做一点介绍。以前的法商体育,可以说是消沉达于极点,虽然每年春秋季有一两次例行的学校运动会,但那动机不外是为开运动会而开运动会,因次[此]法商虽有广大的运动场,实际上不过供每年一两度的点缀而已。全校大半的同学都是暮气沉沉,毫没有焕发的气象。自本学期起,却要把以前颓废不振的精神奋发起来,特请崔玉珍来作体育主任,同时并请教育厅体育督学赵文藻代为体育导师,而军事训练,亦由志愿兵式的方法,一变而转为专修科,聘第一军团总指挥部的江辉庭氏担任教官。

　　学院的东大楼被火焚毁已十几年,现在积极计划,预备把那楼址改建图书馆。今日的图书馆因旧有的编制方法不良,故已起手以最新的图书馆编制法整理,一面尽量地充实内容,采购新书,这样对于学生将有很多帮忙的地方。

　　大学部的政治系停止招生,因改专科为本科,学年多出一年来,即以前的两年专科毕业制,现在必须上三年大学本科才能毕业了。既已多出一年学籍,旧有的教授方面,便感人数缺乏,所以今秋起又添聘新教授十一人,听说这十一位新教授都是教育界的知名之士呢!

（选自 1933 年 9 月 7 日《益世报》第七版）

---

①　当时大学专科三年,本科四年。

法商学院扩充院务
建筑大规模图书馆
工款两万元请教厅照拨
注重军事训练课外讲演

【本市消息】省立法商学院自本学期开课后,院务积极整顿,设备益求扩充。昨记者晤院长吴家驹氏口谈,目下亟待举办事项,约有六点。一,军事训练。本学期新聘第一军团部调查处长江辉庭担任本校教官,并加聘助教,以便积极训练。二,课外讲演。拟请胡适之、张伯苓诸先生到校公开讲演。三,参加全运。本院已选定体育教员崔士玢及学生王世杰、苏金城等,均参加全国运动会。昨本院接教育厅函,已准其告假。四,增加班次。本学年为完成学系起见,添招法律、经济、商学三系一年级新生三班,并中学部添招高级商科职业班一年级一班,初级商科职业班一年级一班。惟河北省近因经费竭蹶,本院经费不能增加,而班次又非增加不可,固设法竭力撙节,虽未增加常年经费,仍行增加班次。五,实行查堂。学生上课,自本学年起实行查堂,每日将学生缺席钟点公布。凡缺席时数,在一学期上课时数三分一以上者,即予休学。六,建图书馆。本院东大楼,民十四不戒于火,迄今未修。现因班次扩充,房屋不敷应用,拟重行修复,并以一部修建大规模之图书馆,现正用科学方法整理,并函各教授介绍参考书,以便充实内容。至此项工款,估计约需两万余元,复呈请教育厅,转咨财政厅,请发临时费,现已经教育厅准列入预算,一俟款项发到,即可动工等语云。

(选自 1933 年 9 月 30 日《益世报》第七版)

法商停止招生引起失学问题

高中班毕业生无出路

【本市消息】省立法商学院奉教部令,自本年起停止招生一节,业志本报。该院学生以部方此项措施实为变像之停办,现经组织暑期留校各班代表大会,表示强烈之反对。又,该院自停办预科后,特附设有中学部,课程分系,殆大部仍沿袭旧日预科之办法,故其实质自与普通中学不同,今该院中学部学生闻前讯后,深为恐慌,盖觉大学部本年既不能添班招生,平日学业又不适转入他校,中途彷徨,茫无出路,刻已联合集议,准备陈述理由,请由该院院长转呈教厅再转部方,要求设法,俾免失学云。

(选自 1934 年 7 月 5 日《益世报》第六版)

法商附属高中毕业生感失学恐慌

昨推代表八人至教厅请愿
厅方表示在可能范围内不使失学

【本市消息】省立法商学院前奉教育部令,自本年度起停止招生着手整顿一节,已志前报。惟该院本附设有中学部,为便利毕业学生转升本科起见,故其课程略与普通中学不同,自此停止招生之令示到院时,最感恐慌者厥惟高中部之毕业生。因渠等七十余人为程度所限,在升学上顿成问题也。经数度向教育厅呼吁设法代谋出路,俾免失学,俱无结果。新任院长高崇焕视事后,学生方面复要求妥善补救。高氏以事实严重,当经入京向教育部请示,亦未得要领,业于本月十一日返津。其时院方更接奉教育厅转示之部令,对于本届高中毕业生暂准升入大学本科之办法,已予批驳。该学生等以暑期两月来留校所期待者,迄今已成泡影,在升学上无辜遭此打击,咸甚愤慨。复经集议,结果认为法商学院既属省立,教育厅对其取得毕业资格而不能再求深造之中学生,自应负完全之责任,特推出代表八人于昨日(十三)下午二时至厅求谒厅长周炳琳,叩询厅方现在所持之意见。由周氏派秘书张芥尘代为接见各生。张对学生代表宣称,教厅对此问题刻方在研究办法中,暂不能表示,一切仍须部方许可始得施行等语。旋各生相继发问,谓渠等已以两个月之光阴,作此毫无回响之期待,今且各学院招生考试均已办竣,开学在即,而仍无确切之答复以慰众心,在措置方面实觉遗憾。设今后暂升本科受业之办法确无转圜之可能,厅方是否已留余地另谋其他之补救方策？此方策究为何若，均祈赐答云云。该秘书当将此语意转达周氏，然后将周氏所表示者出告各生，大致称厅方决尽可能范围不使学生失学，现正积极研商补救之办法。俟有消息自当公布，望各回校候示。该学生等当于五时余离厅，即晚将请愿结果向各同学报告云。

(选自 1934 年 8 月 14 日《益世报》第六版)

法商学生代表昨再赴教厅请愿

周炳琳谈停招新生并非停办
高崇焕氏来津视事日期未定
教厅为高中毕业班谋出路

【本市特讯】法商学院学生代表十人,昨晨赴省教育厅请愿,由厅长周炳琳氏接见,代表等要求准许该院本年继续招生以维持本省教育。厅长表示,此次停止招生一年,系奉部令办理,碍难改变。惟停止招生一年,绝非停办,亦非逐年结束。本厅为整顿法商学院起见,始请高氏来院主持,以期改革现有缺点,设法发展,而致法商为一完善之高等教育机关,为河北省造育人才云云。学生代表遂即辞去。新任法商学院院长高崇焕,于前晚由平来津,昨晨谒见教厅周厅长请示一切,商谈接收法商事件甚久。记者昨下午访高氏于旅舍,询以接收日期及发展意见。据谈,本人在北平奉周厅长委任来津,于本日谒周,略叩学校情况。此次冀省教育当局委本人充法商院长,意在整顿该校,设法发展。本人因能力薄弱及事实关系,恐不能胜任,刻在考虑中,是否就任,尚不一定。接任日期更不能预定。至本人对该院之意见,如考虑结果决定就任后,本人决即尽力使该院实现理想之完善,除遵照部令改进外,本人以该院科系为法商经济,均系直接服务国家社会之学科,与其他哲学数理之学理科系不同,故第一必须注重实用。最近北平大学毕业生之职业运动,即可借鉴。今后法商学院将注意学课与社会情形,使学校与社会成为一气,学生所习,必切社会需要,以免学生毕业后与社会隔膜。其他学术上之建议,亦必须使之完备,以期学生得于适宜之环境中,致力于学问研究。理想如此,至将来能否实现,可未能先卜云。

【又讯】省立法商学院,近经教部令饬停止招生,该院学生当极力表示反对一节,已载各报,尤以该院高中三年级之毕业学生,因有切肤关系,异常激昂。昨日下午二时由该院各班代表赴教育厅作第三次请愿。经厅长周炳琳接见,由各代表人等陈述一切情由后,周当表示,部令停止招生之成命甚或不能收回时,教厅方面,对于该院有特殊困难情形之高中班毕业学生,决负责另筹妥善出路,使之不致失学云。

(选自 1934 年 7 月 12 日《益世报》第六版)

教育部改进专科以上学校

致各学校训令之全文

　　该院(即河北省立法商学院)办理情形,殊多不合,下学年应即停止招收新生及转学生,一面仍由该院认真整顿,藉观后效。兹提示要点如下:

　　一,该院经费支配,设备费不及百分之六,殊嫌过少,参考图书大半陈旧,足供探讨之整套杂志亦不多靓。实习设备□未设置,下学年应增加设备费,添置图书杂志及各项实习设备。

　　二,该院教员,多在他处兼职,请假及缺课钟点甚多,以致学生相率效尤,视旷课为常事。下学年务须延聘三分之二以上之专任教员并限制请假及缺课,以免影响学生学业。

　　三,该院以往招生,未见严格,在校学生复随意旷课,图书馆无人利用,训育管理又欠严密,竟致学生程度低落,学风颓废。此后对于学生旷课,应从严取缔,并认真训练,以除积弊。

　　(节选自1934年7月22日《益世报》第三版,原文多日连载,

涉及多校)

法商新院长高崇焕改今日
视事昨谈整顿计划
求实用　尚严格　全体合作
谓停招新生于学校有益

【本市特讯】新任河北省立法商学院院长高崇焕氏于前日(二十二日)由平抵津,下榻于国民饭店,原定昨日到院视事。惟因临时准备未及,故改今日到院就职。昨日派三人到法商学院接洽,接收一切事宜,业已完全商定,学生方面亦无反对者。记者昨晤高氏谈,法商学院过去给予社会之印象不佳,但此皆不负责任之谈,吾人亦不能遽而置信。然而若以法商学院与一般国立大学相比较,当有逊色,因为该校经济情形太不充足,对于教授待遇则未免稍差。故于此情形下,欲聘请专任好的教授,当然感觉困难,即此一点,辄不能与国立大学相抗衡。至学生负担方面,则比别学堂较轻。对此,今后更应努力彻底去作,使学生担负,达到轻微之极点。

关于今后整顿计划,现因未到校亲视一切,究竟现状如何,现尚不得而知,所以不能有何具体整顿计划。但今后在实际方面着力为一定之方针。固然,大学为研究学术之机关,须多偏重于理想,然而亦不能与现实社会隔离太远,尤其是法律、商学方面更应注意实际。再有现在中国办教育的人,对于学生,除功课以外,诸事多不肯负责,须知所谓教育,乃是造就学生,使之成为一个健全的人。故本此意,今后对学校之一切事务,取严格方式,而所谓严格,当然不专指考试而言,对于学生如何做人,亦须时时加以指导。至于办法,则本人与各教授领导在前面作一模范,同时亦须学生合作,方能达到目的。当然所谓严格,非徒取其名而已,同时大家亦须认真去作,绝不敷衍苟且。

关于停止招生问题,是遵照教育部命令,现在亦不成为问题,而在校诸生,亦无绝对反对之表示。停止招生,是有益于学校现状,因可以节省一笔经费而用于建设方面。现最困难问题为本年附属高三毕业生之出路问题。本人拟到院接事后,恳请河北省教育厅转南京教育部另谋妥善办法,使其转入他校。但无论如何,绝不能令此一般青年有失学之虞。再,此次部令停止招生,并非停办,因为若创办一大学,在中国经济不景气状况下,实为困难,如就现有学校而加以整顿,一定比较容易。由此观之,教部绝无停办之意。至于现在留校学生,今年因调任院长事,故较往年为多,现尚有一百余人,而彼等所组织之留校代表大会,现仍存在。据我想,彼等必然与学生合作,而促进学校之发展。

高氏简略履历:高氏系前北京大学法律系毕业,毕业后,曾任交通部编纂与河北省政府科长,后游学欧美,考察地方行政、在英国伦敦大学从事研究工作。归国后曾任河南省民政厅厅长,现河北省立法商学院前院长吴家驹氏因精力衰弱辞职,乃由氏继任云。

（选自 1934 年 7 月 25 日《益世报》第六版）

法商新院长昨视事 接收事均顺利

二三日内可全部竣事
高崇焕召集留校生训话

【本市特讯】河北省立法商学院新院长高崇焕氏，自由平来津后，即忙于筹备接收事，原定前日(二十四日)视事，后因筹划不齐，未能如愿。昨日上午十时余，高氏乃亲自到院看视一切，当有学生代表晋谒，主要问题为附属高中本届毕业生出路问题。关于此辈学生之安插，以后或设专班容纳之，或另使其转入他校，现在正谋妥善办法。总之，无论如何，绝不使此一般青年有失学之虞。下午三时，高氏召集全体留校学生在该院大礼堂训话，希望学生竭诚与学校合作，养成良好校风，成一优良学府。致接收事项，一切均甚顺利。但因时间关系，现尚未能就范，约二三日内即可全部竣事。高氏此次携带接收人员共有六位，至皆系帮忙性质。据高氏表示，所有职教员凡能胜任者概不更动，而自动辞职者，亦不加以勉强。但无论如何，绝不使有赘员存在。关于教授之待遇，绝对提高。现教授每月薪水普通为二百一十元左右，此后拟增至二百四十元至二百六十元，尽力聘请专任教授，不使其有兼差。此层因学校经济之不充足，则非常困难，但绝对尽力量去作，以期达到目的。关于学院经费，现正多方筹划，省方或可帮忙，再则减少授课钟点，亦能节省一笔经费。现在法商学生上课时间，每周有逾三十小时者，未免太不科学化，且距现教部定大学每周授课时间不得超过十七小时之规则太远。据高氏谈，以后尽力减少授课时间,因大学生之用功与否,不在授课时间之多寡,如有充裕时间阅课外参考书,学校之经费固然又节省,而学生方面亦可得益较多。关于图书馆之发展计划,则拟聘专家管理,且对每课程之基本书籍,在最近期内定然购置齐备,以后每月再拨一定数目之款项,随时购置各种书籍云云。

（选自 1934 年 7 月 26 日《益世报》第六版）

法商附中毕业生转入平大法院

高崇焕正在接洽中

【本市消息】关于河北省立法商学院附中学生升学问题,自教部批示不准升入本科后,学生异常恐慌,经向教厅及学校当局迭次请愿,近闻已由该院院长高崇焕赴平,与平大当局会商设法转入法学院本科,俾免妨碍各生学业,现悉各生等静候此最后一办法云。

(选自 1934 年 8 月 18 日《益世报》第六版)

孙国封等昨视察法商工商两院

对该两院内部设施垂询极详

　　【本市特讯】教育部视察专员孙国封、李锡恩、谢桂英等,昨晨八时半由教厅第一科长李邦翰陪同,赴河北新开河视察省立法商学院。该院上半年因办理不善,奉部令停止招生,自高院长到院力行整顿之后,渐有起色,前曾呈请教部准予本年暑假招生,教部命该视察员等负责视察,俟呈报后再行核夺。该员等负有此项使命,对该院视察极为注意,直至下午一时始行竣事。下午二时赴英租界马场道私立工商学院视察,至六时许始行离院。定今日视察工业学院及水产专门两校。兹将昨日视察两校情形分志如下。

　　法商学院:视察专员孙国封等偕教厅科长于昨上午八时半抵该院,由高崇焕院长、张小忱秘书及法律系杨云竹主任招待,首由高院长报告去年到校之后着手整顿半年以来之经过情形及近况。旋即视察各系学生上课情形。巡视图书馆,垂询购置及分类办法,由图书馆彭主任报告。继巡视各实习室——法庭实习室、银行实习室、统计实习室及研究室。又至会计课询问经费支配办法,注册课查询学生请假人数、请假原因、教员请假及补课情形。又至辅导课询问辅导方针、斋务管理办法及学生团体活动,由辅导主任苏蓬仙详为答述,最后视察男女学生寄宿舍、学生饭厅。至下午一时许始离该院。

　　(节选自 1935 年 4 月 18 日《益世报》第六版,原文涉及天津法商和工商两院,本书只收录法商部分)

新开河畔的三个学校①
法 商 · 民 教 · 津 师

　　"新开河畔",提起这个含有几分美妙与诗意名词的时候,诸君的心里或者要泛起了一种好玩、安静的感觉。的确,在终日市声喧嚣着的都市里,很少这种的地方——辽阔的一片旷野,没有电车当当的铃声、扩音机的××老板唱《马前泼水》,也没有油味、尘埃飞扬着的空气。这里只有安静,在初春的大自然的怀抱里,只是令我们觉得温柔、口恋,这三个学校它们很幸运地占了她怀抱中的一角。

　　这三个学校,在种种方面看来,都有着相当的关系。固然,院子是互相的连着,教员的互相兼课较他方为多,学生间的感情,以大家都是邻家的关系,觉得格外的亲密。但是在他们的生活情形、习惯及态度上,却划着一条鸿沟,各各的表现出了他们的特色。

　　法商,在历史上说起来是个老而有资格的学校。建筑上它是"首屈一指",教室、礼堂非常的讲究。可是它随着岁月增长了,现在看起来,有许多的地方是过去的建筑了。

　　学生们是十足的大学生派头,生活上是非常的舒适,膳费在七八元以上,甚至于在外边包月饭,那也没有什么关系,学校是立在不干涉地位的。

---

① 本书只录入法商部分。

睡觉的问题,那更是不用顾虑,只要你缴过费、注了册,学校的宿舍任意来往,绝不会再有人干涉。现在叫他们讨厌的,就是"学生出门,夜间不得过十点"的禁令。但是,十点以前,他们是自由,没有人来加以任何的束缚。

课是不能不上,每天必须按了一定的规则去做。不然,教授给你画不到,那是十分的危险的,因为旷课太多,便有开除或扣分数的危险。所以在现在他们已经不是从前那样的颓唐,他们是"蒸蒸日上",向着纪律的、整齐的路上走着。

最使我们钦佩的地方,就是在图书馆里。假若你去参观的话,任何的一个时间,可以看见许多的学生在苦干、不说话,更不像糟糕大学的图书馆内,是男女同学谈情话、消遣、吃零食的地方。

(节选自 1935 年 4 月 24 日《益世报》第十二版)

法商附中学生生活剪影

  法商学院附属中学部,已经有十几年的历史,在前年(民国廿二年)奉令由普通科改为职业班,去年(民国二十三年)因为教育部视察学院没得好评,命令停止招生,而中学部也跟着无形停顿。自高院长接办法商学院以来,不遗余力整顿的结果,教育最高当局对于法商的态度似乎有转机,因办理得法,招生或不成问题,而我们附属中学部却坚决拟定取逐年结束办法。在以前我们还认为是谣传,由这次教育部视察职教专员彭某对记者谈话中,更确实证明出来逐年结束是事实了![①] (见十三日《益世报》"教育与体育"栏内载谈话中有此事),现在我且把法商附中同学生活介绍给大家。

  在最初的生活,是跟大学部同学一样混乱着,没有区别,外边的声誉不甚好! 其中曾经严厉过一次,就是李西林先生执教时,不仅充实课堂内功课,对于课外的一切,也很严厉执行,刚稍进些轨道,只因李先生有特种原故,毅然辞去。从此又成混乱时期,一切的生活,比较起大学部,有过无不及。然而在这里读书的同学年龄都很大(比较普通中学),所以自己温习,跟大学生课外寻集没有区别,所以学生的成绩走两极端。因为中学部教员多数是由大学部教授兼着,参考书籍又很多(也是比较普通中学),

---

 ① 事实上,中学部并未与大学部如期分离,1937年大学部停办后,中学部(即商职部)仍在原址存在。

可是自甘堕落却是非常容易。正式钟点是很少,到不到也没有关系,西其服革其履随着大学生鬼混的马虎过去。自从高院长到校以来,虽然对于中学部同学不甚注意(比较大学部而言),然比较从前改变多了。第一先把宿舍集中(因为从前与大学部混在一起),这么一来起码管束也比较容易,正式钟点增加了差不多五分之一。在去年我们有早六点钟开始的晨自习(现在因夜短取消了),至现在我们晚间仍要上自习,如果点名不到,不仅受责罚,操行分数还要减少。十点半钟灯便统统熄了,校门上锁后,来往的人便禁止通行了。在寻常普通日子里,一律穿着制服,否则不准入教室或办公室及一切其他校内地方。早晨六点半起床铃刚摇动,立刻都要起来,否则辅导课先生查着,便会申斥一顿。除掉星期放假以外,其他日子不准出校门,否则须要请假,还须有家长证明请假的函件。一个挨一个的月考跟临时试验不得不使你向图书馆开矿,或在寝室里努力××于功课了①!虽然我们跟大学部划分得清清楚楚,而一切共同的利益,我们仍是享受得和从前一样。现在虽然有了这种好的环境,不过我们的命运恨它太短,仅仅还有整整的一年,也就是两个学期。无形之中,要把我们都赶走了!我们不恨最高教育当局这样断然处治,我们也不恨现在法商学院对我们不加以援助,而恨过去的法商对中学部教育法之不高明,及根本没有造就出足能供社会须要的人才,现在已经到了这种不可救的田地,我们又有什么怨话可以说呢!

(璞)②

(选自1935年6月5日《益世报》第十二版)

---

① 原文如此。

② 作者璞似即周雨。

冀省立法商学院昨举行毕业典礼
教厅代表张雨苍训词
毕业生共计一三一人

【本市特讯】河北省立法商学院,本届毕业学生计大学部法律系五十人、政治系十六人、商学系九人、经济系九人,共八十四人,暨附属商职部四十七人业经试验完毕,特于昨日下午三时假该院大礼堂举行本年度毕业仪式。到本届大学部法政经商四系毕业同学,中学部商科四年级毕业同学及全体在校同学、各教职员、各来宾,约四百余人。河北教育厅特派秘书主任张雨苍莅席参加,来宾有该院前校长刘诵青,前院长顾德铭及各机关、学校代表二十余人,跻跻跄跄颇极一时之盛。事前由辅导、庶务两课将会场内外布置妥适,礼堂门口横悬匾额,饰以彩绸,中以金字缀成"二四年班毕业典礼"字样,绚烂夺目,场内布置井然。开会后行礼如仪,由院长杨亦周主席,陈鲁仲司仪。首由杨院长训词,略述法商之沿革,以阐明法商毕业同学应有之使命,并以个人经验心得指导同学毕业后处世持身之道。继由教厅代表张雨苍致训词,勉同学于恶劣环境中去服务、奋斗,从事社会建设,以促起社会人士对文法学生之重视,而完成青年应有之使命,语皆中肯。复由教授代表沈钜如、鲁仲平等训词,亦皆勉励有加。复由来宾、前校长刘诵青及前院长顾德铭分别致训,刘缕举法商历史上优美之点,历历如绘,顾则详述过去法商惨淡经营艰苦奋斗之沿革,勖毕业同学竭力保持法商奋斗的校风。继由工业学院代表洪麟阁,毕业校友王仙槎,在校同学代表郑雪、王嘉铭等先后致词,□□由本届毕业生共推王守先敬致答词,至下午六时许始行散会云。

（选自 1935 年 6 月 14 日《益世报》第六版）

法商学院切实整顿
本年暑假可望招生

【本市消息】河北省立法商学院客岁奉教部令停止招生一年,切实整顿内部。该院自高崇焕任院长①后,遵照部令改进,颇具成绩,教部将准于本年暑期招生,并将派员来津视察云。

(选自 1935 年 3 月 8 日《益世报》第六版)

---

① 兼学院政治系主任。

冀法商学院继续招生　教部复令照准

本年度以法商两系为限
津商职学校亦归并该院

【本市特讯】河北省立法商学院，自去年奉部令停止招生，积极整顿，本年暑假前河北省教育厅对该院拟定计划，决留存法律、商学两系拟自本年继续招生，停办经济、政治两系，以所节经费力谋建设。当时教育部视学来津视查，对该院一年来整饬情形亦颇嘉许。该院将整顿及招生计划呈请教育部核示，教部因等候视查员返京报告视查结果，迄昨日该院终接到教部复令，谓该院呈请法律、商学两系，自本年度招生照准，并仰努力整顿院务云。

又，该院原附设有商业高职部，去岁教厅成立天津商业职业学校，拟将该院及省立天津中学商科高中一律并入该院，致该院高职部去岁停止招生，但原有班次照旧办理。省立津职成立后，招收会计科高初级职业学生各一班。近奉教育厅令，天津商业职校并入法商学院，改称附设高级职业部。设主任一人负责一切，即由现任天津职校校长赵玉堂接充。并以省立民众教育实验学校迁移博野县，所遗校址与法商学院近在咫尺，即拨归该院职业部充作校舍，刻该校已迁入新址，着手改组，并准备招生。昨据法商学院院长杨亦周谈云，本院今年招生法律、商业两系学生，已经部令核准，刻正筹备招生事宜，至附设职业部本年亦将招收会计科高初级各一班，日内即可开始报名云。

（选自 1935 年 7 月 13 日《益世报》第六版）

法商学院新生发表
学院及职部卅八名
定本月底续行招考

【本市消息】省立法商学院法商两系暨附属高级、初级商职部,本年暑假招生,平津保三处报名者三百余人,业于日前举行考试。现已将全部试卷评阅完毕,于昨日榜示揭晓。法商两系共取二十七名,高职取十一名,初职取十八名。此次录取标准非常严格,因之未能足额,学院部及高级职业部定于本月底起续行报名招考,兹将取录各生名单如次。

法律系正取十六名

李　铨　邢朝兴　郭连科　乔敬淑　马　勋　秦瑞成　王金泉

张士镛　卜从义　杨海涵　刘树勋　刘继熹　刘缵事　孟昭容

张通祖　刘醒华

备取十名

刘兆洞　杨贤铭　李振华　毛凤池　胡钟骥　田福林　张　杰

杨国本　曹树功　苑效若

商学系正取十一名

曹书同　李玉瓒　孙英臣　田毓才　贾汉民　王学曾　王宝环

李允德　梁在安　杨文耀　汪培娥

备取四名

田百川　刘兴汉　王福培　阎象宏

商职部高级会计科正取十一名

鲍鸿年　许维岳　白明台　赵家均　李锦屏　屠翰如　李锡为
张家麟　王绍读　李文忠　褚继祖

备取五名

楼华圃　曹殿春　翁世和　于学增　王大鑫

商职部初级普通商业科正取十八名

王　湘　刘廼皋　张葆曾　刘凤鸣　翟光昌　郝恩荣　王金城
高鸿儒　马国华　孙葆城　高科琨　郑文俊　李志和　徐镜铭
亢以成　冯秉琛　沈恩聪　温宝光

备取十九名

李永森　常文贵　陈嘉醇　李家峨　蒋恩善　李学义　任树纲
吴居仁　李学程　张家让　潘世奎　陈金魁　刘宝光　张春奎
刘缵聪

（选自 1935 年 8 月 25 日《益世报》第六版）

何基鸿昨视察法商工业两院

各院校长昨欢宴何氏一行
明日去杨村视察民教馆

【本市特讯】冀教育厅厅长何基鸿,督学主任梁容若等,昨晨赴法商学院视察,由院长杨亦周,法商两系主任吕复、卢郁文等陪同视察该院各部。对该院添设研究室甚为满意。下午往工业学院,由院长魏元光引导视察该院各教室、工厂,及新建市政水利工程馆。昨晚七时津地省立各院校长假工学院校友楼欢宴何氏一行,到有女师齐国樑、法商杨亦周、工业魏明初、水产张元第、津师杨绍思、津中何孔宾、女中卜书芸云等。席间,何厅长发表关于冀省教育改进之计划及各校努力意见,齐院长、魏院长等亦先后报告学校近况,并交涉关于教育之一切意见,至九时许尽欢而散。何厅长定今日继续视察工学院。明日为星期日,津地各院校均行放假,无可视察,将赴杨村一行,该地省立乡村民众教育实验馆星期日照常工作,即往视察该馆之成绩及其试验区情况,星期一仍返津继续视察云。

(选自 1935 年 11 月 9 日《益世报》第六版)

法商学院呈请教部恢复政经两系招生

两系合并并不另增经费
法商二系本年继续招生

【本市消息】本市河北省立法商学院,自去年奉部令暂准招考法商二系新生,而政经二系逐年结束。年来该院经努力改善之结果,成绩显然进步。前教育部派员视察后亦认为满意。本年已奉教育部令,允许继续招生,惟政治、经济两系仍未能恢复。昨据该院负责人谈,本院政经两系,前两届之毕业生,共四十余人,均能谋得相当职业,并蒙社会嘉许。设将此两系逐年结束,实堪惋惜,故本院希将政治、经济两系合并成一政经系,且不增加经费,现已呈请教育部,本暑期内或可批准云。①

又,该院经济学会主办之《经济汇刊》,前已出版两期,第三期稿件业经汇齐,月杪即可出版云。

(选自 1936 年 7 月 9 日《益世报》第六版)

---

① 学院此一申请,未获当局批准。

法商学院教授聘定
毕业生组校友会

　　【本市消息】本市河北省立法商学院,本年度各科教授及讲师业经聘定,兹将名单列后:

　　法律学系

　　主任　白公烈

　　教授　吕剑秋　白公烈　邵禹敷　吴西屏　顾崇之　陶坚中

　　讲师　阮慕韩　萧同云　连士升

　　经济学系

　　主任　卢郁文

　　教授　杨秀林①　李崇申　樊止平　杨河辉

　　讲师　刘及辰　马季廉　陆重希

　　商学系

　　主任　卢郁文

　　教授　卢郁文　赵润丰　赵苍岩　林梦观　梁其凯

　　讲师　王德斋　张芍辉

　　【又讯】法商学院最近毕业学生,因鉴于学生毕业后缺少互助联络精

---

　　①　即杨秀峰。

神,拟于最近成立校友会,现已有多数毕业生酝酿,定日内先召开筹备会云。

（选自 1936 年 8 月 22 日《益世报》第六版）

法商学院商职部学生生活写影

周宝璞[1]

法商学院的附属商职部,已经有十余年历史,在从前不过是在混乱中过生活。大学、中学简直就分不清楚。自从本年暑假,商职部才宣告独立。他的组合是由原来商职部及河北省立天津商业职业学校组织而成,一切都要刷新,决定全盘改革,无异新组成的学校,在民众实验学校原址便开课了。转瞬已届两月,一般人还没有相当认识,生活方面更是知不清楚了,我现在简单介绍给青年生活专页的读者们。

每天六时起床盥漱毕,六时半参加升旗礼,作晨操十分钟,即为晨自习。七时四十分钟下自习、进早餐,饭厅座位固定,共有一百余人,训育先生、男女同学以及校工同堂共食,每人馒首三个,小米稀粥、咸萝卜保够,入饭厅不准交头接耳,违者剥夺本餐吃饭权一次。待训育先生进后,则由军训队长喊"敬礼",待"礼毕",始得"坐下",闻口号始能"开动"。

早餐后,稍休息,八时上课,临时考非常多,月考又不通知,所以每天每班都说不定就会有考试,很多课程都采用最新教授法,课文留给堂下自己预备。这种收效的确是大的。同学们可有些"吃不住了"。第二时下课后为"课间操",群集操场,作软柔体操五分钟。操毕,稍休息,继续上

---

① 周宝璞即周雨,时为学院商职部学生。

课。十二时下课进午餐,午餐大多数是吃米饭,三个菜、一碗白水酱油汤,有时也吃"面条"。碰巧星期日也吃顿饺子,二三分厚的皮,尝尝"味"就完。下午一时半上课,各班钟点都一样的原故,没有什么"空堂"或"加班"。三时半放学,一天的正钟点便告一段落,休息五分钟。

课外运动便开始,这里也要点名的,所以必须出场运动。私人组织球队非常之多,尤以篮球为盛,并有一极完全、基础极稳固"曦光体育会"。内包括各种球类人才,所以每天总有一两场赛篮球者。乒乓、网球也非常兴旺,国术也为课外运动之一种,取自由报名参加制度。练习太极拳、短刀、舞剑等国术,掺杂在课外运动时间内。有课外打字练习班,学校共有打字机五架,正课间口感不足分配,而多数同学又是初次学习,所以特为毕业同学速成起见,并列出自习间,前去练习,五时半课外运动停止。

五时五十九分行降旗礼,六时晚饭。晚饭总是馒头稀饭,三个菜,饭费规定每月五元,实在也不过吃四元半左右,月底总可以退回几角钱。七时晚自习,由教员轮流负责指导,九时十分下课,九时半就寝,就寝后训育先生还要检查好几次,有谈话者,被调查出来,便于当夜当时要受到申斥的。这以上不过简单把每日日常生活笼罩写出来,以下再简单分出几部分,供作参考。

一、宿舍——一间小屋子住着九个人,九个狭床铺把屋塞满了,连成一个大坑(炕),仅仅在进门放着一个小小书桌及书架。屋里不论寒凉暑热,永久是得开着窗户。因为不这样子,空气是不知恶浊到什么程度! 不论星期、放假,每天早晨六点训育先生总要查宿舍的,不起者,是不客气的,定要申斥一顿。每个人所有衣物书籍都须存入储藏室,宿舍中不准存放。每天上课后,各室室门均由工友锁上,如有回屋取物者,则须由训育课批准开单然后可,私背训育科自行开门者,则罚工友大洋一元,该生还受处罚。每星期六下午举行一次整洁运动,由训育先生及各室室长协同办理。

二、浴室及盥漱室——浴室是每星期三、六开放两次,内有大小池塘各一,喷浴三处,于每次开放时间总是感人满之患。然而因池塘关系,虽人多也不感觉有什么苦恼拥挤情形。盥漱室差不多整天开放,最热闹要算上午五时三刻起至六时半止,在这三刻钟内,要有百余人漱口洗脸,去晚了的时候,常常是要拿着盆打"旋转"的,这一阵子过去以后,就调剂适当了。饭后及下课外运动时,除洗脸者外,以洗脚占多数了。

三、消费合作社——他是商职部唯一学生组织的团体。虽然是附属学生自治会的一个组织,然而学生自治会是迄今还没诞生的,执行职务的是由每班选出董事一人,每两个董事负一个月责任,由下学期毕业三班同学轮流实习。所有商品分为三类,文具、书籍、日用,差不多平均每天要作五六元钱的买卖。办公时间是午餐后及下午放学后,统共有两个钟点实地实习,对同学帮助是非常有效的。

(选自 1935 年 10 月 21 日《益世报》第十一版)

法商学院辅导主任苏蓬仙突遭暗杀

昨晨发现死于校内宿舍

面目模糊厥状极惨

昨晨八时许,法商学院发生教员被人暗杀案,凶手向未破获,现已由保安队将全校包围,在严密侦查凶手中。兹将采得之详情,志录于下。

缘法政桥下,法商学院创自民国纪元年前,系前某要人所主办,至今已三十余年。校内课程,计分政治、法律、经济、商业等各科,共有各科教员五十余人,分担各科主任。校址颇广,并辟有运动场、花园等,校内共有楼房六处,按次排列,分一二三四五六楼。一楼前并有花园一座,园之东南角有灌溉花木之井一口;一楼为住校女生宿舍,二楼为教职员之卧室。其余四楼,因与本案无关,故不详叙。校内有辅导课主任苏蓬仙,保定人,在校中服务业已有年。

苏某津市并无亲属,因之每日即宿于二楼八号教员宿舍内。前日(三十一日)①晚间八时,苏某因心中烦闷,遂邀同校内中学部主任卢广彬一同外出,至北宁花园散逛,至前晚十时方一同返校。因前晚天气炎热,二人遂同坐于院内同食西瓜。食毕后,二人各返卧室安眠,至昨(三十一日)晨八时许,因校内开一百零八次校务会议,须召集全校教职员开会,院长杨亦周当派二楼侍役奚传新赴二楼宿舍召集各教员到会。奚至八号

---

① 应为三十日,即 1935 年 7 月 30 日。

宿舍苏某屋内,见门已倒锁,钥匙插于外面门孔内,奚当将屋门拧开,及至进屋一看,见苏某满面血迹,躺于床上,身卧血泊中。奚见状后,急下楼报告院长杨亦周。院长闻报后,当即报告该管四分局。局长当派分所所长任辅臣率同警士多名,驰赴肇事地点视察,同时并呈报公安局,由公安局派指纹班及便衣特务多名前往侦视,并派保安队及宪兵驰赴校内,将全校包围,以防男女学生出入。特务队及指纹班赶至后,当询首先发觉人奚某,经过之详细情形。奚所言如上。

后经检视死者伤痕,头颅及二目均被刃物砍毁,面目已难辨认,下部小便亦被刃物砸烂,睾丸流出。死者身穿白睡衣,床上已布满血迹,后经检查行凶人出入之路径,见门上及门外竹帘边缘均有少许血迹,经推测始知行凶人系自屋门行凶后走去,走后并将屋门锁上。后又在一楼前花园内,西南角上井中发觉井内浮有血衣一件,当由特务警将血衣捞出,并派夫役淘井。因推测井底必尚有其他重要证物,后果在井底捞出利斧一把,并有白手套包裹手电筒一只,手套上已染满血迹。综观以上情形,令人极端佩服行凶人手段之细密。因其行凶时,必双手着有手套,盖恐案发后被指纹班查出本人指纹也。

该校共有住校男女生五十余名,自案发后已全被监视,并有保安队把守校门,不令外出,以便侦查凶手。后经地方刘有顺呈报地检处,于昨日(三十一日)上午十二时许,率同检验吏范德全莅场检验。至下午二时许,始检验完毕。死者头部偏左有刃物伤一处,长二寸许,深一寸五分;双目已被物捣瞎,深陷眶内,其余面部均有刃物伤;下体被刃物砍伤,业已砸烂,睾丸流出;浑身血迹满布,面目已难辨认。验毕,当令该校出资备办棺木,将死者装殓棺内。抬赴香店后开洼,暂停该处,并派人多名看守,后又由杨院长拍电通知家属。至行凶人为谁,昨晚官方尚未得线索,该校现正由保安队及侦缉队严行戒备,并在详细搜查证物中,全校教职员及男女生,一律禁止出入云。

院长谈话:据杨亦周语人,苏蓬仙先生为余(杨自称)之老友,民国十五年时,同时参加本党活动。十七年北伐成功,党部设立,余任天津特别市指导委员会组织部部长,苏先生任组织部秘书,旋指委会改组为执行委员会。余任执委,所遗组织部部长一缺,即由苏先生继充。十八年后苏先生即不从事党的工作而专致力于教育事业。二十三年八月,乃受本学院前任高院长之委聘,到此服务。苏先生为人性情恳挚,待人接物恭谨审慎,戚友私人之间并无嫌隙,当不致结怨于人。此次惨遭暗杀,殊出意外。余认苏君之死,在私人间失一良友,在学院中失一良师,实深悲悼,学院方面将于日内致电教育厅及教育部报告此事,并请优予抚恤云。

苏氏略历:苏蓬仙,年四十二岁,河北省故城县人,北平师范大学国文系毕业。历任天津南开中学校国文教员,天津特别市党部第一届执行委员,河北省立第二中学校训育主任、河北省立第三中学校训育主任、河北省立泊镇第九师范学校训育主任、天津河北省立法商学院辅导课主任等职。其家属现均在故城原籍,老父尚健在,今年已八十余岁,一妻三子,均仰苏氏生活,苏氏在法商学院每月薪金一百二十元,身后颇为萧条云。

另讯:据侦缉队检查死者室内,发现床上有膝头顶压痕迹,以意测或系行凶为二人,一人用绳勒执死者颈部,不令声喊(死者颈部犹系有麻绳一条),一人以斧猛砍,致死者死时邻室并未察觉。

又据警队检查,于该学院外墙,发现一粉笔新书俚俗之词:"山外青山楼外楼,学校□□几时休……"断定凶手为乱侦者视线,故意引入歧途云。

(选自 1935 年 8 月 1 日《益世报》第五版)

法商两系主任聘定

吕复卢郁文分别担任
王子建任研究室导师

【本市特讯】河北省立法商学院前奉部令,本年度准许恢复招生。照省教厅规定计划,今后专办法律、商业两系,最近在平津保三处招考新生,报名者甚为踊跃。自前日①同时举行入学试验,今日即可竣事,定九月一日开学。至学院中今后一切设施改进事项,新任院长杨亦周亦均分别筹定办法。记者昨日往该院访晤杨院长,兹记其所谈如下。

一、本院法律学系主任教授,刻已聘定吕复担任。吕字剑秋,近任本省定县实验县县长,辞职未久。曾任国会议员,起草宪法,驰名中外,历任燕京大学教授、中国大学副校长等职。

二、本院商业学系主任教授,已聘定卢郁文担任。卢现任教厅秘书长,曾任北大教授、民国学院经济系主任、教厅第一科科长等职。吕、卢两主任约本月底以前即可来津到院。

三、本院研究室暑假后将行扩充,已聘定北平社会调查所王子建等为导师,并就本年本院法政经商四系毕业生成绩优良者,各留一名在院服务充当助理员,从事研究工作。

四、本院辅导主任故去,刻尚未聘妥。

---

① 即8月19日。

五、本院原有法庭实习室、银行实习室,今后将增设储蓄银行,并扩大组织消费合作社,以求师生物质需要之便利。至精神生活方面,将提倡中乐、西乐及戏剧,以期引起学生对于艺术之兴趣而养成爱好高尚娱乐之习惯。其他如校舍之修建、校景之培植,亦将逐渐办理,以造成良好教育环境云。

（选自 1935 年 8 月 21 日《益世报》第六版）

法商学院设立研究室

研究商业、经济等问题
并注意办理调查事务

【本市特讯】省立法商学院本年暑假后,新聘法科主任吕复、商科主任卢郁文到院视事后,与院长杨亦周会拟整饬办法,并成立研究室。该院自前日起实施新生训练周,由各职教员训话。记者昨往该院,访卢、吕两主任,询及该两科改进事项,志其谈话于后。

卢郁文谈　略云,本院设于津市,在其历史及环境上,对于商业均有优越之地位,查天津为华北国际贸易口岸,又为华北商业、金融中心,在商业上关系至重。本院商科为造就商业人才之机关,首宜注意研究国际贸易及商业经济问题,以造成此项人才。今后将注意实际之研究,特成立研究室,指导学生办理调查事务,三学年以上学生,均将从事于调查工作,最近将调查者为国际贸易之棉纺事业云。

吕复谈话　略云,国内法科学校,年来多注意现行法,而忽略法律史学、法律哲学等科,致一般毕业学生,充任司法官或律师,固无不可。但从事立法之工作则感学识不足,致国内极缺少立法人才,本院对以上各科,将特别注意,并对政治、经济等科,因与法律有密切之关系,亦须注重。今后拟将课程标准重行规定,并将添购图书以求充实云。

(选自 1935 年 9 月 27 日《益世报》第六版)

法商学院的自助社

十几个学生的组织
彼此砥砺互相切磋

　　由十几位知己的同学,组织起一个纯感情而附带研究学术的团体——自助社。——我们最大的目的是联络感情,而藉这种机会研究学问。本来学生的组织大部分都是学术团体,所以普通学校里什么同乡会等类的组织都不能活跃发展起来,他的原因便是那类东西范围过窄,只可产生在乡籍分得过严的学校里。

　　我们这个小小的组织,已经很稳固地活跃,在法商学院曾有三年历史,我们生活都很朴素,很有纪律的,在每天早晨学校规定起床以前六点钟时,全体——十五个人一齐集操场,做柔软、深呼吸运动,什么练双杠、跑圈、抛篮球等等一类的操练,一直到学校摇六点半起床铃时才回寝室。在每个星期要举行一次谈话会,谈些自我批评,讨论些关于工作进行方面的事,为什么学术方面的工作在这个组织里不盛行? 这的确是有很大的困难。最大的原因是我们的程度不齐,有高至大学三年级的同学,有初中二年级同学,关于学术的研究,简直可以说不能存留在这个组织里,所以说是基于感情上的一个组织,是有原因的。我们的行动方面,是取一致的。这也就是我们性情相投的一点表现吧! 例如法商学院校工补习班的创设以及存续,大部分都是我们的力量,筹备、创立及担任义务指导,大多数都是我们自助社社员。

再谈到我们社员中利害关系,在其中大学部同学最多不过仅仅是联络感情,其中中学部同学,却得不少"常识",能得以灌输进大学生脑筋应有常识。最低限度,从这些忠实的朋友"请教"他们功课,不也方便得多哪？在共同水准中,我们最有效的一种具体工作,便算是演说练习,差不多在每个星期都要举行一次,请些学校中的教授做我们的指导及评批[①],所谈的东西,不外乎"如何利用课外时间","怎样利用图书馆","读书的方法"等类的题目之研究,除此以外,还有时要做些运动上的团体活动,如同举行篮球比赛等类事项。

总而言之,这个组织的中心人物,是打破学级的观念而基于感情方面的,虽然可以说没有什么超群的特点,然而我们肯承认这个组织确是有价值的,能够从大家彼此批评而走向有纪律的生活,在晨操上我们可以练得一个强健身体,在其他研究上学得较多常识及学问,这也就是我们的目的,也可以算是我们的成绩！

（周宝璞）

（选自 1935 年 6 月 8 日《益世报》第十二版）

---

① 似应为批评。

新开河畔法商滑冰场初试冰刀

　　寒风怒号,冷气逼人,打破二十七年以来未有之寒冷记录,在本市法商学院的西北角上,广大的一片平原,已然成了水晶世界;水平的冰面如镜子一般的可爱,在四围围上了一周苇墙,使这种水晶世界成了法商的世外乐园,这块乐园就是法商的滑冰场。

　　法商的滑冰场并不是只在今年才设立,在去年和前年的冬季,也全有过滑冰场。不过今年较从前的滑冰场实在热闹得多。因为今年的法商,较去年又增加了许多位的男女生力军,因而滑冰场上也增加了许多位的男女飞将军。

　　今年的滑冰场还是在从前的原地方上建筑成的,就是在广大的平原土地上,用人工的力量,洒以净水,藉着冻死穷人的寒气,使之结成水平的冰面。如此,滑冰场就算成功了。

　　前几天,滑冰场已经开始试刀,现在已然大有人满之患。在水晶之乐园上,时髦的少爷、摩登的小姐,红色的小帽、黄色的围巾,全穿着黑色的皮靴、光亮的冰刀,勇敢万分的驰驱在水晶的战场上。你追我跑,你有花样,我有奇技,一位赛过一位的各显奇能,其乐趣无以形容,其快乐无以复加。在这种快乐之中,好像现在不是寒冷的冬季而是和风的阳春,简直地说:少爷小姐,各显身手;刀光冰影,热闹非常;滑冰场中,没有严冬。

　　这时忽然想起,报纸刊载:"昨日严寒,冻毙多人,暖场内死八名乞丐,西广开倒卧十六具……"

郭荣

(1935 年 12 月 15 日《益世报》第十四版)

津学生昨游行请愿
五千余人参加秩序良好
各校教职员劝学生上课

【本市消息】津市各院校学生为响应北平学生运动,于昨晨举行请愿游行表示声援,参加者十余院校,男女学生五千余人,兹将昨日情形分志于后。

联合出发　市府请愿

津市学生请愿运动,系预于十七日晚商定,昨日上午九时许,法商学院学生自治会召集全体同学开会,并通知商职部同学结队出发。学生等出院即先后赴省立天津师范学校、铁道部立扶轮中学、私立究真中学、震中中学、工业学院、女师学院及师中部、水产专科学校、中山中学、民德中学等校及国立北洋工学院。各院校学生事先早作准备,乃于两小时内集合,同赴市府请愿。公安局方面得讯后,为防免发生意外起见,特派骑巡队十名随行保护。该学生等擎有"天津市学生请愿团"白布旗帜,于午前十一时步行到达市府,求见市长面递请愿呈文。遂由秘书长孙润宇在该府外院接见学生代表等四人,余者悉令在五马路公共体育场集立以维秩序。该代表等提出五项要求,孙氏答复略称:"诸君爱国情殷,宜勿忘读书。现值程市长去职,萧市长①未来,即本人亦已辞职,殊无法代诸君负责,则可即日转达萧市长"云云。该代表等乃返向全体学生报告,旋即出发游行。

下午游行　当局劝导

该学生等于午间自体育场出发,经由月纬路、大经路、官银号,进东门、出南门,由南门外大街至南开中学。途经汇文中学,学生亦随队参加;到南中时,学生均出迎。乃假该校操场开会决即组织天津学生联合会。当时南中学生以各校同学枵腹奔走竟日,当将该校晚餐之馒首捐供全体食用。公安局特派秘书张书城及第一分局长阎家琪到场,向学生代表有所劝告,该学生等旋即整队出离南中,经西南城角、西马路、北马路,返回河北中山公园解散,时已下午五时。

政教当局　昨晚会议

各该校校长昨午即赴女师学院商讨一切,复于昨晚五时在该院与市当局会商,出席者有市政府副秘书主任邢之襄、公安局局长刘玉书、教育局局长李金藻、南开大学黄子坚、北洋工学院李书田、女师学院齐国樑、工业学院魏元光、水产专科学校张元第、津师杨绍思、津女中卜书芸、汇文刘芳、南开中学喻传鉴等十余人开会②,由各院校长报告当时各校情形,由刘公安局局长报告此次请愿运动之影响,旋即商讨办法。决议:一、各院

① 程市长、肖市长即程克、萧振瀛,当时前后任天津市长。
② 作为游行队伍的主要发动者,法商学院的主要负责人杨亦周缺席会议,似说明他已丧失人身自由,或为亲日势力和天津市公安局所劫持。

校当局即晚劝勉各该校学生复课。二、以天津中等以上学校全体教职员名义,即晚发告津市同学书,劝即日恢复上课。三、市政府定十九日(今日)发告各校同学书劝学生上课。至八时许散会,津市公安局定今日分派保安队出发维持全市秩序云。

各校教员告同学书

　　津市各校全体教职员昨晚发出告津市同学书劝勉速即恢复上课,原文如下:自平市连日发生学生请愿运动以来,消息分歧,难明真相,昨日津市中等以上学校学生因大势所趋,亦起而为和平之奋斗,忍饥茹苦,彰明厥志,同人等目击心伤,不暇多所诿诿矣。所欲为同学告者,国家积弱已久,固非图强不足以弭世界之隐忧。但图强之道,须将近代科学,迎头赶上,非终日倾侧扰攘所能济事者,今兹众志既明,仍望速即恢复上课,精勤学业,终有出其所长,以报国家之日也。谨布所怀,幸共鉴之!

天津中等以上学校全体教职员同启
十二月十八日
(选自 1935 年 12 月 19 日《益世报》第二版)

425

法商学院院长杨亦周辞职①

遗缺将由吕复继任
杨氏已于日昨赴平

【本市消息】河北省立法商学院院长杨亦周,前向省政府呈辞已经照准,所遗院长职务,闻由该院法律系主任吕复继任。杨辞职后刻已赴平,吕俟奉到省府命令后,即将接收视事云。

（选自 1935 年 12 月 23 日《益世报》第六版）

---

① "前向省政府呈辞""已于昨日赴平"似可说明杨于 21 日提出辞职,22 日即离校。大游行前的 17 日,杨还以法商院长的身份出席了天津市政府秘书长和公安局局长共同召开的教育界谈话会,"各院长相继发言……双方意见极为融洽",说明杨毫无辞职之意。因此,杨作出辞职离校、确定继任者的决定在 18—21 日。18 日当晚的会议仍由天津市公安局出面召集,说明此时的市政府并未出面,天津方面的主要挑头者为公安局,只是杨亦周未能出席。参见 1935 年 12 月 18 日《益世报》第二版,《津市当局与教育界谈话》此前的 12 月 11 日,河北省教育厅厅长何基鸿已随省主席商震一起辞职。

法商学院招收一年级旁听生

每班限定三人　简章制定
吕院长注意学生课外研究

【本市消息】本市河北省立法商学院,自高前院长文伯整顿之后,诸事渐有进境,高去杨亦周先生继之,杨辞职由吕院长继任。闻吕院长对于用人一事,以多维持少变动为主义,故在事得力人员,咸乐为功,因是校风丕变,一洗从前陋习。近来该院整顿研究工作不遗余力,复敦聘院内教授指导学生课外研究,每日至少以二小时指导学生云。

又,该院因救济失学青年,特经院务会议议决招收旁听生,取录简章业经制定公布。闻只限于一年级,每班三人,并须经过严格之考试方能入学旁听云。兹将简章录次:

第一条,本院自本学期始特招收旁听生。

第二条,旁听生只限于第一年级,每班不得过三人。

第三条,旁听生投考资格与正生同。

第四条,旁听生入学须先经考试。其课目如下:一国文,二英文,三数学,四口试。

第五条,旁听生入学试验,于本院开学后两星期内举行,但第一次不在此限。

第六条,取录之旁听生入学时注册、缴费等与正生同,但无免费待遇。

第七条,本简章自公布日施行。

第八条,本简章如有未尽事宜得修改之。

（朴）

（选自 1936 年 9 月 16 日《益世报》第六版）

失踪之闻永之系被公安局捕去
校方探询未得要领
被捕原因刻尚不明

　　本市省立法商学院注册课主任闻永之失踪事,已志昨日本报,记者为明瞭真相,特于昨向各方探询,结果如下。

　　缘法商学院每星期二晚七时有教职员学术讨论会,由各教职轮流担任主讲。本月二十一日主讲人适为闻永之,惟至开会时间,闻尚未出席。遂由院方遣校役赴河北东二经路华鸣里二号闻府催请,始由其家人得知闻永之于六时为公安局侦缉队捕去。院方得报后,于次晨(二十二日)派员赴公安局询问究竟,未得要领,只允予以优待,至其被捕原因,刻尚不明瞭云。

　　按,闻永之,湖北浠水县人,武昌中山大学及日本早稻田大学研究院毕业,曾供职北平《世界日报》,于去年暑假为法商学院前院长杨亦周聘任为该院辅导课主任①。吕院长接任后,本年暑假始调充注册课主任云。

（选自 1936 年 10 月 24 日《益世报》第五版）

---

①　原名训育课。

举国一致　扩大援绥
法商学院组织援绥委员会

　　本市省立法商学院教职员等昨日正午开会,经全体一致,议决组织"河北省立法商学院教职员募捐援绥委员会",先捐一日所得薪俸慰劳前方将士,并电慰傅主席。该院学生亦于昨日下午召集各班班长及学生自治会代表开会,商讨如何援助绥东抗战将士办法,除议决组织"河北法商学院学生绥东抗战将士后援会",并决定下列筹款办法:

　　(1)每位同学至少捐洋二角;

　　(2)节食。每位同学,从每月饭费中,提出二十分之一作为捐款;

　　(3)停火。全院各处炉火,从十八日起,一律停火三日;

　　(4)演剧募款。由话剧团、国剧社分别进行。

　　　　　　　　(选自1936年11月18日《大公报》第一张第三版)

法商学院解散令撤消问题仍无结果

吕复赴平接洽未得圆满答复
学生表示须由院长个人负责

【本市消息】本市省立法商学院学潮平息后,惟冀察政委会之解散明令迄未撤消。吕复为奔走斡旋,特于前晨去平,当晚返津,并于昨午召集全体学生谈话,并报告赴平交涉经过。昨记者赴该院晤[晤]吕氏,据谈去平得谒冯主席及冀察政委会政务处杨处长以及在野之诸教育名流,对撤消解散令未得圆满答复,更须于解散令撤消之前,学校须能保障不再有事态发生。而吕氏又不能料及是否学生今后再有举动,如学生能以保障今后不再生事端,收回解散明令尚不至无望。吕氏又谈宋委员长表示此事或将责由省府会议办理,本人定于日内去保与省当局及厅方尽力请求,至开除学籍之学生八人恢复学籍事,在此学院生命动摇之际,讨论尚非其时云。另据学生代表之表示,此次风潮,原非如院长报告当局之严重,再如解散之办法,亦系院长自行拟定建议冀察当局者,今学生等已全体复课,请求撤消解散之责,自应由院长个人担负。况风潮发生之原因,由于师生之被诬,设今后不再有此事发生,学生等自不能故生事端云。

(选自 1936 年 12 月 4 日《大公报》第二张第六版)

法商学院仍在接收中

留校卅人限期迁移
善后处理尚未决定

【本市消息】河北省立法商学院自明令解散后，前日教厅派第一科长刘凤年、督学傅继良等八人来津实行接收。兹探得昨日情形，分志如下。

继续接收 自前日刘等到津，即赴法商学院接收，院长吕复在平来电命秘书马子延代表交代，除前日将印信等接收完竣，昨日自上午起继续接收文书课等，因该院各项文卷极为繁杂，须二三日方办理完毕。

至院中情形，该院大门业经封锁，且由保安警察把守，禁随便出入，校外学生均不令入校，一部外县来津同学，携带行李希暂宿院内，亦遭拒绝。留院学生现仍有三十余人，昨由刘科长通知，限最近完全搬移校外，不准再事逗留，原已缴费学生，昨日一律退还。

在校同学方面，甚为安谧，并无聚会，原定召开大会，留院学生过少，校外学生亦无法入校，遂行作罢。昨记者询问留院及校外学生应付办法。据谈，今后将在校外向当局、教育界名流以及毕业校友各方面呼吁，请求救济，并定今日派代表进谒张市长，至外方所传同学等派代表赴保谒冯主席等情，绝无其事。更无所谓不受甄别其事，今日或将致电各外埠毕业校友，请出斡旋此事，将来如能存留此三十余年之学校，实全体同学之大幸。亦社会之幸云。

另据，刘氏表示：昨记者访晤接收该院之刘科长，因刘氏外出，得晤同来之康乐庭氏。据谈,刘科长及傅督学系奉令来接收法商学院,此外尚有六人帮同接收,并未负其他使命。预计三数日内,接收完毕返保复命。至善后另行改组或就此解散,均须冀省当局决定,本人等毫无所闻,商职部分如何处理,亦须请示厅方云。

(选自 1937 年 2 月 20 日《大公报》)

后　记

　　早在 2013 年 9 月,笔者在出版《李大钊与北洋法政学堂》一书之时,就曾设想编纂一部专门的北洋法政学堂校史,也从此开始搜集资料。2014 年,笔者协助王勇则先生编著了《李大钊与北洋法政专门学堂》一书,但因系属内部资料,内容也仅限于李大钊与北洋法政学堂、直隶法政学堂部分资料,直隶法政专门学校和法商学院的资料基本没有涉及。因此,编纂一部公开出版的法商学院校史,仍是有必要的。

　　本书的付梓,首先应该感谢天津市档案馆(天津市地方志编修委员会办公室)各位老师的大力支持,这是本书得以付梓的前提。其次,要感谢天津问津书院的王振良先生和澳门理工学院的何志辉先生,以上两位先生的多次鼓励和支持,给了作者不断的勇气,终使本书得以出版。此外,还应该感谢法政老校友王健、周雨和郭万鹏等诸位先生,以及许杏林、可珉等校友家属,老先生有的年老体衰,却多次接受作者的采访,为校史提供了珍贵的第一手感性资料。天津图书馆古籍文献部刘桂芳、张文琴、孙立智等同志为作者提取资料不厌其烦,还主动提供了很多新的线索。《天津法学》原副主编张洪池、郭鹏两位先生的大力支持和不吝指教也是本书得以面世的重要推动力,在此一并表示感谢。

刘国有　2023 年 7 月于津南寓所